사도신경

구번역

전능하사 천지를 만드신 하나님 아버지를 내가 믿사오며,
그 외아들 우리 주 예수 그리스도를 믿사오니,
이는 성령으로 잉태하사 동정녀 마리아에게 나시고,
본디오 빌라도에게 고난을 받으사,
십자가에 못 박혀 죽으시고,
장사한 지 사흘 만에 죽은 자 가운데서 다시 살아나시며,
하늘에 오르사, 전능하신 하나님 우편에 앉아 계시다가,
저리로서 산 자와 죽은 자를 심판하러 오시리라.
성령을 믿사오며, 거룩한 공회와 성도가 서로 교통하는 것과
죄를 사하여 주시는 것과 몸이 다시 사는 것과
영원히 사는 것을 믿사옵나이다. 아멘.

새번역

나는 전능하신 아버지 하나님, 천지의 창조주를 믿습니다.
나는 그의 유일하신 아들, 우리 주 예수 그리스도를 믿습니다.
그는 성령으로 잉태되어 동정녀 마리아에게서 나시고,
본디오 빌라도에게 고난을 받아 십지가에 못 박혀 죽으시고,
장사된 지 사흘 만에 죽은 자 가운데서 다시 살아나셨으며,
하늘에 오르시어 전능하신 아버지 하나님 우편에 앉아 계시다가,
거기로부터 살아 있는 자와 죽은 자를 심판하러 오십니다.
나는 성령을 믿으며, 거룩한 공교회와 성도의 교제와
죄를 용서받는 것과 몸의 부활과 영생을 믿습니다. 아멘.

---

1) '사도신조'로도 번역할 수 있다.
2) '장사 되시어 지옥에 내려가신 지'가 공인된 원문(Forma Recepta)에는 있으나,
대다수의 본문에는 없다.

말씀 따라

내가 쓰는

한 줄
필사성경

1

창세기 - 민수기

_____님에게

손으로 쓴 성경을
주님의 이름으로
축복하며 드립니다

말씀 따라 내가 쓰는
한 줄 필사성경_1
창세기 - 민수기

엮은이 | 두란노 편집부
초판 발행 | 2022. 4. 13
등록번호 | 제1988-000080호
등록된 곳 | 서울특별시 용산구 서빙고로 65길 38
발행처 | 사단법인 두란노서원
영업부 | 2078-3352   FAX | 080-749-3705
출판부 | 2078-3331

책값은 뒤표지에 있습니다.
ISBN 978-89-531-4106-3 04230 Printed in Korea
(세트) 978-89-531-4101-8 04230

독자의 의견을 기다립니다.
tpress@duranno.com www.duranno.com

두란노서원은 바울 사도가 3차 전도여행 때 에베소에서 성령 받은 제자들을 따로 세워 하나님의 말씀으로 양
육하던 장소입니다. 사도행전 19장 8-20절의 정신에 따라 첫째 목회자를 돕는 사역과 평신도를 훈련시키는 사
역, 둘째 세계선교(TIM)와 문서선교(단행본·잡지) 사역, 셋째 예수문화 및 경배와 찬양 사역, 그리고 가정·상담 사역
등을 감당하고 있습니다. 1980년 12월 22일에 창립된 두란노서원은 주님 오실 때까지 이 사역들을 계속할 것
입니다.

말씀 따라 내가 쓰는

한 줄
필사성경

1

창세기 - 민수기

필사자 : _____

시작일 : _____ . _____ . _____

마감일 : _____ . _____ . _____

두란노

필사 범위 ⋯⋯ 창세기 1:1-1:14   Date 2022. 1. 1. ⋯ 필사 날짜

소제목표시 ⋯⋯⋯⋯⋯⋯⋯⋯⋯⋯ 천지 창조

저녁이 되고 아침이 되니 이는 둘째 날

1 태초에 하나님이 천지를 창조하시니라

이니라 ⋯⋯⋯⋯⋯⋯⋯⋯⋯⋯ 절 표시

2 땅이 혼돈하고 공허하며 흑암이 깊음 위

9 하나님이 이르시되 천하의 물이 한 곳으

장 표시 ⋯⋯ 에 있고 하나님의 영은 수면 위에 운행

로 모이고 뭍이 드러나라 하시니 그대로

하시니라

되니라

3 하나님이 이르시되 빛이 있으라 하시니

10 하나님이 물을 땅이라 부르시고 모인 물

빛이 있었고

을 바다라 부르시니 하나님이 보시기에

● 필사하기 전, 기도로 마음을 정돈하고 주님의 은혜를 구합니다.

● 성경 본문이 한 줄씩 인쇄되어 있기에 말씀을 보고 그대로 따라 씁니다.

● 장과 절, 소제목까지 인쇄되어 있어 말씀 위주로 또박또박 써도 됩니다.

● 필사 후 틀린 곳이 있는지 확인하고 정확히 고쳐 둡니다.

● 필사가 끝나면 필사 확인표에 체크 표시를 합니다.

● 체크 표시를 하고 나면 말씀이 새겨지도록 기도로 마무리합니다.

	1	2	3	4	5	6	7	8	9	10	11	12	13	14	15	16	17	18	19	20	21	22	23	24
창 세 기	25	26	27	28	29	30	31	32	33	34	35	36	37	38	39	40	41	42	43	44	45	46	47	48
	49	50																						
출 애 굽 기	1	2	3	4	5	6	7	8	9	10	11	12	13	14	15	16	17	18	19	20	21	22	23	24
	25	26	27	28	29	30	31	32	33	34	35	36	37	38	39	40								
레 위 기	1	2	3	4	5	6	7	8	9	10	11	12	13	14	15	16	17	18	19	20	21	22	23	24
	25	26	27																					
민 수 기	1	2	3	4	5	6	7	8	9	10	11	12	13	14	15	16	17	18	19	20	21	22	23	24
	25	26	27	28	29	30	31	32	33	34	35	36												

천지 창조

1 태초에 하나님이 천지를 창조하시니라
태초에 하나님이 천지를 창조하시니라

2 땅이 혼돈하고 공허하며 흑암이 깊음 위
땅이 혼돈하고 공허하며 흑암이 깊음 위
에 있고 하나님의 영은 수면 위에 운행
에 있고 하나님의 영은 수면 위에 운행
하시니라
하시니라

3 하나님이 이르시되 빛이 있으라 하시니
빛이 있었고

4 빛이 하나님이 보시기에 좋았더라 하나
님이 빛과 어둠을 나누사

5 하나님이 빛을 낮이라 부르시고 어둠을
밤이라 부르시니라 저녁이 되고 아침이
되니 이는 첫째 날이니라

6 하나님이 이르시되 물 가운데에 궁창이
있어 물과 물로 나뉘라 하시고

7 하나님이 궁창을 만드사 궁창 아래의 물
과 궁창 위의 물로 나뉘게 하시니 그대
로 되니라

8 하나님이 궁창을 하늘이라 부르시니라

저녁이 되고 아침이 되니 이는 둘째 날
이니라

9 하나님이 이르시되 천하의 물이 한 곳으
로 모이고 뭍이 드러나라 하시니 그대로
되니라

10 하나님이 뭍을 땅이라 부르시고 모인 물
을 바다라 부르시니 하나님이 보시기에
좋았더라

11 하나님이 이르시되 땅은 풀과 씨 맺는
채소와 각기 종류대로 씨 가진 열매 맺
는 나무를 내라 하시니 그대로 되어

12 땅이 풀과 각기 종류대로 씨 맺는 채소
와 각기 종류대로 씨 가진 열매 맺는 나
무를 내니 하나님이 보시기에 좋았더라

13 저녁이 되고 아침이 되니 이는 셋째 날
이니라

14 하나님이 이르시되 하늘의 궁창에 광명
체들이 있어 낮과 밤을 나뉘게 하고 그

차
례

창세기

천지 창조

1 태초에 하나님이 천지를 창조하시니라

2 땅이 혼돈하고 공허하며 흑암이 깊음 위에 있고 하나님의 영은 수면 위에 운행하시니라

3 하나님이 이르시되 빛이 있으라 하시니 빛이 있었고

4 빛이 하나님이 보시기에 좋았더라 하나님이 빛과 어둠을 나누사

5 하나님이 빛을 낮이라 부르시고 어둠을 밤이라 부르시니라 저녁이 되고 아침이 되니 이는 첫째 날이니라

6 하나님이 이르시되 물 가운데에 궁창이 있어 물과 물로 나뉘라 하시고

7 하나님이 궁창을 만드사 궁창 아래의 물과 궁창 위의 물로 나뉘게 하시니 그대로 되니라

8 하나님이 궁창을 하늘이라 부르시니라 저녁이 되고 아침이 되니 이는 둘째 날이니라

9 하나님이 이르시되 천하의 물이 한 곳으로 모이고 뭍이 드러나라 하시니 그대로 되니라

10 하나님이 뭍을 땅이라 부르시고 모인 물을 바다라 부르시니 하나님이 보시기에 좋았더라

11 하나님이 이르시되 땅은 풀과 씨 맺는 채소와 각기 종류대로 씨 가진 열매 맺는 나무를 내라 하시니 그대로 되어

12 땅이 풀과 각기 종류대로 씨 맺는 채소와 각기 종류대로 씨 가진 열매 맺는 나무를 내니 하나님이 보시기에 좋았더라

13 저녁이 되고 아침이 되니 이는 셋째 날이니라

14 하나님이 이르시되 하늘의 궁창에 광명체들이 있어 낮과 밤을 나뉘게 하고 그

것들로 징조와 계절과 날과 해를 이루게

하라

15 또 광명체들이 하늘의 궁창에 있어 땅을

비추라 하시니 그대로 되니라

16 하나님이 두 큰 광명체를 만드사 큰 광

명체로 낮을 주관하게 하시고 작은 광명

체로 밤을 주관하게 하시며 또 별들을

만드시고

17 하나님이 그것들을 하늘의 궁창에 두어

땅을 비추게 하시며

18 낮과 밤을 주관하게 하시고 빛과 어둠을

나뉘게 하시니 하나님이 보시기에 좋았

더라

19 저녁이 되고 아침이 되니 이는 넷째 날

이니라

20 하나님이 이르시되 물들은 생물을 번성

하게 하라 땅 위 하늘의 궁창에는 새가

날으라 하시고

21 하나님이 큰 바다 짐승들과 물에서 번성

하여 움직이는 모든 생물을 그 종류대로,

날개 있는 모든 새를 그 종류대로 창조

하시니 하나님이 보시기에 좋았더라

22 하나님이 그들에게 복을 주시며 이르시

되 생육하고 번성하여 여러 바닷물에 충

만하라 새들도 땅에 번성하라 하시니라

23 저녁이 되고 아침이 되니 이는 다섯째

날이니라

24 하나님이 이르시되 땅은 생물을 그 종류

대로 내되 가축과 기는 것과 땅의 짐승

을 종류대로 내라 하시니 그대로 되니라

25 하나님이 땅의 짐승을 그 종류대로, 가축

을 그 종류대로, 땅에 기는 모든 것을 그

종류대로 만드시니 하나님이 보시기에

좋았더라

26 하나님이 이르시되 우리의 형상을 따라

우리의 모양대로 우리가 사람을 만들고

그들로 바다의 물고기와 하늘의 새와 가

축과 온 땅과 땅에 기는 모든 것을 다스

리게 하자 하시고

27 하나님이 자기 형상 곧 하나님의 형상대

로 사람을 창조하시되 남자와 여자를 창

조하시고

28 하나님이 그들에게 복을 주시며 하나님

이 그들에게 이르시되 생육하고 번성하

여 땅에 충만하라, 땅을 정복하라, 바다

의 물고기와 하늘의 새와 땅에 움직이는

모든 생물을 다스리라 하시니라

29 하나님이 이르시되 내가 온 지면의 씨

맺는 모든 채소와 씨 가진 열매 맺는 모

든 나무를 너희에게 주노니 너희의 먹을

거리가 되리라

30 또 땅의 모든 짐승과 하늘의 모든 새와

생명이 있어 땅에 기는 모든 것에게는

내가 모든 푸른 풀을 먹을 거리로 주노

라 하시니 그대로 되니라

31 하나님이 지으신 그 모든 것을 보시니

보시기에 심히 좋았더라 저녁이 되고 아

침이 되니 이는 여섯째 날이니라

2 천지와 만물이 다 이루어지니라

2 하나님이 그가 하시던 일을 일곱째 날에

마치시니 그가 하시던 모든 일을 그치고

일곱째 날에 안식하시니라

3 하나님이 그 일곱째 날을 복되게 하사

거룩하게 하셨으니 이는 하나님이 그 창

조하시며 만드시던 모든 일을 마치시고

그 날에 안식하셨음이니라

에덴 동산

4 이것이 천지가 창조될 때에 하늘과 땅의

내력이니 여호와 하나님이 땅과 하늘을

만드시던 날에

5 여호와 하나님이 땅에 비를 내리지 아니

하셨고 땅을 갈 사람도 없었으므로 들에

는 초목이 아직 없었고 밭에는 채소가

나지 아니하였으며

6 안개만 땅에서 올라와 온 지면을 적셨

더라

7 여호와 하나님이 땅의 흙으로 사람을 지

으시고 생기를 그 코에 불어넣으시니 사

람이 생령이 되니라

8 여호와 하나님이 동방의 에덴에 동산을

창설하시고 그 지으신 사람을 거기 두시

니라

9 여호와 하나님이 그 땅에서 보기에 아름

답고 먹기에 좋은 나무가 나게 하시니

동산 가운데에는 생명 나무와 선악을 알

게 하는 나무도 있더라

10 강이 에덴에서 흘러 나와 동산을 적시고

거기서부터 갈라져 네 근원이 되었으니

11 첫째의 이름은 비손이라 금이 있는 하윌

라 온 땅을 둘렀으며

12 그 땅의 금은 순금이요 그 곳에는 베델

리엄과 호마노도 있으며

13 둘째 강의 이름은 기혼이라 구스 온 땅

을 둘렀고

14 셋째 강의 이름은 힛데겔이라 앗수르

동쪽으로 흘렀으며 넷째 강은 유브라데

더라

15 여호와 하나님이 그 사람을 이끌어 에덴

동산에 두어 그것을 경작하며 지키게 하

시고

16 여호와 하나님이 그 사람에게 명하여 이

르시되 동산 각종 나무의 열매는 네가

임의로 먹되

17 선악을 알게 하는 나무의 열매는 먹지

말라 네가 먹는 날에는 반드시 죽으리라

하시니라

18 여호와 하나님이 이르시되 사람이 혼자

사는 것이 좋지 아니하니 내가 그를 위

하여 돕는 배필을 지으리라 하시니라

19 여호와 하나님이 흙으로 각종 들짐승과 공중의 각종 새를 지으시고 아담이 무엇이라고 부르나 보시려고 그것들을 그에게로 이끌어 가시니 아담이 각 생물을 부르는 것이 곧 그 이름이 되었더라

20 아담이 모든 가축과 공중의 새와 들의 모든 짐승에게 이름을 주니라 아담이 돕는 배필이 없으므로

21 여호와 하나님이 아담을 깊이 잠들게 하시니 잠들매 그가 그 갈빗대 하나를 취하고 살로 대신 채우시고

22 여호와 하나님이 아담에게서 취하신 그 갈빗대로 여자를 만드시고 그를 아담에게로 이끌어 오시니

23 아담이 이르되 이는 내 뼈 중의 뼈요 살 중의 살이라 이것을 남자에게서 취하였은즉 여자라 부르리라 하니라

24 이러므로 남자가 부모를 떠나 그의 아내와 합하여 둘이 한 몸을 이룰지로다

25 아담과 그의 아내 두 사람이 벌거벗었으나 부끄러워하지 아니하니라

사람의 불순종과 하나님의 심판 선언

3 그런데 뱀은 여호와 하나님이 지으신 들짐승 중에 가장 간교하니라 뱀이 여자에게 물어 이르되 하나님이 참으로 너희에게 동산 모든 나무의 열매를 먹지 말라 하시더냐

2 여자가 뱀에게 말하되 동산 나무의 열매를 우리가 먹을 수 있으나

3 동산 중앙에 있는 나무의 열매는 하나님의 말씀에 너희는 먹지도 말고 만지지도 말라 너희가 죽을까 하노라 하셨느니라

4 뱀이 여자에게 이르되 너희가 결코 죽지 아니하리라

5 너희가 그것을 먹는 날에는 너희 눈이

밝아져 하나님과 같이 되어 선악을 알

줄 하나님이 아심이니라

6 여자가 그 나무를 본즉 먹음직도 하고

보암직도 하고 지혜롭게 할 만큼 탐스럽

기도 한 나무인지라 여자가 그 열매를

따먹고 자기와 함께 있는 남편에게도 주

매 그도 먹은지라

7 이에 그들의 눈이 밝아져 자기들이 벗은

줄을 알고 무화과나무 잎을 엮어 치마로

삼았더라

8 그들이 그 날 바람이 불 때 동산에 거니

시는 여호와 하나님의 소리를 듣고 아담

과 그의 아내가 여호와 하나님의 낯을

피하여 동산 나무 사이에 숨은지라

9 여호와 하나님이 아담을 부르시며 그에

게 이르시되 네가 어디 있느냐

10 이르되 내가 동산에서 하나님의 소리를

듣고 내가 벗었으므로 두려워하여 숨었

나이다

11 이르시되 누가 너의 벗었음을 네게 알렸

느냐 내가 네게 먹지 말라 명한 그 나무

열매를 네가 먹었느냐

12 아담이 이르되 하나님이 주셔서 나와 함

께 있게 하신 여자 그가 그 나무 열매를

내게 주므로 내가 먹었나이다

13 여호와 하나님이 여자에게 이르시되 네

가 어찌하여 이렇게 하였느냐 여자가 이

르되 뱀이 나를 꾀므로 내가 먹었나이다

14 여호와 하나님이 뱀에게 이르시되 네가

이렇게 하였으니 네가 모든 가축과 들의

모든 짐승보다 더욱 저주를 받아 배로

다니고 살아 있는 동안 흙을 먹을지니라

15 내가 너로 여자와 원수가 되게 하고 네

후손도 여자의 후손과 원수가 되게 하리

니 여자의 후손은 네 머리를 상하게 할

것이요 너는 그의 발꿈치를 상하게 할

것이니라 하시고

16 또 여자에게 이르시되 내가 네게 임신하는 고통을 크게 더하리니 네가 수고하고 자식을 낳을 것이며 너는 남편을 원하고 남편은 너를 다스릴 것이니라 하시고

17 아담에게 이르시되 네가 네 아내의 말을 듣고 내가 네게 먹지 말라 한 나무의 열매를 먹었은즉 땅은 너로 말미암아 저주를 받고 너는 네 평생에 수고하여야 그 소산을 먹으리라

18 땅이 네게 가시덤불과 엉겅퀴를 낼 것이라 네가 먹을 것은 밭의 채소인즉

19 네가 흙으로 돌아갈 때까지 얼굴에 땀을 흘려야 먹을 것을 먹으리니 네가 그것에서 취함을 입었음이라 너는 흙이니 흙으로 돌아갈 것이니라 하시니라

20 아담이 그의 아내의 이름을 하와라 불렀으니 그는 모든 산 자의 어머니가 됨이

더라

21 여호와 하나님이 아담과 그의 아내를 위하여 가죽옷을 지어 입히시니라

아담과 하와를 쫓아내시다

22 여호와 하나님이 이르시되 보라 이 사람이 선악을 아는 일에 우리 중 하나 같이 되었으니 그가 그의 손을 들어 생명 나무 열매도 따먹고 영생할까 하노라 하시고

23 여호와 하나님이 에덴 동산에서 그를 내보내어 그의 근원이 된 땅을 갈게 하시니라

24 이같이 하나님이 그 사람을 쫓아내시고 에덴 동산 동쪽에 그룹들과 두루 도는 불 칼을 두어 생명 나무의 길을 지키게 하시니라

가인과 아벨

4 아담이 그의 아내 하와와 동침하매 하와

가 임신하여 가인을 낳고 이르되 내가

여호와로 말미암아 득남하였다 하니라

2 그가 또 가인의 아우 아벨을 낳았는데

아벨은 양 치는 자였고 가인은 농사하는

자였더라

3 세월이 지난 후에 가인은 땅의 소산으로

제물을 삼아 여호와께 드렸고

4 아벨은 자기도 양의 첫 새끼와 그 기름

으로 드렸더니 여호와께서 아벨과 그의

제물은 받으셨으나

5 가인과 그의 제물은 받지 아니하신지라

가인이 몹시 분하여 안색이 변하니

6 여호와께서 가인에게 이르시되 네가 분

하여 함은 어찌 됨이며 안색이 변함은

어찌 됨이냐

7 네가 선을 행하면 어찌 낯을 들지 못하

겠느냐 선을 행하지 아니하면 죄가 문에

엎드려 있느니라 죄가 너를 원하나 너는

죄를 다스릴지니라

8 가인이 그의 아우 아벨에게 말하고 그들

이 들에 있을 때에 가인이 그의 아우 아

벨을 쳐죽이니라

9 여호와께서 가인에게 이르시되 네 아우

아벨이 어디 있느냐 그가 이르되 내가

알지 못하나이다 내가 내 아우를 지키는

자니이까

10 이르시되 네가 무엇을 하였느냐 네 아우

의 핏소리가 땅에서부터 내게 호소하느

니라

11 땅이 그 입을 벌려 네 손에서부터 네 아

우의 피를 받았은즉 네가 땅에서 저주를

받으리니

12 네가 밭을 갈아도 땅이 다시는 그 효력

을 네게 주지 아니할 것이요 너는 땅에

서 피하며 유리하는 자가 되리라

13 가인이 여호와께 아뢰되 내 죄벌이 지기

가 너무 무거우니이다

14 주께서 오늘 이 지면에서 나를 쫓아내시

온즉 내가 주의 낯을 뵈옵지 못하리니

내가 땅에서 피하며 유리하는 자가 될지

라 무릇 나를 만나는 자마다 나를 죽이

겠나이다

15 여호와께서 그에게 이르시되 그렇지 아

니하다 가인을 죽이는 자는 벌을 칠 배

나 받으리라 하시고 가인에게 표를 주사

그를 만나는 모든 사람에게서 죽임을 면

하게 하시니라

가인의 자손

16 가인이 여호와 앞을 떠나서 에덴 동쪽

놋 땅에 거주하더니

17 아내와 동침하매 그가 임신하여 에녹

을 낳은지라 가인이 성을 쌓고 그의 아

들의 이름으로 성을 이름하여 에녹이라

하니라

18 에녹이 이랏을 낳고 이랏은 므후야엘을

낳고 므후야엘은 므드사엘을 낳고 므드

사엘은 라멕을 낳았더라

19 라멕이 두 아내를 맞이하였으니 하나

의 이름은 아다요 하나의 이름은 씰라

였더라

20 아다는 야발을 낳았으니 그는 장막에 거

주하며 가축을 치는 자의 조상이 되었고

21 그의 아우의 이름은 유발이니 그는 수금

과 통소를 잡는 모든 자의 조상이 되었

으며

22 씰라는 두발가인을 낳았으니 그는 구리

와 쇠로 여러 가지 기구를 만드는 자요

두발가인의 누이는 나아마였더라

23 라멕이 아내들에게 이르되 아다와 씰라

여 내 목소리를 들으라 라멕의 아내들이

여 내 말을 들으라 나의 상처로 말미암

아 내가 사람을 죽였고 나의 상함으로

말미암아 소년을 죽였도다

24 가인을 위하여는 벌이 칠 배일진대 라멕

을 위하여는 벌이 칠십칠 배이리로다 하

였더라

셋과 에노스

25 아담이 다시 자기 아내와 동침하매 그

가 아들을 낳아 그의 이름을 셋이라 하

였으니 이는 하나님이 내게 가인이 죽인

아벨 대신에 다른 씨를 주셨다 함이며

26 셋도 아들을 낳고 그의 이름을 에노스라

하였으며 그 때에 사람들이 비로소 여호

와의 이름을 불렀더라

아담의 계보

5 이것은 아담의 계보를 적은 책이니라 하

나님이 사람을 창조하실 때에 하나님의

모양대로 지으시되

2 남자와 여자를 창조하셨고 그들이 창조

되던 날에 하나님이 그들에게 복을 주

시고 그들의 이름을 사람이라 일컬으셨

더라

3 아담은 백삼십 세에 자기의 모양 곧 자

기의 형상과 같은 아들을 낳아 이름을

셋이라 하였고

4 아담은 셋을 낳은 후 팔백 년을 지내며

자녀들을 낳았으며

5 그는 구백삼십 세를 살고 죽었더라

6 셋은 백오 세에 에노스를 낳았고

7 에노스를 낳은 후 팔백칠 년을 지내며

자녀들을 낳았으며

8 그는 구백십이 세를 살고 죽었더라

9 에노스는 구십 세에 게난을 낳았고

10 게난을 낳은 후 팔백십오 년을 지내며

자녀들을 낳았으며

11 그는 구백오 세를 살고 죽었더라

12 게난은 칠십 세에 마할랄렐을 낳았고

13 마할랄렐을 낳은 후 팔백사십 년을 지내

며 자녀들을 낳았으며

14 그는 구백십 세를 살고 죽었더라

15 마할랄렐은 육십오 세에 야렛을 낳았고

16 야렛을 낳은 후 팔백삼십 년을 지내며

자녀를 낳았으며

17 그는 팔백구십오 세를 살고 죽었더라

18 야렛은 백육십이 세에 에녹을 낳았고

19 에녹을 낳은 후 팔백 년을 지내며 자녀

들을 낳았으며

20 그는 구백육십이 세를 살고 죽었더라

21 에녹은 육십오 세에 므두셀라를 낳았고

22 므두셀라를 낳은 후 삼백 년을 하나님과

동행하며 자녀들을 낳았으며

23 그는 삼백육십오 세를 살았더라

24 에녹이 하나님과 동행하더니 하나님이

그를 데려가시므로 세상에 있지 아니하

였더라

25 므두셀라는 백팔십칠 세에 라멕을 낳았고

26 라멕을 낳은 후 칠백팔십이 년을 지내며

자녀를 낳았으며

27 그는 구백육십구 세를 살고 죽었더라

28 라멕은 백팔십이 세에 아들을 낳고

29 이름을 노아라 하여 이르되 여호와께서

땅을 저주하시므로 수고롭게 일하는 우

리를 이 아들이 안위하리라 하였더라

30 라멕은 노아를 낳은 후 오백구십오 년을

지내며 자녀들을 낳았으며

31 그는 칠백칠십칠 세를 살고 죽었더라

32 노아는 오백 세 된 후에 셈과 함과 야벳

을 낳았더라

사람의 죄악

6 사람이 땅 위에 번성하기 시작할 때에 그

들에게서 딸들이 나니

2 하나님의 아들들이 사람의 딸들의 아름다

움을 보고 자기들이 좋아하는 모든 여자를

아내로 삼는지라

3 여호와께서 이르시되 나의 영이 영원히 사람과 함께 하지 아니하리니 이는 그들이 육신이 됨이라 그러나 그들의 날은 백이십 년이 되리라 하시니라

4 당시에 땅에는 네피림이 있었고 그 후에도 하나님의 아들들이 사람의 딸들에게로 들어와 자식을 낳았으니 그들은 용사라 고대에 명성이 있는 사람들이었더라

5 여호와께서 사람의 죄악이 세상에 가득함과 그의 마음으로 생각하는 모든 계획이 항상 악할 뿐임을 보시고

6 땅 위에 사람 지으셨음을 한탄하사 마음에 근심하시고

7 이르시되 내가 창조한 사람을 내가 지면에서 쓸어버리되 사람으로부터 가축과 기는 것과 공중의 새까지 그리하리니 이는 내가 그것들을 지었음을 한탄함이니라 하시니라

8 그러나 노아는 여호와께 은혜를 입었더라

노아의 족보

9 이것이 노아의 족보니라 노아는 의인이요 당대에 완전한 자라 그는 하나님과 동행하였으며

10 세 아들을 낳았으니 셈과 함과 야벳이라

11 그 때에 온 땅이 하나님 앞에 부패하여 포악함이 땅에 가득한지라

12 하나님이 보신즉 땅이 부패하였으니 이는 땅에서 모든 혈육 있는 자의 행위가 부패함이었더라

13 하나님이 노아에게 이르시되 모든 혈육 있는 자의 포악함이 땅에 가득하므로 그 끝 날이 내 앞에 이르렀으니 내가 그들을 땅과 함께 멸하리라

14 너는 고페르 나무로 너를 위하여 방주를 만들되 그 안에 칸들을 막고 역청을 그 안팎에 칠하라

15 네가 만들 방주는 이러하니 그 길이는 삼백 규빗, 너비는 오십 규빗, 높이는 삼십 규빗이라

16 거기에 창을 내되 위에서부터 한 규빗에 내고 그 문은 옆으로 내고 상 중 하 삼층으로 할지니라

17 내가 홍수를 땅에 일으켜 무릇 생명의 기운이 있는 모든 육체를 천하에서 멸절하리니 땅에 있는 것들이 다 죽으리라

18 그러나 너와는 내가 내 언약을 세우리니 너는 네 아들들과 네 아내와 네 며느리들과 함께 그 방주로 들어가고

19 혈육 있는 모든 생물을 너는 각기 암수 한 쌍씩 방주로 이끌어들여 너와 함께 생명을 보존하게 하되

20 새가 그 종류대로, 가축이 그 종류대로, 땅에 기는 모든 것이 그 종류대로 각기 둘씩 네게로 나아오리니 그 생명을 보존하게 하라

21 너는 먹을 모든 양식을 네게로 가져다가 저축하라 이것이 너와 그들의 먹을 것이 되리라

22 노아가 그와 같이 하여 하나님이 자기에게 명하신 대로 다 준행하였더라

홍수

7 여호와께서 노아에게 이르시되 너와 네 온 집은 방주로 들어가라 이 세대에서 네가 내 앞에 의로움을 내가 보았음이니라

2 너는 모든 정결한 짐승은 암수 일곱씩, 부정한 것은 암수 둘씩을 네게로 데려오며

3 공중의 새도 암수 일곱씩을 데려와 그 씨를 온 지면에 유전하게 하라

4 지금부터 칠 일이면 내가 사십 주야를 땅에 비를 내려 내가 지은 모든 생물을

지면에서 쓸어버리리라

5 노아가 여호와께서 자기에게 명하신 대
로 다 준행하였더라

6 홍수가 땅에 있을 때에 노아가 육백 세라

7 노아는 아들들과 아내와 며느리들과 함
께 홍수를 피하여 방주에 들어갔고

8 정결한 짐승과 부정한 짐승과 새와 땅에
기는 모든 것은

9 하나님이 노아에게 명하신 대로 암수 둘
씩 노아에게 나아와 방주로 들어갔으며

10 칠 일 후에 홍수가 땅에 덮이니

11 노아가 육백 세 되던 해 둘째 달 곧 그
달 열이렛날이라 그 날에 큰 깊음의 샘
들이 터지며 하늘의 창문들이 열려

12 사십 주야를 비가 땅에 쏟아졌더라

13 곧 그 날에 노아와 그의 아들 셈, 함, 야
벳과 노아의 아내와 세 며느리가 다 방
주로 들어갔고

14 그들과 모든 들짐승이 그 종류대로, 모든
가축이 그 종류대로, 땅에 기는 모든 것
이 그 종류대로, 모든 새가 그 종류대로

15 무릇 생명의 기운이 있는 육체가 둘씩
노아에게 나아와 방주로 들어갔으니

16 들어간 것들은 모든 것의 암수라 하나님
이 그에게 명하신 대로 들어가매 여호와
께서 그를 들여보내고 문을 닫으시니라

17 홍수가 땅에 사십 일 동안 계속된지라
물이 많아져 방주가 땅에서 떠올랐고

18 물이 더 많아져 땅에 넘치매 방주가 물
위에 떠 다녔으며

19 물이 땅에 더욱 넘치매 천하의 높은 산
이 다 잠겼더니

20 물이 불어서 십오 규빗이나 오르니 산들
이 잠긴지라

21 땅 위에 움직이는 생물이 다 죽었으니
곧 새와 가축과 들짐승과 땅에 기는 모

든 것과 모든 사람이라

22 육지에 있어 그 코에 생명의 기운의 숨이 있는 것은 다 죽었더라

23 지면의 모든 생물을 쓸어버리시니 곧 사람과 가축과 기는 것과 공중의 새까지라 이들은 땅에서 쓸어버림을 당하였으되 오직 노아와 그와 함께 방주에 있던 자들만 남았더라

24 물이 백오십 일을 땅에 넘쳤더라

홍수가 그치다

8 하나님이 노아와 그와 함께 방주에 있는 모든 들짐승과 가축을 기억하사 하나님이 바람을 땅 위에 불게 하시매 물이 줄어들었고

2 깊음의 샘과 하늘의 창문이 닫히고 하늘에서 비가 그치매

3 물이 땅에서 물러가고 점점 물러가서 백오십 일 후에 줄어들고

4 일곱째 달 곧 그 달 열이렛날에 방주가 아라랏 산에 머물렀으며

5 물이 점점 줄어들어 열째 달 곧 그 달 초하룻날에 산들의 봉우리가 보였더라

6 사십 일을 지나서 노아가 그 방주에 낸 창문을 열고

7 까마귀를 내놓으매 까마귀가 물이 땅에서 마르기까지 날아 왕래하였더라

8 그가 또 비둘기를 내놓아 지면에서 물이 줄어들었는지를 알고자 하매

9 온 지면에 물이 있으므로 비둘기가 발붙일 곳을 찾지 못하고 방주로 돌아와 그에게로 오는지라 그가 손을 내밀어 방주 안 자기에게로 받아들이고

10 또 칠 일을 기다려 다시 비둘기를 방주에서 내놓으매

11 저녁때에 비둘기가 그에게로 돌아왔는데 그 입에 감람나무 새 잎사귀가 있는지라

이에 노아가 땅에 물이 줄어든 줄을 알 았으며

12 또 칠 일을 기다려 비둘기를 내놓으매 다시는 그에게로 돌아오지 아니하였더라

13 육백일 년 첫째 달 곧 그 달 초하룻날에 땅 위에서 물이 걷힌지라 노아가 방주 뚜껑을 제치고 본즉 지면에서 물이 걷혔 더니

14 둘째 달 스무이렛날에 땅이 말랐더라

15 하나님이 노아에게 말씀하여 이르시되

16 너는 네 아내와 네 아들들과 네 며느리 들과 함께 방주에서 나오고

17 너와 함께 한 모든 혈육 있는 생물 곧 새 와 가축과 땅에 기는 모든 것을 다 이끌 어내라 이것들이 땅에서 생육하고 땅에 서 번성하리라 하시매

18 노아가 그 아들들과 그의 아내와 그 며 느리들과 함께 나왔고

19 땅 위의 동물 곧 모든 짐승과 모든 기는 것과 모든 새도 그 종류대로 방주에서 나왔더라

노아가 번제를 드리다

20 노아가 여호와께 제단을 쌓고 모든 정결 한 짐승과 모든 정결한 새 중에서 제물 을 취하여 번제로 제단에 드렸더니

21 여호와께서 그 향기를 받으시고 그 중심 에 이르시되 내가 다시는 사람으로 말미 암아 땅을 저주하지 아니하리니 이는 사 람의 마음이 계획하는 바가 어려서부터 악함이라 내가 전에 행한 것 같이 모든 생물을 다시 멸하지 아니하리니

22 땅이 있을 동안에는 심음과 거둠과 추위 와 더위와 여름과 겨울과 낮과 밤이 쉬 지 아니하리라

하나님이 노아와 언약을 세우시다

9 하나님이 노아와 그 아들들에게 복을 주

시며 그들에게 이르시되 생육하고 번성

하여 땅에 충만하라

2 땅의 모든 짐승과 공중의 모든 새와

땅에 기는 모든 것과 바다의 모든 물

고기가 너희를 두려워하며 너희를 무

서워하리니 이것들은 너희의 손에 붙

였음이니라

3 모든 산 동물은 너희의 먹을 것이 될지

라 채소 같이 내가 이것을 다 너희에게

주노라

4 그러나 고기를 그 생명 되는 피째 먹지

말 것이니라

5 내가 반드시 너희의 피 곧 너희의 생명

의 피를 찾으리니 짐승이면 그 짐승에게

서, 사람이나 사람의 형제면 그에게서 그

의 생명을 찾으리라

6 다른 사람의 피를 흘리면 그 사람의 피

도 흘릴 것이니 이는 하나님이 자기 형

상대로 사람을 지으셨음이니라

7 너희는 생육하고 번성하며 땅에 가득하

여 그 중에서 번성하라 하셨더라

8 하나님이 노아와 그와 함께 한 아들들에

게 말씀하여 이르시되

9 내가 내 언약을 너희와 너희 후손과

10 너희와 함께 한 모든 생물 곧 너희와 함

께 한 새와 가축과 땅의 모든 생물에게

세우리니 방주에서 나온 모든 것 곧 땅

의 모든 짐승에게니라

11 내가 너희와 언약을 세우리니 다시는 모

든 생물을 홍수로 멸하지 아니할 것이라

땅을 멸할 홍수가 다시 있지 아니하리라

12 하나님이 이르시되 내가 나와 너희와 및

너희와 함께 하는 모든 생물 사이에 대

대로 영원히 세우는 언약의 증거는 이것

이니라

13 내가 내 무지개를 구름 속에 두었나니

이것이 나와 세상 사이의 언약의 증거 니라

14 내가 구름으로 땅을 덮을 때에 무지개가 구름 속에 나타나면

15 내가 나와 너희와 및 육체를 가진 모든 생물 사이의 내 언약을 기억하리니 다시 는 물이 모든 육체를 멸하는 홍수가 되 지 아니할지라

16 무지개가 구름 사이에 있으리니 내가 보 고 나 하나님과 모든 육체를 가진 땅의 모든 생물 사이의 영원한 언약을 기억하 리라

17 하나님이 노아에게 또 이르시되 내가 나 와 땅에 있는 모든 생물 사이에 세운 언 약의 증거가 이것이라 하셨더라

노아와 그 아들들

18 방주에서 나온 노아의 아들들은 셈과 함과 야벳이며 함은 가나안의 아버지라

19 노아의 이 세 아들로부터 사람들이 온 땅에 퍼지니라

20 노아가 농사를 시작하여 포도나무를 심 었더니

21 포도주를 마시고 취하여 그 장막 안에서 벌거벗은지라

22 가나안의 아버지 함이 그의 아버지의 하 체를 보고 밖으로 나가서 그의 두 형제 에게 알리매

23 셈과 야벳이 옷을 가져다가 자기들의 어 깨에 메고 뒷걸음쳐 들어가서 그들의 아 버지의 하체를 덮었으며 그들이 얼굴을 돌이키고 그들의 아버지의 하체를 보지 아니하였더라

24 노아가 술이 깨어 그의 작은 아들이 자 기에게 행한 일을 알고

25 이에 이르되 가나안은 저주를 받아 그 의 형제의 종들의 종이 되기를 원하노

라 하고

26 또 이르되 셈의 하나님 여호와를 찬송하

리로다 가나안은 셈의 종이 되고

27 하나님이 야벳을 창대하게 하사 셈의 장

막에 거하게 하시고 가나안은 그의 종이

되게 하시기를 원하노라 하였더라

28 홍수 후에 노아가 삼백오십 년을 살았고

29 그의 나이가 구백오십 세가 되어 죽었

더라

노아의 아들들의 족보 (대상 1:5-23)

10 노아의 아들 셈과 함과 야벳의 족보는

이러하니라 홍수 후에 그들이 아들들을

낳았으니

2 야벳의 아들은 고멜과 마곡과 마대와 야

완과 두발과 메섹과 디라스요

3 고멜의 아들은 아스그나스와 리밧과 도

갈마요

4 야완의 아들은 엘리사와 달시스와 깃딤

과 도다님이라

5 이들로부터 여러 나라 백성으로 나뉘어

서 각기 언어와 종족과 나라대로 바닷가

의 땅에 머물렀더라

6 함의 아들은 구스와 미스라임과 붓과 가

나안이요

7 구스의 아들은 스바와 하윌라와 삽다와

라아마와 삽드가요 라아마의 아들은 스

바와 드단이며

8 구스가 또 니므롯을 낳았으니 그는 세상

에 첫 용사라

9 그가 여호와 앞에서 용감한 사냥꾼이 되

었으므로 속담에 이르기를 아무는 여호

와 앞에 니므롯 같이 용감한 사냥꾼이로

다 하더라

10 그의 나라는 시날 땅의 바벨과 에렉과

악갓과 갈레에서 시작되었으며

11 그가 그 땅에서 앗수르로 나아가 니느웨

와 르호보딜과 갈라와

12 및 니느웨와 갈라 사이의 레센을 건설하였으니 이는 큰 성읍이라

13 미스라임은 루딤과 아나밈과 르하빔과 납두힘과

14 바드루심과 가슬루힘과 갑도림을 낳았더라 (가슬루힘에게서 블레셋이 나왔더라)

15 가나안은 장자 시돈과 헷을 낳고

16 또 여부스 족속과 아모리 족속과 기르가스 족속과

17 히위 족속과 알가 족속과 신 족속과

18 아르왓 족속과 스말 족속과 하맛 족속을 낳았더니 이 후로 가나안 자손의 족속이 흩어져 나아갔더라

19 가나안의 경계는 시돈에서부터 그랄을 지나 가사까지와 소돔과 고모라와 아드마와 스보임을 지나 라사까지였더라

20 이들은 함의 자손이라 각기 족속과 언어와 지방과 나라대로였더라

21 셈은 에벨 온 자손의 조상이요 야벳의 형이라 그에게도 자녀가 출생하였으니

22 셈의 아들은 엘람과 앗수르와 아르박삿과 룻과 아람이요

23 아람의 아들은 우스와 훌과 게델과 마스며

24 아르박삿은 셀라를 낳고 셀라는 에벨을 낳았으며

25 에벨은 두 아들을 낳고 하나의 이름을 벨렉이라 하였으니 그 때에 세상이 나뉘었음이요 벨렉의 아우의 이름은 욕단이며

26 욕단은 알모닷과 셀렙과 하살마웻과 예라와

27 하도람과 우살과 디글라와

28 오발과 아비마엘과 스바와

27

29 오빌과 하윌라와 요밥을 낳았으니 이들은 다 욕단의 아들이며

30 그들이 거주하는 곳은 메사에서부터 스발로 가는 길의 동쪽 산이었더라

31 이들은 셈의 자손이니 그 족속과 언어와 지방과 나라대로였더라

32 이들은 그 백성들의 족보에 따르면 노아 자손의 족속들이요 홍수 후에 이들에게서 그 땅의 백성들이 나뉘었더라

바벨

11 온 땅의 언어가 하나요 말이 하나였더라

2 이에 그들이 동방으로 옮기다가 시날 평지를 만나 거기 거류하며

3 서로 말하되 자, 벽돌을 만들어 견고히 굽자 하고 이에 벽돌로 돌을 대신하며 역청으로 진흙을 대신하고

4 또 말하되 자, 성읍과 탑을 건설하여 그 탑 꼭대기를 하늘에 닿게 하여 우리 이름을 내고 온 지면에 흩어짐을 면하자 하였더니

5 여호와께서 사람들이 건설하는 그 성읍과 탑을 보려고 내려오셨더라

6 여호와께서 이르시되 이 무리가 한 족속이요 언어도 하나이므로 이같이 시작하였으니 이 후로는 그 하고자 하는 일을 막을 수 없으리로다

7 자, 우리가 내려가서 거기서 그들의 언어를 혼잡하게 하여 그들이 서로 알아듣지 못하게 하자 하시고

8 여호와께서 거기서 그들을 온 지면에 흩으셨으므로 그들이 그 도시를 건설하기를 그쳤더라

9 그러므로 그 이름을 바벨이라 하니 이는 여호와께서 거기서 온 땅의 언어를 혼잡하게 하셨음이니라 여호와께서 거기서 그들을 온 지면에 흩으셨더라

셈의 족보 (대상 1:24-27)

10 셈의 족보는 이러하니라 셈은 백 세 곧

홍수 후 이 년에 아르박삿을 낳았고

11 아르박삿을 낳은 후에 오백 년을 지내며

자녀를 낳았으며

12 아르박삿은 삼십오 세에 셀라를 낳았고

13 셀라를 낳은 후에 사백삼 년을 지내며

자녀를 낳았으며

14 셀라는 삼십 세에 에벨을 낳았고

15 에벨을 낳은 후에 사백삼 년을 지내며

자녀를 낳았으며

16 에벨은 삼십사 세에 벨렉을 낳았고

17 벨렉을 낳은 후에 사백삼십 년을 지내며

자녀를 낳았으며

18 벨렉은 삼십 세에 르우를 낳았고

19 르우를 낳은 후에 이백구 년을 지내며

자녀를 낳았으며

20 르우는 삼십이 세에 스룩을 낳았고

21 스룩을 낳은 후에 이백칠 년을 지내며

자녀를 낳았으며

22 스룩은 삼십 세에 나홀을 낳았고

23 나홀을 낳은 후에 이백 년을 지내며 자

녀를 낳았으며

24 나홀은 이십구 세에 데라를 낳았고

25 데라를 낳은 후에 백십구 년을 지내며

자녀를 낳았으며

26 데라는 칠십 세에 아브람과 나홀과 하란

을 낳았더라

데라의 족보

27 데라의 족보는 이러하니라 데라는 아브

람과 나홀과 하란을 낳고 하란은 롯을

낳았으며

28 하란은 그 아비 데라보다 먼저 고향 갈

대아인의 우르에서 죽었더라

29 아브람과 나홀이 장가 들었으니 아브람

의 아내의 이름은 사래며 나홀의 아내

의 이름은 밀가니 하란의 딸이요 하란

은 밀가의 아버지이며 또 이스가의 아

버지더라

30 사래는 임신하지 못하므로 자식이 없었

더라

31 데라가 그 아들 아브람과 하란의 아들인

그의 손자 롯과 그의 며느리 아브람의

아내 사래를 데리고 갈대아인의 우르를

떠나 가나안 땅으로 가고자 하더니 하란

에 이르러 거기 거류하였으며

32 데라는 나이가 이백오 세가 되어 하란에

서 죽었더라

여호와께서 아브람에게 이르시다

12 여호와께서 아브람에게 이르시되 너는

너의 고향과 친척과 아버지의 집을 떠나

내가 네게 보여 줄 땅으로 가라

2 내가 너로 큰 민족을 이루고 네게 복을

주어 네 이름을 창대하게 하리니 너는

복이 될지라

3 너를 축복하는 자에게는 내가 복을 내리

고 너를 저주하는 자에게는 내가 저주하

리니 땅의 모든 족속이 너로 말미암아

복을 얻을 것이라 하신지라

4 이에 아브람이 여호와의 말씀을 따라갔

고 롯도 그와 함께 갔으며 아브람이 하

란을 떠날 때에 칠십오 세였더라

5 아브람이 그의 아내 사래와 조카 롯과

하란에서 모은 모든 소유와 얻은 사람들

을 이끌고 가나안 땅으로 가려고 떠나서

마침내 가나안 땅에 들어갔더라

6 아브람이 그 땅을 지나 세겜 땅 모레 상

수리나무에 이르니 그 때에 가나안 사람

이 그 땅에 거주하였더라

7 여호와께서 아브람에게 나타나 이르시되

내가 이 땅을 네 자손에게 주리라 하신

지라 자기에게 나타나신 여호와께 그가

그 곳에서 제단을 쌓고

8 거기서 벧엘 동쪽 산으로 옮겨 장막을 치니 서쪽은 벧엘이요 동쪽은 아이라 그가 그 곳에서 여호와께 제단을 쌓고 여호와의 이름을 부르더니

9 점점 남방으로 옮겨갔더라

아브람이 애굽으로 내려가다

10 그 땅에 기근이 들었으므로 아브람이 애굽에 거류하려고 그리로 내려갔으니 이는 그 땅에 기근이 심하였음이라

11 그가 애굽에 가까이 이르렀을 때에 그의 아내 사래에게 말하되 내가 알기에 그대는 아리따운 여인이라

12 애굽 사람이 그대를 볼 때에 이르기를 이는 그의 아내라 하여 나는 죽이고 그대는 살리리니

13 원하건대 그대는 나의 누이라 하라 그러면 내가 그대로 말미암아 안전하고 내

목숨이 그대로 말미암아 보존되리라 하니라

14 아브람이 애굽에 이르렀을 때에 애굽 사람들이 그 여인이 심히 아리따움을 보았고

15 바로의 고관들도 그를 보고 바로 앞에서 칭찬하므로 그 여인을 바로의 궁으로 이끌어들인지라

16 이에 바로가 그로 말미암아 아브람을 후대하므로 아브람이 양과 소와 노비와 암수 나귀와 낙타를 얻었더라

17 여호와께서 아브람의 아내 사래의 일로 바로와 그 집에 큰 재앙을 내리신지라

18 바로가 아브람을 불러서 이르되 네가 어찌하여 나에게 이렇게 행하였느냐 네가 어찌하여 그를 네 아내라고 내게 말하지 아니하였느냐

19 네가 어찌 그를 누이라 하여 내가 그를 데려다가 아내를 삼게 하였느냐 네 아내가 여기 있으니 이제 데려가라 하고

20 바로가 사람들에게 그의 일을 명하매 그들이 그와 함께 그의 아내와 그의 모든 소유를 보내었더라

아브람과 롯이 서로 떠나다

13 아브람이 애굽에서 그와 그의 아내와 모든 소유와 롯과 함께 네게브로 올라가니

2 아브람에게 가축과 은과 금이 풍부하였더라

3 그가 네게브에서부터 길을 떠나 벧엘에 이르며 벧엘과 아이 사이 곧 전에 장막 쳤던 곳에 이르니

4 그가 처음으로 제단을 쌓은 곳이라 그가 거기서 여호와의 이름을 불렀더라

5 아브람의 일행 롯도 양과 소와 장막이 있으므로

6 그 땅이 그들이 동거하기에 넉넉하지 못하였으니 이는 그들의 소유가 많아서 동거할 수 없었음이니라

7 그러므로 아브람의 가축의 목자와 롯의 가축의 목자가 서로 다투고 또 가나안 사람과 브리스 사람도 그 땅에 거주하였는지라

8 아브람이 롯에게 이르되 우리는 한 친족이라 나나 너나 내 목자나 네 목자나 서로 다투게 하지 말자

9 네 앞에 온 땅이 있지 아니하냐 나를 떠나가라 네가 좌하면 나는 우하고 네가 우하면 나는 좌하리라

10 이에 롯이 눈을 들어 요단 지역을 바라본즉 소알까지 온 땅에 물이 넉넉하니 여호와께서 소돔과 고모라를 멸하시기 전이었으므로 여호와의 동산 같고 애굽 땅과 같았더라

11 그러므로 롯이 요단 온 지역을 택하고

동으로 옮기니 그들이 서로 떠난지라

12 아브람은 가나안 땅에 거주하였고 롯은

그 지역의 도시들에 머무르며 그 장막을

옮겨 소돔까지 이르렀더라

13 소돔 사람은 여호와 앞에 악하며 큰 죄

인이었더라

아브람이 헤브론으로 옮기다

14 롯이 아브람을 떠난 후에 여호와께서 아

브람에게 이르시되 너는 눈을 들어 너

있는 곳에서 북쪽과 남쪽 그리고 동쪽과

서쪽을 바라보라

15 보이는 땅을 내가 너와 네 자손에게 주

리니 영원히 이르리라

16 내가 네 자손이 땅의 티끌 같게 하리니

사람이 땅의 티끌을 능히 셀 수 있을진

대 네 자손도 세리라

17 너는 일어나 그 땅을 종과 횡으로 두루

다녀 보라 내가 그것을 네게 주리라

18 이에 아브람이 장막을 옮겨 헤브론에 있

는 마므레 상수리 수풀에 이르러 거주하

며 거기서 여호와를 위하여 제단을 쌓았

더라

아브람이 롯을 구하다

14 당시에 시날 왕 아므라벨과 엘라살 왕

아리옥과 엘람 왕 그돌라오멜과 고임 왕

디달이

2 소돔 왕 베라와 고모라 왕 비르사와 아

드마 왕 시납과 스보임 왕 세메벨과 벨

라 곧 소알 왕과 싸우니라

3 이들이 다 싯딤 골짜기 곧 지금의 염해

에 모였더라

4 이들이 십이 년 동안 그돌라오멜을 섬기

다가 제십삼년에 배반한지라

5 제십사년에 그돌라오멜과 그와 함께 한

왕들이 나와서 아스드롯 가르나임에서

르바 족속을, 함에서 수스 족속을, 사웨

기랴다임에서 엠 족속을 치고

6 호리 족속을 그 산 세일에서 쳐서 광야

근방 엘바란까지 이르렀으며

7 그들이 돌이켜 엔미스밧 곧 가데스에 이

르러 아말렉 족속의 온 땅과 하사손다말

에 사는 아모리 족속을 친지라

8 소돔 왕과 고모라 왕과 아드마 왕과 스

보임 왕과 벨라 곧 소알 왕이 나와서 싯

딤 골짜기에서 그들과 전쟁을 하기 위하

여 진을 쳤더니

9 엘람 왕 그돌라오멜과 고임 왕 디달과

시날 왕 아므라벨과 엘라살 왕 아리옥

네 왕이 곧 그 다섯 왕과 맞서니라

10 싯딤 골짜기에는 역청 구덩이가 많은지

라 소돔 왕과 고모라 왕이 달아날 때에

그들이 거기 빠지고 그 나머지는 산으로

도망하매

11 네 왕이 소돔과 고모라의 모든 재물과

양식을 빼앗아 가고

12 소돔에 거주하는 아브람의 조카 롯도 사

로잡고 그 재물까지 노략하여 갔더라

13 도망한 자가 와서 히브리 사람 아브람에

게 알리니 그 때에 아브람이 아모리 족

속 마므레의 상수리 수풀 근처에 거주하

였더라 마므레는 에스골의 형제요 또 아

넬의 형제라 이들은 아브람과 동맹한 사

람들이더라

14 아브람이 그의 조카가 사로잡혔음을 듣

고 집에서 길리고 훈련된 자 삼백십팔

명을 거느리고 단까지 쫓아가서

15 그와 그의 가신들이 나뉘어 밤에 그들을

쳐부수고 다메섹 왼편 호바까지 쫓아가

16 모든 빼앗겼던 재물과 자기의 조카 롯과

그의 재물과 또 부녀와 친척을 다 찾아

왔더라

멜기세덱이 아브람에게 축복하다

17 아브람이 그돌라오멜과 그와 함께 한 왕들을 쳐부수고 돌아올 때에 소돔 왕이 사웨 골짜기 곧 왕의 골짜기로 나와 그를 영접하였고

18 살렘 왕 멜기세덱이 떡과 포도주를 가지고 나왔으니 그는 지극히 높으신 하나님의 제사장이었더라

19 그가 아브람에게 축복하여 이르되 천지의 주재이시요 지극히 높으신 하나님이여 아브람에게 복을 주옵소서

20 너희 대적을 네 손에 붙이신 지극히 높으신 하나님을 찬송할지로다 하매 아브람이 그 얻은 것에서 십분의 일을 멜기세덱에게 주었더라

21 소돔 왕이 아브람에게 이르되 사람은 내게 보내고 물품은 네가 가지라

22 아브람이 소돔 왕에게 이르되 천지의 주재이시요 지극히 높으신 하나님 여호와께 내가 손을 들어 맹세하노니

23 네 말이 내가 아브람으로 치부하게 하였다 할까 하여 네게 속한 것은 실 한 오라기나 들메끈 한 가닥도 내가 가지지 아니하리라

24 오직 젊은이들이 먹은 것과 나와 동행한 아넬과 에스골과 마므레의 분깃을 제할지니 그들이 그 분깃을 가질 것이니라

여호와께서 아브람과 언약을 세우시다

15 이 후에 여호와의 말씀이 환상 중에 아브람에게 임하여 이르시되 아브람아 두려워하지 말라 나는 네 방패요 너의 지극히 큰 상급이니라

2 아브람이 이르되 주 여호와여 무엇을 내게 주시려 하나이까 나는 자식이 없사오니 나의 상속자는 이 다메섹 사람 엘리에셀이니이다

3 아브람이 또 이르되 주께서 내게 씨를 주지 아니하셨으니 내 집에서 길린 자가 내 상속자가 될 것이니이다

4 여호와의 말씀이 그에게 임하여 이르시되 그 사람이 네 상속자가 아니라 네 몸에서 날 자가 네 상속자가 되리라 하시고

5 그를 이끌고 밖으로 나가 이르시되 하늘을 우러러 뭇별을 셀 수 있나 보라 또 그에게 이르시되 네 자손이 이와 같으리라

6 아브람이 여호와를 믿으니 여호와께서 이를 그의 의로 여기시고

7 또 그에게 이르시되 나는 이 땅을 네게 주어 소유를 삼게 하려고 너를 갈대아인의 우르에서 이끌어 낸 여호와니라

8 그가 이르되 주 여호와여 내가 이 땅을 소유로 받을 것을 무엇으로 알리이까

9 여호와께서 그에게 이르시되 나를 위하여 삼 년 된 암소와 삼 년 된 암염소와 삼 년 된 숫양과 산비둘기와 집비둘기 새끼를 가져올지니라

10 아브람이 그 모든 것을 가져다가 그 중간을 쪼개고 그 쪼갠 것을 마주 대하여 놓고 그 새는 쪼개지 아니하였으며

11 솔개가 그 사체 위에 내릴 때에는 아브람이 쫓았더라

12 해 질 때에 아브람에게 깊은 잠이 임하고 큰 흑암과 두려움이 그에게 임하였더니

13 여호와께서 아브람에게 이르시되 너는 반드시 알라 네 자손이 이방에서 객이 되어 그들을 섬기겠고 그들은 사백 년 동안 네 자손을 괴롭히리니

14 그들이 섬기는 나라를 내가 징벌할지며 그 후에 네 자손이 큰 재물을 이끌고 나오리라

15 너는 장수하다가 평안히 조상에게로 돌

아가 장사될 것이요

16 네 자손은 사대 만에 이 땅으로 돌아오리니 이는 아모리 족속의 죄악이 아직 가득 차지 아니함이니라 하시더니

17 해가 져서 어두울 때에 연기 나는 화로가 보이며 타는 횃불이 쪼갠 고기 사이로 지나더라

18 그 날에 여호와께서 아브람과 더불어 언약을 세워 이르시되 내가 이 땅을 애굽 강에서부터 그 큰 강 유브라데까지 네 자손에게 주노니

19 곧 겐 족속과 그니스 족속과 갓몬 족속과

20 헷 족속과 브리스 족속과 르바 족속과

21 아모리 족속과 가나안 족속과 기르가스 족속과 여부스 족속의 땅이니라 하셨더라

하갈과 이스마엘

16 아브람의 아내 사래는 출산하지 못하였고 그에게 한 여종이 있으니 애굽 사람이요 이름은 하갈이라

2 사래가 아브람에게 이르되 여호와께서 내 출산을 허락하지 아니하셨으니 원하건대 내 여종에게 들어가라 내가 혹 그로 말미암아 자녀를 얻을까 하노라 하매 아브람이 사래의 말을 들으니라

3 아브람의 아내 사래가 그 여종 애굽 사람 하갈을 데려다가 그 남편 아브람에게 첩으로 준 때는 아브람이 가나안 땅에 거주한 지 십 년 후였더라

4 아브람이 하갈과 동침하였더니 하갈이 임신하매 그가 자기의 임신함을 알고 그의 여주인을 멸시한지라

5 사래가 아브람에게 이르되 내가 받는 모욕은 당신이 받아야 옳도다 내가 나의 여종을 당신의 품에 두었거늘 그가 자기의 임신함을 알고 나를 멸시하니 당신과

나 사이에 여호와께서 판단하시기를 원

하노라

6 아브람이 사래에게 이르되 당신의 여종

은 당신의 수중에 있으니 당신의 눈에

좋을 대로 그에게 행하라 하매 사래가

하갈을 학대하였더니 하갈이 사래 앞에

서 도망하였더라

7 여호와의 사자가 광야의 샘물 곁 곧 술

길 샘 곁에서 그를 만나

8 이르되 사래의 여종 하갈아 네가 어디서

왔으며 어디로 가느냐 그가 이르되 나는

내 여주인 사래를 피하여 도망하나이다

9 여호와의 사자가 그에게 이르되 네 여주

인에게로 돌아가서 그 수하에 복종하라

10 여호와의 사자가 또 그에게 이르되 내가

네 씨를 크게 번성하여 그 수가 많아 셀

수 없게 하리라

11 여호와의 사자가 또 그에게 이르되 네가

임신하였은즉 아들을 낳으리니 그 이름

을 이스마엘이라 하라 이는 여호와께서

네 고통을 들으셨음이니라

12 그가 사람 중에 들나귀 같이 되리니 그

의 손이 모든 사람을 치겠고 모든 사람

의 손이 그를 칠지며 그가 모든 형제와

대항해서 살리라 하니라

13 하갈이 자기에게 이르신 여호와의 이름

을 나를 살피시는 하나님이라 하였으니

이는 내가 어떻게 여기서 나를 살피시는

하나님을 뵈었는고 함이라

14 이러므로 그 샘을 브엘라해로이라 불렀

으며 그것은 가데스와 베렛 사이에 있

더라

15 하갈이 아브람의 아들을 낳으매 아브람

이 하갈이 낳은 그 아들을 이름하여 이

스마엘이라 하였더라

16 하갈이 아브람에게 이스마엘을 낳았을

때에 아브람이 팔십육 세였더라

할례:언약의 표징

17 아브람이 구십구 세 때에 여호와께서 아브람에게 나타나서 그에게 이르시되 나는 전능한 하나님이라 너는 내 앞에서 행하여 완전하라

2 내가 내 언약을 나와 너 사이에 두어 너를 크게 번성하게 하리라 하시니

3 아브람이 엎드렸더니 하나님이 또 그에게 말씀하여 이르시되

4 보라 내 언약이 너와 함께 있으니 너는 여러 민족의 아버지가 될지라

5 이제 후로는 네 이름을 아브람이라 하지 아니하고 아브라함이라 하리니 이는 내가 너를 여러 민족의 아버지가 되게 함이니라

6 내가 너로 심히 번성하게 하리니 내가 네게서 민족들이 나게 하며 왕들이 네게

로부터 나오리라

7 내가 내 언약을 나와 너 및 네 대대 후손 사이에 세워서 영원한 언약을 삼고 너와 네 후손의 하나님이 되리라

8 내가 너와 네 후손에게 네가 거류하는 이 땅 곧 가나안 온 땅을 주어 영원한 기업이 되게 하고 나는 그들의 하나님이 되리라

9 하나님이 또 아브라함에게 이르시되 그런즉 너는 내 언약을 지키고 네 후손도 대대로 지키라

10 너희 중 남자는 다 할례를 받으라 이것이 나와 너희와 너희 후손 사이에 지킬 내 언약이니라

11 너희는 포피를 베어라 이것이 나와 너희 사이의 언약의 표징이니라

12 너희의 대대로 모든 남자는 집에서 난 자나 또는 너희 자손이 아니라 이방 사

람에게서 돈으로 산 자를 막론하고 난

지 팔 일 만에 할례를 받을 것이라

13 너희 집에서 난 자든지 너희 돈으로 산

자든지 할례를 받아야 하리니 이에 내

언약이 너희 살에 있어 영원한 언약이

되려니와

14 할례를 받지 아니한 남자 곧 그 포피를

베지 아니한 자는 백성 중에서 끊어지리

니 그가 내 언약을 배반하였음이니라

15 하나님이 또 아브라함에게 이르시되 네

아내 사래는 이름을 사래라 하지 말고

사라라 하라

16 내가 그에게 복을 주어 그가 네게 아들

을 낳아 주게 하며 내가 그에게 복을 주

어 그를 여러 민족의 어머니가 되게 하

리니 민족의 여러 왕이 그에게서 나리라

17 아브라함이 엎드려 웃으며 마음속으로

이르되 백 세 된 사람이 어찌 자식을 낳

을까 사라는 구십 세니 어찌 출산하리요

하고

18 아브라함이 이에 하나님께 아뢰되 이

스마엘이나 하나님 앞에 살기를 원하

나이다

19 하나님이 이르시되 아니라 네 아내 사라

가 네게 아들을 낳으리니 너는 그 이름

을 이삭이라 하라 내가 그와 내 언약을

세우리니 그의 후손에게 영원한 언약이

되리라

20 이스마엘에 대하여는 내가 네 말을 들었

나니 내가 그에게 복을 주어 그를 매우

크게 생육하고 번성하게 할지라 그가 열

두 두령을 낳으리니 내가 그를 큰 나라

가 되게 하려니와

21 내 언약은 내가 내년 이 시기에 사라가

네게 낳을 이삭과 세우리라

22 하나님이 아브라함과 말씀을 마치시고

그를 떠나 올라가셨더라

23 이에 아브라함이 하나님이 자기에게 말씀하신 대로 이 날에 그 아들 이스마엘과 집에서 태어난 모든 자와 돈으로 산 모든 자 곧 아브라함의 집 사람 중 모든 남자를 데려다가 그 포피를 베었으니

24 아브라함이 그의 포피를 벤 때는 구십구 세였고

25 그의 아들 이스마엘이 그의 포피를 벤 때는 십삼 세였더라

26 그 날에 아브라함과 그 아들 이스마엘이 할례를 받았고

27 그 집의 모든 남자 곧 집에서 태어난 자와 돈으로 이방 사람에게서 사온 자가 다 그와 함께 할례를 받았더라

아브라함이 아들을 약속받다

18 여호와께서 마므레의 상수리나무들이 있는 곳에서 아브라함에게 나타나시니라

날이 뜨거울 때에 그가 장막 문에 앉아 있다가

2 눈을 들어 본즉 사람 셋이 맞은편에 서 있는지라 그가 그들을 보자 곧 장막 문에서 달려나가 영접하며 몸을 땅에 굽혀

3 이르되 내 주여 내가 주께 은혜를 입었사오면 원하건대 종을 떠나 지나가지 마시옵고

4 물을 조금 가져오게 하사 당신들의 발을 씻으시고 나무 아래에서 쉬소서

5 내가 떡을 조금 가져오리니 당신들의 마음을 상쾌하게 하신 후에 지나가소서 당신들이 종에게 오셨음이니이다 그들이 이르되 네 말대로 그리하라

6 아브라함이 급히 장막으로 가서 사라에게 이르되 속히 고운 가루 세 스아를 가져다가 반죽하여 떡을 만들라 하고

7 아브라함이 또 가축 떼 있는 곳으로 달

려가서 기름지고 좋은 송아지를 잡아 하

인에게 주니 그가 급히 요리한지라

8 아브라함이 엉긴 젖과 우유와 하인이 요

리한 송아지를 가져다가 그들 앞에 차려

놓고 나무 아래에 모셔 서매 그들이 먹

으니라

9 그들이 아브라함에게 이르되 네 아내 사

라가 어디 있느냐 대답하되 장막에 있나

이다

10 그가 이르시되 내년 이맘때 내가 반드시

네게로 돌아오리니 네 아내 사라에게 아

들이 있으리라 하시니 사라가 그 뒤 장

막 문에서 들었더라

11 아브라함과 사라는 나이가 많아 늙었고

사라에게는 여성의 생리가 끊어졌는지라

12 사라가 속으로 웃고 이르되 내가 노쇠하

였고 내 주인도 늙었으니 내게 무슨 즐

거움이 있으리요

13 여호와께서 아브라함에게 이르시되 사

라가 왜 웃으며 이르기를 내가 늙었거늘

어떻게 아들을 낳으리요 하느냐

14 여호와께 능하지 못한 일이 있겠느냐 기

한이 이를 때에 내가 네게로 돌아오리니

사라에게 아들이 있으리라

15 사라가 두려워서 부인하여 이르되 내가

웃지 아니하였나이다 이르시되 아니라

네가 웃었느니라

아브라함이 소돔을 위하여 빌다

16 그 사람들이 거기서 일어나서 소돔으로

향하고 아브라함은 그들을 전송하러 함

께 나가니라

17 여호와께서 이르시되 내가 하려는 것을

아브라함에게 숨기겠느냐

18 아브라함은 강대한 나라가 되고 천하 만

민은 그로 말미암아 복을 받게 될 것이

아니냐

19 내가 그로 그 자식과 권속에게 명하여 여호와의 도를 지켜 의와 공도를 행하게 하려고 그를 택하였나니 이는 나 여호와가 아브라함에게 대하여 말한 일을 이루려 함이니라

20 여호와께서 또 이르시되 소돔과 고모라에 대한 부르짖음이 크고 그 죄악이 심히 무거우니

21 내가 이제 내려가서 그 모든 행한 것이 과연 내게 들린 부르짖음과 같은지 그렇지 않은지 내가 보고 알려 하노라

22 그 사람들이 거기서 떠나 소돔으로 향하여 가고 아브라함은 여호와 앞에 그대로 섰더니

23 아브라함이 가까이 나아가 이르되 주께서 의인을 악인과 함께 멸하려 하시나이까

24 그 성 중에 의인 오십 명이 있을지라도 주께서 그 곳을 멸하시고 그 오십 의인을 위하여 용서하지 아니하시리이까

25 주께서 이같이 하사 의인을 악인과 함께 죽이심은 부당하오며 의인과 악인을 같이 하심도 부당하니이다 세상을 심판하시는 이가 정의를 행하실 것이 아니니이까

26 여호와께서 이르시되 내가 만일 소돔 성읍 가운데에서 의인 오십 명을 찾으면 그들을 위하여 온 지역을 용서하리라

27 아브라함이 대답하여 이르되 나는 티끌이나 재와 같사오나 감히 주께 아뢰나이다

28 오십 의인 중에 오 명이 부족하다면 그 오 명이 부족함으로 말미암아 온 성읍을 멸하시리이까 이르시되 내가 거기서 사십오 명을 찾으면 멸하지 아니하리라

29 아브라함이 또 아뢰어 이르되 거기서 사

십 명을 찾으시면 어찌 하려 하시나이까 이르시되 사십 명으로 말미암아 멸하지 아니하리라

30 아브라함이 이르되 내 주여 노하지 마시옵고 말씀하게 하옵소서 거기서 삼십 명을 찾으시면 어찌 하려 하시나이까 이르시되 내가 거기서 삼십 명을 찾으면 그리하지 아니하리라

31 아브라함이 또 이르되 내가 감히 내 주께 아뢰나이다 거기서 이십 명을 찾으시면 어찌 하려 하시나이까 이르시되 내가 이십 명으로 말미암아 그리하지 아니하리라

32 아브라함이 또 이르되 주는 노하지 마옵소서 내가 이번만 더 아뢰리이다 거기서 십 명을 찾으시면 어찌 하려 하시나이까 이르시되 내가 십 명으로 말미암아 멸하지 아니하리라

33 여호와께서 아브라함과 말씀을 마치시고 가시니 아브라함도 자기 곳으로 돌아갔더라

소돔의 죄악

19 저녁 때에 그 두 천사가 소돔에 이르니 마침 롯이 소돔 성문에 앉아 있다가 그들을 보고 일어나 영접하고 땅에 엎드려 절하며

2 이르되 내 주여 돌이켜 종의 집으로 들어와 발을 씻고 주무시고 일찍이 일어나 갈 길을 가소서 그들이 이르되 아니라 우리가 거리에서 밤을 새우리라

3 롯이 간청하매 그제서야 돌이켜 그 집으로 들어오는지라 롯이 그들을 위하여 식탁을 베풀고 무교병을 구우니 그들이 먹으니라

4 그들이 눕기 전에 그 성 사람 곧 소돔 백성들이 노소를 막론하고 원근에서 다 모

여 그 집을 에워싸고

5 롯을 부르고 그에게 이르되 오늘 밤에

네게 온 사람들이 어디 있느냐 이끌어

내라 우리가 그들을 상관하리라

6 롯이 문 밖의 무리에게로 나가서 뒤로

문을 닫고

7 이르되 청하노니 내 형제들아 이런 악을

행하지 말라

8 내게 남자를 가까이 하지 아니한 두 딸

이 있노라 청하건대 내가 그들을 너희에

게로 이끌어 내리니 너희 눈에 좋을 대

로 그들에게 행하고 이 사람들은 내 집

에 들어왔은즉 이 사람들에게는 아무 일

도 저지르지 말라

9 그들이 이르되 너는 물러나라 또 이르되

이 자가 들어와서 거류하면서 우리의 법

관이 되려 하는도다 이제 우리가 그들보

다 너를 더 해하리라 하고 롯을 밀치며

가까이 가서 그 문을 부수려고 하는지라

10 그 사람들이 손을 내밀어 롯을 집으로

끌어들이고 문을 닫고

11 문 밖의 무리를 대소를 막론하고 그 눈

을 어둡게 하니 그들이 문을 찾느라고

헤매었더라

롯이 소돔을 떠나다

12 그 사람들이 롯에게 이르되 이 외에 네

게 속한 자가 또 있느냐 네 사위나 자녀

나 성 중에 네게 속한 자들을 다 성 밖으

로 이끌어 내라

13 그들에 대한 부르짖음이 여호와 앞에 크

므로 여호와께서 이 곳을 멸하시려고 우

리를 보내셨나니 우리가 멸하리라

14 롯이 나가서 그 딸들과 결혼할 사위들에

게 말하여 이르기를 여호와께서 이 성을

멸하실 터이니 너희는 일어나 이 곳에서

떠나라 하되 그의 사위들은 농담으로 여

겼더라

15 동틀 때에 천사가 롯을 재촉하여 이르되

일어나 여기 있는 네 아내와 두 딸을 이

끌어 내라 이 성의 죄악 중에 함께 멸망

할까 하노라

16 그러나 롯이 지체하매 그 사람들이 롯의

손과 그 아내의 손과 두 딸의 손을 잡아

인도하여 성 밖에 두니 여호와께서 그에

게 자비를 더하심이었더라

17 그 사람들이 그들을 밖으로 이끌어 낸

후에 이르되 도망하여 생명을 보존하라

돌아보거나 들에 머물지 말고 산으로 도

망하여 멸망함을 면하라

18 롯이 그들에게 이르되 내 주여 그리 마

옵소서

19 주의 종이 주께 은혜를 입었고 주께서

큰 인자를 내게 베푸사 내 생명을 구원

하시오나 내가 도망하여 산에까지 갈 수

없나이다 두렵건대 재앙을 만나 죽을까

하나이다

20 보소서 저 성읍은 도망하기에 가깝고 작

기도 하오니 나를 그 곳으로 도망하게

하소서 이는 작은 성읍이 아니니이까 내

생명이 보존되리이다

21 그가 그에게 이르되 내가 이 일에도 네

소원을 들었은즉 네가 말하는 그 성읍을

멸하지 아니하리니

22 그리로 속히 도망하라 네가 거기 이르기

까지는 내가 아무 일도 행할 수 없노라

하였더라 그러므로 그 성읍 이름을 소알

이라 불렀더라

소돔과 고모라를 멸하시다

23 롯이 소알에 들어갈 때에 해가 돋았더라

24 여호와께서 하늘 곧 여호와께로부터 유

황과 불을 소돔과 고모라에 비같이 내

리사

25 그 성들과 온 들과 성에 거주하는 모든 백성과 땅에 난 것을 다 엎어 멸하셨더라

26 롯의 아내는 뒤를 돌아보았으므로 소금 기둥이 되었더라

27 아브라함이 그 아침에 일찍이 일어나 여호와 앞에 서 있던 곳에 이르러

28 소돔과 고모라와 그 온 지역을 향하여 눈을 들어 연기가 옹기 가마의 연기같이 치솟음을 보았더라

29 하나님이 그 지역의 성을 멸하실 때 곧 롯이 거주하는 성을 엎으실 때에 하나님이 아브라함을 생각하사 롯을 그 엎으시는 중에서 내보내셨더라

모압과 암몬 자손의 조상

30 롯이 소알에 거주하기를 두려워하여 두 딸과 함께 소알에서 나와 산에 올라가 거주하되 그 두 딸과 함께 굴에 거주하였더니

31 큰 딸이 작은 딸에게 이르되 우리 아버지는 늙으셨고 온 세상의 도리를 따라 우리의 배필 될 사람이 이 땅에는 없으니

32 우리가 우리 아버지에게 술을 마시게 하고 동침하여 우리 아버지로 말미암아 후손을 이어가자 하고

33 그 밤에 그들이 아버지에게 술을 마시게 하고 큰 딸이 들어가서 그 아버지와 동침하니라 그러나 그 아버지는 그 딸이 눕고 일어나는 것을 깨닫지 못하였더라

34 이튿날 큰 딸이 작은 딸에게 이르되 어제 밤에는 내가 우리 아버지와 동침하였으니 오늘 밤에도 우리가 아버지에게 술을 마시게 하고 네가 들어가 동침하고 우리가 아버지로 말미암아 후손을 이어

가자 하고

35 그 밤에도 그들이 아버지에게 술을 마시

게 하고 작은 딸이 일어나 아버지와 동

침하니라 그러나 아버지는 그 딸이 눕고

일어나는 것을 깨닫지 못하였더라

36 롯의 두 딸이 아버지로 말미암아 임신

하고

37 큰 딸은 아들을 낳아 이름을 모압이라

하였으니 오늘날 모압의 조상이요

38 작은 딸도 아들을 낳아 이름을 벤암미라

하였으니 오늘날 암몬 자손의 조상이었

더라

아브라함과 아비멜렉

20 아브라함이 거기서 네게브 땅으로 옮겨

가 가데스와 술 사이 그랄에 거류하며

2 그의 아내 사라를 자기 누이라 하였으므

로 그랄 왕 아비멜렉이 사람을 보내어

사라를 데려갔더니

3 그 밤에 하나님이 아비멜렉에게 현몽하

시고 그에게 이르시되 네가 데려간 이

여인으로 말미암아 네가 죽으리니 그는

남편이 있는 여자임이라

4 아비멜렉이 그 여인을 가까이 하지 아니

하였으므로 그가 대답하되 주여 주께서

의로운 백성도 멸하시나이까

5 그가 나에게 이는 내 누이라고 하지 아

니하였나이까 그 여인도 그는 내 오라비

라 하였사오니 나는 온전한 마음과 깨끗

한 손으로 이렇게 하였나이다

6 하나님이 꿈에 또 그에게 이르시되 네가

온전한 마음으로 이렇게 한 줄을 나도

알았으므로 너를 막아 내게 범죄하지 아

니하게 하였나니 여인에게 가까이 하지

못하게 함이 이 때문이니라

7 이제 그 사람의 아내를 돌려보내라 그는

선지자라 그가 너를 위하여 기도하리니

네가 살려니와 네가 돌려보내지 아니하면 너와 네게 속한 자가 다 반드시 죽을 줄 알지니라

8 아비멜렉이 그 날 아침에 일찍이 일어나 모든 종들을 불러 그 모든 일을 말하여 들려 주니 그들이 심히 두려워하였더라

9 아비멜렉이 아브라함을 불러서 그에게 이르되 네가 어찌하여 우리에게 이렇게 하느냐 내가 무슨 죄를 네게 범하였기에 네가 나와 내 나라가 큰 죄에 빠질 뻔하게 하였느냐 네가 합당하지 아니한 일을 내게 행하였도다 하고

10 아비멜렉이 또 아브라함에게 이르되 네가 무슨 뜻으로 이렇게 하였느냐

11 아브라함이 이르되 이 곳에서는 하나님을 두려워함이 없으니 내 아내로 말미암아 사람들이 나를 죽일까 생각하였음이요

12 또 그는 정말로 나의 이복 누이로서 내 아내가 되었음이니라

13 하나님이 나를 내 아버지의 집을 떠나 두루 다니게 하실 때에 내가 아내에게 말하기를 이 후로 우리의 가는 곳마다 그대는 나를 그대의 오라비라 하라 이것이 그대가 내게 베풀 은혜라 하였었노라

14 아비멜렉이 양과 소와 종들을 이끌어 아브라함에게 주고 그의 아내 사라도 그에게 돌려보내고

15 아브라함에게 이르되 내 땅이 네 앞에 있으니 네가 보기에 좋은 대로 거주하라 하고

16 사라에게 이르되 내가 은 천 개를 네 오라비에게 주어서 그것으로 너와 함께 한 여러 사람 앞에서 네 수치를 가리게 하였노니 네 일이 다 해결되었느니라

17 아브라함이 하나님께 기도하매 하나님이

아비멜렉과 그의 아내와 여종을 치료하

사 출산하게 하셨으니

18 여호와께서 이왕에 아브라함의 아내 사

라의 일로 아비멜렉의 집의 모든 태를

닫으셨음이더라

사라가 이삭을 낳다

21 여호와께서 말씀하신 대로 사라를 돌보

셨고 여호와께서 말씀하신 대로 사라에

게 행하셨으므로

2 사라가 임신하고 하나님이 말씀하신 시

기가 되어 노년의 아브라함에게 아들을

낳으니

3 아브라함이 그에게 태어난 아들 곧 사라

가 자기에게 낳은 아들을 이름하여 이삭

이라 하였고

4 그 아들 이삭이 난 지 팔 일 만에 그가

하나님이 명령하신 대로 할례를 행하였

더라

5 아브라함이 그의 아들 이삭이 그에게 태

어날 때에 백 세라

6 사라가 이르되 하나님이 나를 웃게 하시

니 듣는 자가 다 나와 함께 웃으리로다

7 또 이르되 사라가 자식들을 젖먹이겠다

고 누가 아브라함에게 말하였으리요마는

아브라함의 노경에 내가 아들을 낳았도

다 하니라

하갈과 이스마엘을 내쫓다

8 아이가 자라매 젖을 떼고 이삭이 젖을

떼는 날에 아브라함이 큰 잔치를 베풀었

더라

9 사라가 본즉 아브라함의 아들 애굽 여인

하갈의 아들이 이삭을 놀리는지라

10 그가 아브라함에게 이르되 이 여종과 그

아들을 내쫓으라 이 종의 아들은 내 아

들 이삭과 함께 기업을 얻지 못하리라

하므로

11 아브라함이 그의 아들로 말미암아 그 일이 매우 근심이 되었더니

12 하나님이 아브라함에게 이르시되 네 아이나 네 여종으로 말미암아 근심하지 말고 사라가 네게 이른 말을 다 들으라 이삭에게서 나는 자라야 네 씨라 부를 것임이니라

13 그러나 여종의 아들도 네 씨니 내가 그로 한 민족을 이루게 하리라 하신지라

14 아브라함이 아침에 일찍이 일어나 떡과 물 한 가죽부대를 가져다가 하갈의 어깨에 메워 주고 그 아이를 데리고 가게 하니 하갈이 나가서 브엘세바 광야에서 방황하더니

15 가죽부대의 물이 떨어진지라 그 자식을 관목덤불 아래에 두고

16 이르되 아이가 죽는 것을 차마 보지 못하겠다 하고 화살 한 바탕 거리 떨어져 마주 앉아 바라보며 소리 내어 우니

17 하나님이 그 어린 아이의 소리를 들으셨으므로 하나님의 사자가 하늘에서부터 하갈을 불러 이르시되 하갈아 무슨 일이냐 두려워하지 말라 하나님이 저기 있는 아이의 소리를 들으셨나니

18 일어나 아이를 일으켜 네 손으로 붙들라 그가 큰 민족을 이루게 하리라 하시니라

19 하나님이 하갈의 눈을 밝히셨으므로 샘물을 보고 가서 가죽부대에 물을 채워다가 그 아이에게 마시게 하였더라

20 하나님이 그 아이와 함께 계시매 그가 장성하여 광야에서 거주하며 활 쏘는 자가 되었더니

21 그가 바란 광야에 거주할 때에 그의 어머니가 그를 위하여 애굽 땅에서 아내를 얻어 주었더라

아브라함과 아비멜렉의 언약

22 그 때에 아비멜렉과 그 군대 장관 비골이 아브라함에게 말하여 이르되 네가 무슨 일을 하든지 하나님이 너와 함께 계시도다

23 그런즉 너는 나와 내 아들과 내 손자에게 거짓되이 행하지 아니하기를 이제 여기서 하나님을 가리켜 내게 맹세하라 내가 네게 후대한 대로 너도 나와 네가 머무는 이 땅에 행할 것이니라

24 아브라함이 이르되 내가 맹세하리라 하고

25 아비멜렉의 종들이 아브라함의 우물을 빼앗은 일에 관하여 아브라함이 아비멜렉을 책망하매

26 아비멜렉이 이르되 누가 그리하였는지 내가 알지 못하노라 너도 내게 알리지 아니하였고 나도 듣지 못하였더니 오늘에야 들었노라

27 아브라함이 양과 소를 가져다가 아비멜렉에게 주고 두 사람이 서로 언약을 세우니라

28 아브라함이 일곱 암양 새끼를 따로 놓으니

29 아비멜렉이 아브라함에게 이르되 이 일곱 암양 새끼를 따로 놓음은 어찜이냐

30 아브라함이 이르되 너는 내 손에서 이 암양 새끼 일곱을 받아 내가 이 우물 판 증거를 삼으라 하고

31 두 사람이 거기서 서로 맹세하였으므로 그 곳을 브엘세바라 이름하였더라

32 그들이 브엘세바에서 언약을 세우매 아비멜렉과 그 군대 장관 비골은 떠나 블레셋 사람의 땅으로 돌아갔고

33 아브라함은 브엘세바에 에셀 나무를 심고 거기서 영원하신 하나님 여호와의 이

름을 불렀으며

34 그가 블레셋 사람의 땅에서 여러 날을

지냈더라

이삭을 번제로 드리라 하시다

22 그 일 후에 하나님이 아브라함을 시험

하시려고 그를 부르시되 아브라함아 하

시니 그가 이르되 내가 여기 있나이다

2 여호와께서 이르시되 네 아들 네 사랑하

는 독자 이삭을 데리고 모리아 땅으로

가서 내가 네게 일러 준 한 산 거기서 그

를 번제로 드리라

3 아브라함이 아침에 일찍이 일어나 나귀

에 안장을 지우고 두 종과 그의 아들 이

삭을 데리고 번제에 쓸 나무를 쪼개어

가지고 떠나 하나님이 자기에게 일러 주

신 곳으로 가더니

4 제삼일에 아브라함이 눈을 들어 그 곳을

멀리 바라본지라

5 이에 아브라함이 종들에게 이르되 너희

는 나귀와 함께 여기서 기다리라 내가

아이와 함께 저기 가서 예배하고 우리가

너희에게로 돌아오리라 하고

6 아브라함이 이에 번제 나무를 가져다가

그의 아들 이삭에게 지우고 자기는 불과

칼을 손에 들고 두 사람이 동행하더니

7 이삭이 그 아버지 아브라함에게 말하여

이르되 내 아버지여 하니 그가 이르되

내 아들아 내가 여기 있노라 이삭이 이

르되 불과 나무는 있거니와 번제할 어린

양은 어디 있나이까

8 아브라함이 이르되 내 아들아 번제할 어

린 양은 하나님이 자기를 위하여 친히

준비하시리라 하고 두 사람이 함께 나아

가서

9 하나님이 그에게 일러 주신 곳에 이른지

라 이에 아브라함이 그 곳에 제단을 쌓

고 나무를 벌여 놓고 그의 아들 이삭을

결박하여 제단 나무 위에 놓고

10 손을 내밀어 칼을 잡고 그 아들을 잡으

려 하니

11 여호와의 사자가 하늘에서부터 그를 불

러 이르시되 아브라함아 아브라함아 하

시는지라 아브라함이 이르되 내가 여기

있나이다 하매

12 사자가 이르시되 그 아이에게 네 손을

대지 말라 그에게 아무 일도 하지 말라

네가 네 아들 네 독자까지도 내게 아끼

지 아니하였으니 내가 이제야 네가 하나

님을 경외하는 줄을 아노라

13 아브라함이 눈을 들어 살펴본즉 한 숫양

이 뒤에 있는데 뿔이 수풀에 걸려 있는

지라 아브라함이 가서 그 숫양을 가져다

가 아들을 대신하여 번제로 드렸더라

14 아브라함이 그 땅 이름을 여호와 이레라

하였으므로 오늘날까지 사람들이 이르기

를 여호와의 산에서 준비되리라 하더라

15 여호와의 사자가 하늘에서부터 두 번째

아브라함을 불러

16 이르시되 여호와께서 이르시기를 내가

나를 가리켜 맹세하노니 네가 이같이 행

하여 네 아들 네 독자도 아끼지 아니하

였은즉

17 내가 네게 큰 복을 주고 네 씨가 크게 번

성하여 하늘의 별과 같고 바닷가의 모래

와 같게 하리니 네 씨가 그 대적의 성문

을 차지하리라

18 또 네 씨로 말미암아 천하 만민이 복을

받으리니 이는 네가 나의 말을 준행하였

음이니라 하셨다 하니라

19 이에 아브라함이 그의 종들에게로 돌아

가서 함께 떠나 브엘세바에 이르러 거기

거주하였더라

나홀의 후예

20 이 일 후에 어떤 사람이 아브라함에게 알리어 이르기를 밀가가 당신의 형제 나홀에게 자녀를 낳았다 하였더라

21 그의 맏아들은 우스요 우스의 형제는 부스와 아람의 아버지 그므엘과

22 게셋과 하소와 빌다스와 이들랍과 브두엘이라

23 이 여덟 사람은 아브라함의 형제 나홀의 아내 밀가의 소생이며 브두엘은 리브가를 낳았고

24 나홀의 첩 르우마라 하는 자도 데바와 가함과 다하스와 마아가를 낳았더라

아브라함이 막벨라 굴을 사다

23 사라가 백이십칠 세를 살았으니 이것이 곧 사라가 누린 햇수라

2 사라가 가나안 땅 헤브론 곧 기럇아르바에서 죽으매 아브라함이 들어가서 사라를 위하여 슬퍼하며 애통하다가

3 그 시신 앞에서 일어나 나가서 헷 족속에게 말하여 이르되

4 나는 당신들 중에 나그네요 거류하는 자이니 당신들 중에서 내게 매장할 소유지를 주어 내가 나의 죽은 자를 내 앞에서 내어다가 장사하게 하시오

5 헷 족속이 아브라함에게 대답하여 이르되

6 내 주여 들으소서 당신은 우리 가운데 있는 하나님이 세우신 지도자이시니 우리 묘실 중에서 좋은 것을 택하여 당신의 죽은 자를 장사하소서 우리 중에서 자기 묘실에 당신의 죽은 자 장사함을 금할 자가 없으리이다

7 아브라함이 일어나 그 땅 주민 헷 족속을 향하여 몸을 굽히고

8 그들에게 말하여 이르되 나로 나의 죽은

자를 내 앞에서 내어다가 장사하게 하는

일이 당신들의 뜻일진대 내 말을 듣고

나를 위하여 소할의 아들 에브론에게 구

하여

9　그가 그의 밭머리에 있는 그의 막벨라

굴을 내게 주도록 하되 충분한 대가를

받고 그 굴을 내게 주어 당신들 중에서

매장할 소유지가 되게 하기를 원하노라

하매

10　에브론이 헷 족속 중에 앉아 있더니 그

가 헷 족속 곧 성문에 들어온 모든 자

가 듣는 데서 아브라함에게 대답하여

이르되

11　내 주여 그리 마시고 내 말을 들으소서

내가 그 밭을 당신에게 드리고 그 속의

굴도 내가 당신에게 드리되 내가 내 동

족 앞에서 당신에게 드리오니 당신의 죽

은 자를 장사하소서

12　아브라함이 이에 그 땅의 백성 앞에서

몸을 굽히고

13　그 땅의 백성이 듣는 데서 에브론에게

말하여 이르되 당신이 합당히 여기면 청

하건대 내 말을 들으시오 내가 그 밭 값

을 당신에게 주리니 당신은 내게서 받으

시오 내가 나의 죽은 자를 거기 장사하

겠노라

14　에브론이 아브라함에게 대답하여 이르되

15　내 주여 내 말을 들으소서 땅 값은 은 사

백 세겔이나 그것이 나와 당신 사이에

무슨 문제가 되리이까 당신의 죽은 자를

장사하소서

16　아브라함이 에브론의 말을 따라 에브론

이 헷 족속이 듣는 데서 말한 대로 상인

이 통용하는 은 사백 세겔을 달아 에브

론에게 주었더니

17　마므레 앞 막벨라에 있는 에브론의 밭

곧 그 밭과 거기에 속한 굴과 그 밭과 그 주위에 둘린 모든 나무가

18 성 문에 들어온 모든 헷 족속이 보는 데서 아브라함의 소유로 확정된지라

19 그 후에 아브라함이 그 아내 사라를 가나안 땅 마므레 앞 막벨라 밭 굴에 장사하였더라 (마므레는 곧 헤브론이라)

20 이와 같이 그 밭과 거기에 속한 굴이 헷 족속으로부터 아브라함이 매장할 소유지로 확정되었더라

이삭이 리브가를 아내로 삼다

24 아브라함이 나이가 많아 늙었고 여호와께서 그에게 범사에 복을 주셨더라

2 아브라함이 자기 집 모든 소유를 맡은 늙은 종에게 이르되 청하건대 내 허벅지 밑에 네 손을 넣으라

3 내가 너에게 하늘의 하나님, 땅의 하나님이신 여호와를 가리켜 맹세하게 하노니

너는 내가 거주하는 이 지방 가나안 족속의 딸 중에서 내 아들을 위하여 아내를 택하지 말고

4 내 고향 내 족속에게로 가서 내 아들 이삭을 위하여 아내를 택하라

5 종이 이르되 여자가 나를 따라 이 땅으로 오려고 하지 아니하거든 내가 주인의 아들을 주인이 나오신 땅으로 인도하여 돌아가리이까

6 아브라함이 그에게 이르되 내 아들을 그리로 데리고 돌아가지 아니하도록 하라

7 하늘의 하나님 여호와께서 나를 내 아버지의 집과 내 고향 땅에서 떠나게 하시고 내게 말씀하시며 내게 맹세하여 이르시기를 이 땅을 네 씨에게 주리라 하셨으니 그가 그 사자를 너보다 앞서 보내실지라 네가 거기서 내 아들을 위하여 아내를 택할지니라

8 만일 여자가 너를 따라 오려고 하지 아

니하면 나의 이 맹세가 너와 상관이 없

나니 오직 내 아들을 데리고 그리로 가

지 말지니라

9 그 종이 이에 그의 주인 아브라함의 허

벅지 아래에 손을 넣고 이 일에 대하여

그에게 맹세하였더라

10 이에 종이 그 주인의 낙타 중 열 필을 끌

고 떠났는데 곧 그의 주인의 모든 좋은

것을 가지고 떠나 메소보다미아로 가서

나홀의 성에 이르러

11 그 낙타를 성 밖 우물 곁에 꿇렸으니 저

녁 때라 여인들이 물을 길으러 나올 때

였더라

12 그가 이르되 우리 주인 아브라함의 하나

님 여호와여 원하건대 오늘 나에게 순조

롭게 만나게 하사 내 주인 아브라함에게

은혜를 베푸시옵소서

13 성 중 사람의 딸들이 물 길으러 나오겠

사오니 내가 우물 곁에 서 있다가

14 한 소녀에게 이르기를 청하건대 너는 물

동이를 기울여 나로 마시게 하라 하리

니 그의 대답이 마시라 내가 당신의 낙

타에게도 마시게 하리라 하면 그는 주께

서 주의 종 이삭을 위하여 정하신 자라

이로 말미암아 주께서 내 주인에게 은혜

베푸심을 내가 알겠나이다

15 말을 마치기도 전에 리브가가 물동이를

어깨에 메고 나오니 그는 아브라함의 동

생 나홀의 아내 밀가의 아들 브두엘의

소생이라

16 그 소녀는 보기에 심히 아리땁고 지금까

지 남자가 가까이 하지 아니한 처녀더라

그가 우물로 내려가서 물을 그 물동이에

채워가지고 올라오는지라

17 종이 마주 달려가서 이르되 청하건대 네

물동이의 물을 내게 조금 마시게 하라

18 그가 이르되 내 주여 마시소서 하며 급히 그 물동이를 손에 내려 마시게 하고

19 마시게 하기를 다하고 이르되 당신의 낙타를 위하여서도 물을 길어 그것들도 배불리 마시게 하리이다 하고

20 급히 물동이의 물을 구유에 붓고 다시 길으려고 우물로 달려가서 모든 낙타를 위하여 긷는지라

21 그 사람이 그를 묵묵히 주목하며 여호와께서 과연 평탄한 길을 주신 여부를 알고자 하더니

22 낙타가 마시기를 다하매 그가 반 세겔 무게의 금 코걸이 한 개와 열 세겔 무게의 금 손목고리 한 쌍을 그에게 주며

23 이르되 네가 누구의 딸이냐 청하건대 내게 말하라 네 아버지의 집에 우리가 유숙할 곳이 있느냐

24 그 여자가 그에게 이르되 나는 밀가가 나홀에게서 낳은 아들 브두엘의 딸이니이다

25 또 이르되 우리에게 짚과 사료가 족하며 유숙할 곳도 있나이다

26 이에 그 사람이 머리를 숙여 여호와께 경배하고

27 이르되 나의 주인 아브라함의 하나님 여호와를 찬송하나이다 나의 주인에게 주의 사랑과 성실을 그치지 아니하셨사오며 여호와께서 길에서 나를 인도하사 내 주인의 동생 집에 이르게 하셨나이다 하니라

28 소녀가 달려가서 이 일을 어머니 집에 알렸더니

29 리브가에게 오라버니가 있어 그의 이름은 라반이라 그가 우물로 달려가 그 사람에게 이르러

30 그의 누이의 코걸이와 그 손의 손목고리를 보고 또 그의 누이 리브가가 그 사람이 자기에게 이같이 말하더라 함을 듣고 그 사람에게로 나아감이라 그 때에 그가 우물가 낙타 곁에 서 있더라

31 라반이 이르되 여호와께 복을 받은 자여 들어오소서 어찌 밖에 서 있나이까 내가 방과 낙타의 처소를 준비하였나이다

32 그 사람이 그 집으로 들어가매 라반이 낙타의 짐을 부리고 짚과 사료를 낙타에게 주고 그 사람의 발과 그의 동행자들의 발 씻을 물을 주고

33 그 앞에 음식을 베푸니 그 사람이 이르되 내가 내 일을 진술하기 전에는 먹지 아니하겠나이다 라반이 이르되 말하소서

34 그가 이르되 나는 아브라함의 종이니이다

35 여호와께서 나의 주인에게 크게 복을 주시어 창성하게 하시되 소와 양과 은금과 종들과 낙타와 나귀를 그에게 주셨고

36 나의 주인의 아내 사라가 노년에 나의 주인에게 아들을 낳으매 주인이 그의 모든 소유를 그 아들에게 주었나이다

37 나의 주인이 나에게 맹세하게 하여 이르되 너는 내 아들을 위하여 내가 사는 땅 가나안 족속의 딸들 중에서 아내를 택하지 말고

38 내 아버지의 집, 내 족속에게로 가서 내 아들을 위하여 아내를 택하라 하시기로

39 내가 내 주인에게 여쭈되 혹 여자가 나를 따르지 아니하면 어찌하리이까 한즉

40 주인이 내게 이르되 내가 섬기는 여호와께서 그의 사자를 너와 함께 보내어 네게 평탄한 길을 주시리니 너는 내 족속 중 내 아버지 집에서 내 아들을 위하여 아내를 택할 것이니라

41 네가 내 족속에게 이를 때에는 네가 내 맹세와 상관이 없으리라 만일 그들이 네게 주지 아니할지라도 네가 내 맹세와 상관이 없으리라 하시기로

42 내가 오늘 우물에 이르러 말하기를 내 주인 아브라함의 하나님 여호와여 만일 내가 행하는 길에 형통함을 주실진대

43 내가 이 우물 곁에 서 있다가 젊은 여자가 물을 길으러 오거든 내가 그에게 청하기를 너는 물동이의 물을 내게 조금 마시게 하라 하여

44 그의 대답이 당신은 마시라 내가 또 당신의 낙타를 위하여도 길으리라 하면 그 여자는 여호와께서 내 주인의 아들을 위하여 정하여 주신 자가 되리이다 하며

45 내가 마음속으로 말하기를 마치기도 전에 리브가가 물동이를 어깨에 메고 나와서 우물로 내려와 긷기로 내가 그에게 이르기를 청하건대 내게 마시게 하라 한즉

46 그가 급히 물동이를 어깨에서 내리며 이르되 마시라 내가 당신의 낙타에게도 마시게 하리라 하기로 내가 마시매 그가 또 낙타에게도 마시게 한지라

47 내가 그에게 묻기를 네가 뉘 딸이냐 한즉 이르되 밀가가 나홀에게서 낳은 브두엘의 딸이라 하기로 내가 코걸이를 그 코에 꿰고 손목고리를 그 손에 끼우고

48 내 주인 아브라함의 하나님 여호와께서 나를 바른 길로 인도하사 나의 주인의 동생의 딸을 그의 아들을 위하여 택하게 하셨으므로 내가 머리를 숙여 그에게 경배하고 찬송하였나이다

49 이제 당신들이 인자함과 진실함으로 내 주인을 대접하려거든 내게 알게 해 주시고 그렇지 아니할지라도 내게 알게 해

주셔서 내가 우로든지 좌로든지 행하게

하소서

50 라반과 브두엘이 대답하여 이르되 이 일이 여호와께로 말미암았으니 우리는 가부를 말할 수 없노라

51 리브가가 당신 앞에 있으니 데리고 가서 여호와의 명령대로 그를 당신의 주인의 아들의 아내가 되게 하라

52 아브라함의 종이 그들의 말을 듣고 땅에 엎드려 여호와께 절하고

53 은금 패물과 의복을 꺼내어 리브가에게 주고 그의 오라버니와 어머니에게도 보물을 주니라

54 이에 그들 곧 종과 동행자들이 먹고 마시고 유숙하고 아침에 일어나서 그가 이르되 나를 보내어 내 주인에게로 돌아가게 하소서

55 리브가의 오라버니와 그의 어머니가 이

르되 이 아이로 하여금 며칠 또는 열흘을 우리와 함께 머물게 하라 그 후에 그가 갈 것이니라

56 그 사람이 그들에게 이르되 나를 만류하지 마소서 여호와께서 내게 형통한 길을 주셨으니 나를 보내어 내 주인에게로 돌아가게 하소서

57 그들이 이르되 우리가 소녀를 불러 그에게 물으리라 하고

58 리브가를 불러 그에게 이르되 네가 이 사람과 함께 가려느냐 그가 대답하되 가겠나이다

59 그들이 그 누이 리브가와 그의 유모와 아브라함의 종과 그 동행자들을 보내며

60 리브가에게 축복하여 이르되 우리 누이여 너는 천만인의 어머니가 될지어다 네 씨로 그 원수의 성 문을 얻게 할지어다

61 리브가가 일어나 여자 종들과 함께 낙타

를 타고 그 사람을 따라가니 그 종이 리브가를 데리고 가니라

62 그 때에 이삭이 브엘라해로이에서 왔으니 그가 네게브 지역에 거주하였음이라

63 이삭이 저물 때에 들에 나가 묵상하다가 눈을 들어 보매 낙타들이 오는지라

64 리브가가 눈을 들어 이삭을 바라보고 낙타에서 내려

65 종에게 말하되 들에서 배회하다가 우리에게로 마주 오는 자가 누구냐 종이 이르되 이는 내 주인이니이다 리브가가 너울을 가지고 자기의 얼굴을 가리더라

66 종이 그 행한 일을 다 이삭에게 아뢰매

67 이삭이 리브가를 인도하여 그의 어머니 사라의 장막으로 들이고 그를 맞이하여 아내로 삼고 사랑하였으니 이삭이 그의 어머니를 장례한 후에 위로를 얻었더라

아브라함이 죽다

25 아브라함이 후처를 맞이하였으니 그의 이름은 그두라라

2 그가 시므란과 욕산과 므단과 미디안과 이스박과 수아를 낳고

3 욕산은 스바와 드단을 낳았으며 드단의 자손은 앗수르 족속과 르두시 족속과 르움미 족속이며

4 미디안의 아들은 에바와 에벨과 하녹과 아비다와 엘다아이니 다 그두라의 자손이었더라

5 아브라함이 이삭에게 자기의 모든 소유를 주었고

6 자기 서자들에게도 재산을 주어 자기 생전에 그들로 하여금 자기 아들 이삭을 떠나 동방 곧 동쪽 땅으로 가게 하였더라

7 아브라함의 향년이 백칠십오 세라

8 그의 나이가 높고 늙어서 기운이 다하여

죽어 자기 열조에게로 돌아가매

9 그의 아들들인 이삭과 이스마엘이 그를

마므레 앞 헷 족속 소할의 아들 에브론

의 밭에 있는 막벨라 굴에 장사하였으니

10 이것은 아브라함이 헷 족속에게서 산 밭

이라 아브라함과 그의 아내 사라가 거기

장사되니라

11 아브라함이 죽은 후에 하나님이 그의 아

들 이삭에게 복을 주셨고 이삭은 브엘라

해로이 근처에 거주하였더라

이스마엘의 후예

12 사라의 여종 애굽인 하갈이 아브라함에

게 낳은 아들 이스마엘의 족보는 이러

하고

13 이스마엘의 아들들의 이름은 그 이름과

그 세대대로 이와 같으니라 이스마엘의

장자는 느바욧이요 그 다음은 게달과 앗

브엘과 밉삼과

14 미스마와 두마와 맛사와

15 하닷과 데마와 여둘과 나비스와 게드

마니

16 이들은 이스마엘의 아들들이요 그 촌과

부락대로 된 이름이며 그 족속대로는 열

두 지도자들이었더라

17 이스마엘은 향년이 백삼십칠 세에 기운

이 다하여 죽어 자기 백성에게로 돌아

갔고

18 그 자손들은 하윌라에서부터 앗수르로

통하는 애굽 앞 술까지 이르러 그 모든

형제의 맞은편에 거주하였더라

에서와 야곱이 태어나다

19 아브라함의 아들 이삭의 족보는 이러하

니라 아브라함이 이삭을 낳았고

20 이삭은 사십 세에 리브가를 맞이하여 아

내를 삼았으니 리브가는 밧단 아람의 아

람 족속 중 브두엘의 딸이요 아람 족속

중 라반의 누이였더라

21 이삭이 그의 아내가 임신하지 못하므로

그를 위하여 여호와께 간구하매 여호와

께서 그의 간구를 들으셨으므로 그의 아

내 리브가가 임신하였더니

22 그 아들들이 그의 태 속에서 서로 싸우

는지라 그가 이르되 이럴 경우에는 내가

어찌할꼬 하고 가서 여호와께 묻자온대

23 여호와께서 그에게 이르시되 두 국민이

네 태중에 있구나 두 민족이 네 복중에

서부터 나누이리라 이 족속이 저 족속보

다 강하겠고 큰 자가 어린 자를 섬기리

라 하셨더라

24 그 해산 기한이 찬즉 태에 쌍둥이가 있

었는데

25 먼저 나온 자는 붉고 전신이 털옷 같아

서 이름을 에서라 하였고

26 후에 나온 아우는 손으로 에서의 발꿈치

를 잡았으므로 그 이름을 야곱이라 하였

으며 리브가가 그들을 낳을 때에 이삭이

육십 세였더라

에서가 장자의 명분을 팔다

27 그 아이들이 장성하매 에서는 익숙한 사

냥꾼이었으므로 들사람이 되고 야곱은

조용한 사람이었으므로 장막에 거주하니

28 이삭은 에서가 사냥한 고기를 좋아하므

로 그를 사랑하고 리브가는 야곱을 사랑

하였더라

29 야곱이 죽을 쑤었더니 에서가 들에서 돌

아와서 심히 피곤하여

30 야곱에게 이르되 내가 피곤하니 그 붉은

것을 내가 먹게 하라 한지라 그러므로

에서의 별명은 에돔이더라

31 야곱이 이르되 형의 장자의 명분을 오늘

내게 팔라

32 에서가 이르되 내가 죽게 되었으니 이

장자의 명분이 내게 무엇이 유익하리요

33 야곱이 이르되 오늘 내게 맹세하라 에서

가 맹세하고 장자의 명분을 야곱에게 판

지라

34 야곱이 떡과 팥죽을 에서에게 주매 에서

가 먹으며 마시고 일어나 갔으니 에서가

장자의 명분을 가볍게 여김이었더라

이삭이 그랄에 거주하다

26 아브라함 때에 첫 흉년이 들었더니 그

땅에 또 흉년이 들매 이삭이 그랄로 가

서 블레셋 왕 아비멜렉에게 이르렀더니

2 여호와께서 이삭에게 나타나 이르시되

애굽으로 내려가지 말고 내가 네게 지시

하는 땅에 거주하라

3 이 땅에 거류하면 내가 너와 함께 있어

네게 복을 주고 내가 이 모든 땅을 너와

네 자손에게 주리라 내가 네 아버지 아

브라함에게 맹세한 것을 이루어

4 네 자손을 하늘의 별과 같이 번성하게

하며 이 모든 땅을 네 자손에게 주리니

네 자손으로 말미암아 천하 만민이 복을

받으리라

5 이는 아브라함이 내 말을 순종하고 내

명령과 내 계명과 내 율례와 내 법도를

지켰음이라 하시니라

6 이삭이 그랄에 거주하였더니

7 그 곳 사람들이 그의 아내에 대하여 물

으매 그가 말하기를 그는 내 누이라 하

였으니 리브가는 보기에 아리따우므로

그 곳 백성이 리브가로 말미암아 자기를

죽일까 하여 그는 내 아내라 하기를 두

려워함이었더라

8 이삭이 거기 오래 거주하였더니 이삭이

그 아내 리브가를 껴안은 것을 블레셋

왕 아비멜렉이 창으로 내다본지라

9 이에 아비멜렉이 이삭을 불러 이르되 그가 분명히 네 아내거늘 어찌 네 누이라 하였느냐 이삭이 그에게 대답하되 내 생각에 그로 말미암아 내가 죽게 될까 두려워하였음이로라

10 아비멜렉이 이르되 네가 어찌 우리에게 이렇게 행하였느냐 백성 중 하나가 네 아내와 동침할 뻔하였도다 네가 죄를 우리에게 입혔으리라

11 아비멜렉이 이에 모든 백성에게 명하여 이르되 이 사람이나 그의 아내를 범하는 자는 죽이리라 하였더라

12 이삭이 그 땅에서 농사하여 그 해에 백 배나 얻었고 여호와께서 복을 주시므로

13 그 사람이 창대하고 왕성하여 마침내 거부가 되어

14 양과 소가 떼를 이루고 종이 심히 많으므로 블레셋 사람이 그를 시기하여

15 그 아버지 아브라함 때에 그 아버지의 종들이 판 모든 우물을 막고 흙으로 메웠더라

16 아비멜렉이 이삭에게 이르되 네가 우리보다 크게 강성한즉 우리를 떠나라

17 이삭이 그 곳을 떠나 그랄 골짜기에 장막을 치고 거기 거류하며

18 그 아버지 아브라함 때에 팠던 우물들을 다시 팠으니 이는 아브라함이 죽은 후에 블레셋 사람이 그 우물들을 메웠음이라 이삭이 그 우물들의 이름을 그의 아버지가 부르던 이름으로 불렀더라

19 이삭의 종들이 골짜기를 파서 샘 근원을 얻었더니

20 그랄 목자들이 이삭의 목자와 다투어 이르되 이 물은 우리의 것이라 하매 이삭이 그 다툼으로 말미암아 그 우물 이름을 에섹이라 하였으며

21 또 다른 우물을 팠더니 그들이 또 다투

므로 그 이름을 싯나라 하였으며

22 이삭이 거기서 옮겨 다른 우물을 팠더니

그들이 다투지 아니하였으므로 그 이름

을 르호봇이라 하여 이르되 이제는 여호

와께서 우리를 위하여 넓게 하셨으니 이

땅에서 우리가 번성하리로다 하였더라

23 이삭이 거기서부터 브엘세바로 올라갔

더니

24 그 밤에 여호와께서 그에게 나타나 이르

시되 나는 네 아버지 아브라함의 하나

님이니 두려워하지 말라 내 종 아브라

함을 위하여 내가 너와 함께 있어 네게

복을 주어 네 자손이 번성하게 하리라

하신지라

25 이삭이 그 곳에 제단을 쌓고, 여호와의

이름을 부르며 거기 장막을 쳤더니 이삭

의 종들이 거기서도 우물을 팠더라

이삭과 아비멜렉의 계약

26 아비멜렉이 그 친구 아훗삿과 군대 장관

비골과 더불어 그랄에서부터 이삭에게로

온지라

27 이삭이 그들에게 이르되 너희가 나를 미

워하여 나에게 너희를 떠나게 하였거늘

어찌하여 내게 왔느냐

28 그들이 이르되 여호와께서 너와 함께 계

심을 우리가 분명히 보았으므로 우리의

사이 곧 우리와 너 사이에 맹세하여 너

와 계약을 맺으리라 말하였노라

29 너는 우리를 해하지 말라 이는 우리가

너를 범하지 아니하고 선한 일만 네게

행하여 네가 평안히 가게 하였음이니라

이제 너는 여호와께 복을 받은 자니라

30 이삭이 그들을 위하여 잔치를 베풀매 그

들이 먹고 마시고

31 아침에 일찍이 일어나 서로 맹세한 후에

이삭이 그들을 보내매 그들이 평안히 갔

더라

32 그 날에 이삭의 종들이 자기들이 판 우

물에 대하여 이삭에게 와서 알리어 이르

되 우리가 물을 얻었나이다 하매

33 그가 그 이름을 세바라 한지라 그러므로

그 성읍 이름이 오늘까지 브엘세바더라

에서의 이방인 아내들

34 에서가 사십 세에 헷 족속 브에리의 딸

유딧과 헷 족속 엘론의 딸 바스맛을 아

내로 맞이하였더니

35 그들이 이삭과 리브가의 마음에 근심이

되었더라

이삭이 야곱에게 축복하다

27 이삭이 나이가 많아 눈이 어두워 잘 보

지 못하더니 맏아들 에서를 불러 이르되

내 아들아 하매 그가 이르되 내가 여기

있나이다 하니

2 이삭이 이르되 내가 이제 늙어 어느 날

죽을는지 알지 못하니

3 그런즉 네 기구 곧 화살통과 활을 가지

고 들에 가서 나를 위하여 사냥하여

4 내가 즐기는 별미를 만들어 내게로 가져

와서 먹게 하여 내가 죽기 전에 내 마음

껏 네게 축복하게 하라

5 이삭이 그의 아들 에서에게 말할 때에

리브가가 들었더니 에서가 사냥하여 오

려고 들로 나가매

6 리브가가 그의 아들 야곱에게 말하여

이르되 네 아버지가 네 형 에서에게 말

씀하시는 것을 내가 들으니 이르시기를

7 나를 위하여 사냥하여 가져다가 별미를

만들어 내가 먹게 하여 죽기 전에 여호

와 앞에서 네게 축복하게 하라 하셨으니

8 그런즉 내 아들아 내 말을 따라 내가 네

게 명하는 대로

9 염소 떼에 가서 거기서 좋은 염소 새끼

두 마리를 내게로 가져오면 내가 그것으

로 네 아버지를 위하여 그가 즐기시는

별미를 만들리니

10 네가 그것을 네 아버지께 가져다 드려서

그가 죽기 전에 네게 축복하기 위하여

잡수시게 하라

11 야곱이 그 어머니 리브가에게 이르되 내

형 에서는 털이 많은 사람이요 나는 매

끈매끈한 사람인즉

12 아버지께서 나를 만지실진대 내가 아버

지의 눈에 속이는 자로 보일지라 복은

고사하고 저주를 받을까 하나이다

13 어머니가 그에게 이르되 내 아들아 너의

저주는 내게로 돌리리니 내 말만 따르고

가서 가져오라

14 그가 가서 끌어다가 어머니에게로 가져

왔더니 그의 어머니가 그의 아버지가 즐

기는 별미를 만들었더라

15 리브가가 집 안 자기에게 있는 그의 맏

아들 에서의 좋은 의복을 가져다가 그의

작은 아들 야곱에게 입히고

16 또 염소 새끼의 가죽을 그의 손과 목의

매끈매끈한 곳에 입히고

17 자기가 만든 별미와 떡을 자기 아들 야

곱의 손에 주니

18 야곱이 아버지에게 나아가서 내 아버지

여 하고 부르니 이르되 내가 여기 있노

라 내 아들아 네가 누구냐

19 야곱이 아버지에게 대답하되 나는 아버

지의 맏아들 에서로소이다 아버지께서

내게 명하신 대로 내가 하였사오니 원

하건대 일어나 앉아서 내가 사냥한 고

기를 잡수시고 아버지 마음껏 내게 축

복하소서

20 이삭이 그의 아들에게 이르되 내 아들아

네가 어떻게 이같이 속히 잡았느냐 그가
이르되 아버지의 하나님 여호와께서 나
로 순조롭게 만나게 하셨음이니이다
21 이삭이 야곱에게 이르되 내 아들아 가까
이 오라 네가 과연 내 아들 에서인지 아
닌지 내가 너를 만져보려 하노라
22 야곱이 그 아버지 이삭에게 가까이 가니
이삭이 만지며 이르되 음성은 야곱의 음
성이나 손은 에서의 손이로다 하며
23 그의 손이 형 에서의 손과 같이 털이 있
으므로 분별하지 못하고 축복하였더라
24 이삭이 이르되 네가 참 내 아들 에서냐
그가 대답하되 그러하니이다
25 이삭이 이르되 내게로 가져오라 내 아
들이 사냥한 고기를 먹고 내 마음껏 네
게 축복하리라 야곱이 그에게로 가져가
매 그가 먹고 또 포도주를 가져가매 그
가 마시고
26 그의 아버지 이삭이 그에게 이르되 내
아들아 가까이 와서 내게 입맞추라
27 그가 가까이 가서 그에게 입맞추니 아버
지가 그의 옷의 향취를 맡고 그에게 축
복하여 이르되 내 아들의 향취는 여호와
께서 복 주신 밭의 향취로다
28 하나님은 하늘의 이슬과 땅의 기름짐이
며 풍성한 곡식과 포도주를 네게 주시기
를 원하노라
29 만민이 너를 섬기고 열국이 네게 굴복하
리니 네가 형제들의 주가 되고 네 어머
니의 아들들이 네게 굴복하며 너를 저주
하는 자는 저주를 받고 너를 축복하는
자는 복을 받기를 원하노라
30 이삭이 야곱에게 축복하기를 마치매 야
곱이 그의 아버지 이삭 앞에서 나가자
곧 그의 형 에서가 사냥하여 돌아온지라
31 그가 별미를 만들어 아버지에게로 가지

고 가서 이르되 아버지여 일어나서 아들

이 사냥한 고기를 잡수시고 마음껏 내게

축복하소서

32 그의 아버지 이삭이 그에게 이르되 너는

누구냐 그가 대답하되 나는 아버지의 아

들 곧 아버지의 맏아들 에서로소이다

33 이삭이 심히 크게 떨며 이르되 그러면

사냥한 고기를 내게 가져온 자가 누구냐

네가 오기 전에 내가 다 먹고 그를 위하

여 축복하였은즉 그가 반드시 복을 받을

것이니라

34 에서가 그의 아버지의 말을 듣고 소리

질러 슬피 울며 아버지에게 이르되 내

아버지여 내게 축복하소서 내게도 그리

하소서

35 이삭이 이르되 네 아우가 와서 속여 네

복을 빼앗았도다

36 에서가 이르되 그의 이름을 야곱이라

함이 합당하지 아니하니이까 그가 나를

속임이 이것이 두 번째니이다 전에는

나의 장자의 명분을 빼앗고 이제는 내

복을 빼앗았나이다 또 이르되 아버지께

서 나를 위하여 빌 복을 남기지 아니하

셨나이까

37 이삭이 에서에게 대답하여 이르되 내가

그를 너의 주로 세우고 그의 모든 형제

를 내가 그에게 종으로 주었으며 곡식과

포도주를 그에게 주었으니 내 아들아 내

가 네게 무엇을 할 수 있으랴

38 에서가 아버지에게 이르되 내 아버지여

아버지가 빌 복이 이 하나 뿐이리이까

내 아버지여 내게 축복하소서 내게도 그

리하소서 하고 소리를 높여 우니

39 그 아버지 이삭이 그에게 대답하여 이르

되 네 주소는 땅의 기름짐에서 멀고 내

리는 하늘 이슬에서 멀 것이며

40 너는 칼을 믿고 생활하겠고 네 아우를 섬길 것이며 네가 매임을 벗을 때에는 그 멍에를 네 목에서 떨쳐버리리라 하였더라

41 그의 아버지가 야곱에게 축복한 그 축복으로 말미암아 에서가 야곱을 미워하여 심중에 이르기를 아버지를 곡할 때가 가까웠은즉 내가 내 아우 야곱을 죽이리라 하였더니

42 맏아들 에서의 이 말이 리브가에게 들리매 이에 사람을 보내어 작은 아들 야곱을 불러 그에게 이르되 네 형 에서가 너를 죽여 그 한을 풀려 하니

43 내 아들아 내 말을 따라 일어나 하란으로 가서 내 오라버니 라반에게로 피신하여

44 네 형의 노가 풀리기까지 몇 날 동안 그와 함께 거주하라

45 네 형의 분노가 풀려 네가 자기에게 행한 것을 잊어버리거든 내가 곧 사람을 보내어 너를 거기서 불러오리라 어찌 하루에 너희 둘을 잃으랴

이삭이 야곱을 라반에게 보내다

46 리브가가 이삭에게 이르되 내가 헷 사람의 딸들로 말미암아 내 삶이 싫어졌거늘 야곱이 만일 이 땅의 딸들 곧 그들과 같은 헷 사람의 딸들 중에서 아내를 맞이하면 내 삶이 내게 무슨 재미가 있으리이까

28 이삭이 야곱을 불러 그에게 축복하고 또 당부하여 이르되 너는 가나안 사람의 딸들 중에서 아내를 맞이하지 말고

2 일어나 밧단아람으로 가서 네 외조부 브두엘의 집에 이르러 거기서 네 외삼촌 라반의 딸 중에서 아내를 맞이하라

3 전능하신 하나님이 네게 복을 주시어 네

가 생육하고 번성하게 하여 네가 여러

족속을 이루게 하시고

4 아브라함에게 허락하신 복을 네게 주시

되 너와 너와 함께 네 자손에게도 주사

하나님이 아브라함에게 주신 땅 곧 네가

거류하는 땅을 네가 차지하게 하시기를

원하노라

5 이에 이삭이 야곱을 보내매 그가 밧단아

람으로 가서 라반에게 이르렀으니 라반

은 아람 사람 브두엘의 아들이요 야곱과

에서의 어머니 리브가의 오라비더라

에서가 다른 아내를 맞이하다

6 에서가 본즉 이삭이 야곱에게 축복하고

그를 밧단아람으로 보내어 거기서 아내

를 맞이하게 하였고 또 그에게 축복하고

명하기를 너는 가나안 사람의 딸들 중에

서 아내를 맞이하지 말라 하였고

7 또 야곱이 부모의 명을 따라 밧단아람으

로 갔으며

8 에서가 또 본즉 가나안 사람의 딸들이

그의 아버지 이삭을 기쁘게 하지 못하는

지라

9 이에 에서가 이스마엘에게 가서 그 본처

들 외에 아브라함의 아들 이스마엘의 딸

이요 느바욧의 누이인 마할랏을 아내로

맞이하였더라

야곱이 벧엘에서 꿈을 꾸다

10 야곱이 브엘세바에서 떠나 하란으로 향

하여 가더니

11 한 곳에 이르러는 해가 진지라 거기서

유숙하려고 그 곳의 한 돌을 가져다가

베개로 삼고 거기 누워 자더니

12 꿈에 본즉 사닥다리가 땅 위에 서 있는

데 그 꼭대기가 하늘에 닿았고 또 본즉

하나님의 사자들이 그 위에서 오르락내

리락 하고

13 또 본즉 여호와께서 그 위에 서서 이르시되 나는 여호와니 너의 조부 아브라함의 하나님이요 이삭의 하나님이라 네가 누워 있는 땅을 내가 너와 네 자손에게 주리니

14 네 자손이 땅의 티끌 같이 되어 네가 서쪽과 동쪽과 북쪽과 남쪽으로 퍼져나 가지며 땅의 모든 족속이 너와 네 자손으로 말미암아 복을 받으리라

15 내가 너와 함께 있어 네가 어디로 가든지 너를 지키며 너를 이끌어 이 땅으로 돌아오게 할지라 내가 네게 허락한 것을 다 이루기까지 너를 떠나지 아니하리라 하신지라

16 야곱이 잠이 깨어 이르되 여호와께서 과연 여기 계시거늘 내가 알지 못하였도다

17 이에 두려워하여 이르되 두렵도다 이 곳이여 이것은 다름 아닌 하나님의 집이요 이는 하늘의 문이로다 하고

18 야곱이 아침에 일찍이 일어나 베개로 삼았던 돌을 가져다가 기둥으로 세우고 그 위에 기름을 붓고

19 그 곳 이름을 벧엘이라 하였더라 이 성의 옛 이름은 루스더라

20 야곱이 서원하여 이르되 하나님이 나와 함께 계셔서 내가 가는 이 길에서 나를 지키시고 먹을 떡과 입을 옷을 주시어

21 내가 평안히 아버지 집으로 돌아가게 하시오면 여호와께서 나의 하나님이 되실 것이요

22 내가 기둥으로 세운 이 돌이 하나님의 집이 될 것이요 하나님께서 내게 주신 모든 것에서 십분의 일을 내가 반드시 하나님께 드리겠나이다 하였더라

야곱이 라반의 집에 이르다

29 야곱이 길을 떠나 동방 사람의 땅에 이

르러

2 본즉 들에 우물이 있고 그 곁에 양 세 떼

가 누워 있으니 이는 목자들이 그 우물

에서 양 떼에게 물을 먹임이라 큰 돌로

우물 아귀를 덮었다가

3 모든 떼가 모이면 그들이 우물 아귀에서

돌을 옮기고 그 양 떼에게 물을 먹이고

는 우물 아귀 그 자리에 다시 그 돌을 덮

더라

4 야곱이 그들에게 이르되 내 형제여 어

디서 왔느냐 그들이 이르되 하란에서

왔노라

5 야곱이 그들에게 이르되 너희가 나홀의

손자 라반을 아느냐 그들이 이르되 아

노라

6 야곱이 그들에게 이르되 그가 평안하냐

이르되 평안하니라 그의 딸 라헬이 지금

양을 몰고 오느니라

7 야곱이 이르되 해가 아직 높은즉 가축

모일 때가 아니니 양에게 물을 먹이고

가서 풀을 뜯게 하라

8 그들이 이르되 우리가 그리하지 못하겠

노라 떼가 다 모이고 목자들이 우물 아

귀에서 돌을 옮겨야 우리가 양에게 물을

먹이느니라

9 야곱이 그들과 말하는 동안에 라헬이 그

의 아버지의 양과 함께 오니 그가 그의

양들을 치고 있었기 때문이더라

10 야곱이 그의 외삼촌 라반의 딸 라헬과

그의 외삼촌의 양을 보고 나아가 우물

아귀에서 돌을 옮기고 외삼촌 라반의 양

떼에게 물을 먹이고

11 그가 라헬에게 입맞추고 소리 내어 울며

12 그에게 자기가 그의 아버지의 생질이요

리브가의 아들 됨을 말하였더니 라헬이

달려가서 그 아버지에게 알리매

13 라반이 그의 생질 야곱의 소식을 듣고 달려와서 그를 영접하여 안고 입맞추며 자기 집으로 인도하여 들이니 야곱이 자기의 모든 일을 라반에게 말하매

14 라반이 이르되 너는 참으로 내 혈육이로다 하였더라 야곱이 한 달을 그와 함께 거주하더니

15 라반이 야곱에게 이르되 네가 비록 내 생질이나 어찌 그저 내 일을 하겠느냐 네 품삯을 어떻게 할지 내게 말하라

16 라반에게 두 딸이 있으니 언니의 이름은 레아요 아우의 이름은 라헬이라

17 레아는 시력이 약하고 라헬은 곱고 아리따우니

18 야곱이 라헬을 더 사랑하므로 대답하되 내가 외삼촌의 작은 딸 라헬을 위하여 외삼촌에게 칠 년을 섬기리이다

19 라반이 이르되 그를 네게 주는 것이 타인에게 주는 것보다 나으니 나와 함께 있으라

20 야곱이 라헬을 위하여 칠 년 동안 라반을 섬겼으나 그를 사랑하는 까닭에 칠 년을 며칠 같이 여겼더라

야곱이 레아와 라헬을 아내로 맞다

21 야곱이 라반에게 이르되 내 기한이 찼으니 내 아내를 내게 주소서 내가 그에게 들어가겠나이다

22 라반이 그 곳 사람을 다 모아 잔치하고

23 저녁에 그의 딸 레아를 야곱에게로 데려가매 야곱이 그에게로 들어가니라

24 라반이 또 그의 여종 실바를 그의 딸 레아에게 시녀로 주었더라

25 야곱이 아침에 보니 레아라 라반에게 이르되 외삼촌이 어찌하여 내게 이같이 행하셨나이까 내가 라헬을 위하여 외삼촌을 섬기지 아니하였나이까 외삼촌이 나

를 속이심은 어찌됨이니이까

26 라반이 이르되 언니보다 아우를 먼저 주
는 것은 우리 지방에서 하지 아니하는
바이라

27 이를 위하여 칠 일을 채우라 우리가 그
도 네게 주리니 네가 또 나를 칠 년 동안
섬길지니라

28 야곱이 그대로 하여 그 칠 일을 채우매
라반이 딸 라헬도 그에게 아내로 주고

29 라반이 또 그의 여종 빌하를 그의 딸 라
헬에게 주어 시녀가 되게 하매

30 야곱이 또한 라헬에게로 들어갔고 그가
레아보다 라헬을 더 사랑하여 다시 칠
년 동안 라반을 섬겼더라

야곱에게 아이들이 생기다

31 여호와께서 레아가 사랑 받지 못함을 보
시고 그의 태를 여셨으나 라헬은 자녀가
없었더라

32 레아가 임신하여 아들을 낳고 그 이름을
르우벤이라 하여 이르되 여호와께서 나
의 괴로움을 돌보셨으니 이제는 내 남편
이 나를 사랑하리로다 하였더라

33 그가 다시 임신하여 아들을 낳고 이르되
여호와께서 내가 사랑 받지 못함을 들으
셨으므로 내게 이 아들도 주셨도다 하고
그의 이름을 시므온이라 하였으며

34 그가 또 임신하여 아들을 낳고 이르되
내가 그에게 세 아들을 낳았으니 내 남
편이 지금부터 나와 연합하리로다 하고
그의 이름을 레위라 하였으며

35 그가 또 임신하여 아들을 낳고 이르되
내가 이제는 여호와를 찬송하리로다 하
고 이로 말미암아 그가 그의 이름을 유
다라 하였고 그의 출산이 멈추었더라

30 라헬이 자기가 야곱에게서 아들을 낳지
못함을 보고 그의 언니를 시기하여 야곱

에게 이르되 내게 자식을 낳게 하라 그

렇지 아니하면 내가 죽겠노라

2 야곱이 라헬에게 성을 내어 이르되 그대

를 임신하지 못하게 하시는 이는 하나님

이시니 내가 하나님을 대신하겠느냐

3 라헬이 이르되 내 여종 빌하에게로 들어

가라 그가 아들을 낳아 내 무릎에 두리

니 그러면 나도 그로 말미암아 자식을

얻겠노라 하고

4 그의 시녀 빌하를 남편에게 아내로 주매

야곱이 그에게로 들어갔더니

5 빌하가 임신하여 야곱에게 아들을 낳은

지라

6 라헬이 이르되 하나님이 내 억울함을 푸

시려고 내 호소를 들으사 내게 아들을

주셨다 하고 이로 말미암아 그의 이름을

단이라 하였으며

7 라헬의 시녀 빌하가 다시 임신하여 둘째

아들을 야곱에게 낳으매

8 라헬이 이르되 내가 언니와 크게 경쟁하

여 이겼다 하고 그의 이름을 납달리라

하였더라

9 레아가 자기의 출산이 멈춤을 보고 그의

시녀 실바를 데려다가 야곱에게 주어 아

내로 삼게 하였더니

10 레아의 시녀 실바가 야곱에게서 아들을

낳으매

11 레아가 이르되 복되도다 하고 그의 이름

을 갓이라 하였으며

12 레아의 시녀 실바가 둘째 아들을 야곱에

게 낳으매

13 레아가 이르되 기쁘도다 모든 딸들이 나

를 기쁜 자라 하리로다 하고 그의 이름

을 아셀이라 하였더라

14 밀 거둘 때 르우벤이 나가서 들에서 합

환채를 얻어 그의 어머니 레아에게 드렸

더니 라헬이 레아에게 이르되 언니의 아

들의 합환채를 청구하노라

15 레아가 그에게 이르되 네가 내 남편을

빼앗은 것이 작은 일이냐 그런데 네가

내 아들의 합환채도 빼앗고자 하느냐 라

헬이 이르되 그러면 언니의 아들의 합환

채 대신에 오늘 밤에 내 남편이 언니와

동침하리라 하니라

16 저물 때에 야곱이 들에서 돌아오매 레아

가 나와서 그를 영접하며 이르되 내게로

들어오라 내가 내 아들의 합환채로 당신

을 샀노라 그 밤에 야곱이 그와 동침하

였더라

17 하나님이 레아의 소원을 들으셨으므로

그가 임신하여 다섯째 아들을 야곱에게

낳은지라

18 레아가 이르되 내가 내 시녀를 내 남편

에게 주었으므로 하나님이 내게 그 값을

주셨다 하고 그의 이름을 잇사갈이라 하

였으며

19 레아가 다시 임신하여 여섯째 아들을 야

곱에게 낳은지라

20 레아가 이르되 하나님이 내게 후한 선물

을 주시도다 내가 남편에게 여섯 아들을

낳았으니 이제는 그가 나와 함께 살리라

하고 그의 이름을 스불론이라 하였으며

21 그 후에 그가 딸을 낳고 그의 이름을 디

나라 하였더라

22 하나님이 라헬을 생각하신지라 하나님이

그의 소원을 들으시고 그의 태를 여셨으

므로

23 그가 임신하여 아들을 낳고 이르되 하나

님이 내 부끄러움을 씻으셨다 하고

24 그 이름을 요셉이라 하니 여호와는 다시

다른 아들을 내게 더하시기를 원하노라

하였더라

야곱이 라반과 품삯을 정하다

25 라헬이 요셉을 낳았을 때에 야곱이 라반에게 이르되 나를 보내어 내 고향 나의 땅으로 가게 하시되

26 내가 외삼촌에게서 일하고 얻은 처자를 내게 주시어 나로 가게 하소서 내가 외삼촌에게 한 일은 외삼촌이 아시나이다

27 라반이 그에게 이르되 여호와께서 너로 말미암아 내게 복 주신 줄을 내가 깨달았노니 네가 나를 사랑스럽게 여기거든 그대로 있으라

28 또 이르되 네 품삯을 정하라 내가 그것을 주리라

29 야곱이 그에게 이르되 내가 어떻게 외삼촌을 섬겼는지, 어떻게 외삼촌의 가축을 쳤는지 외삼촌이 아시나이다

30 내가 오기 전에는 외삼촌의 소유가 적더니 번성하여 떼를 이루었으니 내 발이 이르는 곳마다 여호와께서 외삼촌에게 복을 주셨나이다 그러나 나는 언제나 내 집을 세우리이까

31 라반이 이르되 내가 무엇으로 네게 주랴 야곱이 이르되 외삼촌께서 내게 아무것도 주시지 않아도 나를 위하여 이 일을 행하시면 내가 다시 외삼촌의 양 떼를 먹이고 지키리이다

32 오늘 내가 외삼촌의 양 떼에 두루 다니며 그 양 중에 아롱진 것과 점 있는 것과 검은 것을 가려내며 또 염소 중에 점 있는 것과 아롱진 것을 가려내리니 이같은 것이 내 품삯이 되리이다

33 후일에 외삼촌께서 오셔서 내 품삯을 조사하실 때에 나의 의가 내 대답이 되리이다 내게 혹시 염소 중 아롱지지 아니한 것이나 점이 없는 것이나 양 중에 검지 아니한 것이 있거든 다 도둑질한 것

으로 인정하소서

34 라반이 이르되 내가 네 말대로 하리라

하고

35 그 날에 그가 숫염소 중 얼룩무늬 있는

것과 점 있는 것을 가리고 암염소 중 흰

바탕에 아롱진 것과 점 있는 것을 가리

고 양 중의 검은 것들을 가려 자기 아들

들의 손에 맡기고

36 자기와 야곱의 사이를 사흘 길이 뜨게

하였고 야곱은 라반의 남은 양 떼를 치

니라

37 야곱이 버드나무와 살구나무와 신풍나무

의 푸른 가지를 가져다가 그것들의 껍질

을 벗겨 흰 무늬를 내고

38 그 껍질 벗긴 가지를 양 떼가 와서 먹는

개천의 물 구유에 세워 양 떼를 향하게

하매 그 떼가 물을 먹으러 올 때에 새끼

를 배니

39 가지 앞에서 새끼를 배므로 얼룩얼룩한

것과 점이 있고 아롱진 것을 낳은지라

40 야곱이 새끼 양을 구분하고 그 얼룩무늬

와 검은 빛 있는 것을 라반의 양과 서로

마주보게 하며 자기 양을 따로 두어 라

반의 양과 섞이지 않게 하며

41 튼튼한 양이 새끼 밸 때에는 야곱이 개

천에다가 양 떼의 눈 앞에 그 가지를

두어 양이 그 가지 곁에서 새끼를 배게

하고

42 약한 양이면 그 가지를 두지 아니하

니 그렇게 함으로 약한 것은 라반의

것이 되고 튼튼한 것은 야곱의 것이

된지라

43 이에 그 사람이 매우 번창하여 양 떼와

노비와 낙타와 나귀가 많았더라

야곱이 라반을 떠나다

31 야곱이 라반의 아들들이 하는 말을 들

은즉 야곱이 우리 아버지의 소유를 다

빼앗고 우리 아버지의 소유로 말미암아

이 모든 재물을 모았다 하는지라

2 야곱이 라반의 안색을 본즉 자기에게 대

하여 전과 같지 아니하더라

3 여호와께서 야곱에게 이르시되 네 조상

의 땅 네 족속에게로 돌아가라 내가 너

와 함께 있으리라 하신지라

4 야곱이 사람을 보내어 라헬과 레아를 자

기 양 떼가 있는 들로 불러다가

5 그들에게 이르되 내가 그대들의 아버지

의 안색을 본즉 내게 대하여 전과 같지

아니하도다 그러할지라도 내 아버지의

하나님은 나와 함께 계셨느니라

6 그대들도 알거니와 내가 힘을 다하여 그

대들의 아버지를 섬겼거늘

7 그대들의 아버지가 나를 속여 품삯을 열

번이나 변경하였느니라 그러나 하나님

이 그를 막으사 나를 해치지 못하게 하

셨으며

8 그가 이르기를 점 있는 것이 네 삯이 되

리라 하면 온 양 떼가 낳은 것이 점 있는

것이요 또 얼룩무늬 있는 것이 네 삯이

되리라 하면 온 양 떼가 낳은 것이 얼룩

무늬 있는 것이니

9 하나님이 이같이 그대들의 아버지의 가

축을 빼앗아 내게 주셨느니라

10 그 양 떼가 새끼 밸 때에 내가 꿈에 눈을

들어 보니 양 떼를 탄 숫양은 다 얼룩무

늬 있는 것과 점 있는 것과 아롱진 것이

었더라

11 꿈에 하나님의 사자가 내게 말씀하시기

를 야곱아 하기로 내가 대답하기를 여기

있나이다 하매

12 이르시되 네 눈을 들어 보라 양 떼를 탄

숫양은 다 얼룩무늬 있는 것, 점 있는 것

과 아롱진 것이니라 라반이 네게 행한 모든 것을 내가 보았노라

13 나는 벧엘의 하나님이라 네가 거기서 기둥에 기름을 붓고 거기서 내게 서원하였으니 지금 일어나 이 곳을 떠나서 네 출생지로 돌아가라 하셨느니라

14 라헬과 레아가 그에게 대답하여 이르되 우리가 우리 아버지 집에서 무슨 분깃이나 유산이 있으리요

15 아버지가 우리를 팔고 우리의 돈을 다 먹어버렸으니 아버지가 우리를 외국인처럼 여기는 것이 아닌가

16 하나님이 우리 아버지에게서 취하여 가신 재물은 우리와 우리 자식의 것이니 이제 하나님이 당신에게 이르신 일을 다 준행하라

17 야곱이 일어나 자식들과 아내들을 낙타들에게 태우고

18 그 모은 바 모든 가축과 모든 소유물 곧 그가 밧단아람에서 모은 가축을 이끌고 가나안 땅에 있는 그의 아버지 이삭에게로 가려 할새

19 그 때에 라반이 양털을 깎으러 갔으므로 라헬은 그의 아버지의 드라빔을 도둑질하고

20 야곱은 그 거취를 아람 사람 라반에게 말하지 아니하고 가만히 떠났더라

21 그가 그의 모든 소유를 이끌고 강을 건너 길르앗 산을 향하여 도망한 지

22 삼 일 만에 야곱이 도망한 것이 라반에게 들린지라

23 라반이 그의 형제를 거느리고 칠 일 길을 쫓아가 길르앗 산에서 그에게 이르렀더니

24 밤에 하나님이 아람 사람 라반에게 현몽하여 이르시되 너는 삼가 야곱에게 선악

간에 말하지 말라 하셨더라

25 라반이 야곱을 뒤쫓아 이르렀으니 야곱이 그 산에 장막을 친지라 라반이 그 형제와 더불어 길르앗 산에 장막을 치고

26 라반이 야곱에게 이르되 네가 나를 속이고 내 딸들을 칼에 사로잡힌 자 같이 끌고 갔으니 어찌 이같이 하였느냐

27 내가 즐거움과 노래와 북과 수금으로 너를 보내겠거늘 어찌하여 네가 나를 속이고 가만히 도망하고 내게 알리지 아니하였으며

28 내가 내 손자들과 딸들에게 입맞추지 못하게 하였으니 네 행위가 참으로 어리석도다

29 너를 해할 만한 능력이 내 손에 있으나 너희 아버지의 하나님이 어제 밤에 내게 말씀하시기를 너는 삼가 야곱에게 선악간에 말하지 말라 하셨느니라

30 이제 네가 네 아버지 집을 사모하여 돌아가려는 것은 옳거니와 어찌 내 신을 도둑질하였느냐

31 야곱이 라반에게 대답하여 이르되 내가 생각하기를 외삼촌이 외삼촌의 딸들을 내게서 억지로 빼앗으리라 하여 두려워하였음이니이다

32 외삼촌의 신을 누구에게서 찾든지 그는 살지 못할 것이요 우리 형제들 앞에서 무엇이든지 외삼촌의 것이 발견되거든 외삼촌에게로 가져가소서 하니 야곱은 라헬이 그것을 도둑질한 줄을 알지 못함이었더라

33 라반이 야곱의 장막에 들어가고 레아의 장막에 들어가고 두 여종의 장막에 들어갔으나 찾지 못하고 레아의 장막에서 나와 라헬의 장막에 들어가매

34 라헬이 그 드라빔을 가져 낙타 안장 아

래에 넣고 그 위에 앉은지라 라반이 그

장막에서 찾다가 찾아내지 못하매

35 라헬이 그의 아버지에게 이르되 마침 생

리가 있어 일어나서 영접할 수 없사오니

내 주는 노하지 마소서 하니라 라반이

그 드라빔을 두루 찾다가 찾아내지 못한

지라

36 야곱이 노하여 라반을 책망할새 야곱이

라반에게 대답하여 이르되 내 허물이 무

엇이니이까 무슨 죄가 있기에 외삼촌께

서 내 뒤를 급히 추격하나이까

37 외삼촌께서 내 물건을 다 뒤져보셨으니

외삼촌의 집안 물건 중에서 무엇을 찾아

내었나이까 여기 내 형제와 외삼촌의 형

제 앞에 그것을 두고 우리 둘 사이에 판

단하게 하소서

38 내가 이 이십 년을 외삼촌과 함께 하였

거니와 외삼촌의 암양들이나 암염소들이

낙태하지 아니하였고 또 외삼촌의 양 떼

의 숫양을 내가 먹지 아니하였으며

39 물려 찢긴 것은 내가 외삼촌에게로 가져

가지 아니하고 낮에 도둑을 맞았든지 밤

에 도둑을 맞았든지 외삼촌이 그것을 내

손에서 찾았으므로 내가 스스로 그것을

보충하였으며

40 내가 이와 같이 낮에는 더위와 밤에는

추위를 무릅쓰고 눈 붙일 겨를도 없이

지냈나이다

41 내가 외삼촌의 집에 있는 이 이십 년 동

안 외삼촌의 두 딸을 위하여 십사 년, 외

삼촌의 양 떼를 위하여 육 년을 외삼촌

에게 봉사하였거니와 외삼촌께서 내 품

삯을 열 번이나 바꾸셨으며

42 우리 아버지의 하나님, 아브라함의 하

나님 곧 이삭이 경외하는 이가 나와 함

께 계시지 아니하셨더라면 외삼촌께서

이제 나를 빈손으로 돌려보내셨으리이다마는 하나님이 내 고난과 내 손의 수고를 보시고 어제 밤에 외삼촌을 책망하셨나이다

야곱과 라반의 언약

43 라반이 야곱에게 대답하여 이르되 딸들은 내 딸이요 자식들은 내 자식이요 양 떼는 내 양 떼요 네가 보는 것은 다 내 것이라 내가 오늘 내 딸들과 그들이 낳은 자식들에게 무엇을 하겠느냐

44 이제 오라 나와 네가 언약을 맺고 그것으로 너와 나 사이에 증거를 삼을 것이니라

45 이에 야곱이 돌을 가져다가 기둥으로 세우고

46 또 그 형제들에게 돌을 모으라 하니 그들이 돌을 가져다가 무더기를 이루매 무리가 거기 무더기 곁에서 먹고

47 라반은 그것을 여갈사하두다라 불렀고 야곱은 그것을 갈르엣이라 불렀으니

48 라반의 말에 오늘 이 무더기가 너와 나 사이에 증거가 된다 하였으므로 그 이름을 갈르엣이라 불렀으며

49 또 미스바라 하였으니 이는 그의 말에 우리가 서로 떠나 있을 때에 여호와께서 나와 너 사이를 살피시옵소서 함이라

50 만일 네가 내 딸을 박대하거나 내 딸들 외에 다른 아내들을 맞이하면 우리와 함께 할 사람은 없어도 보라 하나님이 나와 너 사이에 증인이 되시느니라 함이었더라

51 라반이 또 야곱에게 이르되 내가 나와 너 사이에 둔 이 무더기를 보라 또 이 기둥을 보라

52 이 무더기가 증거가 되고 이 기둥이 증거가 되나니 내가 이 무더기를 넘어 네

게로 가서 해하지 않을 것이요 네가 이

무더기, 이 기둥을 넘어 내게로 와서 해

하지 아니할 것이라

53 아브라함의 하나님, 나홀의 하나님, 그들

의 조상의 하나님은 우리 사이에 판단하

옵소서 하매 야곱이 그의 아버지 이삭이

경외하는 이를 가리켜 맹세하고

54 야곱이 또 산에서 제사를 드리고 형제들

을 불러 떡을 먹이니 그들이 떡을 먹고

산에서 밤을 지내고

55 라반이 아침에 일찍이 일어나 손자들과

딸들에게 입맞추며 그들에게 축복하고

떠나 고향으로 돌아갔더라

야곱이 에서를 만날 준비를 하다

32 야곱이 길을 가는데 하나님의 사자들이

그를 만난지라

2 야곱이 그들을 볼 때에 이르기를 이는

하나님의 군대라 하고 그 땅 이름을 마

하나임이라 하였더라

3 야곱이 세일 땅 에돔 들에 있는 형 에서

에게로 자기보다 앞서 사자들을 보내며

4 그들에게 명령하여 이르되 너희는 내 주

에서에게 이같이 말하라 주의 종 야곱이

이같이 말하기를 내가 라반과 함께 거류

하며 지금까지 머물러 있었사오며

5 내게 소와 나귀와 양 떼와 노비가 있으

므로 사람을 보내어 내 주께 알리고 내

주께 은혜 받기를 원하나이다 하라 하였

더니

6 사자들이 야곱에게 돌아와 이르되 우리

가 주인의 형 에서에게 이른즉 그가 사

백 명을 거느리고 주인을 만나려고 오더

이다

7 야곱이 심히 두렵고 답답하여 자기와 함

께 한 동행자와 양과 소와 낙타를 두 떼

로 나누고

8 이르되 에서가 와서 한 떼를 치면 남은

한 떼는 피하리라 하고

9 야곱이 또 이르되 내 조부 아브라함의

하나님, 내 아버지 이삭의 하나님 여호와

여 주께서 전에 내게 명하시기를 네 고

향, 네 족속에게로 돌아가라 내가 네게

은혜를 베풀리라 하셨나이다

10 나는 주께서 주의 종에게 베푸신 모든

은총과 모든 진실하심을 조금도 감당할

수 없사오나 내가 내 지팡이만 가지고

이 요단을 건넜더니 지금은 두 떼나 이

루었나이다

11 내가 주께 간구하오니 내 형의 손에서,

에서의 손에서 나를 건져내시옵소서 내

가 그를 두려워함은 그가 와서 나와 내

처자들을 칠까 겁이 나기 때문이니이다

12 주께서 말씀하시기를 내가 반드시 네게

은혜를 베풀어 네 씨로 바다의 셀 수 없

는 모래와 같이 많게 하리라 하셨나이다

야곱이 브니엘에서 씨름을 하다

13 야곱이 거기서 밤을 지내고 그 소유 중

에서 형 에서를 위하여 예물을 택하니

14 암염소가 이백이요 숫염소가 이십이요

암양이 이백이요 숫양이 이십이요

15 젖 나는 낙타 삼십과 그 새끼요 암소가

사십이요 황소가 열이요 암나귀가 이십

이요 그 새끼 나귀가 열이라

16 그것을 각각 떼로 나누어 종들의 손에

맡기고 그의 종에게 이르되 나보다 앞

서 건너가서 각 떼로 거리를 두게 하라

하고

17 그가 또 앞선 자에게 명령하여 이르되

내 형 에서가 너를 만나 묻기를 네가 누

구의 사람이며 어디로 가느냐 네 앞의

것은 누구의 것이냐 하거든

18 대답하기를 주의 종 야곱의 것이요 자기

주 에서에게로 보내는 예물이오며 야곱

도 우리 뒤에 있나이다 하라 하고

19 그 둘째와 셋째와 각 떼를 따라가는 자

에게 명령하여 이르되 너희도 에서를 만

나거든 곧 이같이 그에게 말하고

20 또 너희는 말하기를 주의 종 야곱이 우

리 뒤에 있다 하라 하니 이는 야곱이 말

하기를 내가 내 앞에 보내는 예물로 형

의 감정을 푼 후에 대면하면 형이 혹시

나를 받아 주리라 함이었더라

21 그 예물은 그에 앞서 보내고 그는 무리

가운데서 밤을 지내다가

22 밤에 일어나 두 아내와 두 여종과 열한

아들을 인도하여 얍복 나루를 건널새

23 그들을 인도하여 시내를 건너가게 하며

그의 소유도 건너가게 하고

24 야곱은 홀로 남았더니 어떤 사람이 날이

새도록 야곱과 씨름하다가

25 자기가 야곱을 이기지 못함을 보고 그가

야곱의 허벅지 관절을 치매 야곱의 허벅

지 관절이 그 사람과 씨름할 때에 어긋

났더라

26 그가 이르되 날이 새려하니 나로 가게

하라 야곱이 이르되 당신이 내게 축복하

지 아니하면 가게 하지 아니하겠나이다

27 그 사람이 그에게 이르되 네 이름이 무

엇이냐 그가 이르되 야곱이니이다

28 그가 이르되 네 이름을 다시는 야곱이라

부를 것이 아니요 이스라엘이라 부를 것

이니 이는 네가 하나님과 및 사람들과

겨루어 이겼음이니라

29 야곱이 청하여 이르되 당신의 이름을 알

려주소서 그 사람이 이르되 어찌하여 내

이름을 묻느냐 하고 거기서 야곱에게 축

복한지라

30 그러므로 야곱이 그 곳 이름을 브니엘이

라 하였으니 그가 이르기를 내가 하나님

과 대면하여 보았으나 내 생명이 보전되

었다 함이더라

31 그가 브니엘을 지날 때에 해가 돋았고

그의 허벅다리로 말미암아 절었더라

32 그 사람이 야곱의 허벅지 관절에 있는

둔부의 힘줄을 쳤으므로 이스라엘 사람

들이 지금까지 허벅지 관절에 있는 둔부

의 힘줄을 먹지 아니하더라

야곱이 에서를 만나다

33 야곱이 눈을 들어 보니 에서가 사백 명

의 장정을 거느리고 오고 있는지라 그의

자식들을 나누어 레아와 라헬과 두 여종

에게 맡기고

2 여종들과 그들의 자식들은 앞에 두고 레

아와 그의 자식들은 다음에 두고 라헬과

요셉은 뒤에 두고

3 자기는 그들 앞에서 나아가되 몸을 일곱

번 땅에 굽히며 그의 형 에서에게 가까

이 가니

4 에서가 달려와서 그를 맞이하여 안고

목을 어긋맞추어 그와 입맞추고 서로

우니라

5 에서가 눈을 들어 여인들과 자식들을 보

고 묻되 너와 함께 한 이들은 누구냐 야

곱이 이르되 하나님이 주의 종에게 은혜

로 주신 자식들이니이다

6 그 때에 여종들이 그의 자식들과 더불어

나아와 절하고

7 레아도 그의 자식들과 더불어 나아와 절

하고 그 후에 요셉이 라헬과 더불어 나

아와 절하니

8 에서가 또 이르되 내가 만난 바 이 모든

떼는 무슨 까닭이냐 야곱이 이르되 내

주께 은혜를 입으려 함이니이다

9 에서가 이르되 내 동생아 내게 있는 것

이 족하니 네 소유는 네게 두라

10 야곱이 이르되 그렇지 아니하니이다 내

가 형님의 눈앞에서 은혜를 입었사오면

청하건대 내 손에서 이 예물을 받으소서

내가 형님의 얼굴을 뵈온즉 하나님의 얼

굴을 본 것 같사오며 형님도 나를 기뻐

하심이니이다

11 하나님이 내게 은혜를 베푸셨고 내 소유

도 족하오니 청하건대 내가 형님께 드리

는 예물을 받으소서 하고 그에게 강권하

매 받으니라

12 에서가 이르되 우리가 떠나자 내가 너와

동행하리라

13 야곱이 그에게 이르되 내 주도 아시거니

와 자식들은 연약하고 내게 있는 양 떼

와 소가 새끼를 데리고 있은즉 하루만

지나치게 몰면 모든 떼가 죽으리니

14 청하건대 내 주는 종보다 앞서 가소서

나는 앞에 가는 가축과 자식들의 걸음대

로 천천히 인도하여 세일로 가서 내 주

께 나아가리이다

15 에서가 이르되 내가 내 종 몇 사람을 네

게 머물게 하리라 야곱이 이르되 어찌

하여 그리하리이까 나로 내 주께 은혜를

얻게 하소서 하매

16 이 날에 에서는 세일로 돌아가고

17 야곱은 숙곳에 이르러 자기를 위하여 집

을 짓고 그의 가축을 위하여 우릿간을

지었으므로 그 땅 이름을 숙곳이라 부르

더라

18 야곱이 밧단아람에서부터 평안히 가나안

땅 세겜 성읍에 이르러 그 성읍 앞에 장

막을 치고

19 그가 장막을 친 밭을 세겜의 아버지 하

몰의 아들들의 손에서 백 크시타에 샀

으며

20 거기에 제단을 쌓고 그 이름을 엘엘로헤

이스라엘이라 불렀더라

디나가 부끄러운 일을 당하다

34 레아가 야곱에게 낳은 딸 디나가 그 땅

의 딸들을 보러 나갔더니

2 히위 족속 중 하몰의 아들 그 땅의 추장

세겜이 그를 보고 끌어들여 강간하여 욕

되게 하고

3 그 마음이 깊이 야곱의 딸 디나에게 연

연하며 그 소녀를 사랑하여 그의 마음을

말로 위로하고

4 그의 아버지 하몰에게 청하여 이르되 이

소녀를 내 아내로 얻게 하여 주소서 하

였더라

5 야곱이 그 딸 디나를 그가 더럽혔다 함

을 들었으나 자기의 아들들이 들에서

목축하므로 그들이 돌아오기까지 잠잠

하였고

6 세겜의 아버지 하몰은 야곱에게 말하러

왔으며

7 야곱의 아들들은 들에서 이를 듣고 돌아

와서 그들 모두가 근심하고 심히 노하였

으니 이는 세겜이 야곱의 딸을 강간하여

이스라엘에게 부끄러운 일 곧 행하지 못

할 일을 행하였음이더라

8 하몰이 그들에게 이르되 내 아들 세겜이

마음으로 너희 딸을 연연하여 하니 원하

건대 그를 세겜에게 주어 아내로 삼게

하라

9 너희가 우리와 통혼하여 너희 딸을 우리

에게 주며 우리 딸을 너희가 데려가고

10 너희가 우리와 함께 거주하되 땅이 너희

앞에 있으니 여기 머물러 매매하며 여기

서 기업을 얻으라 하고

11 세겜도 디나의 아버지와 그의 남자 형제

들에게 이르되 나로 너희에게 은혜를 입

게 하라 너희가 내게 말하는 것은 내가

다 주리니

12 이 소녀만 내게 주어 아내가 되게 하라

아무리 큰 혼수와 예물을 청할지라도 너

희가 내게 말한 대로 주리라

13 야곱의 아들들이 세겜과 그의 아버지 하

몰에게 속여 대답하였으니 이는 세겜이

그 누이 디나를 더럽혔음이라

14 야곱의 아들들이 그들에게 말하되 우리

는 그리하지 못하겠노라 할례 받지 아니

한 사람에게 우리 누이를 줄 수 없노니

이는 우리의 수치가 됨이니라

15 그런즉 이같이 하면 너희에게 허락하리

라 만일 너희 중 남자가 다 할례를 받고

우리 같이 되면

16 우리 딸을 너희에게 주며 너희 딸을 우

리가 데려오며 너희와 함께 거주하여 한

민족이 되려니와

17 너희가 만일 우리 말을 듣지 아니하고

할례를 받지 아니하면 우리는 곧 우리

딸을 데리고 가리라

18 그들의 말을 하몰과 그의 아들 세겜이

좋게 여기므로

19 이 소년이 그 일 행하기를 지체하지 아

니하였으니 그가 야곱의 딸을 사랑함이

며 그는 그의 아버지 집에서 가장 존귀

하였더라

20 하몰과 그의 아들 세겜이 그들의 성읍

문에 이르러 그들의 성읍 사람들에게 말

하여 이르되

21 이 사람들은 우리와 친목하고 이 땅은

넓어 그들을 용납할 만하니 그들이 여기

서 거주하며 매매하게 하고 우리가 그들

의 딸들을 아내로 데려오고 우리 딸들도

그들에게 주자

22 그러나 우리 중의 모든 남자가 그들이

할례를 받음 같이 할례를 받아야 그 사

람들이 우리와 함께 거주하여 한 민족

되기를 허락할 것이라

23 그러면 그들의 가축과 재산과 그들의 모

든 짐승이 우리의 소유가 되지 않겠느냐

다만 그들의 말대로 하자 그러면 그들이

우리와 함께 거주하리라

24 성문으로 출입하는 모든 자가 하몰과 그

의 아들 세겜의 말을 듣고 성문으로 출

입하는 그 모든 남자가 할례를 받으니라

25 제삼일에 아직 그들이 아파할 때에 야

곱의 두 아들 디나의 오라버니 시므온

과 레위가 각기 칼을 가지고 가서 몰래

그 성읍을 기습하여 그 모든 남자를 죽

이고

26 칼로 하몰과 그의 아들 세겜을 죽이고

디나를 세겜의 집에서 데려오고

27 야곱의 여러 아들이 그 시체 있는 성읍

으로 가서 노략하였으니 이는 그들이 그

들의 누이를 더럽힌 까닭이라

28 그들이 양과 소와 나귀와 그 성읍에 있

는 것과 들에 있는 것과

29 그들의 모든 재물을 빼앗으며 그들의 자

녀와 그들의 아내들을 사로잡고 집 속의

물건을 다 노략한지라

30 야곱이 시므온과 레위에게 이르되 너희

가 내게 화를 끼쳐 나로 하여금 이 땅의

주민 곧 가나안 족속과 브리스 족속에게

악취를 내게 하였도다 나는 수가 적은즉

그들이 모여 나를 치고 나를 죽이리니

그러면 나와 내 집이 멸망하리라

31 그들이 이르되 그가 우리 누이를 창녀

같이 대우함이 옳으니이까

하나님이 야곱에게 복을 주시다

35 하나님이 야곱에게 이르시되 일어나 벧

엘로 올라가서 거기 거주하며 네가 네

형 에서의 낯을 피하여 도망하던 때에 네게 나타났던 하나님께 거기서 제단을 쌓으라 하신지라

2 야곱이 이에 자기 집안 사람과 자기와 함께 한 모든 자에게 이르되 너희 중에 있는 이방 신상들을 버리고 자신을 정결하게 하고 너희들의 의복을 바꾸어 입으라

3 우리가 일어나 벧엘로 올라가자 내 환난 날에 내게 응답하시며 내가 가는 길에서 나와 함께 하신 하나님께 내가 거기서 제단을 쌓으려 하노라 하매

4 그들이 자기 손에 있는 모든 이방 신상들과 자기 귀에 있는 귀고리들을 야곱에게 주는지라 야곱이 그것들을 세겜 근처 상수리나무 아래에 묻고

5 그들이 떠났으나 하나님이 그 사면 고을들로 크게 두려워하게 하셨으므로 야곱

의 아들들을 추격하는 자가 없었더라

6 야곱과 그와 함께 한 모든 사람이 가나안 땅 루스 곧 벧엘에 이르고

7 그가 거기서 제단을 쌓고 그 곳을 엘벧엘이라 불렀으니 이는 그의 형의 낯을 피할 때에 하나님이 거기서 그에게 나타나셨음이더라

8 리브가의 유모 드보라가 죽으매 그를 벧엘 아래에 있는 상수리나무 밑에 장사하고 그 나무 이름을 알론바굿이라 불렀더라

9 야곱이 밧단아람에서 돌아오매 하나님이 다시 야곱에게 나타나사 그에게 복을 주시고

10 하나님이 그에게 이르시되 네 이름이 야곱이지마는 네 이름을 다시는 야곱이라 부르지 않겠고 이스라엘이 네 이름이 되리라 하시고 그가 그의 이름을 이스라엘

이라 부르시고

11 하나님이 그에게 이르시되 나는 전능한 하나님이라 생육하며 번성하라 한 백성과 백성들의 총회가 네게서 나오고 왕들이 네 허리에서 나오리라

12 내가 아브라함과 이삭에게 준 땅을 네게 주고 내가 네 후손에게도 그 땅을 주리라 하시고

13 하나님이 그와 말씀하시던 곳에서 그를 떠나 올라가시는지라

14 야곱이 하나님이 자기와 말씀하시던 곳에 기둥 곧 돌 기둥을 세우고 그 위에 전제물을 붓고 또 그 위에 기름을 붓고

15 하나님이 자기와 말씀하시던 곳의 이름을 벧엘이라 불렀더라

라헬이 산고로 죽다

16 그들이 벧엘에서 길을 떠나 에브랏에 이르기까지 얼마간 거리를 둔 곳에서 라헬이 해산하게 되어 심히 고생하여

17 그가 난산할 즈음에 산파가 그에게 이르되 두려워하지 말라 지금 네가 또 득남하느니라 하매

18 그가 죽게 되어 그의 혼이 떠나려 할 때에 아들의 이름을 베노니라 불렀으나 그의 아버지는 그를 베냐민이라 불렀더라

19 라헬이 죽으매 에브랏 곧 베들레헴 길에 장사되었고

20 야곱이 라헬의 묘에 비를 세웠더니 지금까지 라헬의 묘비라 일컫더라

21 이스라엘이 다시 길을 떠나 에델 망대를 지나 장막을 쳤더라

22 이스라엘이 그 땅에 거주할 때에 르우벤이 가서 그 아버지의 첩 빌하와 동침하매 이스라엘이 이를 들었더라

야곱의 아들들 (대상 2:1-2)

야곱의 아들은 열둘이라

23 레아의 아들들은 야곱의 장자 르우벤과

그 다음 시므온과 레위와 유다와 잇사갈

과 스불론이요

24 라헬의 아들들은 요셉과 베냐민이며

25 라헬의 여종 빌하의 아들들은 단과 납달

리요

26 레아의 여종 실바의 아들들은 갓과 아셀

이니 이들은 야곱의 아들들이요 밧단아

람에서 그에게 낳은 자더라

이삭이 죽다

27 야곱이 기럇아르바의 마므레로 가서 그

의 아버지 이삭에게 이르렀으니 기럇아

르바는 곧 아브라함과 이삭이 거류하던

헤브론이더라

28 이삭의 나이가 백팔십 세라

29 이삭이 나이가 많고 늙어 기운이 다하매

죽어 자기 열조에게로 돌아가니 그의 아

들 에서와 야곱이 그를 장사하였더라

에서의 자손 (대상 1:34-37)

36 에서 곧 에돔의 족보는 이러하니라

2 에서가 가나안 여인 중 헷 족속 엘론의

딸 아다와 히위 족속 시브온의 딸인 아

나의 딸 오홀리바마를 자기 아내로 맞이

하고

3 또 이스마엘의 딸 느바욧의 누이 바스맛

을 맞이하였더니

4 아다는 엘리바스를 에서에게 낳았고 바

스맛은 르우엘을 낳았고

5 오홀리바마는 여우스와 얄람과 고라를

낳았으니 이들은 에서의 아들들이요 가

나안 땅에서 그에게 태어난 자들이더라

6 에서가 자기 아내들과 자기 자녀들과 자

기 집의 모든 사람과 자기의 가축과 자

기의 모든 짐승과 자기가 가나안 땅에서

모은 모든 재물을 이끌고 그의 동생 야

곱을 떠나 다른 곳으로 갔으니

7 두 사람의 소유가 풍부하여 함께 거주할 수 없음이러라 그들이 거주하는 땅이 그들의 가축으로 말미암아 그들을 용납할 수 없었더라

8 이에 에서 곧 에돔이 세일 산에 거주하니라

9 세일 산에 있는 에돔 족속의 조상 에서의 족보는 이러하고

10 그 자손의 이름은 이러하니라 에서의 아내 아다의 아들은 엘리바스요 에서의 아내 바스맛의 아들은 르우엘이며

11 엘리바스의 아들들은 데만과 오말과 스보와 가담과 그나스요

12 에서의 아들 엘리바스의 첩 딤나는 아말렉을 엘리바스에게 낳았으니 이들은 에서의 아내 아다의 자손이며

13 르우엘의 아들들은 나핫과 세라와 삼마와 미사니 이들은 에서의 아내 바스맛의 자손이며

14 시브온의 손녀 아나의 딸 에서의 아내 오홀리바마의 아들들은 이러하니 그가 여우스와 얄람과 고라를 에서에게 낳았더라

15 에서 자손 중 족장은 이러하니라 에서의 장자 엘리바스의 자손으로는 데만 족장, 오말 족장, 스보 족장, 그나스 족장과

16 고라 족장, 가담 족장, 아말렉 족장이니 이들은 에돔 땅에 있는 엘리바스의 족장들이요 이들은 아다의 자손이며

17 에서의 아들 르우엘의 자손으로는 나핫 족장, 세라 족장, 삼마 족장, 미사 족장이니 이들은 에돔 땅에 있는 르우엘의 족장들이요 이들은 에서의 아내 바스맛의 자손이며

18 에서의 아내인 오홀리바마의 아들들은 여우스 족장, 얄람 족장, 고라 족장이니

이들은 아나의 딸이요 에서의 아내인 오

홀리바마로 말미암아 나온 족장들이라

19 에서 곧 에돔의 자손으로서 족장 된 자

들이 이러하였더라

세일의 자손 (대상 1:38-41)

20 그 땅의 주민 호리 족속 세일의 자손은

로단과 소발과 시브온과 아나와

21 디손과 에셀과 디산이니 이들은 에돔 땅

에 있는 세일의 자손 중 호리 족속의 족

장들이요

22 로단의 자녀는 호리와 헤맘과 로단의 누

이 딤나요

23 소발의 자녀는 알완과 마나핫과 에발과

스보와 오남이요

24 시브온의 자녀는 아야와 아나며 이 아나

는 그 아버지 시브온의 나귀를 칠 때에

광야에서 온천을 발견하였고

25 아나의 자녀는 디손과 오홀리바마니 오

홀리바마는 아나의 딸이며

26 디손의 자녀는 헴단과 에스반과 이드란

과 그란이요

27 에셀의 자녀는 빌한과 사아완과 아간

이요

28 디산의 자녀는 우스와 아란이니

29 호리 족속의 족장들은 곧 로단 족장, 소

발 족장, 시브온 족장, 아나 족장,

30 디손 족장, 에셀 족장, 디산 족장이라 이

들은 그들의 족속들에 따라 세일 땅에

있는 호리 족속의 족장들이었더라

에돔의 왕들 (대상 1:43-54)

31 이스라엘 자손을 다스리는 왕이 있기

전에 에돔 땅을 다스리던 왕들은 이러

하니라

32 브올의 아들 벨라가 에돔의 왕이 되었으

니 그 도성의 이름은 딘하바며

33 벨라가 죽고 보스라 사람 세라의 아들

요밥이 그를 대신하여 왕이 되었고

34 요밥이 죽고 데만 족속의 땅의 후삼이 그를 대신하여 왕이 되었고

35 후삼이 죽고 브닷의 아들 곧 모압 들에서 미디안 족속을 친 하닷이 그를 대신하여 왕이 되었으니 그 도성 이름은 아윗이며

36 하닷이 죽고 마스레가의 삼라가 그를 대신하여 왕이 되었고

37 삼라가 죽고 유브라데 강변 르호봇의 사울이 그를 대신하여 왕이 되었고

38 사울이 죽고 악볼의 아들 바알하난이 그를 대신하여 왕이 되었고

39 악볼의 아들 바알하난이 죽고 하달이 그를 대신하여 왕이 되었으니 그 도성 이름은 바우며 그의 아내의 이름은 므헤다벨이니 마드렛의 딸이요 메사합의 손녀더라

40 에서에게서 나온 족장들의 이름은 그 종족과 거처와 이름을 따라 나누면 이러하니 딤나 족장, 알와 족장, 여뎃 족장,

41 오홀리바마 족장, 엘라 족장, 비논 족장,

42 그나스 족장, 데만 족장, 밉살 족장,

43 막디엘 족장, 이람 족장이라 이들은 그 구역과 거처를 따른 에돔 족장들이며 에돔 족속의 조상은 에서더라

요셉과 형제들

37 야곱이 가나안 땅 곧 그의 아버지가 거류하던 땅에 거주하였으니

2 야곱의 족보는 이러하니라 요셉이 십칠 세의 소년으로서 그의 형들과 함께 양을 칠 때에 그의 아버지의 아내들 빌하와 실바의 아들들과 더불어 함께 있었더니 그가 그들의 잘못을 아버지에게 말하더라

3 요셉은 노년에 얻은 아들이므로 이스라

엘이 여러 아들들보다 그를 더 사랑하므로 그를 위하여 채색옷을 지었더니

4 그의 형들이 아버지가 형들보다 그를 더 사랑함을 보고 그를 미워하여 그에게 편안하게 말할 수 없었더라

5 요셉이 꿈을 꾸고 자기 형들에게 말하매 그들이 그를 더욱 미워하였더라

6 요셉이 그들에게 이르되 청하건대 내가 꾼 꿈을 들으시오

7 우리가 밭에서 곡식 단을 묶더니 내 단은 일어서고 당신들의 단은 내 단을 둘러서서 절하더이다

8 그의 형들이 그에게 이르되 네가 참으로 우리의 왕이 되겠느냐 참으로 우리를 다스리게 되겠느냐 하고 그의 꿈과 그의 말로 말미암아 그를 더욱 미워하더니

9 요셉이 다시 꿈을 꾸고 그의 형들에게 말하여 이르되 내가 또 꿈을 꾼즉 해와

달과 열한 별이 내게 절하더이다 하니라

10 그가 그의 꿈을 아버지와 형들에게 말하매 아버지가 그를 꾸짖고 그에게 이르되 네가 꾼 꿈이 무엇이냐 나와 네 어머니와 네 형들이 참으로 가서 땅에 엎드려 네게 절하겠느냐

11 그의 형들은 시기하되 그의 아버지는 그 말을 간직해 두었더라

요셉이 애굽으로 팔려가다

12 그의 형들이 세겜에 가서 아버지의 양 떼를 칠 때에

13 이스라엘이 요셉에게 이르되 네 형들이 세겜에서 양을 치지 아니하느냐 너를 그들에게로 보내리라 요셉이 아버지에게 대답하되 내가 그리하겠나이다

14 이스라엘이 그에게 이르되 가서 네 형들과 양 떼가 다 잘 있는지를 보고 돌아와 내게 말하라 하고 그를 헤브론 골짜기에

서 보내니 그가 세겜으로 가니라

15 어떤 사람이 그를 만난즉 그가 들에서
방황하는지라 그 사람이 그에게 물어 이
르되 네가 무엇을 찾느냐

16 그가 이르되 내가 내 형들을 찾으오니
청하건대 그들이 양치는 곳을 내게 가르
쳐 주소서

17 그 사람이 이르되 그들이 여기서 떠났
느니라 내가 그들의 말을 들으니 도단
으로 가자 하더라 하니라 요셉이 그의
형들의 뒤를 따라 가서 도단에서 그들
을 만나니라

18 요셉이 그들에게 가까이 오기 전에 그들
이 요셉을 멀리서 보고 죽이기를 꾀하여

19 서로 이르되 꿈 꾸는 자가 오는도다

20 자, 그를 죽여 한 구덩이에 던지고 우리
가 말하기를 악한 짐승이 그를 잡아먹었
다 하자 그의 꿈이 어떻게 되는지를 우

리가 볼 것이니라 하는지라

21 르우벤이 듣고 요셉을 그들의 손에서 구
원하려 하여 이르되 우리가 그의 생명은
해치지 말자

22 르우벤이 또 그들에게 이르되 피를 흘리
지 말라 그를 광야 그 구덩이에 던지고
손을 그에게 대지 말라 하니 이는 그가
요셉을 그들의 손에서 구출하여 그의 아
버지에게로 돌려보내려 함이었더라

23 요셉이 형들에게 이르매 그의 형들이 요
셉의 옷 곧 그가 입은 채색옷을 벗기고

24 그를 잡아 구덩이에 던지니 그 구덩이는
빈 것이라 그 속에 물이 없었더라

25 그들이 앉아 음식을 먹다가 눈을 들어
본즉 한 무리의 이스마엘 사람들이 길르
앗에서 오는데 그 낙타들에 향품과 유향
과 몰약을 싣고 애굽으로 내려가는지라

26 유다가 자기 형제에게 이르되 우리가 우

리 동생을 죽이고 그의 피를 덮어둔들 무엇이 유익할까

27 자 그를 이스마엘 사람들에게 팔고 그에게 우리 손을 대지 말자 그는 우리의 동생이요 우리의 혈육이니라 하매 그의 형제들이 청종하였더라

28 그 때에 미디안 사람 상인들이 지나가고 있는지라 형들이 요셉을 구덩이에서 끌어올리고 은 이십에 그를 이스마엘 사람들에게 팔매 그 상인들이 요셉을 데리고 애굽으로 갔더라

29 르우벤이 돌아와 구덩이에 이르러 본즉 거기 요셉이 없는지라 옷을 찢고

30 아우들에게로 되돌아와서 이르되 아이가 없도다 나는 어디로 갈까

31 그들이 요셉의 옷을 가져다가 숫염소를 죽여 그 옷을 피에 적시고

32 그의 채색옷을 보내어 그의 아버지에게 로 가지고 가서 이르기를 우리가 이것을 발견하였으니 아버지 아들의 옷인가 보소서 하매

33 아버지가 그것을 알아보고 이르되 내 아들의 옷이라 악한 짐승이 그를 잡아 먹었도다 요셉이 분명히 찢겼도다 하고

34 자기 옷을 찢고 굵은 베로 허리를 묶고 오래도록 그의 아들을 위하여 애통하니

35 그의 모든 자녀가 위로하되 그가 그 위로를 받지 아니하여 이르되 내가 슬퍼하며 스올로 내려가 아들에게로 가리라 하고 그의 아버지가 그를 위하여 울었더라

36 그 미디안 사람들은 그를 애굽에서 바로의 신하 친위대장 보디발에게 팔았더라

유다와 다말

38 그 후에 유다가 자기 형제들로부터 떠나 내려가서 아둘람 사람 히라와 가까이 하니라

2 유다가 거기서 가나안 사람 수아라 하는

자의 딸을 보고 그를 데리고 동침하니

3 그가 임신하여 아들을 낳으매 유다가 그

의 이름을 엘이라 하니라

4 그가 다시 임신하여 아들을 낳고 그의

이름을 오난이라 하고

5 그가 또 다시 아들을 낳고 그의 이름을

셀라라 하니라 그가 셀라를 낳을 때에

유다는 거십에 있었더라

6 유다가 장자 엘을 위하여 아내를 데려오

니 그의 이름은 다말이더라

7 유다의 장자 엘이 여호와가 보시기에 악

하므로 여호와께서 그를 죽이신지라

8 유다가 오난에게 이르되 네 형수에게로

들어가서 남편의 아우 된 본분을 행하여

네 형을 위하여 씨가 있게 하라

9 오난이 그 씨가 자기 것이 되지 않을

줄 알므로 형수에게 들어갔을 때에 그

의 형에게 씨를 주지 아니하려고 땅에

설정하매

10 그 일이 여호와가 보시기에 악하므로 여

호와께서 그도 죽이시니

11 유다가 그의 며느리 다말에게 이르되 수

절하고 네 아버지 집에 있어 내 아들 셀

라가 장성하기를 기다리라 하니 셀라도

그 형들 같이 죽을까 염려함이라 다말이

가서 그의 아버지 집에 있으니라

12 얼마 후에 유다의 아내 수아의 딸이 죽

은지라 유다가 위로를 받은 후에 그의

친구 아둘람 사람 히라와 함께 딤나로

올라가서 자기의 양털 깎는 자에게 이르

렀더니

13 어떤 사람이 다말에게 말하되 네 시아버

지가 자기의 양털을 깎으려고 딤나에 올

라왔다 한지라

14 그가 그 과부의 의복을 벗고 너울로 얼

굴을 가리고 몸을 휩싸고 딤나 길 곁에

나임 문에 앉으니 이는 셀라가 장성함을

보았어도 자기를 그의 아내로 주지 않음

으로 말미암음이라

15 그가 얼굴을 가리었으므로 유다가 그를

보고 창녀로 여겨

16 길 곁으로 그에게 나아가 이르되 청하건

대 나로 네게 들어가게 하라 하니 그의

며느리인 줄을 알지 못하였음이라 그가

이르되 당신이 무엇을 주고 내게 들어오

려느냐

17 유다가 이르되 내가 내 떼에서 염소 새

끼를 주리라 그가 이르되 당신이 그것을

줄 때까지 담보물을 주겠느냐

18 유다가 이르되 무슨 담보물을 네게 주

랴 그가 이르되 당신의 도장과 그 끈과

당신의 손에 있는 지팡이로 하라 유다

가 그것들을 그에게 주고 그에게로 들

어갔더니 그가 유다로 말미암아 임신하

였더라

19 그가 일어나 떠나가서 그 너울을 벗고

과부의 의복을 도로 입으니라

20 유다가 그 친구 아둘람 사람의 손에 부

탁하여 염소 새끼를 보내고 그 여인의

손에서 담보물을 찾으려 하였으나 그가

그 여인을 찾지 못한지라

21 그가 그 곳 사람에게 물어 이르되 길 곁

에나임에 있던 창녀가 어디 있느냐 그들

이 이르되 여기는 창녀가 없느니라

22 그가 유다에게로 돌아와 이르되 내가

그를 찾지 못하였고 그 곳 사람도 이르

기를 거기에는 창녀가 없다 하더이다

하더라

23 유다가 이르되 그로 그것을 가지게 두라

우리가 부끄러움을 당할까 하노라 내가

이 염소 새끼를 보냈으나 그대가 그를

찾지 못하였느니라

24 석 달쯤 후에 어떤 사람이 유다에게 일러 말하되 네 며느리 다말이 행음하였고 그 행음함으로 말미암아 임신하였느니라 유다가 이르되 그를 끌어내어 불사르라

25 여인이 끌려나갈 때에 사람을 보내어 시아버지에게 이르되 이 물건 임자로 말미암아 임신하였나이다 청하건대 보소서 이 도장과 그 끈과 지팡이가 누구의 것이니이까 한지라

26 유다가 그것들을 알아보고 이르되 그는 나보다 옳도다 내가 그를 내 아들 셀라에게 주지 아니하였음이로다 하고 다시는 그를 가까이 하지 아니하였더라

27 해산할 때에 보니 쌍태라

28 해산할 때에 손이 나오는지라 산파가 이르되 이는 먼저 나온 자라 하고 홍색 실을 가져다가 그 손에 매었더니

29 그 손을 도로 들이며 그의 아우가 나오는지라 산파가 이르되 네가 어찌하여 터뜨리고 나오느냐 하였으므로 그 이름을 베레스라 불렀고

30 그의 형 곧 손에 홍색 실 있는 자가 뒤에 나오니 그의 이름을 세라라 불렀더라

요셉과 보디발의 아내

39 요셉이 이끌려 애굽에 내려가매 바로의 신하 친위대장 애굽 사람 보디발이 그를 그리로 데려간 이스마엘 사람의 손에서 요셉을 사니라

2 여호와께서 요셉과 함께 하시므로 그가 형통한 자가 되어 그의 주인 애굽 사람의 집에 있으니

3 그의 주인이 여호와께서 그와 함께 하심을 보며 또 여호와께서 그의 범사에 형통하게 하심을 보았더라

4 요셉이 그의 주인에게 은혜를 입어 섬기

매 그가 요셉을 가정 총무로 삼고 자기

의 소유를 다 그의 손에 위탁하니

5 그가 요셉에게 자기의 집과 그의 모든

소유물을 주관하게 한 때부터 여호와께

서 요셉을 위하여 그 애굽 사람의 집에

복을 내리시므로 여호와의 복이 그의 집

과 밭에 있는 모든 소유에 미친지라

6 주인이 그의 소유를 다 요셉의 손에 위

탁하고 자기가 먹는 음식 외에는 간섭하

지 아니하였더라 요셉은 용모가 빼어나

고 아름다웠더라

7 그 후에 그의 주인의 아내가 요셉에게

눈짓하다가 동침하기를 청하니

8 요셉이 거절하며 자기 주인의 아내에게

이르되 내 주인이 집안의 모든 소유를

간섭하지 아니하고 다 내 손에 위탁하였

으니

9 이 집에는 나보다 큰 이가 없으며 주인

이 아무것도 내게 금하지 아니하였어도

금한 것은 당신뿐이니 당신은 그의 아내

임이라 그런즉 내가 어찌 이 큰 악을 행

하여 하나님께 죄를 지으리이까

10 여인이 날마다 요셉에게 청하였으나 요

셉이 듣지 아니하여 동침하지 아니할 뿐

더러 함께 있지도 아니하니라

11 그러할 때에 요셉이 그의 일을 하러 그

집에 들어갔더니 그 집 사람들은 하나도

거기에 없었더라

12 그 여인이 그의 옷을 잡고 이르되 나와

동침하자 그러나 요셉이 자기의 옷을 그

여인의 손에 버려두고 밖으로 나가매

13 그 여인이 요셉이 그의 옷을 자기 손에

버려두고 도망하여 나감을 보고

14 그 여인의 집 사람들을 불러서 그들에게

이르되 보라 주인이 히브리 사람을 우리

에게 데려다가 우리를 희롱하게 하는도

다 그가 나와 동침하고자 내게로 들어오

므로 내가 크게 소리 질렀더니

15 그가 나의 소리 질러 부름을 듣고 그의

옷을 내게 버려두고 도망하여 나갔느니

라 하고

16 그의 옷을 곁에 두고 자기 주인이 집으

로 돌아오기를 기다려

17 이 말로 그에게 말하여 이르되 당신이

우리에게 데려온 히브리 종이 나를 희롱

하려고 내게로 들어왔으므로

18 내가 소리 질러 불렀더니 그가 그의 옷

을 내게 버려두고 밖으로 도망하여 나갔

나이다

19 그의 주인이 자기 아내가 자기에게 이르

기를 당신의 종이 내게 이같이 행하였다

하는 말을 듣고 심히 노한지라

20 이에 요셉의 주인이 그를 잡아 옥에 가

두니 그 옥은 왕의 죄수를 가두는 곳이

었더라 요셉이 옥에 갇혔으나

21 여호와께서 요셉과 함께 하시고 그에게

인자를 더하사 간수장에게 은혜를 받게

하시매

22 간수장이 옥중 죄수를 다 요셉의 손에

맡기므로 그 제반 사무를 요셉이 처리

하고

23 간수장은 그의 손에 맡긴 것을 무엇이든

지 살펴보지 아니하였으니 이는 여호와

께서 요셉과 함께 하심이라 여호와께서

그를 범사에 형통하게 하셨더라

요셉이 관원장의 꿈을 해석하다

40 그 후에 애굽 왕의 술 맡은 자와 떡 굽

는 자가 그들의 주인 애굽 왕에게 범죄

한지라

2 바로가 그 두 관원장 곧 술 맡은 관원장

과 떡 굽는 관원장에게 노하여

3 그들을 친위대장의 집 안에 있는 옥에

가두니 곧 요셉이 갇힌 곳이라

4 친위대장이 요셉에게 그들을 수종들게

하매 요셉이 그들을 섬겼더라 그들이 갇

힌 지 여러 날이라

5 옥에 갇힌 애굽 왕의 술 맡은 자와 떡 굽

는 자 두 사람이 하룻밤에 꿈을 꾸니 각

기 그 내용이 다르더라

6 아침에 요셉이 들어가 보니 그들에게 근

심의 빛이 있는지라

7 요셉이 그 주인의 집에 자기와 함께 갇

힌 바로의 신하들에게 묻되 어찌하여

오늘 당신들의 얼굴에 근심의 빛이 있

나이까

8 그들이 그에게 이르되 우리가 꿈을 꾸었

으나 이를 해석할 자가 없도다 요셉이

그들에게 이르되 해석은 하나님께 있지

아니하니이까 청하건대 내게 이르소서

9 술 맡은 관원장이 그의 꿈을 요셉에게

말하여 이르되 내가 꿈에 보니 내 앞에

포도나무가 있는데

10 그 나무에 세 가지가 있고 싹이 나서 꽃

이 피고 포도송이가 익었고

11 내 손에 바로의 잔이 있기로 내가 포도

를 따서 그 즙을 바로의 잔에 짜서 그 잔

을 바로의 손에 드렸노라

12 요셉이 그에게 이르되 그 해석이 이러하

니 세 가지는 사흘이라

13 지금부터 사흘 안에 바로가 당신의 머리

를 들고 당신의 전직을 회복시키리니 당

신이 그 전에 술 맡은 자가 되었을 때에

하던 것 같이 바로의 잔을 그의 손에 드

리게 되리이다

14 당신이 잘 되시거든 나를 생각하고 내게

은혜를 베풀어서 내 사정을 바로에게 아

뢰어 이 집에서 나를 건져 주소서

15 나는 히브리 땅에서 끌려온 자요 여기

서도 옥에 갇힐 일은 행하지 아니하였

나이다

16 떡 굽는 관원장이 그 해석이 좋은 것을

보고 요셉에게 이르되 나도 꿈에 보니

흰 떡 세 광주리가 내 머리에 있고

17 맨 윗광주리에 바로를 위하여 만든 각종

구운 음식이 있는데 새들이 내 머리의

광주리에서 그것을 먹더라

18 요셉이 대답하여 이르되 그 해석은 이러

하니 세 광주리는 사흘이라

19 지금부터 사흘 안에 바로가 당신의 머리

를 들고 당신을 나무에 달리니 새들이

당신의 고기를 뜯어 먹으리이다 하더니

20 제삼일은 바로의 생일이라 바로가 그의

모든 신하를 위하여 잔치를 베풀 때에

술 맡은 관원장과 떡 굽는 관원장에게

그의 신하들 중에 머리를 들게 하니라

21 바로의 술 맡은 관원장은 전직을 회복

하매 그가 잔을 바로의 손에 받들어 드

렸고

22 떡 굽는 관원장은 매달리니 요셉이 그들

에게 해석함과 같이 되었으나

23 술 맡은 관원장이 요셉을 기억하지 못하

고 그를 잊었더라

요셉이 바로의 꿈을 해석하다

41 만 이 년 후에 바로가 꿈을 꾼즉 자기가

나일 강 가에 서 있는데

2 보니 아름답고 살진 일곱 암소가 강 가

에서 올라와 갈밭에서 뜯어먹고

3 그 뒤에 또 흉하고 파리한 다른 일곱 암

소가 나일 강 가에서 올라와 그 소와 함

께 나일 강 가에 서 있더니

4 그 흉하고 파리한 소가 그 아름답고 살

진 일곱 소를 먹은지라 바로가 곧 깨었

다가

5 다시 잠이 들어 꿈을 꾸니 한 줄기에 무

성하고 충실한 일곱 이삭이 나오고

6 그 후에 또 가늘고 동풍에 마른 일곱 이

삭이 나오더니

7 그 가는 일곱 이삭이 무성하고 충실한

일곱 이삭을 삼킨지라 바로가 깬즉 꿈

이라

8 아침에 그의 마음이 번민하여 사람을 보

내어 애굽의 점술가와 현인들을 모두 불

러 그들에게 그의 꿈을 말하였으나 그것

을 바로에게 해석하는 자가 없었더라

9 술 맡은 관원장이 바로에게 말하여 이르

되 내가 오늘 내 죄를 기억하나이다

10 바로께서 종들에게 노하사 나와 떡 굽

는 관원장을 친위대장의 집에 가두셨을

때에

11 나와 그가 하룻밤에 꿈을 꾼즉 각기 뜻

이 있는 꿈이라

12 그 곳에 친위대장의 종 된 히브리 청년

이 우리와 함께 있기로 우리가 그에게

말하매 그가 우리의 꿈을 풀되 그 꿈대

로 각 사람에게 해석하더니

13 그 해석한 대로 되어 나는 복직되고 그

는 매달렸나이다

14 이에 바로가 사람을 보내어 요셉을 부르

매 그들이 급히 그를 옥에서 내 놓은지

라 요셉이 곧 수염을 깎고 그의 옷을 갈

아 입고 바로에게 들어가니

15 바로가 요셉에게 이르되 내가 한 꿈을

꾸었으나 그것을 해석하는 자가 없더니

들은즉 너는 꿈을 들으면 능히 푼다 하

더라

16 요셉이 바로에게 대답하여 이르되 내가

아니라 하나님께서 바로에게 편안한 대

답을 하시리이다

17 바로가 요셉에게 이르되 내가 꿈에 나일

강 가에 서서

18 보니 살지고 아름다운 일곱 암소가 나일

강 가에 올라와 갈밭에서 뜯어먹고

19 그 뒤에 또 약하고 심히 흉하고 파리한

일곱 암소가 올라오니 그같이 흉한 것들

은 애굽 땅에서 내가 아직 보지 못한 것

이라

20 그 파리하고 흉한 소가 처음의 일곱 살

진 소를 먹었으며

21 먹었으나 먹은 듯 하지 아니하고 여전히

흉하더라 내가 곧 깨었다가

22 다시 꿈에 보니 한 줄기에 무성하고 충

실한 일곱 이삭이 나오고

23 그 후에 또 가늘고 동풍에 마른 일곱 이

삭이 나더니

24 그 가는 이삭이 좋은 일곱 이삭을 삼키

더라 내가 그 꿈을 점술가에게 말하였으

나 그것을 내게 풀이해 주는 자가 없느

니라

25 요셉이 바로에게 아뢰되 바로의 꿈은 하

나라 하나님이 그가 하실 일을 바로에게

보이심이니이다

26 일곱 좋은 암소는 일곱 해요 일곱 좋은

이삭도 일곱 해니 그 꿈은 하나라

27 그 후에 올라온 파리하고 흉한 일곱 소

는 칠 년이요 동풍에 말라 속이 빈 일곱

이삭도 일곱 해 흉년이니

28 내가 바로에게 이르기를 하나님이 그가

하실 일을 바로에게 보이신다 함이 이것

이라

29 온 애굽 땅에 일곱 해 큰 풍년이 있겠고

30 후에 일곱 해 흉년이 들므로 애굽 땅에

있던 풍년을 다 잊어버리게 되고 이 땅

이 그 기근으로 망하리니

31 후에 든 그 흉년이 너무 심하므로 이전

풍년을 이 땅에서 기억하지 못하게 되리

이다

32 바로께서 꿈을 두 번 겹쳐 꾸신 것은 하

나님이 이 일을 정하셨음이라 하나님이

속히 행하시리니

33 이제 바로께서는 명철하고 지혜 있는 사

람을 택하여 애굽 땅을 다스리게 하시고

34 바로께서는 또 이같이 행하사 나라 안에

감독관들을 두어 그 일곱 해 풍년에 애

굽 땅의 오분의 일을 거두되

35 그들로 장차 올 풍년의 모든 곡물을 거

두고 그 곡물을 바로의 손에 돌려 양식

을 위하여 각 성읍에 쌓아 두게 하소서

36 이와 같이 그 곡물을 이 땅에 저장하여

애굽 땅에 임할 일곱 해 흉년에 대비하

시면 땅이 이 흉년으로 말미암아 망하지

아니하리이다

요셉이 애굽의 총리가 되다

37 바로와 그의 모든 신하가 이 일을 좋게

여긴지라

38 바로가 그의 신하들에게 이르되 이와 같

이 하나님의 영에 감동된 사람을 우리가

어찌 찾을 수 있으리요 하고

39 요셉에게 이르되 하나님이 이 모든 것을

네게 보이셨으니 너와 같이 명철하고 지

혜 있는 자가 없도다

40 너는 내 집을 다스리라 내 백성이 다 네

명령에 복종하리니 내가 너보다 높은 것

은 내 왕좌뿐이니라

41 바로가 또 요셉에게 이르되 내가 너를

애굽 온 땅의 총리가 되게 하노라 하고

42 자기의 인장 반지를 빼어 요셉의 손에

끼우고 그에게 세마포 옷을 입히고 금

사슬을 목에 걸고

43 자기에게 있는 버금 수레에 그를 태우매

무리가 그의 앞에서 소리 지르기를 엎드

리라 하더라 바로가 그에게 애굽 전국을

총리로 다스리게 하였더라

44 바로가 요셉에게 이르되 나는 바로라 애굽 온 땅에서 네 허락이 없이는 수족을 놀릴 자가 없으리라 하고

45 그가 요셉의 이름을 사브낫바네아라 하고 또 온의 제사장 보디베라의 딸 아스낫을 그에게 주어 아내로 삼게 하니라 요셉이 나가 애굽 온 땅을 순찰하니라

46 요셉이 애굽 왕 바로 앞에 설 때에 삼십 세라 그가 바로 앞을 떠나 애굽 온 땅을 순찰하니

47 일곱 해 풍년에 토지 소출이 심히 많은지라

48 요셉이 애굽 땅에 있는 그 칠 년 곡물을 거두어 각 성에 저장하되 각 성읍 주위의 밭의 곡물을 그 성읍 중에 쌓아 두매

49 쌓아 둔 곡식이 바다 모래 같이 심히 많아 세기를 그쳤으니 그 수가 한이 없음이었더라

50 흉년이 들기 전에 요셉에게 두 아들이 나되 곧 온의 제사장 보디베라의 딸 아스낫이 그에게서 낳은지라

51 요셉이 그의 장남의 이름을 므낫세라 하였으니 하나님이 내게 내 모든 고난과 내 아버지의 온 집 일을 잊어버리게 하셨다 함이요

52 차남의 이름을 에브라임이라 하였으니 하나님이 나를 내가 수고한 땅에서 번성하게 하셨다 함이었더라

53 애굽 땅에 일곱 해 풍년이 그치고

54 요셉의 말과 같이 일곱 해 흉년이 들기 시작하매 각국에는 기근이 있으나 애굽 온 땅에는 먹을 것이 있더니

55 애굽 온 땅이 굶주리매 백성이 바로에게 부르짖어 양식을 구하는지라 바로가 애굽 모든 백성에게 이르되 요셉에게 가서 그가 너희에게 이르는 대로 하라 하니라

56 온 지면에 기근이 있으매 요셉이 모든 창고를 열고 애굽 백성에게 팔새 애굽 땅에 기근이 심하며

57 각국 백성도 양식을 사려고 애굽으로 들어와 요셉에게 이르렀으니 기근이 온 세상에 심함이었더라

요셉의 형들이 애굽으로 가다

42 그 때에 야곱이 애굽에 곡식이 있음을 보고 아들들에게 이르되 너희는 어찌하여 서로 바라보고만 있느냐

2 야곱이 또 이르되 내가 들은즉 저 애굽에 곡식이 있다 하니 너희는 그리로 가서 거기서 우리를 위하여 사오라 그러면 우리가 살고 죽지 아니하리라 하매

3 요셉의 형 열 사람이 애굽에서 곡식을 사려고 내려갔으나

4 야곱이 요셉의 아우 베냐민은 그의 형들과 함께 보내지 아니하였으니 이는 그의

생각에 재난이 그에게 미칠까 두려워함이었더라

5 이스라엘의 아들들이 양식 사러 간 자 중에 있으니 가나안 땅에 기근이 있음이라

6 때에 요셉이 나라의 총리로서 그 땅 모든 백성에게 곡식을 팔더니 요셉의 형들이 와서 그 앞에서 땅에 엎드려 절하매

7 요셉이 보고 형들인 줄을 아나 모르는 체하고 엄한 소리로 그들에게 말하여 이르되 너희가 어디서 왔느냐 그들이 이르되 곡물을 사려고 가나안에서 왔나이다

8 요셉은 그의 형들을 알아보았으나 그들은 요셉을 알아보지 못하더라

9 요셉이 그들에게 대하여 꾼 꿈을 생각하고 그들에게 이르되 너희는 정탐꾼들이라 이 나라의 틈을 엿보려고 왔느니라

10 그들이 그에게 이르되 내 주여 아니니이

다 당신의 종들은 곡물을 사러 왔나이다

11 우리는 다 한 사람의 아들들로서 확실한 자들이니 당신의 종들은 정탐꾼이 아니니이다

12 요셉이 그들에게 이르되 아니라 너희가 이 나라의 틈을 엿보러 왔느니라

13 그들이 이르되 당신의 종 우리들은 열두 형제로서 가나안 땅 한 사람의 아들들이라 막내 아들은 오늘 아버지와 함께 있고 또 하나는 없어졌나이다

14 요셉이 그들에게 이르되 내가 너희에게 이르기를 너희는 정탐꾼들이라 한 말이 이것이니라

15 너희는 이같이 하여 너희 진실함을 증명할 것이라 바로의 생명으로 맹세하노니 너희 막내 아우가 여기 오지 아니하면 너희가 여기서 나가지 못하리라

16 너희 중 하나를 보내어 너희 아우를 데

려오게 하고 너희는 갇히어 있으라 내가 너희의 말을 시험하여 너희 중에 진실이 있는지 보리라 바로의 생명으로 맹세하노니 그리하지 아니하면 너희는 과연 정탐꾼이니라 하고

17 그들을 다 함께 삼 일을 가두었더라

18 사흘 만에 요셉이 그들에게 이르되 나는 하나님을 경외하노니 너희는 이같이 하여 생명을 보전하라

19 너희가 확실한 자들이면 너희 형제 중 한 사람만 그 옥에 갇히게 하고 너희는 곡식을 가지고 가서 너희 집안의 굶주림을 구하고

20 너희 막내 아우를 내게로 데리고 오라 그러면 너희 말이 진실함이 되고 너희가 죽지 아니하리라 하니 그들이 그대로 하니라

21 그들이 서로 말하되 우리가 아우의 일로

말미암아 범죄하였도다 그가 우리에게

애걸할 때에 그 마음의 괴로움을 보고도

듣지 아니하였으므로 이 괴로움이 우리

에게 임하도다

22 르우벤이 그들에게 대답하여 이르되 내

가 너희에게 그 아이에 대하여 죄를 짓

지 말라고 하지 아니하였더냐 그래도 너

희가 듣지 아니하였느니라 그러므로 그

의 핏값을 치르게 되었도다 하니

23 그들 사이에 통역을 세웠으므로 그들은

요셉이 듣는 줄을 알지 못하였더라

24 요셉이 그들을 떠나가서 울고 다시 돌

아와서 그들과 말하다가 그들 중에서

시므온을 끌어내어 그들의 눈 앞에서

결박하고

25 명하여 곡물을 그 그릇에 채우게 하고

각 사람의 돈은 그의 자루에 도로 넣게

하고 또 길 양식을 그들에게 주게 하니

그대로 행하였더라

요셉의 형들이 가나안으로 돌아오다

26 그들이 곡식을 나귀에 싣고 그 곳을 떠

났더니

27 한 사람이 여관에서 나귀에게 먹이를 주

려고 자루를 풀고 본즉 그 돈이 자루 아

귀에 있는지라

28 그가 그 형제에게 말하되 내 돈을 도로

넣었도다 보라 자루 속에 있도다 이에

그들이 혼이 나서 떨며 서로 돌아보며

말하되 하나님이 어찌하여 이런 일을 우

리에게 행하셨는가 하고

29 그들이 가나안 땅에 돌아와 그들의 아버

지 야곱에게 이르러 그들이 당한 일을

자세히 알리어 아뢰되

30 그 땅의 주인인 그 사람이 엄하게 우리

에게 말씀하고 우리를 그 땅에 대한 정

탐꾼으로 여기기로

31 우리가 그에게 이르되 우리는 확실한 자
들이요 정탐꾼이 아니니이다

32 우리는 한 아버지의 아들 열두 형제로
서 하나는 없어지고 막내는 오늘 우리
아버지와 함께 가나안 땅에 있나이다
하였더니

33 그 땅의 주인인 그 사람이 우리에게 이
르되 내가 이같이 하여 너희가 확실한
자들임을 알리니 너희 형제 중의 하나를
내게 두고 양식을 가지고 가서 너희 집
안의 굶주림을 구하고

34 너희 막내 아우를 내게로 데려 오라 그
러면 너희가 정탐꾼이 아니요 확실한 자
들임을 내가 알고 너희 형제를 너희에게
돌리리니 너희가 이 나라에서 무역하리
라 하더이다 하고

35 각기 자루를 쏟고 본즉 각 사람의 돈뭉
치가 그 자루 속에 있는지라 그들과 그
들의 아버지가 돈뭉치를 보고 다 두려워
하더니

36 그들의 아버지 야곱이 그들에게 이르되
너희가 나에게 내 자식들을 잃게 하도
다 요셉도 없어졌고 시므온도 없어졌거
늘 베냐민을 또 빼앗아 가고자 하니 이
는 다 나를 해롭게 함이로다

37 르우벤이 그의 아버지에게 말하여 이르
되 내가 그를 아버지께로 데리고 오지
아니하거든 내 두 아들을 죽이소서 그를
내 손에 맡기소서 내가 그를 아버지께로
데리고 돌아오리이다

38 야곱이 이르되 내 아들은 너희와 함께
내려가지 못하리니 그의 형은 죽고 그
만 남았음이라 만일 너희가 가는 길에
서 재난이 그에게 미치면 너희가 내 흰
머리를 슬퍼하며 스올로 내려가게 함이
되리라

형들이 베냐민을 데리고 애굽으로 가다

43 그 땅에 기근이 심하고

2 그들이 애굽에서 가져온 곡식을 다 먹으매 그 아버지가 그들에게 이르되 다시 가서 우리를 위하여 양식을 조금 사오라

3 유다가 아버지에게 말하여 이르되 그 사람이 우리에게 엄히 경고하여 이르되 너희 아우가 너희와 함께 오지 아니하면 너희가 내 얼굴을 보지 못하리라 하였으니

4 아버지께서 우리 아우를 우리와 함께 보내시면 우리가 내려가서 아버지를 위하여 양식을 사려니와

5 아버지께서 만일 그를 보내지 아니하시면 우리는 내려가지 아니하리니 그 사람이 우리에게 말하기를 너희의 아우가 너희와 함께 오지 아니하면 너희가 내 얼굴을 보지 못하리라 하였음이니이다

6 이스라엘이 이르되 너희가 어찌하여 너희에게 또 다른 아우가 있다고 그 사람에게 말하여 나를 괴롭게 하였느냐

7 그들이 이르되 그 사람이 우리와 우리의 친족에 대하여 자세히 질문하여 이르기를 너희 아버지가 아직 살아 계시느냐 너희에게 아우가 있느냐 하기로 그 묻는 말에 따라 그에게 대답한 것이니 그가 너희의 아우를 데리고 내려오라 할 줄을 우리가 어찌 알았으리이까

8 유다가 그의 아버지 이스라엘에게 이르되 저 아이를 나와 함께 보내시면 우리가 곧 가리니 그러면 우리와 아버지와 우리 어린 아이들이 다 살고 죽지 아니하리이다

9 내가 그를 위하여 담보가 되오리니 아버지께서 내 손에서 그를 찾으소서 내가 만일 그를 아버지께 데려다가 아버지 앞

에 두지 아니하면 내가 영원히 죄를 지

리이다

10 우리가 지체하지 아니하였더라면 벌써

두 번 갔다 왔으리이다

11 그들의 아버지 이스라엘이 그들에게 이

르되 그러할진대 이렇게 하라 너희는 이

땅의 아름다운 소산을 그릇에 담아가지

고 내려가서 그 사람에게 예물로 드릴지

니 곧 유향 조금과 꿀 조금과 향품과 몰

약과 유향나무 열매와 감복숭아이니라

12 너희 손에 갑절의 돈을 가지고 너희 자

루 아귀에 도로 넣어져 있던 그 돈을 다

시 가지고 가라 혹 잘못이 있었을까 두

렵도다

13 네 아우도 데리고 떠나 다시 그 사람에

게로 가라

14 전능하신 하나님께서 그 사람 앞에서 너

희에게 은혜를 베푸사 그 사람으로 너

희 다른 형제와 베냐민을 돌려보내게 하

시기를 원하노라 내가 자식을 잃게 되면

잃으리로다

15 그 형제들이 예물을 마련하고 갑절의 돈

을 자기들의 손에 가지고 베냐민을 데리

고 애굽에 내려가서 요셉 앞에 서니라

16 요셉은 베냐민이 그들과 함께 있음을 보

고 자기의 청지기에게 이르되 이 사람들

을 집으로 인도해 들이고 짐승을 잡고

준비하라 이 사람들이 정오에 나와 함께

먹을 것이니라

17 청지기가 요셉의 명대로 하여 그 사람들

을 요셉의 집으로 인도하니

18 그 사람들이 요셉의 집으로 인도되매 두

려워하여 이르되 전번에 우리 자루에 들

어 있던 돈의 일로 우리가 끌려드는도다

이는 우리를 억류하고 달려들어 우리를

잡아 노예로 삼고 우리의 나귀를 빼앗으

려 함이로다 하고

19 그들이 요셉의 집 청지기에게 가까이 나

아가 그 집 문 앞에서 그에게 말하여

20 이르되 내 주여 우리가 전번에 내려와서

양식을 사가지고

21 여관에 이르러 자루를 풀어본즉 각 사람

의 돈이 전액 그대로 자루 아귀에 있기

로 우리가 도로 가져왔고

22 양식 살 다른 돈도 우리가 가지고 내려

왔나이다 우리의 돈을 우리 자루에 넣은

자는 누구인지 우리가 알지 못하나이다

23 그가 이르되 너희는 안심하라 두려워하

지 말라 너희 하나님, 너희 아버지의 하

나님이 재물을 너희 자루에 넣어 너희에

게 주신 것이니라 너희 돈은 내가 이미

받았느니라 하고 시므온을 그들에게로

이끌어내고

24 그들을 요셉의 집으로 인도하고 물을 주

어 발을 씻게 하며 그들의 나귀에게 먹

이를 주더라

25 그들이 거기서 음식을 먹겠다 함을 들었

으므로 예물을 정돈하고 요셉이 정오에

오기를 기다리더니

26 요셉이 집으로 오매 그들이 집으로 들어

가서 예물을 그에게 드리고 땅에 엎드려

절하니

27 요셉이 그들의 안부를 물으며 이르되 너

희 아버지 너희가 말하던 그 노인이 안

녕하시냐 아직도 생존해 계시느냐

28 그들이 대답하되 주의 종 우리 아버지가

평안하고 지금까지 생존하였나이다 하고

머리 숙여 절하더라

29 요셉이 눈을 들어 자기 어머니의 아들

자기 동생 베냐민을 보고 이르되 너희가

내게 말하던 너희 작은 동생이 이 아이

냐 그가 또 이르되 소자여 하나님이 네

게 은혜 베푸시기를 원하노라

30 요셉이 아우를 사랑하는 마음이 복받쳐

급히 울 곳을 찾아 안방으로 들어가서

울고

31 얼굴을 씻고 나와서 그 정을 억제하고

음식을 차리라 하매

32 그들이 요셉에게 따로 차리고 그 형제들

에게 따로 차리고 그와 함께 먹는 애굽

사람에게도 따로 차리니 애굽 사람은 히

브리 사람과 같이 먹으면 부정을 입음이

었더라

33 그들이 요셉 앞에 앉되 그들의 나이에

따라 앉히게 되니 그들이 서로 이상히

여겼더라

34 요셉이 자기 음식을 그들에게 주되 베냐

민에게는 다른 사람보다 다섯 배나 주매

그들이 마시며 요셉과 함께 즐거워하였

더라

은잔이 없어지다

44 요셉이 그의 집 청지기에게 명하여 이

르되 양식을 각자의 자루에 운반할 수

있을 만큼 채우고 각자의 돈을 그 자루

에 넣고

2 또 내 잔 곧 은잔을 그 청년의 자루 아귀

에 넣고 그 양식 값 돈도 함께 넣으라 하

매 그가 요셉의 명령대로 하고

3 아침이 밝을 때에 사람들과 그들의 나귀

들을 보내니라

4 그들이 성읍에서 나가 멀리 가기 전에

요셉이 청지기에게 이르되 일어나 그 사

람들의 뒤를 따라 가서 그들에게 이르기

를 너희가 어찌하여 선을 악으로 갚느냐

5 이것은 내 주인이 가지고 마시며 늘 점

치는 데에 쓰는 것이 아니냐 너희가 이

같이 하니 악하도다 하라

6 청지기가 그들에게 따라 가서 그대로 말

하니

7 그들이 그에게 대답하되 내 주여 어찌

이렇게 말씀하시나이까 당신의 종들이

이런 일은 결단코 아니하나이다

8 우리 자루에 있던 돈도 우리가 가나안

땅에서부터 당신에게로 가져왔거늘 우리

가 어찌 당신의 주인의 집에서 은 금을

도둑질하리이까

9 당신의 종들 중 누구에게서 발견되든지

그는 죽을 것이요 우리는 내 주의 종들

이 되리이다

10 그가 이르되 그러면 너희의 말과 같이

하리라 그것이 누구에게서든지 발견되면

그는 내게 종이 될 것이요 너희는 죄가

없으리라

11 그들이 각각 급히 자루를 땅에 내려놓고

자루를 각기 푸니

12 그가 나이 많은 자에게서부터 시작하여

나이 적은 자에게까지 조사하매 그 잔이

베냐민의 자루에서 발견된지라

13 그들이 옷을 찢고 각기 짐을 나귀에 싣

고 성으로 돌아 가니라

유다가 베냐민을 위하여 인질을 청하다

14 유다와 그의 형제들이 요셉의 집에 이르

니 요셉이 아직 그 곳에 있는지라 그의

앞에서 땅에 엎드리니

15 요셉이 그들에게 이르되 너희가 어찌하

여 이런 일을 행하였느냐 나 같은 사람

이 점을 잘 치는 줄을 너희는 알지 못하

였느냐

16 유다가 말하되 우리가 내 주께 무슨 말

을 하오리이까 무슨 설명을 하오리이까

우리가 어떻게 우리의 정직함을 나타내

리이까 하나님이 종들의 죄악을 찾아내

셨으니 우리와 이 잔이 발견된 자가 다

내 주의 노예가 되겠나이다

17 요셉이 이르되 내가 결코 그리하지 아니하리라 잔이 그 손에서 발견된 자만 내 종이 되고 너희는 평안히 너희 아버지께로 도로 올라갈 것이니라

18 유다가 그에게 가까이 가서 이르되 내 주여 원하건대 당신의 종에게 내 주의 귀에 한 말씀을 아뢰게 하소서 주의 종에게 노하지 마소서 주는 바로와 같으심이니이다

19 이전에 내 주께서 종들에게 물으시되 너희는 아버지가 있느냐 아우가 있느냐 하시기에

20 우리가 내 주께 아뢰되 우리에게 아버지가 있으니 노인이요 또 그가 노년에 얻은 아들 청년이 있으니 그의 형은 죽고 그의 어머니가 남긴 것은 그뿐이므로 그의 아버지가 그를 사랑하나이다 하였더니

21 주께서 또 종들에게 이르시되 그를 내게로 데리고 내려와서 내가 그를 보게 하라 하시기로

22 우리가 내 주께 말씀드리기를 그 아이는 그의 아버지를 떠나지 못할지니 떠나면 그의 아버지가 죽겠나이다

23 주께서 또 주의 종들에게 말씀하시되 너희 막내 아우가 너희와 함께 내려오지 아니하면 너희가 다시 내 얼굴을 보지 못하리라 하시기로

24 우리가 주의 종 우리 아버지에게로 도로 올라가서 내 주의 말씀을 그에게 아뢰었나이다

25 그 후에 우리 아버지가 다시 가서 곡물을 조금 사오라 하시기로

26 우리가 이르되 우리가 내려갈 수 없나이다 우리 막내 아우가 함께 가면 내려가려니와 막내 아우가 우리와 함께 가지

아니하면 그 사람의 얼굴을 볼 수 없음

이니이다

27 주의 종 우리 아버지가 우리에게 이르되

너희도 알거니와 내 아내가 내게 두 아

들을 낳았으나

28 하나는 내게서 나갔으므로 내가 말하기

를 틀림없이 찢겨 죽었다 하고 내가 지

금까지 그를 보지 못하거늘

29 너희가 이 아이도 내게서 데려 가려하니

만일 재해가 그 몸에 미치면 나의 흰 머

리를 슬퍼하며 스올로 내려가게 하리라

하니

30 아버지의 생명과 아이의 생명이 서로 하

나로 묶여 있거늘 이제 내가 주의 종 우

리 아버지에게 돌아갈 때에 아이가 우리

와 함께 가지 아니하면

31 아버지가 아이의 없음을 보고 죽으리니

이같이 되면 종들이 주의 종 우리 아버

지가 흰 머리로 슬퍼하며 스올로 내려가

게 함이니이다

32 주의 종이 내 아버지에게 아이를 담보하

기를 내가 이를 아버지께로 데리고 돌아

오지 아니하면 영영히 아버지께 죄짐을

지리이다 하였사오니

33 이제 주의 종으로 그 아이를 대신하여

머물러 있어 내 주의 종이 되게 하시고

그 아이는 그의 형제들과 함께 올려 보

내소서

34 그 아이가 나와 함께 가지 아니하면 내

가 어찌 내 아버지에게로 올라갈 수 있

으리이까 두렵건대 재해가 내 아버지에

게 미침을 보리이다

요셉이 형제들에게 자기를 밝히다

45 요셉이 시종하는 자들 앞에서 그 정을

억제하지 못하여 소리 질러 모든 사람을

자기에게서 물러가라 하고 그 형제들에

게 자기를 알리니 그 때에 그와 함께 한

다른 사람이 없었더라

2 요셉이 큰 소리로 우니 애굽 사람에게

들리며 바로의 궁중에 들리더라

3 요셉이 그 형들에게 이르되 나는 요셉이

라 내 아버지께서 아직 살아 계시니이까

형들이 그 앞에서 놀라서 대답하지 못하

더라

4 요셉이 형들에게 이르되 내게로 가까이

오소서 그들이 가까이 가니 이르되 나는

당신들의 아우 요셉이니 당신들이 애굽

에 판 자라

5 당신들이 나를 이 곳에 팔았다고 해서

근심하지 마소서 한탄하지 마소서 하나

님이 생명을 구원하시려고 나를 당신들

보다 먼저 보내셨나이다

6 이 땅에 이 년 동안 흉년이 들었으나 아

직 오 년은 밭갈이도 못하고 추수도 못

할지라

7 하나님이 큰 구원으로 당신들의 생명을

보존하고 당신들의 후손을 세상에 두시

려고 나를 당신들보다 먼저 보내셨나니

8 그런즉 나를 이리로 보낸 이는 당신들이

아니요 하나님이시라 하나님이 나를 바

로에게 아버지로 삼으시고 그 온 집의

주로 삼으시며 애굽 온 땅의 통치자로

삼으셨나이다

9 당신들은 속히 아버지께로 올라가서 아

뢰기를 아버지의 아들 요셉의 말에 하나

님이 나를 애굽 전국의 주로 세우셨으니

지체 말고 내게로 내려오사

10 아버지의 아들들과 아버지의 손자들과

아버지의 양과 소와 모든 소유가 고센

땅에 머물며 나와 가깝게 하소서

11 흉년이 아직 다섯 해가 있으니 내가 거

기서 아버지를 봉양하리이다 아버지와

아버지의 가족과 아버지께 속한 모든 사

람에게 부족함이 없도록 하겠나이다 하

더라고 전하소서

12 당신들의 눈과 내 아우 베냐민의 눈이

보는 바 당신들에게 이 말을 하는 것은

내 입이라

13 당신들은 내가 애굽에서 누리는 영화와

당신들이 본 모든 것을 다 내 아버지께

아뢰고 속히 모시고 내려오소서 하며

14 자기 아우 베냐민의 목을 안고 우니 베

냐민도 요셉의 목을 안고 우니라

15 요셉이 또 형들과 입맞추며 안고 우니

형들이 그제서야 요셉과 말하니라

16 요셉의 형들이 왔다는 소문이 바로의

궁에 들리매 바로와 그의 신하들이 기

뻐하고

17 바로는 요셉에게 이르되 네 형들에게 명

령하기를 너희는 이렇게 하여 너희 양식

을 싣고 가서 가나안 땅에 이르거든

18 너희 아버지와 너희 가족을 이끌고 내게

로 오라 내가 너희에게 애굽의 좋은 땅

을 주리니 너희가 나라의 기름진 것을

먹으리라

19 이제 명령을 받았으니 이렇게 하라 너희

는 애굽 땅에서 수레를 가져다가 너희

자녀와 아내를 태우고 너희 아버지를 모

셔 오라

20 또 너희의 기구를 아끼지 말라 온 애굽

땅의 좋은 것이 너희 것임이니라

21 이스라엘의 아들들이 그대로 할새 요셉

이 바로의 명령대로 그들에게 수레를 주

고 길 양식을 주며

22 또 그들에게 다 각기 옷 한 벌씩을 주되

베냐민에게는 은 삼백과 옷 다섯 벌을

주고

23 그가 또 이와 같이 그 아버지에게 보내

되 수나귀 열 필에 애굽의 아름다운 물

품을 실리고 암나귀 열 필에는 아버지에

게 길에서 드릴 곡식과 떡과 양식을 실

리고

24 이에 형들을 돌려보내며 그들에게 이르

되 당신들은 길에서 다투지 말라 하였

더라

25 그들이 애굽에서 올라와 가나안 땅으로

들어가서 아버지 야곱에게 이르러

26 알리어 이르되 요셉이 지금까지 살아

있어 애굽 땅 총리가 되었더이다 야곱

이 그들의 말을 믿지 못하여 어리둥절

하더니

27 그들이 또 요셉이 자기들에게 부탁한 모

든 말로 그에게 말하매 그들의 아버지

야곱은 요셉이 자기를 태우려고 보낸 수

레를 보고서야 기운이 소생한지라

28 이스라엘이 이르되 족하도다 내 아들 요

셉이 지금까지 살아 있으니 내가 죽기

전에 가서 그를 보리라 하니라

야곱 가족이 애굽으로 내려가다

46 이스라엘이 모든 소유를 이끌고 떠나

브엘세바에 이르러 그의 아버지 이삭의

하나님께 희생제사를 드리니

2 그 밤에 하나님이 이상 중에 이스라엘에

게 나타나 이르시되 야곱아 야곱아 하시

는지라 야곱이 이르되 내가 여기 있나이

다 하매

3 하나님이 이르시되 나는 하나님이라 네

아버지의 하나님이니 애굽으로 내려가

기를 두려워하지 말라 내가 거기서 너로

큰 민족을 이루게 하리라

4 내가 너와 함께 애굽으로 내려가겠고 반

드시 너를 인도하여 다시 올라올 것이며

요셉이 그의 손으로 네 눈을 감기리라

하셨더라

5 야곱이 브엘세바에서 떠날새 이스라엘의

아들들이 바로가 그를 태우려고 보낸 수

레에 자기들의 아버지 야곱과 자기들의

처자들을 태우고

6 그들의 가축과 가나안 땅에서 얻은 재물

을 이끌었으며 야곱과 그의 자손들이 다

함께 애굽으로 갔더라

7 이와 같이 야곱이 그 아들들과 손자들과

딸들과 손녀들 곧 그의 모든 자손을 데

리고 애굽으로 갔더라

8 애굽으로 내려간 이스라엘 가족의 이름

은 이러하니라 야곱과 그의 아들들 곧

야곱의 맏아들 르우벤과

9 르우벤의 아들 하녹과 발루와 헤스론과

갈미요

10 시므온의 아들은 여무엘과 야민과 오핫

과 야긴과 스할과 가나안 여인의 아들

사울이요

11 레위의 아들은 게르손과 그핫과 므라

리요

12 유다의 아들 곧 엘과 오난과 셀라와 베

레스와 세라니 엘과 오난은 가나안 땅에

서 죽었고 베레스의 아들은 헤스론과 하

물이요

13 잇사갈의 아들은 돌라와 부와와 욥과 시

므론이요

14 스불론의 아들은 세렛과 엘론과 얄르엘

이니

15 이들은 레아가 밧단아람에서 야곱에게

난 자손들이라 그 딸 디나를 합하여 남

자와 여자가 삼십삼 명이며

16 갓의 아들은 시본과 학기와 수니와 에스

본과 에리와 아로디와 아렐리요

17 아셀의 아들은 임나와 이스와와 이스위

와 브리아와 그들의 누이 세라며 또 브

리아의 아들은 헤벨과 말기엘이니

18 이들은 라반이 그의 딸 레아에게 준 실바가 야곱에게 낳은 자손들이니 모두 십육 명이라

19 야곱의 아내 라헬의 아들 곧 요셉과 베냐민이요

20 애굽 땅에서 온의 제사장 보디베라의 딸 아스낫이 요셉에게 낳은 므낫세와 에브라임이요

21 베냐민의 아들 곧 벨라와 베겔과 아스벨과 게라와 나아만과 에히와 로스와 뭅빔과 훕빔과 아릇이니

22 이들은 라헬이 야곱에게 낳은 자손들이니 모두 십사 명이요

23 단의 아들 후심이요

24 납달리의 아들 곧 야스엘과 구니와 예셀과 실렘이라

25 이들은 라반이 그의 딸 라헬에게 준 빌하가 야곱에게 낳은 자손들이니 모두 칠명이라

26 야곱과 함께 애굽에 들어간 자는 야곱의 며느리들 외에 육십육 명이니 이는 다 야곱의 몸에서 태어난 자이며

27 애굽에서 요셉이 낳은 아들은 두 명이니 야곱의 집 사람으로 애굽에 이른 자가 모두 칠십 명이었더라

야곱 일행이 애굽에 이르다

28 야곱이 유다를 요셉에게 미리 보내어 자기를 고센으로 인도하게 하고 다 고센 땅에 이르니

29 요셉이 그의 수레를 갖추고 고센으로 올라가서 그의 아버지 이스라엘을 맞으며 그에게 보이고 그의 목을 어긋맞춰 안고 얼마 동안 울매

30 이스라엘이 요셉에게 이르되 네가 지금까지 살아 있고 내가 네 얼굴을 보았으니 지금 죽어도 족하도다

31 요셉이 그의 형들과 아버지의 가족에게

이르되 내가 올라가서 바로에게 아뢰어

이르기를 가나안 땅에 있던 내 형들과

내 아버지의 가족이 내게로 왔는데

32 그들은 목자들이라 목축하는 사람들이므

로 그들의 양과 소와 모든 소유를 이끌

고 왔나이다 하리니

33 바로가 당신들을 불러서 너희의 직업이

무엇이냐 묻거든

34 당신들은 이르기를 주의 종들은 어렸

을 때부터 지금까지 목축하는 자들이온

데 우리와 우리 선조가 다 그러하니이

다 하소서 애굽 사람은 다 목축을 가증

히 여기나니 당신들이 고센 땅에 살게

되리이다

47 요셉이 바로에게 가서 고하여 이르되

내 아버지와 내 형들과 그들의 양과 소

와 모든 소유가 가나안 땅에서 와서 고

센 땅에 있나이다 하고

2 그의 형들 중 다섯 명을 택하여 바로에

게 보이니

3 바로가 요셉의 형들에게 묻되 너희 생업

이 무엇이냐 그들이 바로에게 대답하되

종들은 목자이온데 우리와 선조가 다 그

러하니이다 하고

4 그들이 또 바로에게 고하되 가나안 땅에

기근이 심하여 종들의 양 떼를 칠 곳이

없기로 종들이 이 곳에 거류하고자 왔

사오니 원하건대 종들로 고센 땅에 살게

하소서

5 바로가 요셉에게 말하여 이르되 네 아버

지와 형들이 네게 왔은즉

6 애굽 땅이 네 앞에 있으니 땅의 좋은 곳

에 네 아버지와 네 형들이 거주하게 하

되 그들이 고센 땅에 거주하고 그들 중

에 능력 있는 자가 있거든 그들로 내 가

축을 관리하게 하라

7 요셉이 자기 아버지 야곱을 인도하여 바

로 앞에 서게 하니 야곱이 바로에게 축

복하매

8 바로가 야곱에게 묻되 네 나이가 얼마냐

9 야곱이 바로에게 아뢰되 내 나그네 길의

세월이 백삼십 년이니이다 내 나이가 얼

마 못 되니 우리 조상의 나그네 길의 연

조에 미치지 못하나 험악한 세월을 보내

었나이다 하고

10 야곱이 바로에게 축복하고 그 앞에서 나

오니라

11 요셉이 바로의 명령대로 그의 아버지와

그의 형들에게 거주할 곳을 주되 애굽의

좋은 땅 라암셋을 그들에게 주어 소유로

삼게 하고

12 또 그의 아버지와 그의 형들과 그의 아

버지의 온 집에 그 식구를 따라 먹을 것

을 주어 봉양하였더라

기근이 더욱 심해지다

13 기근이 더욱 심하여 사방에 먹을 것이

없고 애굽 땅과 가나안 땅이 기근으로

황폐하니

14 요셉이 곡식을 팔아 애굽 땅과 가나안

땅에 있는 돈을 모두 거두어들이고 그

돈을 바로의 궁으로 가져가니

15 애굽 땅과 가나안 땅에 돈이 떨어진지라

애굽 백성이 다 요셉에게 와서 이르되

돈이 떨어졌사오니 우리에게 먹을 거리

를 주소서 어찌 주 앞에서 죽으리이까

16 요셉이 이르되 너희의 가축을 내라 돈이

떨어졌은즉 내가 너희의 가축과 바꾸어

주리라

17 그들이 그들의 가축을 요셉에게 끌어오

는지라 요셉이 그 말과 양 떼와 소 떼와

나귀를 받고 그들에게 먹을 것을 주되

곧 그 모든 가축과 바꾸어서 그 해 동안

에 먹을 것을 그들에게 주니라

18 그 해가 다 가고 새 해가 되매 무리가 요

셉에게 와서 그에게 말하되 우리가 주께

숨기지 아니하나이다 우리의 돈이 다하

였고 우리의 가축 떼가 주께로 돌아갔사

오니 주께 낼 것이 아무것도 남지 아니

하고 우리의 몸과 토지뿐이라

19 우리가 어찌 우리의 토지와 함께 주의

목전에 죽으리이까 우리 몸과 우리 토지

를 먹을 것을 주고 사소서 우리가 토지

와 함께 바로의 종이 되리니 우리에게

종자를 주시면 우리가 살고 죽지 아니하

며 토지도 황폐하게 되지 아니하리이다

20 그러므로 요셉이 애굽의 모든 토지를 다

사서 바로에게 바치니 애굽의 모든 사람

들이 기근에 시달려 각기 토지를 팔았음

이라 땅이 바로의 소유가 되니라

21 요셉이 애굽 땅 이 끝에서 저 끝까지의

백성을 성읍들에 옮겼으나

22 제사장들의 토지는 사지 아니하였으니

제사장들은 바로에게서 녹을 받음이라

바로가 주는 녹을 먹으므로 그들이 토지

를 팔지 않음이었더라

23 요셉이 백성에게 이르되 오늘 내가 바로

를 위하여 너희 몸과 너희 토지를 샀노

라 여기 종자가 있으니 너희는 그 땅에

뿌리라

24 추수의 오분의 일을 바로에게 상납하고

오분의 사는 너희가 가져서 토지의 종자

로도 삼고 너희의 양식으로도 삼고 너희

가족과 어린 아이의 양식으로도 삼으라

25 그들이 이르되 주께서 우리를 살리셨사

오니 우리가 주께 은혜를 입고 바로의

종이 되겠나이다

26 요셉이 애굽 토지법을 세우매 그 오분의

일이 바로에게 상납되나 제사장의 토지

는 바로의 소유가 되지 아니하여 오늘날

까지 이르니라

야곱의 마지막 청

27 이스라엘 족속이 애굽 고센 땅에 거주하

며 거기서 생업을 얻어 생육하고 번성하

였더라

28 야곱이 애굽 땅에 십칠 년을 거주하였으

니 그의 나이가 백사십칠 세라

29 이스라엘이 죽을 날이 가까우매 그의 아

들 요셉을 불러 그에게 이르되 이제 내

가 네게 은혜를 입었거든 청하노니 네

손을 내 허벅지 아래에 넣고 인애와 성

실함으로 내게 행하여 애굽에 나를 장사

하지 아니하도록 하라

30 내가 조상들과 함께 눕거든 너는 나를

애굽에서 메어다가 조상의 묘지에 장사

하라 요셉이 이르되 내가 아버지의 말씀

대로 행하리이다

31 야곱이 또 이르되 내게 맹세하라 하매

그가 맹세하니 이스라엘이 침상 머리에

서 하나님께 경배하니라

야곱이 에브라임과 므낫세에게 축복하다

48 이 일 후에 어떤 사람이 요셉에게 말하

기를 네 아버지가 병들었다 하므로 그가

곧 두 아들 므낫세와 에브라임과 함께

이르니

2 어떤 사람이 야곱에게 말하되 네 아들

요셉이 네게 왔다 하매 이스라엘이 힘을

내어 침상에 앉아

3 요셉에게 이르되 이전에 가나안 땅 루스

에서 전능하신 하나님이 내게 나타나사

복을 주시며

4 내게 이르시되 내가 너로 생육하고 번성

하게 하여 네게서 많은 백성이 나게 하

고 내가 이 땅을 네 후손에게 주어 영원

한 소유가 되게 하리라 하셨느니라

5 내가 애굽으로 와서 네게 이르기 전에 애굽에서 네가 낳은 두 아들 에브라임과 므낫세는 내 것이라 르우벤과 시므온처럼 내 것이 될 것이요

6 이들 후의 네 소생은 네 것이 될 것이며 그들의 유산은 그들의 형의 이름으로 함께 받으리라

7 내게 대하여는 내가 이전에 밧단에서 올 때에 라헬이 나를 따르는 도중 가나안 땅에서 죽었는데 그 곳은 에브랏까지 길이 아직도 먼 곳이라 내가 거기서 그를 에브랏 길에 장사하였느니라 (에브랏은 곧 베들레헴이라)

8 이스라엘이 요셉의 아들들을 보고 이르되 이들은 누구냐

9 요셉이 그의 아버지에게 아뢰되 이는 하나님이 여기서 내게 주신 아들들이니이다 아버지가 이르되 그들을 데리고 내 앞으로 나아오라 내가 그들에게 축복하리라

10 이스라엘의 눈이 나이로 말미암아 어두워서 보지 못하더라 요셉이 두 아들을 이끌어 아버지 앞으로 나아가니 이스라엘이 그들에게 입맞추고 그들을 안고

11 요셉에게 이르되 내가 네 얼굴을 보리라고는 생각하지 못하였더니 하나님이 내게 네 자손까지도 보게 하셨도다

12 요셉이 아버지의 무릎 사이에서 두 아들을 물러나게 하고 땅에 엎드려 절하고

13 오른손으로는 에브라임을 이스라엘의 왼손을 향하게 하고 왼손으로는 므낫세를 이스라엘의 오른손을 향하게 하여 이끌어 그에게 가까이 나아가매

14 이스라엘이 오른손을 펴서 차남 에브라임의 머리에 얹고 왼손을 펴서 므낫세의

머리에 얹으니 므낫세는 장자라도 팔을

엇바꾸어 얹었었더라

15 그가 요셉을 위하여 축복하여 이르되 내

조부 아브라함과 아버지 이삭이 섬기던

하나님, 나의 출생으로부터 지금까지 나

를 기르신 하나님,

16 나를 모든 환난에서 건지신 여호와의 사

자께서 이 아이들에게 복을 주시오며 이

들로 내 이름과 내 조상 아브라함과 이

삭의 이름으로 칭하게 하시오며 이들이

세상에서 번식되게 하시기를 원하나이다

17 요셉이 그 아버지가 오른손을 에브라

임의 머리에 얹은 것을 보고 기뻐하지

아니하여 아버지의 손을 들어 에브라

임의 머리에서 므낫세의 머리로 옮기

고자 하여

18 그의 아버지에게 이르되 아버지여 그리

마옵소서 이는 장자이니 오른손을 그의

머리에 얹으소서 하였으나

19 그의 아버지가 허락하지 아니하며 이르

되 나도 안다 내 아들아 나도 안다 그도

한 족속이 되며 그도 크게 되려니와 그

의 아우가 그보다 큰 자가 되고 그의 자

손이 여러 민족을 이루리라 하고

20 그 날에 그들에게 축복하여 이르되 이스

라엘이 너로 말미암아 축복하기를 하나

님이 네게 에브라임 같고 므낫세 같게

하시리라 하며 에브라임을 므낫세보다

앞세웠더라

21 이스라엘이 요셉에게 또 이르되 나는 죽

으나 하나님이 너희와 함께 계시사 너희

를 인도하여 너희 조상의 땅으로 돌아가

게 하시려니와

22 내가 네게 네 형제보다 세겜 땅을 더 주

었나니 이는 내가 내 칼과 활로 아모리

족속의 손에서 빼앗은 것이니라

야곱의 유언과 죽음

49 야곱이 그 아들들을 불러 이르되 너희는 모이라 너희가 후일에 당할 일을 내가 너희에게 이르리라

2 너희는 모여 들으라 야곱의 아들들아 너희 아버지 이스라엘에게 들을지어다

3 르우벤아 너는 내 장자요 내 능력이요 내 기력의 시작이라 위풍이 월등하고 권능이 탁월하다마는

4 물의 끓음 같았은즉 너는 탁월하지 못하리니 네가 아버지의 침상에 올라 더럽혔음이로다 그가 내 침상에 올랐었도다

5 시므온과 레위는 형제요 그들의 칼은 폭력의 도구로다

6 내 혼아 그들의 모의에 상관하지 말지어다 내 영광아 그들의 집회에 참여하지 말지어다 그들이 그들의 분노대로 사람을 죽이고 그들의 혈기대로 소의 발목

힘줄을 끊었음이로다

7 그 노여움이 혹독하니 저주를 받을 것이요 분기가 맹렬하니 저주를 받을 것이라 내가 그들을 야곱 중에서 나누며 이스라엘 중에서 흩으리로다

8 유다야 너는 네 형제의 찬송이 될지라 네 손이 네 원수의 목을 잡을 것이요 네 아버지의 아들들이 네 앞에 절하리로다

9 유다는 사자 새끼로다 내 아들아 너는 움킨 것을 찢고 올라갔도다 그가 엎드리고 웅크림이 수사자 같고 암사자 같으니 누가 그를 범할 수 있으랴

10 규가 유다를 떠나지 아니하며 통치자의 지팡이가 그 발 사이에서 떠나지 아니하기를 실로가 오시기까지 이르리니 그에게 모든 백성이 복종하리로다

11 그의 나귀를 포도나무에 매며 그의 암나귀 새끼를 아름다운 포도나무에 맬 것이

며 또 그 옷을 포도주에 빨며 그의 복장

을 포도즙에 빨리로다

12 그의 눈은 포도주로 인하여 붉겠고 그의

이는 우유로 말미암아 희리로다

13 스불론은 해변에 거주하리니 그 곳은 배

매는 해변이라 그의 경계가 시돈까지리

로다

14 잇사갈은 양의 우리 사이에 꿇어앉은 건

장한 나귀로다

15 그는 쉴 곳을 보고 좋게 여기며 토지를

보고 아름답게 여기고 어깨를 내려 짐을

메고 압제 아래에서 섬기리로다

16 단은 이스라엘의 한 지파 같이 그의 백

성을 심판하리로다

17 단은 길섶의 뱀이요 샛길의 독사로다 말

굽을 물어서 그 탄 자를 뒤로 떨어지게

하리로다

18 여호와여 나는 주의 구원을 기다리나

이다

19 갓은 군대의 추격을 받으나 도리어 그

뒤를 추격하리로다

20 아셀에게서 나는 먹을 것은 기름진 것이

라 그가 왕의 수라상을 차리리로다

21 납달리는 놓인 암사슴이라 아름다운 소

리를 발하는도다

22 요셉은 무성한 가지 곧 샘 곁의 무성한

가지라 그 가지가 담을 넘었도다

23 활쏘는 자가 그를 학대하며 적개심을 가

지고 그를 쏘았으나

24 요셉의 활은 도리어 굳세며 그의 팔은

힘이 있으니 이는 야곱의 전능자 이스라

엘의 반석인 목자의 손을 힘입음이라

25 네 아버지의 하나님께로 말미암나니 그

가 너를 도우실 것이요 전능자로 말미암

나니 그가 네게 복을 주실 것이라 위로

하늘의 복과 아래로 깊은 샘의 복과 젖

먹이는 복과 태의 복이리로다

26 네 아버지의 축복이 내 선조의 축복보

다 나아서 영원한 산이 한 없음 같이 이

축복이 요셉의 머리로 돌아오며 그 형제

중 뛰어난 자의 정수리로 돌아오리로다

27 베냐민은 물어뜯는 이리라 아침에는 빼

앗은 것을 먹고 저녁에는 움킨 것을 나

누리로다

28 이들은 이스라엘의 열두 지파라 이와 같

이 그들의 아버지가 그들에게 말하고 그

들에게 축복하였으니 곧 그들 각 사람의

분량대로 축복하였더라

29 그가 그들에게 명하여 이르되 내가 내

조상들에게로 돌아가리니 나를 헷 사람

에브론의 밭에 있는 굴에 우리 선조와

함께 장사하라

30 이 굴은 가나안 땅 마므레 앞 막벨라 밭

에 있는 것이라 아브라함이 헷 사람 에

브론에게서 밭과 함께 사서 그의 매장지

를 삼았으므로

31 아브라함과 그의 아내 사라가 거기 장사

되었고 이삭과 그의 아내 리브가도 거기

장사되었으며 나도 레아를 그 곳에 장사

하였노라

32 이 밭과 거기 있는 굴은 헷 사람에게서

산 것이니라

33 야곱이 아들에게 명하기를 마치고 그 발

을 침상에 모으고 숨을 거두니 그의 백

성에게로 돌아갔더라

50 요셉이 그의 아버지 얼굴에 구푸려 울

며 입맞추고

2 그 수종 드는 의원에게 명하여 아버지의

몸을 향으로 처리하게 하매 의원이 이스

라엘에게 그대로 하되

3 사십 일이 걸렸으니 향으로 처리하는 데

는 이 날수가 걸림이며 애굽 사람들은

칠십 일 동안 그를 위하여 곡하였더라

4 곡하는 기한이 지나매 요셉이 바로의

궁에 말하여 이르되 내가 너희에게 은

혜를 입었으면 원하건대 바로의 귀에

아뢰기를

5 우리 아버지가 나로 맹세하게 하여 이르

되 내가 죽거든 가나안 땅에 내가 파 놓

은 묘실에 나를 장사하라 하였나니 나로

올라가서 아버지를 장사하게 하소서 내

가 다시 오리이다 하라 하였더니

6 바로가 이르되 그가 네게 시킨 맹세대로

올라가서 네 아버지를 장사하라

7 요셉이 자기 아버지를 장사하러 올라가

니 바로의 모든 신하와 바로 궁의 원로

들과 애굽 땅의 모든 원로와

8 요셉의 온 집과 그의 형제들과 그의 아

버지의 집이 그와 함께 올라가고 그들의

어린 아이들과 양 떼와 소 떼만 고센 땅

에 남겼으며

9 병거와 기병이 요셉을 따라 올라가니 그

떼가 심히 컸더라

10 그들이 요단 강 건너편 아닷 타작 마당

에 이르러 거기서 크게 울고 애통하며

요셉이 아버지를 위하여 칠 일 동안 애

곡하였더니

11 그 땅 거민 가나안 백성들이 아닷 마당

의 애통을 보고 이르되 이는 애굽 사람

의 큰 애통이라 하였으므로 그 땅 이름

을 아벨미스라임이라 하였으니 곧 요단

강 건너편이더라

12 야곱의 아들들이 아버지가 그들에게 명

령한 대로 그를 위해 따라 행하여

13 그를 가나안 땅으로 메어다가 마므레 앞

막벨라 밭 굴에 장사하였으니 이는 아브

라함이 헷 족속 에브론에게 밭과 함께

사서 매장지를 삼은 곳이더라

14 요셉이 아버지를 장사한 후에 자기 형제와 호상꾼과 함께 애굽으로 돌아왔더라

요셉이 형들을 위로하다

15 요셉의 형제들이 그들의 아버지가 죽었음을 보고 말하되 요셉이 혹시 우리를 미워하여 우리가 그에게 행한 모든 악을 다 갚지나 아니할까 하고

16 요셉에게 말을 전하여 이르되 당신의 아버지가 돌아가시기 전에 명령하여 이르시기를

17 너희는 이같이 요셉에게 이르라 네 형들이 네게 악을 행하였을지라도 이제 바라건대 그들의 허물과 죄를 용서하라 하셨나니 당신 아버지의 하나님의 종들인 우리 죄를 이제 용서하소서 하매 요셉이 그들이 그에게 하는 말을 들을 때에 울었더라

18 그의 형들이 또 친히 와서 요셉의 앞에 엎드려 이르되 우리는 당신의 종들이니이다

19 요셉이 그들에게 이르되 두려워하지 마소서 내가 하나님을 대신하리이까

20 당신들은 나를 해하려 하였으나 하나님은 그것을 선으로 바꾸사 오늘과 같이 많은 백성의 생명을 구원하게 하시려 하셨나니

21 당신들은 두려워하지 마소서 내가 당신들과 당신들의 자녀를 기르리이다 하고 그들을 간곡한 말로 위로하였더라

요셉이 죽다

22 요셉이 그의 아버지의 가족과 함께 애굽에 거주하여 백십 세를 살며

23 에브라임의 자손 삼대를 보았으며 므낫세의 아들 마길의 아들들도 요셉의 슬하에서 양육되었더라

24 요셉이 그의 형제들에게 이르되 나는 죽

을 것이나 하나님이 당신들을 돌보시고

당신들을 이 땅에서 인도하여 내사 아브

라함과 이삭과 야곱에게 맹세하신 땅에

이르게 하시리라 하고

25 요셉이 또 이스라엘 자손에게 맹세시켜

이르기를 하나님이 반드시 당신들을 돌

보시리니 당신들은 여기서 내 해골을 메

고 올라가겠다 하라 하였더라

26 요셉이 백십 세에 죽으매 그들이 그의

몸에 향 재료를 넣고 애굽에서 입관하였

더라

출애굽기

이스라엘 자손이 학대를 받다

1 야곱과 함께 각각 자기 가족을 데리고

애굽에 이른 이스라엘 아들들의 이름은

이러하니

2 르우벤과 시므온과 레위와 유다와

3 잇사갈과 스불론과 베냐민과

4 단과 납달리와 갓과 아셀이요

5 야곱의 허리에서 나온 사람이 모두 칠십

이요 요셉은 애굽에 있었더라

6 요셉과 그의 모든 형제와 그 시대의 사

람은 다 죽었고

7 이스라엘 자손은 생육하고 불어나 번성

하고 매우 강하여 온 땅에 가득하게 되

었더라

8 요셉을 알지 못하는 새 왕이 일어나 애

굽을 다스리더니

9 그가 그 백성에게 이르되 이 백성 이스

라엘 자손이 우리보다 많고 강하도다

10 자, 우리가 그들에게 대하여 지혜롭게 하

자 두렵건대 그들이 더 많게 되면 전쟁

이 일어날 때에 우리 대적과 합하여 우

리와 싸우고 이 땅에서 나갈까 하노라

하고

11 감독들을 그들 위에 세우고 그들에게 무

거운 짐을 지워 괴롭게 하여 그들에게

바로를 위하여 국고성 비돔과 라암셋을

건축하게 하니라

12 그러나 학대를 받을수록 더욱 번성하여

퍼져나가니 애굽 사람이 이스라엘 자손

으로 말미암아 근심하여

13 이스라엘 자손에게 일을 엄하게 시켜

14 어려운 노동으로 그들의 생활을 괴롭게

하니 곧 흙 이기기와 벽돌 굽기와 농사

의 여러 가지 일이라 그 시키는 일이 모

두 엄하였더라

15 애굽 왕이 히브리 산파 십브라라 하는

사람과 부아라 하는 사람에게 말하여

16 이르되 너희는 히브리 여인을 위하여 해산을 도울 때에 그 자리를 살펴서 아들이거든 그를 죽이고 딸이거든 살려두라

17 그러나 산파들이 하나님을 두려워하여 애굽 왕의 명령을 어기고 남자 아기들을 살린지라

18 애굽 왕이 산파를 불러 그들에게 이르되 너희가 어찌하여 이같이 남자 아기들을 살렸느냐

19 산파가 바로에게 대답하되 히브리 여인은 애굽 여인과 같지 아니하고 건장하여 산파가 그들에게 이르기 전에 해산하였더이다 하매

20 하나님이 그 산파들에게 은혜를 베푸시니 그 백성은 번성하고 매우 강해지니라

21 그 산파들은 하나님을 경외하였으므로 하나님이 그들의 집안을 흥왕하게 하신

지라

22 그러므로 바로가 그의 모든 백성에게 명령하여 이르되 아들이 태어나거든 너희는 그를 나일 강에 던지고 딸이거든 살려두라 하였더라

모세가 태어나다

2 레위 가족 중 한 사람이 가서 레위 여자에게 장가 들어

2 그 여자가 임신하여 아들을 낳으니 그가 잘 생긴 것을 보고 석 달 동안 그를 숨겼으나

3 더 숨길 수 없게 되매 그를 위하여 갈대 상자를 가져다가 역청과 나무 진을 칠하고 아기를 거기 담아 나일 강 가 갈대 사이에 두고

4 그의 누이가 어떻게 되는지를 알려고 멀리 섰더니

5 바로의 딸이 목욕하러 나일 강으로 내려

오고 시녀들은 나일 강 가를 거닐 때에

그가 갈대 사이의 상자를 보고 시녀를

보내어 가져다가

6 열고 그 아기를 보니 아기가 우는지라

그가 그를 불쌍히 여겨 이르되 이는 히

브리 사람의 아기로다

7 그의 누이가 바로의 딸에게 이르되 내가

가서 당신을 위하여 히브리 여인 중에서

유모를 불러다가 이 아기에게 젖을 먹이

게 하리이까

8 바로의 딸이 그에게 이르되 가라 하매

그 소녀가 가서 그 아기의 어머니를 불

러오니

9 바로의 딸이 그에게 이르되 이 아기를

데려다가 나를 위하여 젖을 먹이라 내가

그 삯을 주리라 여인이 아기를 데려다가

젖을 먹이더니

10 그 아기가 자라매 바로의 딸에게로 데

려가니 그가 그의 아들이 되니라 그가

그의 이름을 모세라 하여 이르되 이는

내가 그를 물에서 건져내었음이라 하였

더라

모세가 미디안으로 피하다

11 모세가 장성한 후에 한번은 자기 형제들

에게 나가서 그들이 고되게 노동하는 것

을 보더니 어떤 애굽 사람이 한 히브리

사람 곧 자기 형제를 치는 것을 본지라

12 좌우를 살펴 사람이 없음을 보고 그 애

굽 사람을 쳐죽여 모래 속에 감추니라

13 이튿날 다시 나가니 두 히브리 사람이

서로 싸우는지라 그 잘못한 사람에게 이

르되 네가 어찌하여 동포를 치느냐 하매

14 그가 이르되 누가 너를 우리를 다스리

는 자와 재판관으로 삼았느냐 네가 애

굽 사람을 죽인 것처럼 나도 죽이려느

냐 모세가 두려워하여 이르되 일이 탄

로되었도다

15 바로가 이 일을 듣고 모세를 죽이고자

하여 찾는지라 모세가 바로의 낯을 피하

여 미디안 땅에 머물며 하루는 우물 곁

에 앉았더라

16 미디안 제사장에게 일곱 딸이 있었더니

그들이 와서 물을 길어 구유에 채우고

그들의 아버지의 양 떼에게 먹이려 하

는데

17 목자들이 와서 그들을 쫓는지라 모세가

일어나 그들을 도와 그 양 떼에게 먹이

니라

18 그들이 그들의 아버지 르우엘에게 이를

때에 아버지가 이르되 너희가 오늘은 어

찌하여 이같이 속히 돌아오느냐

19 그들이 이르되 한 애굽 사람이 우리를

목자들의 손에서 건져내고 우리를 위하

여 물을 길어 양 떼에게 먹였나이다

20 아버지가 딸들에게 이르되 그 사람이 어

디에 있느냐 너희가 어찌하여 그 사람을

버려두고 왔느냐 그를 청하여 음식을 대

접하라 하였더라

21 모세가 그와 동거하기를 기뻐하매 그가

그의 딸 십보라를 모세에게 주었더니

22 그가 아들을 낳으매 모세가 그의 이름을

게르솜이라 하여 이르되 내가 타국에서

나그네가 되었음이라 하였더라

23 여러 해 후에 애굽 왕은 죽었고 이스라

엘 자손은 고된 노동으로 말미암아 탄식

하며 부르짖으니 그 고된 노동으로 말미

암아 부르짖는 소리가 하나님께 상달된

지라

24 하나님이 그들의 고통 소리를 들으시고

하나님이 아브라함과 이삭과 야곱에게

세운 그의 언약을 기억하사

25 하나님이 이스라엘 자손을 돌보셨고 하

나님이 그들을 기억하셨더라

여호와께서 모세를 부르시다

3 모세가 그의 장인 미디안 제사장 이드로의 양 떼를 치더니 그 떼를 광야 서쪽으로 인도하여 하나님의 산 호렙에 이르매

2 여호와의 사자가 떨기나무 가운데로부터 나오는 불꽃 안에서 그에게 나타나시니라 그가 보니 떨기나무에 불이 붙었으나 그 떨기나무가 사라지지 아니하는지라

3 이에 모세가 이르되 내가 돌이켜 가서 이 큰 광경을 보리라 떨기나무가 어찌하여 타지 아니하는고 하니 그 때에

4 여호와께서 그가 보려고 돌이켜 오는 것을 보신지라 하나님이 떨기나무 가운데서 그를 불러 이르시되 모세야 모세야 하시매 그가 이르되 내가 여기 있나이다

5 하나님이 이르시되 이리로 가까이 오지 말라 네가 선 곳은 거룩한 땅이니 네 발

에서 신을 벗으라

6 또 이르시되 나는 네 조상의 하나님이니 아브라함의 하나님, 이삭의 하나님, 야곱의 하나님이니라 모세가 하나님 뵈옵기를 두려워하여 얼굴을 가리매

7 여호와께서 이르시되 내가 애굽에 있는 내 백성의 고통을 분명히 보고 그들이 그들의 감독자로 말미암아 부르짖음을 듣고 그 근심을 알고

8 내가 내려가서 그들을 애굽인의 손에서 건져내고 그들을 그 땅에서 인도하여 아름답고 광대한 땅, 젖과 꿀이 흐르는 땅 곧 가나안 족속, 헷 족속, 아모리 족속, 브리스 족속, 히위 족속, 여부스 족속의 지방에 데려가려 하노라

9 이제 가라 이스라엘 자손의 부르짖음이 내게 달하고 애굽 사람이 그들을 괴롭히는 학대도 내가 보았으니

10 이제 내가 너를 바로에게 보내어 너에게 내 백성 이스라엘 자손을 애굽에서 인도하여 내게 하리라

11 모세가 하나님께 아뢰되 내가 누구이기에 바로에게 가며 이스라엘 자손을 애굽에서 인도하여 내리이까

12 하나님이 이르시되 내가 반드시 너와 함께 있으리라 네가 그 백성을 애굽에서 인도하여 낸 후에 너희가 이 산에서 하나님을 섬기리니 이것이 내가 너를 보낸 증거니라

13 모세가 하나님께 아뢰되 내가 이스라엘 자손에게 가서 이르기를 너희의 조상의 하나님이 나를 너희에게 보내셨다 하면 그들이 내게 묻기를 그의 이름이 무엇이냐 하리니 내가 무엇이라고 그들에게 말하리이까

14 하나님이 모세에게 이르시되 나는 스스로 있는 자이니라 또 이르시되 너는 이스라엘 자손에게 이같이 이르기를 스스로 있는 자가 나를 너희에게 보내셨다 하라

15 하나님이 또 모세에게 이르시되 너는 이스라엘 자손에게 이같이 이르기를 너희 조상의 하나님 여호와 곧 아브라함의 하나님, 이삭의 하나님, 야곱의 하나님께서 나를 너희에게 보내셨다 하라 이는 나의 영원한 이름이요 대대로 기억할 나의 칭호니라

16 너는 가서 이스라엘의 장로들을 모으고 그들에게 이르기를 여호와 너희 조상의 하나님 곧 아브라함과 이삭과 야곱의 하나님이 내게 나타나 이르시되 내가 너희를 돌보아 너희가 애굽에서 당한 일을 확실히 보았노라

17 내가 말하였거니와 내가 너희를 애굽의

고난 중에서 인도하여 내어 젖과 꿀이 흐르는 땅 곧 가나안 족속, 헷 족속, 아모리 족속, 브리스 족속, 히위 족속, 여부스 족속의 땅으로 올라가게 하리라 하셨다 하면

18 그들이 네 말을 들으리니 너는 그들의 장로들과 함께 애굽 왕에게 이르기를 히브리 사람의 하나님 여호와께서 우리에게 임하셨은즉 우리가 우리 하나님 여호와께 제사를 드리려 하오니 사흘길쯤 광야로 가도록 허락하소서 하라

19 내가 아노니 강한 손으로 치기 전에는 애굽 왕이 너희가 가도록 허락하지 아니하다가

20 내가 내 손을 들어 애굽 중에 여러 가지 이적으로 그 나라를 친 후에야 그가 너희를 보내리라

21 내가 애굽 사람으로 이 백성에게 은혜를 입히게 할지라 너희가 나갈 때에 빈손으로 가지 아니하리니

22 여인들은 모두 그 이웃 사람과 및 자기 집에 거류하는 여인에게 은 패물과 금 패물과 의복을 구하여 너희의 자녀를 꾸미라 너희는 애굽 사람들의 물품을 취하리라

여호와께서 모세에게 능력을 주시다

4 모세가 대답하여 이르되 그러나 그들이 나를 믿지 아니하며 내 말을 듣지 아니하고 이르기를 여호와께서 네게 나타나지 아니하셨다 하리이다

2 여호와께서 그에게 이르시되 네 손에 있는 것이 무엇이냐 그가 이르되 지팡이니이다

3 여호와께서 이르시되 그것을 땅에 던지라 하시매 곧 땅에 던지니 그것이 뱀이 된지라 모세가 뱀 앞에서 피하매

4 여호와께서 모세에게 이르시되 네 손을 내밀어 그 꼬리를 잡으라 그가 손을 내밀어 그것을 잡으니 그의 손에서 지팡이가 된지라

5 이는 그들에게 그들의 조상의 하나님 곧 아브라함의 하나님, 이삭의 하나님, 야곱의 하나님 여호와가 네게 나타난 줄을 믿게 하려 함이라 하시고

6 여호와께서 또 그에게 이르시되 네 손을 품에 넣으라 하시매 그가 손을 품에 넣었다가 내어보니 그의 손에 나병이 생겨 눈 같이 된지라

7 이르시되 네 손을 다시 품에 넣으라 하시매 그가 다시 손을 품에 넣었다가 내어보니 그의 손이 본래의 살로 되돌아왔더라

8 여호와께서 이르시되 만일 그들이 너를 믿지 아니하며 그 처음 표적의 표징을

받지 아니하여도 나중 표적의 표징은 믿으리라

9 그들이 이 두 이적을 믿지 아니하며 네 말을 듣지 아니하거든 너는 나일 강 물을 조금 떠다가 땅에 부으라 네가 떠온 나일 강 물이 땅에서 피가 되리라

10 모세가 여호와께 아뢰되 오 주여 나는 본래 말을 잘 하지 못하는 자니이다 주께서 주의 종에게 명령하신 후에도 역시 그러하니 나는 입이 뻣뻣하고 혀가 둔한 자니이다

11 여호와께서 그에게 이르시되 누가 사람의 입을 지었느냐 누가 말 못 하는 자나 못 듣는 자나 눈 밝은 자나 맹인이 되게 하였느냐 나 여호와가 아니냐

12 이제 가라 내가 네 입과 함께 있어서 할 말을 가르치리라

13 모세가 이르되 오 주여 보낼 만한 자를

보내소서

14 여호와께서 모세를 향하여 노하여 이르시되 레위 사람 네 형 아론이 있지 아니하냐 그가 말 잘 하는 것을 내가 아노라 그가 너를 만나러 나오나니 그가 너를 볼 때에 그의 마음에 기쁨이 있을 것이라

15 너는 그에게 말하고 그의 입에 할 말을 주라 내가 네 입과 그의 입에 함께 있어서 너희들이 행할 일을 가르치리라

16 그가 너를 대신하여 백성에게 말할 것이니 그는 네 입을 대신할 것이요 너는 그에게 하나님 같이 되리라

17 너는 이 지팡이를 손에 잡고 이것으로 이적을 행할지니라

모세가 애굽으로 돌아가다

18 모세가 그의 장인 이드로에게로 돌아가서 그에게 이르되 내가 애굽에 있는 내 형제들에게로 돌아가서 그들이 아직 살아 있는지 알아보려 하오니 나로 가게 하소서 이드로가 모세에게 평안히 가라 하니라

19 여호와께서 미디안에서 모세에게 이르시되 애굽으로 돌아가라 네 목숨을 노리던 자가 다 죽었느니라

20 모세가 그의 아내와 아들들을 나귀에 태우고 애굽으로 돌아가는데 모세가 하나님의 지팡이를 손에 잡았더라

21 여호와께서 모세에게 이르시되 네가 애굽으로 돌아가거든 내가 네 손에 준 이적을 바로 앞에서 다 행하라 그러나 내가 그의 마음을 완악하게 한즉 그가 백성을 보내 주지 아니하리니

22 너는 바로에게 이르기를 여호와의 말씀에 이스라엘은 내 아들 내 장자라

23 내가 네게 이르기를 내 아들을 보내 주

어 나를 섬기게 하라 하여도 네가 보내

주기를 거절하니 내가 네 아들 네 장자

를 죽이리라 하셨다 하라 하시니라

24 모세가 길을 가다가 숙소에 있을 때에

여호와께서 그를 만나사 그를 죽이려 하

신지라

25 십보라가 돌칼을 가져다가 그의 아들의

포피를 베어 그의 발에 갖다 대며 이르

되 당신은 참으로 내게 피 남편이로다

하니

26 여호와께서 그를 놓아 주시니라 그 때에

십보라가 피 남편이라 함은 할례 때문이

었더라

27 여호와께서 아론에게 이르시되 광야에

가서 모세를 맞으라 하시매 그가 가서

하나님의 산에서 모세를 만나 그에게 입

맞추니

28 모세가 여호와께서 자기에게 분부하여

보내신 모든 말씀과 여호와께서 자기에

게 명령하신 모든 이적을 아론에게 알리

니라

29 모세와 아론이 가서 이스라엘 자손의 모

든 장로를 모으고

30 아론이 여호와께서 모세에게 이르신 모

든 말씀을 전하고 그 백성 앞에서 이적

을 행하니

31 백성이 믿으며 여호와께서 이스라엘 자

손을 찾으시고 그들의 고난을 살피셨다

함을 듣고 머리 숙여 경배하였더라

모세와 아론이 바로 앞에 서다

5 그 후에 모세와 아론이 바로에게 가서

이르되 이스라엘의 하나님 여호와께서

이렇게 말씀하시기를 내 백성을 보내라

그러면 그들이 광야에서 내 앞에 절기를

지킬 것이니라 하셨나이다

2 바로가 이르되 여호와가 누구이기에 내

가 그의 목소리를 듣고 이스라엘을 보내

겠느냐 나는 여호와를 알지 못하니 이스

라엘을 보내지 아니하리라

3 그들이 이르되 히브리인의 하나님이 우

리에게 나타나셨은즉 우리가 광야로 사

흘길쯤 가서 우리 하나님 여호와께 제사

를 드리려 하오니 가도록 허락하소서 여

호와께서 전염병이나 칼로 우리를 치실

까 두려워하나이다

4 애굽 왕이 그들에게 이르되 모세와 아론

아 너희가 어찌하여 백성의 노역을 쉬게

하려느냐 가서 너희의 노역이나 하라

5 바로가 또 이르되 이제 이 땅의 백성이

많아졌거늘 너희가 그들로 노역을 쉬게

하는도다 하고

6 바로가 그 날에 백성의 감독들과 기록원

들에게 명령하여 이르되

7 너희는 백성에게 다시는 벽돌에 쓸 짚을

전과 같이 주지 말고 그들이 가서 스스

로 짚을 줍게 하라

8 또 그들이 전에 만든 벽돌 수효대로 그

들에게 만들게 하고 감하지 말라 그들

이 게으르므로 소리 질러 이르기를 우

리가 가서 우리 하나님께 제사를 드리

자 하나니

9 그 사람들의 노동을 무겁게 함으로 수고

롭게 하여 그들로 거짓말을 듣지 않게

하라

10 백성의 감독들과 기록원들이 나가서 백

성에게 말하여 이르되 바로가 이렇게 말

하기를 내가 너희에게 짚을 주지 아니하

리니

11 너희는 짚을 찾을 곳으로 가서 주우라

그러나 너희 일은 조금도 감하지 아니하

리라 하셨느니라

12 백성이 애굽 온 땅에 흩어져 곡초 그루

터기를 거두어다가 짚을 대신하니

13 감독들이 그들을 독촉하여 이르되 너희

는 짚이 있을 때와 같이 그 날의 일을 그

날에 마치라 하며

14 바로의 감독들이 자기들이 세운 바 이스

라엘 자손의 기록원들을 때리며 이르되

너희가 어찌하여 어제와 오늘에 만드는

벽돌의 수효를 전과 같이 채우지 아니하

였느냐 하니라

15 이스라엘 자손의 기록원들이 가서 바로

에게 호소하여 이르되 왕은 어찌하여 당

신의 종들에게 이같이 하시나이까

16 당신의 종들에게 짚을 주지 아니하고 그

들이 우리에게 벽돌을 만들라 하나이다

당신의 종들이 매를 맞사오니 이는 당신

의 백성의 죄니이다

17 바로가 이르되 너희가 게으르다 게으르

다 그러므로 너희가 이르기를 우리가 가

서 여호와께 제사를 드리자 하는도다

18 이제 가서 일하라 짚은 너희에게 주지

않을지라도 벽돌은 너희가 수량대로 바

칠지니라

19 기록하는 일을 맡은 이스라엘 자손들이

너희가 매일 만드는 벽돌을 조금도 감하

지 못하리라 함을 듣고 화가 몸에 미친

줄 알고

20 그들이 바로를 떠나 나올 때에 모세와

아론이 길에 서 있는 것을 보고

21 그들에게 이르되 너희가 우리를 바로의

눈과 그의 신하의 눈에 미운 것이 되게

하고 그들의 손에 칼을 주어 우리를 죽

이게 하는도다 여호와는 너희를 살피시

고 판단하시기를 원하노라

모세가 여호와께 아뢰다

22 모세가 여호와께 돌아와서 아뢰되 주여

어찌하여 이 백성이 학대를 당하게 하셨

나이까 어찌하여 나를 보내셨나이까

23 내가 바로에게 들어가서 주의 이름으로 말한 후로부터 그가 이 백성을 더 학대하며 주께서도 주의 백성을 구원하지 아니하시나이다

6 여호와께서 모세에게 이르시되 이제 내가 바로에게 하는 일을 네가 보리라 강한 손으로 말미암아 바로가 그들을 보내리라 강한 손으로 말미암아 바로가 그들을 그의 땅에서 쫓아내리라

하나님이 모세를 부르시다

2 하나님이 모세에게 말씀하여 이르시되 나는 여호와이니라

3 내가 아브라함과 이삭과 야곱에게 전능의 하나님으로 나타났으나 나의 이름을 여호와로는 그들에게 알리지 아니하였고

4 가나안 땅 곧 그들이 거류하는 땅을 그들에게 주기로 그들과 언약하였더니

5 이제 애굽 사람이 종으로 삼은 이스라엘 자손의 신음 소리를 내가 듣고 나의 언약을 기억하노라

6 그러므로 이스라엘 자손에게 말하기를 나는 여호와라 내가 애굽 사람의 무거운 짐 밑에서 너희를 빼내며 그들의 노역에서 너희를 건지며 편 팔과 여러 큰 심판들로써 너희를 속량하여

7 너희를 내 백성으로 삼고 나는 너희의 하나님이 되리니 나는 애굽 사람의 무거운 짐 밑에서 너희를 빼낸 너희의 하나님 여호와인 줄 너희가 알지라

8 내가 아브라함과 이삭과 야곱에게 주기로 맹세한 땅으로 너희를 인도하고 그 땅을 너희에게 주어 기업을 삼게 하리라 나는 여호와라 하셨다 하라

9 모세가 이와 같이 이스라엘 자손에게 전하나 그들이 마음의 상함과 가혹한 노역

으로 말미암아 모세의 말을 듣지 아니하

였더라

10 여호와께서 모세에게 말씀하여 이르시되

11 들어가서 애굽 왕 바로에게 말하여 이스

라엘 자손을 그 땅에서 내보내게 하라

12 모세가 여호와 앞에 아뢰어 이르되 이스

라엘 자손도 내 말을 듣지 아니하였거든

바로가 어찌 들으리이까 나는 입이 둔한

자니이다

13 여호와께서 모세와 아론에게 말씀하사

그들로 이스라엘 자손과 애굽 왕 바로에

게 명령을 전하고 이스라엘 자손을 애굽

땅에서 인도하여 내게 하시니라

모세와 아론의 조상

14 그들의 조상을 따라 집의 어른은 이러하

니라 이스라엘의 장자 르우벤의 아들은

하녹과 발루와 헤스론과 갈미니 이들은

르우벤의 족장이요

15 시므온의 아들들은 여무엘과 야민과 오

핫과 야긴과 소할과 가나안 여인의 아들

사울이니 이들은 시므온의 가족이요

16 레위의 아들들의 이름은 그들의 족보대

로 이러하니 게르손과 고핫과 므라리요

레위의 나이는 백삼십칠 세였으며

17 게르손의 아들들은 그들의 가족대로 립

니와 시므이요

18 고핫의 아들들은 아므람과 이스할과 헤

브론과 웃시엘이요 고핫의 나이는 백삼

십삼 세였으며

19 므라리의 아들들은 마흘리와 무시니 이

들은 그들의 족보대로 레위의 족장이요

20 아므람은 그들의 아버지의 누이 요게벳

을 아내로 맞이하였고 그는 아론과 모세

를 낳았으며 아므람의 나이는 백삼십칠

세였으며

21 이스할의 아들들은 고라와 네벡과 시그

리요

22 웃시엘의 아들들은 미사엘과 엘사반과

시드리요

23 아론은 암미나답의 딸 나손의 누이 엘리

세바를 아내로 맞이하였고 그는 나답과

아비후와 엘르아살과 이다말을 낳았으며

24 고라의 아들들은 앗실과 엘가나와 아비

아삽이니 이들은 고라 사람의 족장이요

25 아론의 아들 엘르아살은 부디엘의 딸 중

에서 아내를 맞이하였고 그는 비느하스

를 낳았으니 이들은 레위 사람의 조상을

따라 가족의 어른들이라

26 이스라엘 자손을 그들의 군대대로 애굽

땅에서 인도하라 하신 여호와의 명령을

받은 자는 이 아론과 모세요

27 애굽 왕 바로에게 이스라엘 자손을 애굽

에서 내보내라 말한 사람도 이 모세와

아론이었더라

여호와께서 모세와 아론에게 명령하시다

28 여호와께서 애굽 땅에서 모세에게 말씀

하시던 날에

29 여호와께서 모세에게 말씀하여 이르시되

나는 여호와라 내가 네게 이르는 바를

너는 애굽 왕 바로에게 다 말하라

30 모세가 여호와 앞에서 아뢰되 나는 입이

둔한 자이오니 바로가 어찌 나의 말을

들으리이까

7 여호와께서 모세에게 이르시되 볼지어다

내가 너를 바로에게 신 같이 되게 하였

은즉 네 형 아론은 네 대언자가 되리니

2 내가 네게 명령한 바를 너는 네 형 아론

에게 말하고 그는 바로에게 말하여 그에

게 이스라엘 자손을 그 땅에서 내보내게

할지니라

3 내가 바로의 마음을 완악하게 하고 내

표징과 내 이적을 애굽 땅에서 많이 행

할 것이나

4 바로가 너희의 말을 듣지 아니할 터인즉

내가 내 손을 애굽에 뻗쳐 여러 큰 심판

을 내리고 내 군대, 내 백성 이스라엘 자

손을 그 땅에서 인도하여 낼지라

5 내가 내 손을 애굽 위에 펴서 이스라엘

자손을 그 땅에서 인도하여 낼 때에야

애굽 사람이 나를 여호와인 줄 알리라

하시매

6 모세와 아론이 여호와께서 자기들에게

명령하신 대로 행하였더라

7 그들이 바로에게 말할 때에 모세는 팔십

세였고 아론은 팔십삼 세였더라

뱀이 된 아론의 지팡이

8 여호와께서 모세와 아론에게 말씀하여

이르시되

9 바로가 너희에게 이르기를 너희는 이적

을 보이라 하거든 너는 아론에게 말하기

를 너의 지팡이를 들어서 바로 앞에 던

지라 하라 그것이 뱀이 되리라

10 모세와 아론이 바로에게 가서 여호와께

서 명령하신 대로 행하여 아론이 바로와

그의 신하 앞에 지팡이를 던지니 뱀이

된지라

11 바로도 현인들과 마술사들을 부르매 그

애굽 요술사들도 그들의 요술로 그와 같

이 행하되

12 각 사람이 지팡이를 던지매 뱀이 되었으

나 아론의 지팡이가 그들의 지팡이를 삼

키니라

13 그러나 바로의 마음이 완악하여 그들의

말을 듣지 아니하니 여호와의 말씀과 같

더라

첫째 재앙 : 물이 피가 되다

14 여호와께서 모세에게 이르시되 바로의

마음이 완강하여 백성 보내기를 거절하

는도다

15 아침에 너는 바로에게로 가라 보라 그가

물 있는 곳으로 나오리니 너는 나일 강

가에 서서 그를 맞으며 그 뱀 되었던 지

팡이를 손에 잡고

16 그에게 이르기를 히브리 사람의 하나님

여호와께서 나를 왕에게 보내어 이르시

되 내 백성을 보내라 그러면 그들이 광

야에서 나를 섬길 것이니라 하였으나 이

제까지 네가 듣지 아니하도다

17 여호와가 이같이 이르노니 네가 이로 말

미암아 나를 여호와인 줄 알리라 볼지어

다 내가 내 손의 지팡이로 나일 강을 치

면 그것이 피로 변하고

18 나일 강의 고기가 죽고 그 물에서는 악

취가 나리니 애굽 사람들이 그 강 물 마

시기를 싫어하리라 하라

19 여호와께서 또 모세에게 이르시되 아론

에게 명령하기를 네 지팡이를 잡고 네

팔을 애굽의 물들과 강들과 운하와 못과

모든 호수 위에 내밀라 하라 그것들이

피가 되리니 애굽 온 땅과 나무 그릇과

돌 그릇 안에 모두 피가 있으리라

20 모세와 아론이 여호와께서 명령하신 대

로 행하여 바로와 그의 신하의 목전에서

지팡이를 들어 나일 강을 치니 그 물이

다 피로 변하고

21 나일 강의 고기가 죽고 그 물에서는 악

취가 나니 애굽 사람들이 나일 강 물을

마시지 못하며 애굽 온 땅에는 피가 있

으나

22 애굽 요술사들도 자기들의 요술로 그와

같이 행하므로 바로의 마음이 완악하여

그들의 말을 듣지 아니하니 여호와의 말

씀과 같더라

23 바로가 돌이켜 궁으로 들어가고 그 일에

관심을 가지지도 아니하였고

24 애굽 사람들은 나일 강 물을 마실 수 없

으므로 나일 강 가를 두루 파서 마실 물

을 구하였더라

25 여호와께서 나일 강을 치신 후 이레가

지나니라

둘째 재앙 : 개구리가 올라오다

8 여호와께서 모세에게 이르시되 너는 바

로에게 가서 그에게 이르기를 여호와의

말씀에 내 백성을 보내라 그들이 나를

섬길 것이니라

2 네가 만일 보내기를 거절하면 내가 개구

리로 너의 온 땅을 치리라

3 개구리가 나일 강에서 무수히 생기고 올

라와서 네 궁과 네 침실과 네 침상 위와

네 신하의 집과 네 백성과 네 화덕과 네

떡 반죽 그릇에 들어갈 것이며

4 개구리가 너와 네 백성과 네 모든 신하

에게 기어오르리라 하셨다 하라

5 여호와께서 모세에게 이르시되 아론에게

명령하기를 네 지팡이를 잡고 네 팔을

강들과 운하들과 못 위에 펴서 개구리들

이 애굽 땅에 올라오게 하라 할지니라

6 아론이 애굽 물들 위에 그의 손을 내밀

매 개구리가 올라와서 애굽 땅에 덮이니

7 요술사들도 자기 요술대로 그와 같이 행

하여 개구리가 애굽 땅에 올라오게 하였

더라

8 바로가 모세와 아론을 불러 이르되 여

호와께 구하여 나와 내 백성에게서 개

구리를 떠나게 하라 내가 이 백성을 보

내리니 그들이 여호와께 제사를 드릴

것이니라

9 모세가 바로에게 이르되 내가 왕과 왕의

신하와 왕의 백성을 위하여 이 개구리를

왕과 왕궁에서 끊어 나일 강에만 있도록

언제 간구하는 것이 좋을는지 내게 분부

하소서

10 그가 이르되 내일이니라 모세가 이르되

왕의 말씀대로 하여 왕에게 우리 하나님

여호와와 같은 이가 없는 줄을 알게 하

리니

11 개구리가 왕과 왕궁과 왕의 신하와 왕의

백성을 떠나서 나일 강에만 있으리이다

하고

12 모세와 아론이 바로를 떠나 나가서 바로

에게 내리신 개구리에 대하여 모세가 여

호와께 간구하매

13 여호와께서 모세의 말대로 하시니 개구

리가 집과 마당과 밭에서부터 나와서 죽

은지라

14 사람들이 모아 무더기로 쌓으니 땅에서

악취가 나더라

15 그러나 바로가 숨을 쉴 수 있게 됨을 보

았을 때에 그의 마음을 완강하게 하여

그들의 말을 듣지 아니하였으니 여호와

께서 말씀하신 것과 같더라

셋째 재앙 : 티끌이 이가 되다

16 여호와께서 모세에게 이르시되 아론에게

명령하기를 네 지팡이를 들어 땅의 티끌

을 치라 하라 그것이 애굽 온 땅에서 이

가 되리라

17 그들이 그대로 행할새 아론이 지팡이를

잡고 손을 들어 땅의 티끌을 치매 애굽

온 땅의 티끌이 다 이가 되어 사람과 가

축에게 오르니

18 요술사들도 자기 요술로 그같이 행하여

이를 생기게 하려 하였으나 못 하였고

이가 사람과 가축에게 생긴지라

19 요술사가 바로에게 말하되 이는 하나님

의 권능이니이다 하였으나 바로의 마음

이 완악하게 되어 그들의 말을 듣지 아

니하였으니 여호와의 말씀과 같더라

넷째 재앙 : 파리가 가득하다

20 여호와께서 모세에게 이르시되 아침에 일찍이 일어나 바로 앞에 서라 그가 물 있는 곳으로 나오리니 그에게 이르기를 여호와께서 이와 같이 말씀하시기를 내 백성을 보내라 그러면 그들이 나를 섬길 것이니라

21 네가 만일 내 백성을 보내지 아니하면 내가 너와 네 신하와 네 백성과 네 집들에 파리 떼를 보내리니 애굽 사람의 집집에 파리 떼가 가득할 것이며 그들이 사는 땅에도 그러하리라

22 그 날에 나는 내 백성이 거주하는 고센 땅을 구별하여 그 곳에는 파리가 없게 하리니 이로 말미암아 이 땅에서 내가 여호와인 줄을 네가 알게 될 것이라

23 내가 내 백성과 네 백성 사이를 구별하

리니 내일 이 표징이 있으리라 하셨다 하라 하시고

24 여호와께서 그와 같이 하시니 무수한 파리가 바로의 궁과 그의 신하의 집과 애굽 온 땅에 이르니 파리로 말미암아 그 땅이 황폐하였더라

25 바로가 모세와 아론을 불러 이르되 너희는 가서 이 땅에서 너희 하나님께 제사를 드리라

26 모세가 이르되 그리함은 부당하니이다 우리가 우리 하나님 여호와께 제사를 드리는 것은 애굽 사람이 싫어하는 바인즉 우리가 만일 애굽 사람의 목전에서 제사를 드리면 그들이 그것을 미워하여 우리를 돌로 치지 아니하리이까

27 우리가 사흘길쯤 광야로 들어가서 우리 하나님 여호와께 제사를 드리되 우리에게 명령하시는 대로 하려 하나이다

28 바로가 이르되 내가 너희를 보내리니 너희가 너희의 하나님 여호와께 광야에서 제사를 드릴 것이나 너무 멀리 가지는 말라 그런즉 너희는 나를 위하여 간구하라

29 모세가 이르되 내가 왕을 떠나가서 여호와께 간구하리니 내일이면 파리 떼가 바로와 바로의 신하와 바로의 백성을 떠나려니와 바로는 이 백성을 보내어 여호와께 제사를 드리는 일에 다시 거짓을 행하지 마소서 하고

30 모세가 바로를 떠나 나와서 여호와께 간구하니

31 여호와께서 모세의 말대로 하시니 그 파리 떼가 바로와 그의 신하와 그의 백성에게서 떠나니 하나도 남지 아니하였더라

32 그러나 바로가 이 때에도 그의 마음을 완강하게 하여 그 백성을 보내지 아니하였더라

다섯째 재앙 : 가축의 죽음

9 여호와께서 모세에게 이르시되 바로에게 들어가서 그에게 이르라 히브리 사람의 하나님 여호와께서 말씀하시기를 내 백성을 보내라 그들이 나를 섬길 것이니라

2 네가 만일 보내기를 거절하고 억지로 잡아두면

3 여호와의 손이 들에 있는 네 가축 곧 말과 나귀와 낙타와 소와 양에게 더하리니 심한 돌림병이 있을 것이며

4 여호와가 이스라엘의 가축과 애굽의 가축을 구별하리니 이스라엘 자손에게 속한 것은 하나도 죽지 아니하리라 하셨다 하라 하시고

5 여호와께서 기한을 정하여 이르시되 여호와가 내일 이 땅에서 이 일을 행하리

라 하시더니

6 이튿날에 여호와께서 이 일을 행하시니 애굽의 모든 가축은 죽었으나 이스라엘 자손의 가축은 하나도 죽지 아니한지라

7 바로가 사람을 보내어 본즉 이스라엘의 가축은 하나도 죽지 아니하였더라 그러나 바로의 마음이 완강하여 백성을 보내지 아니하니라

여섯째 재앙 : 악성 종기가 생기다

8 여호와께서 모세와 아론에게 이르시되 너희는 화덕의 재 두 움큼을 가지고 모세가 바로의 목전에서 하늘을 향하여 날리라

9 그 재가 애굽 온 땅의 티끌이 되어 애굽 온 땅의 사람과 짐승에게 붙어서 악성 종기가 생기리라

10 그들이 화덕의 재를 가지고 바로 앞에 서서 모세가 하늘을 향하여 날리니 사람

과 짐승에게 붙어 악성 종기가 생기고

11 요술사들도 악성 종기로 말미암아 모세 앞에 서지 못하니 악성 종기가 요술사들로부터 애굽 모든 사람에게 생겼음이라

12 그러나 여호와께서 바로의 마음을 완악하게 하셨으므로 그들의 말을 듣지 아니하였으니 여호와께서 모세에게 말씀하심과 같더라

일곱째 재앙 : 우박이 내리다

13 여호와께서 모세에게 이르시되 아침에 일찍이 일어나 바로 앞에 서서 그에게 이르기를 히브리 사람의 하나님 여호와의 말씀에 내 백성을 보내라 그들이 나를 섬길 것이니라

14 내가 이번에는 모든 재앙을 너와 네 신하와 네 백성에게 내려 온 천하에 나와 같은 자가 없음을 네가 알게 하리라

15 내가 손을 펴서 돌림병으로 너와 네 백

성을 쳤더라면 네가 세상에서 끊어졌을 것이나

16 내가 너를 세웠음은 나의 능력을 네게 보이고 내 이름이 온 천하에 전파되게 하려 하였음이니라

17 네가 여전히 내 백성 앞에 교만하여 그들을 보내지 아니하느냐

18 내일 이맘때면 내가 무거운 우박을 내리리니 애굽 나라가 세워진 그 날로부터 지금까지 그와 같은 일이 없었더라

19 이제 사람을 보내어 네 가축과 네 들에 있는 것을 다 모으라 사람이나 짐승이나 무릇 들에 있어서 집에 돌아오지 않는 것들에게는 우박이 그 위에 내리리니 그것들이 죽으리라 하셨다 하라 하시니라

20 바로의 신하 중에 여호와의 말씀을 두려워하는 자들은 그 종들과 가축을 집으로 피하여 들였으나

21 여호와의 말씀을 마음에 두지 아니하는 사람은 그의 종들과 가축을 들에 그대로 두었더라

22 여호와께서 모세에게 이르시되 너는 하늘을 향하여 손을 들어 애굽 전국에 우박이 애굽 땅의 사람과 짐승과 밭의 모든 채소에 내리게 하라

23 모세가 하늘을 향하여 지팡이를 들매 여호와께서 우렛소리와 우박을 보내시고 불을 내려 땅에 달리게 하시니라 여호와께서 우박을 애굽 땅에 내리시매

24 우박이 내림과 불덩이가 우박에 섞여 내림이 심히 맹렬하니 나라가 생긴 그 때로부터 애굽 온 땅에는 그와 같은 일이 없었더라

25 우박이 애굽 온 땅에서 사람과 짐승을 막론하고 밭에 있는 모든 것을 쳤으며 우박이 또 밭의 모든 채소를 치고 들의

모든 나무를 꺾었으되

26 이스라엘 자손들이 있는 그 곳 고센 땅에는 우박이 없었더라

27 바로가 사람을 보내어 모세와 아론을 불러 그들에게 이르되 이번은 내가 범죄하였노라 여호와는 의로우시고 나와 나의 백성은 악하도다

28 여호와께 구하여 이 우렛소리와 우박을 그만 그치게 하라 내가 너희를 보내리니 너희가 다시는 머물지 아니하리라

29 모세가 그에게 이르되 내가 성에서 나가서 곧 내 손을 여호와를 향하여 펴리니 그리하면 우렛소리가 그치고 우박이 다시 있지 아니할지라 세상이 여호와께 속한 줄을 왕이 알리이다

30 그러나 왕과 왕의 신하들이 여호와 하나님을 아직도 두려워하지 아니할 줄을 내가 아나이다

31 그 때에 보리는 이삭이 나왔고 삼은 꽃이 피었으므로 삼과 보리가 상하였으나

32 그러나 밀과 쌀보리는 자라지 아니한 고로 상하지 아니하였더라

33 모세가 바로를 떠나 성에서 나가 여호와를 향하여 손을 펴매 우렛소리와 우박이 그치고 비가 땅에 내리지 아니하니라

34 바로가 비와 우박과 우렛소리가 그친 것을 보고 다시 범죄하여 마음을 완악하게 하니 그와 그의 신하가 꼭 같더라

35 바로의 마음이 완악하여 이스라엘 자손을 내보내지 아니하였으니 여호와께서 모세에게 말씀하심과 같더라

여덟째 재앙 : 메뚜기가 땅을 덮다

10 여호와께서 모세에게 이르시되 바로에게로 들어가라 내가 그의 마음과 그의 신하들의 마음을 완강하게 함은 나의 표징을 그들 중에 보이기 위함이며

2　네게 내가 애굽에서 행한 일들 곧 내가 그들 가운데에서 행한 표징을 네 아들과 네 자손의 귀에 전하기 위함이라 너희는 내가 여호와인 줄을 알리라

3　모세와 아론이 바로에게 들어가서 그에게 이르되 히브리 사람의 하나님 여호와께서 말씀하시기를 네가 어느 때까지 내 앞에 겸비하지 아니하겠느냐 내 백성을 보내라 그들이 나를 섬길 것이라

4　네가 만일 내 백성 보내기를 거절하면 내일 내가 메뚜기를 네 경내에 들어가게 하리니

5　메뚜기가 지면을 덮어서 사람이 땅을 볼 수 없을 것이라 메뚜기가 네게 남은 그 것 곧 우박을 면하고 남은 것을 먹으며 너희를 위하여 들에서 자라나는 모든 나무를 먹을 것이며

6　또 네 집들과 네 모든 신하의 집들과 모든 애굽 사람의 집들에 가득하리니 이는 네 아버지와 네 조상이 이 땅에 있었던 그 날로부터 오늘까지 보지 못하였던 것이리라 하셨다 하고 돌이켜 바로에게서 나오니

7　바로의 신하들이 그에게 말하되 어느 때까지 이 사람이 우리의 함정이 되리이까 그 사람들을 보내어 그들의 하나님 여호와를 섬기게 하소서 왕은 아직도 애굽이 망한 줄을 알지 못하시나이까 하고

8　모세와 아론을 바로에게로 다시 데려오니 바로가 그들에게 이르되 가서 너희의 하나님 여호와를 섬기라 갈 자는 누구누구냐

9　모세가 이르되 우리가 여호와 앞에 절기를 지킬 것인즉 우리가 남녀 노소와 양과 소를 데리고 가겠나이다

10　바로가 그들에게 이르되 내가 너희와 너

희의 어린 아이들을 보내면 여호와가 너

희와 함께 함과 같으니라 보라 그것이

너희에게는 나쁜 것이니라

11 그렇게 하지 말고 너희 장정만 가서 여

호와를 섬기라 이것이 너희가 구하는

바니라 이에 그들이 바로 앞에서 쫓겨

나니라

12 여호와께서 모세에게 이르시되 애굽 땅

위에 네 손을 내밀어 메뚜기를 애굽 땅

에 올라오게 하여 우박에 상하지 아니한

밭의 모든 채소를 먹게 하라

13 모세가 애굽 땅 위에 그 지팡이를 들매

여호와께서 동풍을 일으켜 온 낮과 온

밤에 불게 하시니 아침이 되매 동풍이

메뚜기를 불어 들인지라

14 메뚜기가 애굽 온 땅에 이르러 그 사방

에 내리매 그 피해가 심하니 이런 메뚜

기는 전에도 없었고 후에도 없을 것이라

15 메뚜기가 온 땅을 덮어 땅이 어둡게 되

었으며 메뚜기가 우박에 상하지 아니한

밭의 채소와 나무 열매를 다 먹었으므로

애굽 온 땅에서 나무나 밭의 채소나 푸

른 것은 남지 아니하였더라

16 바로가 모세와 아론을 급히 불러 이르되

내가 너희의 하나님 여호와와 너희에게

죄를 지었으니

17 바라건대 이번만 나의 죄를 용서하고 너

희의 하나님 여호와께 구하여 이 죽음만

은 내게서 떠나게 하라

18 그가 바로에게서 나가서 여호와께 구

하매

19 여호와께서 돌이켜 강렬한 서풍을 불게

하사 메뚜기를 홍해에 몰아넣으시니 애

굽 온 땅에 메뚜기가 하나도 남지 아니

하니라

20 그러나 여호와께서 바로의 마음을 완악

하게 하셨으므로 이스라엘 자손을 보내

지 아니하였더라

아홉째 재앙 : 흑암이 땅에 있다

21 여호와께서 모세에게 이르시되 하늘을

향하여 네 손을 내밀어 애굽 땅 위에 흑

암이 있게 하라 곧 더듬을 만한 흑암이

리라

22 모세가 하늘을 향하여 손을 내밀매 캄캄한

흑암이 삼 일 동안 애굽 온 땅에 있어서

23 그 동안은 사람들이 서로 볼 수 없으며

자기 처소에서 일어나는 자가 없으되 온

이스라엘 자손들이 거주하는 곳에는 빛

이 있었더라

24 바로가 모세를 불러서 이르되 너희는 가

서 여호와를 섬기되 너희의 양과 소는

머물러 두고 너희 어린 것들은 너희와

함께 갈지니라

25 모세가 이르되 왕이라도 우리 하나님 여

호와께 드릴 제사와 번제물을 우리에게

주어야 하겠고

26 우리의 가축도 우리와 함께 가고 한 마

리도 남길 수 없으니 이는 우리가 그 중

에서 가져다가 우리 하나님 여호와를 섬

길 것임이며 또 우리가 거기에 이르기까

지는 어떤 것으로 여호와를 섬길는지 알

지 못함이니이다 하나

27 여호와께서 바로의 마음을 완악하게 하

셨으므로 그들 보내기를 기뻐하지 아니

하고

28 바로가 모세에게 이르되 너는 나를 떠나

가고 스스로 삼가 다시 내 얼굴을 보지

말라 네가 내 얼굴을 보는 날에는 죽으

리라

29 모세가 이르되 당신이 말씀하신 대로 내

가 다시는 당신의 얼굴을 보지 아니하리

이다

처음 난 것의 죽음을 경고하다

11 여호와께서 모세에게 이르시기를 내가

이제 한 가지 재앙을 바로와 애굽에 내

린 후에야 그가 너희를 여기서 내보내리

라 그가 너희를 내보낼 때에는 여기서

반드시 다 쫓아내리니

2 백성에게 말하여 사람들에게 각기 이웃

들에게 은금 패물을 구하게 하라 하시

더니

3 여호와께서 그 백성으로 애굽 사람의 은

혜를 받게 하셨고 또 그 사람 모세는 애

굽 땅에 있는 바로의 신하와 백성의 눈

에 아주 위대하게 보였더라

4 모세가 바로에게 이르되 여호와께서 이

와 같이 말씀하시기를 밤중에 내가 애굽

가운데로 들어가리니

5 애굽 땅에 있는 모든 처음 난 것은 왕위

에 앉아 있는 바로의 장자로부터 맷돌

뒤에 있는 몸종의 장자와 모든 가축의

처음 난 것까지 죽으리니

6 애굽 온 땅에 전무후무한 큰 부르짖음이

있으리라

7 그러나 이스라엘 자손에게는 사람에게나

짐승에게나 개 한 마리도 그 혀를 움직

이지 아니하리니 여호와께서 애굽 사람

과 이스라엘 사이를 구별하는 줄을 너희

가 알리라 하셨나니

8 왕의 이 모든 신하가 내게 내려와 내게

절하며 이르기를 너와 너를 따르는 온

백성은 나가라 한 후에야 내가 나가리라

하고 심히 노하여 바로에게서 나오니라

9 여호와께서 모세에게 이르시기를 바로가

너희의 말을 듣지 아니하리라 그러므로

내가 애굽 땅에서 나의 기적을 더하리라

하셨고

10 모세와 아론이 이 모든 기적을 바로 앞

에서 행하였으나 여호와께서 바로의 마

음을 완악하게 하셨으므로 그가 이스라

엘 자손을 그 나라에서 보내지 아니하였

더라

유월절

12 여호와께서 애굽 땅에서 모세와 아론에

게 일러 말씀하시되

2 이 달을 너희에게 달의 시작 곧 해의 첫

달이 되게 하고

3 너희는 이스라엘 온 회중에게 말하여 이

르라 이 달 열흘에 너희 각자가 어린 양

을 취할지니 각 가족대로 그 식구를 위

하여 어린 양을 취하되

4 그 어린 양에 대하여 식구가 너무 적으

면 그 집의 이웃과 함께 사람 수를 따라

서 하나를 취하며 각 사람이 먹을 수 있

는 분량에 따라서 너희 어린 양을 계산

할 것이며

5 너희 어린 양은 흠 없고 일 년 된 수컷으

로 하되 양이나 염소 중에서 취하고

6 이 달 열나흘날까지 간직하였다가 해 질

때에 이스라엘 회중이 그 양을 잡고

7 그 피를 양을 먹을 집 좌우 문설주와 인

방에 바르고

8 그 밤에 그 고기를 불에 구워 무교병과

쓴 나물과 아울러 먹되

9 날것으로나 물에 삶아서 먹지 말고 머리

와 다리와 내장을 다 불에 구워 먹고

10 아침까지 남겨두지 말며 아침까지 남은

것은 곧 불사르라

11 너희는 그것을 이렇게 먹을지니 허리에

띠를 띠고 발에 신을 신고 손에 지팡이

를 잡고 급히 먹으라 이것이 여호와의

유월절이니라

12 내가 그 밤에 애굽 땅에 두루 다니며 사

람이나 짐승을 막론하고 애굽 땅에 있는

모든 처음 난 것을 다 치고 애굽의 모든

신을 내가 심판하리라 나는 여호와라

13 내가 애굽 땅을 칠 때에 그 피가 너희가

사는 집에 있어서 너희를 위하여 표적이

될지라 내가 피를 볼 때에 너희를 넘어

가리니 재앙이 너희에게 내려 멸하지 아

니하리라

14 너희는 이 날을 기념하여 여호와의 절

기를 삼아 영원한 규례로 대대로 지킬

지니라

무교절

15 너희는 이레 동안 무교병을 먹을지니 그

첫날에 누룩을 너희 집에서 제하라 무릇

첫날부터 일곱째 날까지 유교병을 먹는

자는 이스라엘에서 끊어지리라

16 너희에게 첫날에도 성회요 일곱째 날에

도 성회가 되리니 너희는 이 두 날에는

아무 일도 하지 말고 각자의 먹을 것만

갖출 것이니라

17 너희는 무교절을 지키라 이 날에 내가

너희 군대를 애굽 땅에서 인도하여 내었

음이니라 그러므로 너희가 영원한 규례

로 삼아 대대로 이 날을 지킬지니라

18 첫째 달 그 달 열나흗날 저녁부터 이십

일일 저녁까지 너희는 무교병을 먹을 것

이요

19 이레 동안은 누룩이 너희 집에서 발견되

지 아니하도록 하라 무릇 유교물을 먹는

자는 타국인이든지 본국에서 난 자든지

를 막론하고 이스라엘 회중에서 끊어지

리니

20 너희는 아무 유교물이든지 먹지 말고 너

희 모든 유하는 곳에서 무교병을 먹을지

니라

첫 유월절

21 모세가 이스라엘 모든 장로를 불러서 그

들에게 이르되 너희는 나가서 너희의 가족대로 어린 양을 택하여 유월절 양으로 잡고

22 우슬초 묶음을 가져다가 그릇에 담은 피에 적셔서 그 피를 문 인방과 좌우 설주에 뿌리고 아침까지 한 사람도 자기 집 문 밖에 나가지 말라

23 여호와께서 애굽 사람들에게 재앙을 내리려고 지나가실 때에 문 인방과 좌우 문설주의 피를 보시면 여호와께서 그 문을 넘으시고 멸하는 자에게 너희 집에 들어가서 너희를 치지 못하게 하실 것임이니라

24 너희는 이 일을 규례로 삼아 너희와 너희 자손이 영원히 지킬 것이니

25 너희는 여호와께서 허락하신 대로 너희에게 주시는 땅에 이를 때에 이 예식을 지킬 것이라

26 이 후에 너희의 자녀가 묻기를 이 예식이 무슨 뜻이냐 하거든

27 너희는 이르기를 이는 여호와의 유월절 제사라 여호와께서 애굽 사람에게 재앙을 내리실 때에 애굽에 있는 이스라엘 자손의 집을 넘으사 우리의 집을 구원하셨느니라 하라 하매 백성이 머리 숙여 경배하니라

28 이스라엘 자손이 물러가서 그대로 행하되 여호와께서 모세와 아론에게 명령하신 대로 행하니라

열째 재앙 : 처음 난 것들의 죽음

29 밤중에 여호와께서 애굽 땅에서 모든 처음 난 것 곧 왕위에 앉은 바로의 장자로부터 옥에 갇힌 사람의 장자까지와 가축의 처음 난 것을 다 치시매

30 그 밤에 바로와 그 모든 신하와 모든 애굽 사람이 일어나고 애굽에 큰 부르짖

음이 있었으니 이는 그 나라에 죽임을

당하지 아니한 집이 하나도 없었음이었

더라

31 밤에 바로가 모세와 아론을 불러서 이르

되 너희와 이스라엘 자손은 일어나 내

백성 가운데에서 떠나 너희의 말대로 가

서 여호와를 섬기며

32 너희가 말한 대로 너희 양과 너희 소도

몰아가고 나를 위하여 축복하라 하며

33 애굽 사람들은 말하기를 우리가 다 죽은

자가 되도다 하고 그 백성을 재촉하여

그 땅에서 속히 내보내려 하므로

34 그 백성이 발교되지 못한 반죽 담은 그

릇을 옷에 싸서 어깨에 메니라

35 이스라엘 자손이 모세의 말대로 하여 애

굽 사람에게 은금 패물과 의복을 구하매

36 여호와께서 애굽 사람들에게 이스라엘

백성에게 은혜를 입히게 하사 그들이 구

하는 대로 주게 하시므로 그들이 애굽

사람의 물품을 취하였더라

이스라엘이 애굽 땅에서 나오다

37 이스라엘 자손이 라암셋을 떠나서 숙곳

에 이르니 유아 외에 보행하는 장정이

육십만 가량이요

38 수많은 잡족과 양과 소와 심히 많은 가

축이 그들과 함께 하였으며

39 그들이 애굽으로부터 가지고 나온 발교

되지 못한 반죽으로 무교병을 구웠으니

이는 그들이 애굽에서 쫓겨나므로 지체

할 수 없었음이며 아무 양식도 준비하지

못하였음이었더라

40 이스라엘 자손이 애굽에 거주한 지 사백

삼십 년이라

41 사백삼십 년이 끝나는 그 날에 여호와의

군대가 다 애굽 땅에서 나왔은즉

42 이 밤은 그들을 애굽 땅에서 인도하여

내심으로 말미암아 여호와 앞에 지킬 것

이니 이는 여호와의 밤이라 이스라엘 자

손이 다 대대로 지킬 것이니라

유월절 규례

43 여호와께서 모세와 아론에게 이르시되

유월절 규례는 이러하니라 이방 사람은

먹지 못할 것이나

44 각 사람이 돈으로 산 종은 할례를 받은

후에 먹을 것이며

45 거류인과 타국 품꾼은 먹지 못하리라

46 한 집에서 먹되 그 고기를 조금도 집 밖

으로 내지 말고 뼈도 꺾지 말지며

47 이스라엘 회중이 다 이것을 지킬지니라

48 너희와 함께 거류하는 타국인이 여호와

의 유월절을 지키고자 하거든 그 모든

남자는 할례를 받은 후에야 가까이 하여

지킬지니 곧 그는 본토인과 같이 될 것

이나 할례 받지 못한 자는 먹지 못할 것

이니라

49 본토인에게나 너희 중에 거류하는 이방

인에게 이 법이 동일하니라 하셨으므로

50 온 이스라엘 자손이 이와 같이 행하되

여호와께서 모세와 아론에게 명령하신

대로 행하였으며

51 바로 그 날에 여호와께서 이스라엘 자손

을 그 무리대로 애굽 땅에서 인도하여

내셨더라

무교절

13 여호와께서 모세에게 일러 이르시되

2 이스라엘 자손 중에서 사람이나 짐승을

막론하고 태에서 처음 난 모든 것은 다

거룩히 구별하여 내게 돌리라 이는 내

것이니라 하시니라

3 모세가 백성에게 이르되 너희는 애굽 곧

종 되었던 집에서 나온 그 날을 기념하

여 유교병을 먹지 말라 여호와께서 그

손의 권능으로 너희를 그 곳에서 인도해

내셨음이니라

4 아빕월 이 날에 너희가 나왔으니

5 여호와께서 너를 인도하여 가나안 사람

과 헷 사람과 아모리 사람과 히위 사람

과 여부스 사람의 땅 곧 네게 주시려고

네 조상들에게 맹세하신 바 젖과 꿀이

흐르는 땅에 이르게 하시거든 너는 이

달에 이 예식을 지켜

6 이레 동안 무교병을 먹고 일곱째 날에는

여호와께 절기를 지키라

7 이레 동안에는 무교병을 먹고 유교병을

네게 보이지 아니하게 하며 네 땅에서

누룩을 네게 보이지 아니하게 하라

8 너는 그 날에 네 아들에게 보여 이르기

를 이 예식은 내가 애굽에서 나올 때에

여호와께서 나를 위하여 행하신 일로 말

미암음이라 하고

9 이것으로 네 손의 기호와 네 미간의 표

를 삼고 여호와의 율법이 네 입에 있게

하라 이는 여호와께서 강하신 손으로 너

를 애굽에서 인도하여 내셨음이니

10 해마다 절기가 되면 이 규례를 지킬지

니라

태에서 처음 난 것

11 여호와께서 너와 네 조상에게 맹세하신

대로 너를 가나안 사람의 땅에 인도하시

고 그 땅을 네게 주시거든

12 너는 태에서 처음 난 모든 것과 네게 있

는 가축의 태에서 처음 난 것을 다 구별

하여 여호와께 돌리라 수컷은 여호와의

것이니라

13 나귀의 첫 새끼는 다 어린 양으로 대속

할 것이요 그렇게 하지 아니하려면 그

목을 꺾을 것이며 네 아들 중 처음 난 모

든 자는 대속할지니라

14 후일에 네 아들이 네게 묻기를 이것이 어찌 됨이냐 하거든 너는 그에게 이르기를 여호와께서 그 손의 권능으로 우리를 애굽에서 곧 종이 되었던 집에서 인도하여 내실새

15 그 때에 바로가 완악하여 우리를 보내지 아니하매 여호와께서 애굽 나라 가운데 처음 난 모든 것은 사람의 장자로부터 가축의 처음 난 것까지 다 죽이셨으므로 태에서 처음 난 모든 수컷들은 내가 여호와께 제사를 드려서 내 아들 중에 모든 처음 난 자를 다 대속하리니

16 이것이 네 손의 기호와 네 미간의 표가 되리라 이는 여호와께서 그 손의 권능으로 우리를 애굽에서 인도하여 내셨음이니라 할지니라

구름 기둥과 불 기둥

17 바로가 백성을 보낸 후에 블레셋 사람의 땅의 길은 가까울지라도 하나님이 그들을 그 길로 인도하지 아니하셨으니 이는 하나님이 말씀하시기를 이 백성이 전쟁을 하게 되면 마음을 돌이켜 애굽으로 돌아갈까 하셨음이라

18 그러므로 하나님이 홍해의 광야 길로 돌려 백성을 인도하시매 이스라엘 자손이 애굽 땅에서 대열을 지어 나올 때에

19 모세가 요셉의 유골을 가졌으니 이는 요셉이 이스라엘 자손으로 단단히 맹세하게 하여 이르기를 하나님이 반드시 너희를 찾아오시리니 너희는 내 유골을 여기서 가지고 나가라 하였음이더라

20 그들이 숙곳을 떠나서 광야 끝 에담에 장막을 치니

21 여호와께서 그들 앞에서 가시며 낮에는 구름 기둥으로 그들의 길을 인도하시고 밤에는 불 기둥을 그들에게 비추사 낮이

나 밤이나 진행하게 하시니

22 낮에는 구름 기둥, 밤에는 불 기둥이 백

성 앞에서 떠나지 아니하니라

홍해를 건너다

14 여호와께서 모세에게 말씀하여 이르

시되

2 이스라엘 자손에게 명령하여 돌이켜 바

다와 믹돌 사이의 비하히롯 앞 곧 바알

스본 맞은편 바닷가에 장막을 치게 하라

3 바로가 이스라엘 자손에 대하여 말하기

를 그들이 그 땅에서 멀리 떠나 광야에

갇힌 바 되었다 하리라

4 내가 바로의 마음을 완악하게 한즉 바로

가 그들의 뒤를 따르리니 내가 그와 그

의 온 군대로 말미암아 영광을 얻어 애

굽 사람들이 나를 여호와인 줄 알게 하

리라 하시매 무리가 그대로 행하니라

5 그 백성이 도망한 사실이 애굽 왕에게

알려지매 바로와 그의 신하들이 그 백성

에 대하여 마음이 변하여 이르되 우리가

어찌 이같이 하여 이스라엘을 우리를 섬

김에서 놓아 보내었는가 하고

6 바로가 곧 그의 병거를 갖추고 그의 백

성을 데리고 갈새

7 선발된 병거 육백 대와 애굽의 모든 병

거를 동원하니 지휘관들이 다 거느렸

더라

8 여호와께서 애굽 왕 바로의 마음을 완악

하게 하셨으므로 그가 이스라엘 자손의

뒤를 따르니 이스라엘 자손이 담대히 나

갔음이라

9 애굽 사람들과 바로의 말들, 병거들과 그

마병과 그 군대가 그들의 뒤를 따라 바

알스본 맞은편 비하히롯 곁 해변 그들이

장막 친 데에 미치니라

10 바로가 가까이 올 때에 이스라엘 자손이

눈을 들어 본즉 애굽 사람들이 자기들

뒤에 이른지라 이스라엘 자손이 심히 두

려워하여 여호와께 부르짖고

11 그들이 또 모세에게 이르되 애굽에 매장

지가 없어서 당신이 우리를 이끌어 내어

이 광야에서 죽게 하느냐 어찌하여 당신

이 우리를 애굽에서 이끌어 내어 우리에

게 이같이 하느냐

12 우리가 애굽에서 당신에게 이른 말이 이

것이 아니냐 이르기를 우리를 내버려 두

라 우리가 애굽 사람을 섬길 것이라 하

지 아니하더냐 애굽 사람을 섬기는 것이

광야에서 죽는 것보다 낫겠노라

13 모세가 백성에게 이르되 너희는 두려워

하지 말고 가만히 서서 여호와께서 오늘

너희를 위하여 행하시는 구원을 보라 너

희가 오늘 본 애굽 사람을 영원히 다시

보지 아니하리라

14 여호와께서 너희를 위하여 싸우시리니

너희는 가만히 있을지니라

15 여호와께서 모세에게 이르시되 너는 어

찌하여 내게 부르짖느냐 이스라엘 자손

에게 명령하여 앞으로 나아가게 하고

16 지팡이를 들고 손을 바다 위로 내밀어

그것이 갈라지게 하라 이스라엘 자손이

바다 가운데서 마른 땅으로 행하리라

17 내가 애굽 사람들의 마음을 완악하게 할

것인즉 그들이 그 뒤를 따라 들어갈 것

이라 내가 바로와 그의 모든 군대와 그

의 병거와 마병으로 말미암아 영광을 얻

으리니

18 내가 바로와 그의 병거와 마병으로 말미

암아 영광을 얻을 때에야 애굽 사람들이

나를 여호와인 줄 알리라 하시더니

19 이스라엘 진 앞에 가던 하나님의 사자가

그들의 뒤로 옮겨 가매 구름 기둥도 앞

에서 그 뒤로 옮겨

20 애굽 진과 이스라엘 진 사이에 이르러

서니 저쪽에는 구름과 흑암이 있고 이쪽

에는 밤이 밝으므로 밤새도록 저쪽이 이

쪽에 가까이 못하였더라

21 모세가 바다 위로 손을 내밀매 여호와께

서 큰 동풍이 밤새도록 바닷물을 물러가

게 하시니 물이 갈라져 바다가 마른 땅

이 된지라

22 이스라엘 자손이 바다 가운데를 육지로

걸어가고 물은 그들의 좌우에 벽이 되니

23 애굽 사람들과 바로의 말들, 병거들과 그

마병들이 다 그들의 뒤를 추격하여 바다

가운데로 들어오는지라

24 새벽에 여호와께서 불과 구름 기둥 가운

데서 애굽 군대를 보시고 애굽 군대를

어지럽게 하시며

25 그들의 병거 바퀴를 벗겨서 달리기가 어

렵게 하시니 애굽 사람들이 이르되 이스

라엘 앞에서 우리가 도망하자 여호와가

그들을 위하여 싸워 애굽 사람들을 치는

도다

26 여호와께서 모세에게 이르시되 네 손을

바다 위로 내밀어 물이 애굽 사람들과

그들의 병거들과 마병들 위에 다시 흐르

게 하라 하시니

27 모세가 곧 손을 바다 위로 내밀매 새벽

이 되어 바다의 힘이 회복된지라 애굽

사람들이 물을 거슬러 도망하나 여호와

께서 애굽 사람들을 바다 가운데 엎으시

니

28 물이 다시 흘러 병거들과 기병들을 덮되

그들의 뒤를 따라 바다에 들어간 바로의

군대를 다 덮으니 하나도 남지 아니하였

더라

29 그러나 이스라엘 자손은 바다 가운데를

육지로 행하였고 물이 좌우에 벽이 되었더라

30 그 날에 여호와께서 이같이 이스라엘을 애굽 사람의 손에서 구원하시매 이스라엘이 바닷가에서 애굽 사람들이 죽어 있는 것을 보았더라

31 이스라엘이 여호와께서 애굽 사람들에게 행하신 그 큰 능력을 보았으므로 백성이 여호와를 경외하며 여호와와 그의 종 모세를 믿었더라

모세의 노래

15 이 때에 모세와 이스라엘 자손이 이 노래로 여호와께 노래하니 일렀으되 내가 여호와를 찬송하리니 그는 높고 영화로우심이요 말과 그 탄 자를 바다에 던지셨음이로다

2 여호와는 나의 힘이요 노래시며 나의 구원이시로다 그는 나의 하나님이시니 내가 그를 찬송할 것이요 내 아버지의 하나님이시니 내가 그를 높이리로다

3 여호와는 용사시니 여호와는 그의 이름이시로다

4 그가 바로의 병거와 그의 군대를 바다에 던지시니 최고의 지휘관들이 홍해에 잠겼고

5 깊은 물이 그들을 덮으니 그들이 돌처럼 깊음 속에 가라앉았도다

6 여호와여 주의 오른손이 권능으로 영광을 나타내시니이다 여호와여 주의 오른손이 원수를 부수시니이다

7 주께서 주의 큰 위엄으로 주를 거스르는 자를 엎으시니이다 주께서 진노를 발하시니 그 진노가 그들을 지푸라기 같이 사르니이다

8 주의 콧김에 물이 쌓이되 파도가 언덕같이 일어서고 큰 물이 바다 가운데 엉

기니이다

9 원수가 말하기를 내가 뒤쫓아 따라잡아 탈취물을 나누리라, 내가 그들로 말미암아 내 욕망을 채우리라, 내가 내 칼을 빼리니 내 손이 그들을 멸하리라 하였으나

10 주께서 바람을 일으키시매 바다가 그들을 덮으니 그들이 거센 물에 납 같이 잠겼나이다

11 여호와여 신 중에 주와 같은 자가 누구니이까 주와 같이 거룩함으로 영광스러우며 찬송할 만한 위엄이 있으며 기이한 일을 행하는 자가 누구니이까

12 주께서 오른손을 드신즉 땅이 그들을 삼켰나이다

13 주의 인자하심으로 주께서 구속하신 백성을 인도하시되 주의 힘으로 그들을 주의 거룩한 처소에 들어가게 하시나이다

14 여러 나라가 듣고 떨며 블레셋 주민이 두려움에 잡히며

15 에돔 두령들이 놀라고 모압 영웅이 떨림에 잡히며 가나안 주민이 다 낙담하나이다

16 놀람과 두려움이 그들에게 임하매 주의 팔이 크므로 그들이 돌 같이 침묵하였사오니 여호와여 주의 백성이 통과하기까지 곧 주께서 사신 백성이 통과하기까지였나이다

17 주께서 백성을 인도하사 그들을 주의 기업의 산에 심으시리이다 여호와여 이는 주의 처소를 삼으시려고 예비하신 것이라 주여 이것이 주의 손으로 세우신 성소로소이다

18 여호와께서 영원무궁 하도록 다스리시도다 하였더라

미리암의 노래

19 바로의 말과 병거와 마병이 함께 바다에

들어가매 여호와께서 바닷물을 그들 위에 되돌려 흐르게 하셨으나 이스라엘 자손은 바다 가운데서 마른 땅으로 지나간지라

20 아론의 누이 선지자 미리암이 손에 소고를 잡으매 모든 여인도 그를 따라 나오며 소고를 잡고 춤추니

21 미리암이 그들에게 화답하여 이르되 너희는 여호와를 찬송하라 그는 높고 영화로우심이요 말과 그 탄 자를 바다에 던지셨음이로다 하였더라

단 물로 변한 마라의 쓴 물

22 모세가 홍해에서 이스라엘을 인도하매 그들이 나와서 수르 광야로 들어가서 거기서 사흘길을 걸었으나 물을 얻지 못하고

23 마라에 이르렀더니 그 곳 물이 써서 마시지 못하겠으므로 그 이름을 마라라 하

였더라

24 백성이 모세에게 원망하여 이르되 우리가 무엇을 마실까 하매

25 모세가 여호와께 부르짖었더니 여호와께서 그에게 한 나무를 가리키시니 그가 물에 던지니 물이 달게 되었더라 거기서 여호와께서 그들을 위하여 법도와 율례를 정하시고 그들을 시험하실새

26 이르시되 너희가 너희 하나님 나 여호와의 말을 들어 순종하고 내가 보기에 의를 행하며 내 계명에 귀를 기울이며 내 모든 규례를 지키면 내가 애굽 사람에게 내린 모든 질병 중 하나도 너희에게 내리지 아니하리니 나는 너희를 치료하는 여호와임이라

27 그들이 엘림에 이르니 거기에 물 샘 열둘과 종려나무 일흔 그루가 있는지라 거기서 그들이 그 물 곁에 장막을 치니라

만나와 메추라기

16 이스라엘 자손의 온 회중이 엘림에서 떠나 엘림과 시내 산 사이에 있는 신 광야에 이르니 애굽에서 나온 후 둘째 달 십오일이라

2 이스라엘 자손 온 회중이 그 광야에서 모세와 아론을 원망하여

3 이스라엘 자손이 그들에게 이르되 우리가 애굽 땅에서 고기 가마 곁에 앉아 있던 때와 떡을 배불리 먹던 때에 여호와의 손에 죽었더라면 좋았을 것을 너희가 이 광야로 우리를 인도해 내어 이 온 회중이 주려 죽게 하는도다

4 그 때에 여호와께서 모세에게 이르시되 보라 내가 너희를 위하여 하늘에서 양식을 비 같이 내리리니 백성이 나가서 일용할 것을 날마다 거둘 것이라 이같이 하여 그들이 내 율법을 준행하나 아니하

나 내가 시험하리라

5 여섯째 날에는 그들이 그 거둔 것을 준비할지니 날마다 거두던 것의 갑절이 되리라

6 모세와 아론이 온 이스라엘 자손에게 이르되 저녁이 되면 너희가 여호와께서 너희를 애굽 땅에서 인도하여 내셨음을 알 것이요

7 아침에는 너희가 여호와의 영광을 보리니 이는 여호와께서 너희가 자기를 향하여 원망함을 들으셨음이라 우리가 누구이기에 너희가 우리에게 대하여 원망하느냐

8 모세가 또 이르되 여호와께서 저녁에는 너희에게 고기를 주어 먹이시고 아침에는 떡으로 배불리시리니 이는 여호와께서 자기를 향하여 너희가 원망하는 그 말을 들으셨음이라 우리가 누구냐 너희

의 원망은 우리를 향하여 함이 아니요

여호와를 향하여 함이로다

9 모세가 또 아론에게 이르되 이스라엘 자손의 온 회중에게 말하기를 여호와께 가까이 나아오라 여호와께서 너희의 원망함을 들으셨느니라 하라

10 아론이 이스라엘 자손의 온 회중에게 말하매 그들이 광야를 바라보니 여호와의 영광이 구름 속에 나타나더라

11 여호와께서 모세에게 말씀하여 이르시되

12 내가 이스라엘 자손의 원망함을 들었노라 그들에게 말하여 이르기를 너희가 해질 때에는 고기를 먹고 아침에는 떡으로 배부르리니 내가 여호와 너희의 하나님인 줄 알리라 하라 하시니라

13 저녁에는 메추라기가 와서 진에 덮이고 아침에는 이슬이 진 주위에 있더니

14 그 이슬이 마른 후에 광야 지면에 작고 둥글며 서리 같이 가는 것이 있는지라

15 이스라엘 자손이 보고 그것이 무엇인지 알지 못하여 서로 이르되 이것이 무엇이냐 하니 모세가 그들에게 이르되 이는 여호와께서 너희에게 주어 먹게 하신 양식이라

16 여호와께서 이같이 명령하시기를 너희 각 사람은 먹을 만큼만 이것을 거둘지니 곧 너희 사람 수효대로 한 사람에 한 오멜씩 거두되 각 사람이 그의 장막에 있는 자들을 위하여 거둘지니라 하셨느니라

17 이스라엘 자손이 그같이 하였더니 그 거둔 것이 많기도 하고 적기도 하나

18 오멜로 되어 본즉 많이 거둔 자도 남음이 없고 적게 거둔 자도 부족함이 없이 각 사람은 먹을 만큼만 거두었더라

19 모세가 그들에게 이르기를 아무든지 아

침까지 그것을 남겨두지 말라 하였으나

20 그들이 모세에게 순종하지 아니하고

더러는 아침까지 두었더니 벌레가 생

기고 냄새가 난지라 모세가 그들에게

노하니라

21 무리가 아침마다 각 사람은 먹을 만큼만

거두었고 햇볕이 뜨겁게 쬐면 그것이 스

러졌더라

22 여섯째 날에는 각 사람이 갑절의 식물

곧 하나에 두 오멜씩 거둔지라 회중의

모든 지도자가 와서 모세에게 알리매

23 모세가 그들에게 이르되 여호와께서 이

같이 말씀하셨느니라 내일은 휴일이니

여호와께 거룩한 안식일이라 너희가 구

울 것은 굽고 삶을 것은 삶고 그 나머지

는 다 너희를 위하여 아침까지 간수하라

24 그들이 모세의 명령대로 아침까지 간수

하였으나 냄새도 나지 아니하고 벌레도

생기지 아니한지라

25 모세가 이르되 오늘은 그것을 먹으라 오

늘은 여호와의 안식일인즉 오늘은 너희

가 들에서 그것을 얻지 못하리라

26 엿새 동안은 너희가 그것을 거두되 일곱

째 날은 안식일인즉 그 날에는 없으리라

하였으나

27 일곱째 날에 백성 중 어떤 사람들이 거

두러 나갔다가 얻지 못하니라

28 여호와께서 모세에게 이르시되 어느 때

까지 너희가 내 계명과 내 율법을 지키

지 아니하려느냐

29 볼지어다 여호와가 너희에게 안식일을

줌으로 여섯째 날에는 이틀 양식을 너희

에게 주는 것이니 너희는 각기 처소에

있고 일곱째 날에는 아무도 그의 처소에

서 나오지 말지니라

30 그러므로 백성이 일곱째 날에 안식하니라

31 이스라엘 족속이 그 이름을 만나라 하였으며 깟씨 같이 희고 맛은 꿀 섞은 과자 같았더라

32 모세가 이르되 여호와께서 이같이 명령하시기를 이것을 오멜에 채워서 너희의 대대 후손을 위하여 간수하라 이는 내가 너희를 애굽 땅에서 인도하여 낼 때에 광야에서 너희에게 먹인 양식을 그들에게 보이기 위함이니라 하셨다 하고

33 또 모세가 아론에게 이르되 항아리를 가져다가 그 속에 만나 한 오멜을 담아 여호와 앞에 두어 너희 대대로 간수하라

34 아론이 여호와께서 모세에게 명령하신 대로 그것을 증거판 앞에 두어 간수하게 하였고

35 사람이 사는 땅에 이르기까지 이스라엘 자손이 사십 년 동안 만나를 먹었으니 곧 가나안 땅 접경에 이르기까지 그들이 만나를 먹었더라

36 오멜은 십분의 일 에바이더라

반석에서 물이 나오다 (민 20:1-13)

17 이스라엘 자손의 온 회중이 여호와의 명령대로 신 광야에서 떠나 그 노정대로 행하여 르비딤에 장막을 쳤으나 백성이 마실 물이 없는지라

2 백성이 모세와 다투어 이르되 우리에게 물을 주어 마시게 하라 모세가 그들에게 이르되 너희가 어찌하여 나와 다투느냐 너희가 어찌하여 여호와를 시험하느냐

3 거기서 백성이 목이 말라 물을 찾으매 그들이 모세에게 대하여 원망하여 이르되 당신이 어찌하여 우리를 애굽에서 인도해 내어서 우리와 우리 자녀와 우리 가축이 목말라 죽게 하느냐

4 모세가 여호와께 부르짖어 이르되 내가

이 백성에게 어떻게 하리이까 그들이 조

금 있으면 내게 돌을 던지겠나이다

5 여호와께서 모세에게 이르시되 백성 앞을

지나서 이스라엘 장로들을 데리고 나일

강을 치던 네 지팡이를 손에 잡고 가라

6 내가 호렙 산에 있는 그 반석 위 거기서

네 앞에 서리니 너는 그 반석을 치라 그

것에서 물이 나오리니 백성이 마시리라

모세가 이스라엘 장로들의 목전에서 그

대로 행하니라

7 그가 그 곳 이름을 맛사 또는 므리바라

불렀으니 이는 이스라엘 자손이 다투었

음이요 또는 그들이 여호와를 시험하여

이르기를 여호와께서 우리 중에 계신가

안 계신가 하였음이더라

아말렉과 싸우다

8 그 때에 아말렉이 와서 이스라엘과 르비

딤에서 싸우니라

9 모세가 여호수아에게 이르되 우리를 위

하여 사람들을 택하여 나가서 아말렉과

싸우라 내일 내가 하나님의 지팡이를 손

에 잡고 산 꼭대기에 서리라

10 여호수아가 모세의 말대로 행하여 아말

렉과 싸우고 모세와 아론과 훌은 산 꼭

대기에 올라가서

11 모세가 손을 들면 이스라엘이 이기고 손

을 내리면 아말렉이 이기더니

12 모세의 팔이 피곤하매 그들이 돌을 가져

다가 모세의 아래에 놓아 그가 그 위에

앉게 하고 아론과 훌이 한 사람은 이쪽

에서, 한 사람은 저쪽에서 모세의 손을

붙들어 올렸더니 그 손이 해가 지도록

내려오지 아니한지라

13 여호수아가 칼날로 아말렉과 그 백성을

쳐서 무찌르니라

14 여호와께서 모세에게 이르시되 이것을

책에 기록하여 기념하게 하고 여호수

아의 귀에 외워 들리라 내가 아말렉을

없이하여 천하에서 기억도 못 하게 하

리라

15 모세가 제단을 쌓고 그 이름을 여호와

닛시라 하고

16 이르되 여호와께서 맹세하시기를 여호와

가 아말렉과 더불어 대대로 싸우리라 하

셨다 하였더라

이드로가 모세를 방문하다

18 모세의 장인이며 미디안 제사장인 이드

로가 하나님이 모세에게와 자기 백성 이

스라엘에게 하신 일 곧 여호와께서 이스

라엘을 애굽에서 인도하여 내신 모든 일

을 들으니라

2 모세의 장인 이드로가 모세가 돌려 보냈

던 그의 아내 십보라와

3 그의 두 아들을 데리고 왔으니 그 하나

의 이름은 게르솜이라 이는 모세가 이르

기를 내가 이방에서 나그네가 되었다 함

이요

4 하나의 이름은 엘리에셀이라 이는 내 아

버지의 하나님이 나를 도우사 바로의 칼

에서 구원하셨다 함이더라

5 모세의 장인 이드로가 모세의 아들들과

그의 아내와 더불어 광야에 들어와 모

세에게 이르니 곧 모세가 하나님의 산에

진 친 곳이라

6 그가 모세에게 말을 전하되 네 장인 나

이드로가 네 아내와 그와 함께 한 그의

두 아들과 더불어 네게 왔노라

7 모세가 나가서 그의 장인을 맞아 절하고

그에게 입 맞추고 그들이 서로 문안하고

함께 장막에 들어가서

8 모세가 여호와께서 이스라엘을 위하여

바로와 애굽 사람에게 행하신 모든 일과

길에서 그들이 당한 모든 고난과 여호와

께서 그들을 구원하신 일을 다 그 장인

에게 말하매

9 이드로가 여호와께서 이스라엘에게 큰

은혜를 베푸사 애굽 사람의 손에서 구원

하심을 기뻐하여

10 이드로가 이르되 여호와를 찬송하리로다

너희를 애굽 사람의 손에서와 바로의 손

에서 건져내시고 백성을 애굽 사람의 손

아래에서 건지셨도다

11 이제 내가 알았도다 여호와는 모든 신보

다 크시므로 이스라엘에게 교만하게 행

하는 그들을 이기셨도다 하고

12 모세의 장인 이드로가 번제물과 희생제

물들을 하나님께 가져오매 아론과 이스

라엘 모든 장로가 와서 모세의 장인과

함께 하나님 앞에서 떡을 먹으니라

우두머리를 세워 재판하게 하다 (신 1:9-18)

13 이튿날 모세가 백성을 재판하느라고 앉

아 있고 백성은 아침부터 저녁까지 모세

곁에 서 있는지라

14 모세의 장인이 모세가 백성에게 행하는

모든 일을 보고 이르되 네가 이 백성에

게 행하는 이 일이 어찌 됨이냐 어찌하

여 네가 홀로 앉아 있고 백성은 아침부

터 저녁까지 네 곁에 서 있느냐

15 모세가 그의 장인에게 대답하되 백성이

하나님께 물으려고 내게로 옴이라

16 그들이 일이 있으면 내게로 오나니 내가

그 양쪽을 재판하여 하나님의 율례와 법

도를 알게 하나이다

17 모세의 장인이 그에게 이르되 네가 하는

것이 옳지 못하도다

18 너와 또 너와 함께 한 이 백성이 필경 기

력이 쇠하리니 이 일이 네게 너무 중함

이라 네가 혼자 할 수 없으리라

19 이제 내 말을 들으라 내가 네게 방침을 가르치리니 하나님이 너와 함께 계실지로다 너는 하나님 앞에서 그 백성을 위하여 그 사건들을 하나님께 가져오며

20 그들에게 율례와 법도를 가르쳐서 마땅히 갈 길과 할 일을 그들에게 보이고

21 너는 또 온 백성 가운데서 능력 있는 사람들 곧 하나님을 두려워하며 진실하며 불의한 이익을 미워하는 자를 살펴서 백성 위에 세워 천부장과 백부장과 오십부장과 십부장을 삼아

22 그들이 때를 따라 백성을 재판하게 하라 큰 일은 모두 네게 가져갈 것이요 작은 일은 모두 그들이 스스로 재판할 것이니 그리하면 그들이 너와 함께 담당할 것인즉 일이 네게 쉬우리라

23 네가 만일 이 일을 하고 하나님께서도 네게 허락하시면 네가 이 일을 감당하고 이 모든 백성도 자기 곳으로 평안히 가리라

24 이에 모세가 자기 장인의 말을 듣고 그 모든 말대로 하여

25 모세가 이스라엘 무리 중에서 능력 있는 사람들을 택하여 그들을 백성의 우두머리 곧 천부장과 백부장과 오십부장과 십부장을 삼으매

26 그들이 때를 따라 백성을 재판하되 어려운 일은 모세에게 가져오고 모든 작은 일은 스스로 재판하더라

27 모세가 그의 장인을 보내니 그가 자기 땅으로 가니라

이스라엘 자손이 시내 산에 이르다

19 이스라엘 자손이 애굽 땅을 떠난 지 삼 개월이 되던 날 그들이 시내 광야에 이르니라

2 그들이 르비딤을 떠나 시내 광야에 이르러 그 광야에 장막을 치되 이스라엘이 거기 산 앞에 장막을 치니라

3 모세가 하나님 앞에 올라가니 여호와께서 산에서 그를 불러 말씀하시되 너는 이같이 야곱의 집에 말하고 이스라엘 자손들에게 말하라

4 내가 애굽 사람에게 어떻게 행하였음과 내가 어떻게 독수리 날개로 너희를 업어 내게로 인도하였음을 너희가 보았느니라

5 세계가 다 내게 속하였나니 너희가 내 말을 잘 듣고 내 언약을 지키면 너희는 모든 민족 중에서 내 소유가 되겠고

6 너희가 내게 대하여 제사장 나라가 되며 거룩한 백성이 되리라 너는 이 말을 이스라엘 자손에게 전할지니라

7 모세가 내려와서 백성의 장로들을 불러 여호와께서 자기에게 명령하신 그 모든 말씀을 그들 앞에 진술하니

8 백성이 일제히 응답하여 이르되 여호와께서 명령하신 대로 우리가 다 행하리이다 모세가 백성의 말을 여호와께 전하매

9 여호와께서 모세에게 이르시되 내가 빽빽한 구름 가운데서 네게 임함은 내가 너와 말하는 것을 백성들이 듣게 하며 또한 너를 영영히 믿게 하려 함이니라 모세가 백성의 말을 여호와께 아뢰었으므로

10 여호와께서 모세에게 이르시되 너는 백성에게로 가서 오늘과 내일 그들을 성결하게 하며 그들에게 옷을 빨게 하고

11 준비하게 하여 셋째 날을 기다리게 하라 이는 셋째 날에 나 여호와가 온 백성의 목전에서 시내 산에 강림할 것임이니

12 너는 백성을 위하여 주위에 경계를 정하고 이르기를 너희는 삼가 산에 오르거나

그 경계를 침범하지 말지니 산을 침범하

는 자는 반드시 죽임을 당할 것이라

13 그런 자에게는 손을 대지 말고 돌로 쳐

죽이거나 화살로 쏘아 죽여야 하리니 짐

승이나 사람을 막론하고 살아남지 못하

리라 하고 나팔을 길게 불거든 산 앞에

이를 것이니라 하라

14 모세가 산에서 내려와 백성에게 이르러

백성을 성결하게 하니 그들이 자기 옷을

빨더라

15 모세가 백성에게 이르되 준비하여 셋째

날을 기다리고 여인을 가까이 하지 말라

하니라

16 셋째 날 아침에 우레와 번개와 빽빽한

구름이 산 위에 있고 나팔 소리가 매우

크게 들리니 진중에 있는 모든 백성이

다 떨더라

17 모세가 하나님을 맞으려고 백성을 거느

리고 진에서 나오매 그들이 산 기슭에

서 있는데

18 시내 산에 연기가 자욱하니 여호와께서

불 가운데서 거기 강림하심이라 그 연기

가 옹기 가마 연기 같이 떠오르고 온 산

이 크게 진동하며

19 나팔 소리가 점점 커질 때에 모세가 말

한즉 하나님이 음성으로 대답하시더라

20 여호와께서 시내 산 곧 그 산 꼭대기에

강림하시고 모세를 그리로 부르시니 모

세가 올라가매

21 여호와께서 모세에게 이르시되 내려가서

백성을 경고하라 백성이 밀고 들어와 나

여호와에게로 와서 보려고 하다가 많이

죽을까 하노라

22 또 여호와에게 가까이 하는 제사장들에

게 그 몸을 성결히 하게 하라 나 여호와

가 그들을 칠까 하노라

23 모세가 여호와께 아뢰되 주께서 우리에게 명령하여 이르시기를 산 주위에 경계를 세워 산을 거룩하게 하라 하셨사온즉 백성이 시내 산에 오르지 못하리이다

24 여호와께서 그에게 이르시되 가라 너는 내려가서 아론과 함께 올라오고 제사장들과 백성에게는 경계를 넘어 나 여호와에게로 올라오지 못하게 하라 내가 그들을 칠까 하노라

25 모세가 백성에게 내려가서 그들에게 알리니라

십계명 (신 5:1-21)

20 하나님이 이 모든 말씀으로 말씀하여 이르시되

2 나는 너를 애굽 땅, 종 되었던 집에서 인도하여 낸 네 하나님 여호와니라

3 너는 나 외에는 다른 신들을 네게 두지 말라

4 너를 위하여 새긴 우상을 만들지 말고 또 위로 하늘에 있는 것이나 아래로 땅에 있는 것이나 땅 아래 물 속에 있는 것의 어떤 형상도 만들지 말며

5 그것들에게 절하지 말며 그것들을 섬기지 말라 나 네 하나님 여호와는 질투하는 하나님인즉 나를 미워하는 자의 죄를 갚되 아버지로부터 아들에게로 삼사 대까지 이르게 하거니와

6 나를 사랑하고 내 계명을 지키는 자에게는 천 대까지 은혜를 베푸느니라

7 너는 네 하나님 여호와의 이름을 망령되게 부르지 말라 여호와는 그의 이름을 망령되게 부르는 자를 죄 없다 하지 아니하리라

8 안식일을 기억하여 거룩하게 지키라

9 엿새 동안은 힘써 네 모든 일을 행할 것이나

10 일곱째 날은 네 하나님 여호와의 안식일인즉 너나 네 아들이나 네 딸이나 네 남종이나 네 여종이나 네 가축이나 네 문안에 머무는 객이라도 아무 일도 하지 말라

11 이는 엿새 동안에 나 여호와가 하늘과 땅과 바다와 그 가운데 모든 것을 만들고 일곱째 날에 쉬었음이라 그러므로 나 여호와가 안식일을 복되게 하여 그 날을 거룩하게 하였느니라

12 네 부모를 공경하라 그리하면 네 하나님 여호와가 네게 준 땅에서 네 생명이 길리라

13 살인하지 말라

14 간음하지 말라

15 도둑질하지 말라

16 네 이웃에 대하여 거짓 증거하지 말라

17 네 이웃의 집을 탐내지 말라 네 이웃의 아내나 그의 남종이나 그의 여종이나 그의 소나 그의 나귀나 무릇 네 이웃의 소유를 탐내지 말라

백성이 두려워 떨다 (신 5:22-33)

18 뭇 백성이 우레와 번개와 나팔 소리와 산의 연기를 본지라 그들이 볼 때에 떨며 멀리 서서

19 모세에게 이르되 당신이 우리에게 말씀하소서 우리가 들으리이다 하나님이 우리에게 말씀하시지 말게 하소서 우리가 죽을까 하나이다

20 모세가 백성에게 이르되 두려워하지 말라 하나님이 임하심은 너희를 시험하고 너희로 경외하여 범죄하지 않게 하려 하심이니라

21 백성은 멀리 서 있고 모세는 하나님이 계신 흑암으로 가까이 가니라

제단에 관한 법

22 여호와께서 모세에게 이르시되 너는 이

스라엘 자손에게 이같이 이르라 내가 하

늘로부터 너희에게 말하는 것을 너희 스

스로 보았으니

23 너희는 나를 비겨서 은으로나 금으로나

너희를 위하여 신상을 만들지 말고

24 내게 토단을 쌓고 그 위에 네 양과 소로

네 번제와 화목제를 드리라 내가 내 이

름을 기념하게 하는 모든 곳에서 네게

임하여 복을 주리라

25 네가 내게 돌로 제단을 쌓거든 다듬은

돌로 쌓지 말라 네가 정으로 그것을 쪼

면 부정하게 함이니라

26 너는 층계로 내 제단에 오르지 말라 네

하체가 그 위에서 드러날까 함이니라

종에 관한 법 (신 15:12-18)

21 네가 백성 앞에 세울 법규는 이러하니라

2 네가 히브리 종을 사면 그는 여섯 해 동

안 섬길 것이요 일곱째 해에는 몸값을

물지 않고 나가 자유인이 될 것이며

3 만일 그가 단신으로 왔으면 단신으로 나

갈 것이요 장가 들었으면 그의 아내도

그와 함께 나가려니와

4 만일 상전이 그에게 아내를 주어 그의

아내가 아들이나 딸을 낳았으면 그의 아

내와 그의 자식들은 상전에게 속할 것이

요 그는 단신으로 나갈 것이로되

5 만일 종이 분명히 말하기를 내가 상전과

내 처자를 사랑하니 나가서 자유인이 되

지 않겠노라 하면

6 상전이 그를 데리고 재판장에게로 갈 것

이요 또 그를 문이나 문설주 앞으로 데

리고 가서 그것에다가 송곳으로 그의 귀

를 뚫을 것이라 그는 종신토록 그 상전

을 섬기리라

7 사람이 자기의 딸을 여종으로 팔았으면

그는 남종 같이 나오지 못할지며

8 만일 상전이 그를 기뻐하지 아니하여 상관하지 아니하면 그를 속량하게 할 것이나 상전이 그 여자를 속인 것이 되었으니 외국인에게는 팔지 못할 것이요

9 만일 그를 자기 아들에게 주기로 하였으면 그를 딸 같이 대우할 것이요

10 만일 상전이 다른 여자에게 장가 들지라도 그 여자의 음식과 의복과 동침하는 것은 끊지 말 것이요

11 그가 이 세 가지를 시행하지 아니하면, 여자는 속전을 내지 않고 거저 나가게 할 것이니라

폭행에 관한 법

12 사람을 쳐죽인 자는 반드시 죽일 것이나

13 만일 사람이 고의적으로 한 것이 아니라나 하나님이 사람을 그의 손에 넘긴 것이면 내가 그를 위하여 한 곳을 정하리니 그 사람이 그리로 도망할 것이며

14 사람이 그의 이웃을 고의로 죽였으면 너는 그를 내 제단에서라도 잡아내려 죽일지니라

15 자기 아버지나 어머니를 치는 자는 반드시 죽일지니라

16 사람을 납치한 자가 그 사람을 팔았든지 자기 수하에 두었든지 그를 반드시 죽일지니라

17 자기의 아버지나 어머니를 저주하는 자는 반드시 죽일지니라

18 사람이 서로 싸우다가 하나가 돌이나 주먹으로 그의 상대방을 쳤으나 그가 죽지 않고 자리에 누웠다가

19 지팡이를 짚고 일어나 걸으면 그를 친 자가 형벌은 면하되 그간의 손해를 배상하고 그가 완치되게 할 것이니라

20 사람이 매로 그 남종이나 여종을 쳐서 당장에 죽으면 반드시 형벌을 받으려니와

199

21 그가 하루나 이틀을 연명하면 형벌을 면하리니 그는 상전의 재산임이라

22 사람이 서로 싸우다가 임신한 여인을 쳐서 낙태하게 하였으나 다른 해가 없으면 그 남편의 청구대로 반드시 벌금을 내되 재판장의 판결을 따라 낼 것이니라

23 그러나 다른 해가 있으면 갚되 생명은 생명으로,

24 눈은 눈으로, 이는 이로, 손은 손으로, 발은 발로,

25 덴 것은 덴 것으로, 상하게 한 것은 상함으로, 때린 것은 때림으로 갚을지니라

26 사람이 그 남종의 한 눈이나 여종의 한 눈을 쳐서 상하게 하면 그 눈에 대한 보상으로 그를 놓아 줄 것이며

27 그 남종의 이나 여종의 이를 쳐서 빠뜨리면 그 이에 대한 보상으로 그를 놓아 줄지니라

임자의 책임

28 소가 남자나 여자를 받아서 죽이면 그 소는 반드시 돌로 쳐서 죽일 것이요 그 고기는 먹지 말 것이며 임자는 형벌을 면하려니와

29 소가 본래 받는 버릇이 있고 그 임자는 그로 말미암아 경고를 받았으되 단속하지 아니하여 남녀를 막론하고 받아 죽이면 그 소는 돌로 쳐죽일 것이고 임자도 죽일 것이며

30 만일 그에게 속죄금을 부과하면 무릇 그 명령한 것을 생명의 대가로 낼 것이요

31 아들을 받든지 딸을 받든지 이 법규대로 그 임자에게 행할 것이며

32 소가 만일 남종이나 여종을 받으면 소 임자가 은 삼십 세겔을 그의 상전에게 줄 것이요 소는 돌로 쳐서 죽일지니라

33 사람이 구덩이를 열어두거나 구덩이를 파

고 덮지 아니하므로 소나 나귀가 거기에

빠지면

34 그 구덩이 주인이 잘 보상하여 짐승의 임

자에게 돈을 줄 것이요 죽은 것은 그가 차

지할 것이니라

35 이 사람의 소가 저 사람의 소를 받아 죽이

면 살아 있는 소를 팔아 그 값을 반으로

나누고 또한 죽은 것도 반으로 나누려니와

36 그 소가 본래 받는 버릇이 있는 줄을 알고

도 그 임자가 단속하지 아니하였으면 그는

소로 소를 갚을 것이요 죽은 것은 그가 차

지할지니라

배상에 관한 법

22 사람이 소나 양을 도둑질하여 잡거나 팔

면 그는 소 한 마리에 소 다섯 마리로 갚

고 양 한 마리에 양 네 마리로 갚을지니라

2 도둑이 뚫고 들어오는 것을 보고 그를 쳐

죽이면 피 흘린 죄가 없으나

3 해 돋은 후에는 피 흘린 죄가 있으리라 도

둑은 반드시 배상할 것이나 배상할 것이

없으면 그 몸을 팔아 그 도둑질한 것을 배

상할 것이요

4 도둑질한 것이 살아 그의 손에 있으면 소

나 나귀나 양을 막론하고 갑절을 배상할지

니라

5 사람이 밭에서나 포도원에서 짐승을 먹이

다가 자기의 짐승을 놓아 남의 밭에서 먹

게 하면 자기 밭의 가장 좋은 것과 자기

포도원의 가장 좋은 것으로 배상할지니라

6 불이 나서 가시나무에 댕겨 낟가리나 거두

지 못한 곡식이나 밭을 태우면 불 놓은 자

가 반드시 배상할지니라

7 사람이 돈이나 물품을 이웃에게 맡겨 지키

게 하였다가 그 이웃 집에서 도둑을 맞았

는데 그 도둑이 잡히면 갑절을 배상할 것

이요

8 도둑이 잡히지 아니하면 그 집 주인이 재판장 앞에 가서 자기가 그 이웃의 물품에 손 댄 여부의 조사를 받을 것이며

9 어떤 잃은 물건 즉 소나 나귀나 양이나 의복이나 또는 다른 잃은 물건에 대하여 어떤 사람이 이르기를 이것이 그것이라 하면 양편이 재판장 앞에 나아갈 것이요 재판장이 죄 있다고 하는 자가 그 상대편에게 갑절을 배상할지니라

10 사람이 나귀나 소나 양이나 다른 짐승을 이웃에게 맡겨 지키게 하였다가 죽거나 상하거나 끌려가도 본 사람이 없으면

11 두 사람 사이에 맡은 자가 이웃의 것에 손을 대지 아니하였다고 여호와께 맹세할 것이요 그 임자는 그대로 믿을 것이며 그 사람은 배상하지 아니하려니와

12 만일 자기에게서 도둑 맞았으면 그 임자에게 배상할 것이며

13 만일 찢겼으면 그것을 가져다가 증언할 것이요 그 찢긴 것에 대하여 배상하지 아니할지니라

14 만일 이웃에게 빌려온 것이 그 임자가 함께 있지 아니할 때에 상하거나 죽으면 반드시 배상하려니와

15 그 임자가 그것과 함께 있었으면 배상하지 아니할지니라 만일 세 낸 것이면 세로 족하니라

도덕에 관한 법

16 사람이 약혼하지 아니한 처녀를 꾀어 동침하였으면 납폐금을 주고 아내로 삼을 것이요

17 만일 처녀의 아버지가 딸을 그에게 주기를 거절하면 그는 처녀에게 납폐금으로 돈을 낼지니라

18 너는 무당을 살려두지 말라

19 짐승과 행음하는 자는 반드시 죽일지니라

20 여호와 외에 다른 신에게 제사를 드리는 자는 멸할지니라

21 너는 이방 나그네를 압제하지 말며 그들을 학대하지 말라 너희도 애굽 땅에서 나그네 였음이라

22 너는 과부나 고아를 해롭게 하지 말라

23 네가 만일 그들을 해롭게 하므로 그들이 내게 부르짖으면 내가 반드시 그 부르짖음을 들으리라

24 나의 노가 맹렬하므로 내가 칼로 너희를 죽이리니 너희의 아내는 과부가 되고 너희 자녀는 고아가 되리라

25 네가 만일 너와 함께 한 내 백성 중에서 가난한 자에게 돈을 꾸어 주면 너는 그에게 채권자 같이 하지 말며 이자를 받지 말 것이며

26 네가 만일 이웃의 옷을 전당 잡거든 해가 지기 전에 그에게 돌려보내라

27 그것이 유일한 옷이라 그것이 그의 알몸을 가릴 옷인즉 그가 무엇을 입고 자겠느냐 그가 내게 부르짖으면 내가 들으리니 나는 자비로운 자임이니라

28 너는 재판장을 모독하지 말며 백성의 지도자를 저주하지 말지니라

29 너는 네가 추수한 것과 네가 짜낸 즙을 바치기를 더디하지 말지며 네 처음 난 아들들을 내게 줄지며

30 네 소와 양도 그와 같이 하되 이레 동안 어미와 함께 있게 하다가 여드레 만에 내게 줄지니라

31 너희는 내게 거룩한 사람이 될지니 들에서 짐승에게 찢긴 동물의 고기를 먹지 말고 그것을 개에게 던질지니라

공평에 관한 법

23 너는 거짓된 풍설을 퍼뜨리지 말며 악인과 연합하여 위증하는 증인이 되지 말며

2 다수를 따라 악을 행하지 말며 송사에 다

수를 따라 부당한 증언을 하지 말며

3 가난한 자의 송사라고 해서 편벽되이 두둔

하지 말지니라

4 네가 만일 네 원수의 길 잃은 소나 나귀를

보거든 반드시 그 사람에게로 돌릴지며

5 네가 만일 너를 미워하는 자의 나귀가 짐

을 싣고 엎드러짐을 보거든 그것을 버려두

지 말고 그것을 도와 그 짐을 부릴지니라

6 너는 가난한 자의 송사라고 정의를 굽게

하지 말며

7 거짓 일을 멀리 하며 무죄한 자와 의로운

자를 죽이지 말라 나는 악인을 의롭다 하

지 아니하겠노라

8 너는 뇌물을 받지 말라 뇌물은 밝은 자의

눈을 어둡게 하고 의로운 자의 말을 굽게

하느니라

9 너는 이방 나그네를 압제하지 말라 너희가

애굽 땅에서 나그네 되었었은즉 나그네의

사정을 아느니라

안식년과 안식일에 관한 법

10 너는 여섯 해 동안은 너의 땅에 파종하여

그 소산을 거두고

11 일곱째 해에는 갈지 말고 묵혀두어서 네

백성의 가난한 자들이 먹게 하라 그 남은

것은 들짐승이 먹으리라 네 포도원과 감람

원도 그리할지니라

12 너는 엿새 동안에 네 일을 하고 일곱째

날에는 쉬라 네 소와 나귀가 쉴 것이며

네 여종의 자식과 나그네가 숨을 돌리

리라

13 내가 네게 이른 모든 일을 삼가 지키고 다

른 신들의 이름은 부르지도 말며 네 입에

서 들리게도 하지 말지니라

세 가지 절기에 관한 법 (출 34:18-26; 신 16:1-17)

14 너는 매년 세 번 내게 절기를 지킬지니라

15 너는 무교병의 절기를 지키라 내가 네게

명령한 대로 아빕월의 정한 때에 이레 동

안 무교병을 먹을지니 이는 그 달에 네가

애굽에서 나왔음이라 빈 손으로 내 앞에

나오지 말지니라

16 맥추절을 지키라 이는 네가 수고하여 밭에

뿌린 것의 첫 열매를 거둠이니라 수장절을

지키라 이는 네가 수고하여 이룬 것을 연

말에 밭에서부터 거두어 저장함이니라

17 네 모든 남자는 매년 세 번씩 주 여호와께

보일지니라

18 너는 네 제물의 피를 유교병과 함께 드리

지 말며 내 절기 제물의 기름을 아침까지

남겨두지 말지니라

19 네 토지에서 처음 거둔 열매의 가장 좋은

것을 가져다가 너의 하나님 여호와의 전에

드릴지니라 너는 염소 새끼를 그 어미의

젖으로 삶지 말지니라

명령과 약속

20 내가 사자를 네 앞서 보내어 길에서 너를

보호하여 너를 내가 예비한 곳에 이르게

하리니

21 너희는 삼가 그의 목소리를 청종하고 그를

노엽게 하지 말라 그가 너희의 허물을 용

서하지 아니할 것은 내 이름이 그에게 있

음이니라

22 네가 그의 목소리를 잘 청종하고 내 모든

말대로 행하면 내가 네 원수에게 원수가

되고 네 대적에게 대적이 될지라

23 내 사자가 네 앞서 가서 너를 아모리 사람

과 헷 사람과 브리스 사람과 가나안 사람

과 히위 사람과 여부스 사람에게로 인도하

고 나는 그들을 끊으리니

24 너는 그들의 신을 경배하지 말며 섬기지

말며 그들의 행위를 본받지 말고 그것들을

다 깨뜨리며 그들의 주상을 부수고

205

25 네 하나님 여호와를 섬기라 그리하면 여호

와가 너희의 양식과 물에 복을 내리고 너

희 중에서 병을 제하리니

26 네 나라에 낙태하는 자가 없고 임신하지

못하는 자가 없을 것이라 내가 너의 날 수

를 채우리라

27 내가 내 위엄을 네 앞서 보내어 네가 이를

곳의 모든 백성을 물리치고 네 모든 원수

들이 네게 등을 돌려 도망하게 할 것이며

28 내가 왕벌을 네 앞에 보내리니 그 벌이 히

위 족속과 가나안 족속과 헷 족속을 네 앞

에서 쫓아내리라

29 그러나 그 땅이 황폐하게 됨으로 들짐승이

번성하여 너희를 해할까 하여 일 년 안에

는 그들을 네 앞에서 쫓아내지 아니하고

30 네가 번성하여 그 땅을 기업으로 얻을 때

까지 내가 그들을 네 앞에서 조금씩 쫓아

내리라

31 내가 네 경계를 홍해에서부터 블레셋 바다

까지, 광야에서부터 강까지 정하고 그 땅

의 주민을 네 손에 넘기리니 네가 그들을

네 앞에서 쫓아낼지라

32 너는 그들과 그들의 신들과 언약하지 말라

33 그들이 네 땅에 머무르지 못할 것은 그들

이 너를 내게 범죄하게 할까 두려움이라

네가 그 신들을 섬기면 그것이 너의 올무

가 되리라

시내 산에서 언약을 세우다

24 또 모세에게 이르시되 너는 아론과 나답

과 아비후와 이스라엘 장로 칠십 명과 함

께 여호와께로 올라와 멀리서 경배하고

2 너 모세만 여호와께 가까이 나아오고 그들

은 가까이 나아오지 말며 백성은 너와 함

께 올라오지 말지니라

3 모세가 와서 여호와의 모든 말씀과 그의

모든 율례를 백성에게 전하매 그들이 한

소리로 응답하여 이르되 여호와께서 말씀

하신 모든 것을 우리가 준행하리이다

4 모세가 여호와의 모든 말씀을 기록하고

이른 아침에 일어나 산 아래에 제단을 쌓

고 이스라엘 열두 지파대로 열두 기둥을

세우고

5 이스라엘 자손의 청년들을 보내어 여호와

께 소로 번제와 화목제를 드리게 하고

6 모세가 피를 가지고 반은 여러 양푼에 담

고 반은 제단에 뿌리고

7 언약서를 가져다가 백성에게 낭독하여 듣

게 하니 그들이 이르되 여호와의 모든 말

씀을 우리가 준행하리이다

8 모세가 그 피를 가지고 백성에게 뿌리며

이르되 이는 여호와께서 이 모든 말씀에

대하여 너희와 세우신 언약의 피니라

9 모세와 아론과 나답과 아비후와 이스라엘

장로 칠십 인이 올라가서

10 이스라엘의 하나님을 보니 그의 발 아래

에는 청옥을 편 듯하고 하늘 같이 청명하

더라

11 하나님이 이스라엘 자손들의 존귀한 자들

에게 손을 대지 아니하셨고 그들은 하나님

을 뵙고 먹고 마셨더라

시내 산에서 사십 일을 있다

12 여호와께서 모세에게 이르시되 너는 산에

올라 내게로 와서 거기 있으라 네가 그들

을 가르치도록 내가 율법과 계명을 친히

기록한 돌판을 네게 주리라

13 모세가 그의 부하 여호수아와 함께 일어나

모세가 하나님의 산으로 올라가며

14 장로들에게 이르되 너희는 여기서 우리가

너희에게로 돌아오기까지 기다리라 아론과

훌이 너희와 함께 하리니 무릇 일이 있는

자는 그들에게로 나아갈지니라 하고

15 모세가 산에 오르매 구름이 산을 가리며

16 여호와의 영광이 시내 산 위에 머무르고 구름이 엿새 동안 산을 가리더니 일곱째 날에 여호와께서 구름 가운데서 모세를 부르시니라

17 산 위의 여호와의 영광이 이스라엘 자손의 눈에 맹렬한 불 같이 보였고

18 모세는 구름 속으로 들어가서 산 위에 올랐으며 모세가 사십 일 사십 야를 산에 있으니라

성소를 지을 예물

25 여호와께서 모세에게 말씀하여 이르시되

2 이스라엘 자손에게 명령하여 내게 예물을 가져오라 하고 기쁜 마음으로 내는 자가 내게 바치는 모든 것을 너희는 받을지니라

3 너희가 그들에게서 받을 예물은 이러하니 금과 은과 놋과

4 청색 자색 홍색 실과 가는 베 실과 염소 털과

5 붉은 물 들인 숫양의 가죽과 해달의 가죽과 조각목과

6 등유와 관유에 드는 향료와 분향할 향을 만들 향품과

7 호마노며 에봇과 흉패에 물릴 보석이니라

8 내가 그들 중에 거할 성소를 그들이 나를 위하여 짓되

9 무릇 내가 네게 보이는 모양대로 장막을 짓고 기구들도 그 모양을 따라 지을지니라

증거궤 (출 37:1-9)

10 그들은 조각목으로 궤를 짜되 길이는 두 규빗 반, 너비는 한 규빗 반, 높이는 한 규빗 반이 되게 하고

11 너는 순금으로 그것을 싸되 그 안팎을 싸고 위쪽 가장자리로 돌아가며 금 테를 두르고

12 금 고리 넷을 부어 만들어 그 네 발에 달되 이쪽에 두 고리 저쪽에 두 고리를 달며

13 조각목으로 채를 만들어 금으로 싸고

14 그 채를 궤 양쪽 고리에 꿰어서 궤를 메게
하며

15 채를 궤의 고리에 꿴 대로 두고 빼내지 말
지며

16 내가 네게 줄 증거판을 궤 속에 둘지며

17 순금으로 속죄소를 만들되 길이는 두 규빗
반, 너비는 한 규빗 반이 되게 하고

18 금으로 그룹 둘을 속죄소 두 끝에 쳐서 만
들되

19 한 그룹은 이 끝에, 또 한 그룹은 저 끝에
곧 속죄소 두 끝에 속죄소와 한 덩이로 연
결할지며

20 그룹들은 그 날개를 높이 펴서 그 날개로
속죄소를 덮으며 그 얼굴을 서로 대하여
속죄소를 향하게 하고

21 속죄소를 궤 위에 얹고 내가 네게 줄 증거
판을 궤 속에 넣으라

22 거기서 내가 너와 만나고 속죄소 위 곧 증
거궤 위에 있는 두 그룹 사이에서 내가 이
스라엘 자손을 위하여 네게 명령할 모든
일을 네게 이르리라

진설병을 두는 상 (출 37:10-16)

23 너는 조각목으로 상을 만들되 길이는 두
규빗, 너비는 한 규빗, 높이는 한 규빗 반
이 되게 하고

24 순금으로 싸고 주위에 금 테를 두르고

25 그 주위에 손바닥 넓이만한 턱을 만들고
그 턱 주위에 금으로 테를 만들고

26 그것을 위하여 금 고리 넷을 만들어 그 네
발 위 네 모퉁이에 달되

27 턱 곁에 붙이라 이는 상을 멜 채를 꿸 곳
이며

28 또 조각목으로 그 채를 만들고 금으로 싸
라 상을 이것으로 멜 것이니라

29 너는 대접과 숟가락과 병과 붓는 잔을 만

들되 순금으로 만들며

30 상 위에 진설병을 두어 항상 내 앞에 있게

할지니라

등잔대와 기구들 (출 37:17-24)

31 너는 순금으로 등잔대를 쳐 만들되 그 밑

판과 줄기와 잔과 꽃받침과 꽃을 한 덩이

로 연결하고

32 가지 여섯을 등잔대 곁에서 나오게 하되

다른 세 가지는 이쪽으로 나오고 다른 세

가지는 저쪽으로 나오게 하며

33 이쪽 가지에 살구꽃 형상의 잔 셋과 꽃받

침과 꽃이 있게 하고 저쪽 가지에도 살구

꽃 형상의 잔 셋과 꽃받침과 꽃이 있게 하

여 등잔대에서 나온 가지 여섯을 같게 할

지며

34 등잔대 줄기에는 살구꽃 형상의 잔 넷과

꽃받침과 꽃이 있게 하고

35 등잔대에서 나온 가지 여섯을 위하여 꽃받

침이 있게 하되 두 가지 아래에 한 꽃받침

이 있어 줄기와 연결하며 또 두 가지 아래

에 한 꽃받침이 있어 줄기와 연결하며 또

두 가지 아래에 한 꽃받침이 있어 줄기와

연결하게 하고

36 그 꽃받침과 가지를 줄기와 연결하여 전부

를 순금으로 쳐 만들고

37 등잔 일곱을 만들어 그 위에 두어 앞을 비

추게 하며

38 그 불 집게와 불 똥 그릇도 순금으로 만들

지니

39 등잔대와 이 모든 기구를 순금 한 달란트

로 만들되

40 너는 삼가 이 산에서 네게 보인 양식대로

할지니라

성막 (출 36:8-38)

26 너는 성막을 만들되 가늘게 꼰 베 실과

청색 자색 홍색 실로 그룹을 정교하게 수

놓은 열 폭의 휘장을 만들지니

2 매 폭의 길이는 스물여덟 규빗, 너비는 네

규빗으로 각 폭의 장단을 같게 하고

3 그 휘장 다섯 폭을 서로 연결하며 다른 다

섯 폭도 서로 연결하고

4 그 휘장을 이을 끝폭 가에 청색 고를 만

들며 이어질 다른 끝폭 가에도 그와 같이

하고

5 휘장 끝폭 가에 고 쉰 개를 달며 다른 휘

장 끝폭 가에도 고 쉰 개를 달고 그 고들

을 서로 마주 보게 하고

6 금 갈고리 쉰 개를 만들고 그 갈고리로 휘

장을 연결하여 한 성막을 이룰지며

7 그 성막을 덮는 막 곧 휘장을 염소털로 만

들되 열한 폭을 만들지며

8 각 폭의 길이는 서른 규빗, 너비는 네 규빗

으로 열한 폭의 길이를 같게 하고

9 그 휘장 다섯 폭을 서로 연결하며 또 여섯

폭을 서로 연결하고 그 여섯째 폭 절반은

성막 전면에 접어 드리우고

10 휘장을 이을 끝폭 가에 고 쉰 개를 달며

다른 이을 끝폭 가에도 고 쉰 개를 달고

11 놋 갈고리 쉰 개를 만들고 그 갈고리로 그

고를 꿰어 연결하여 한 막이 되게 하고

12 그 막 곧 휘장의 그 나머지 반 폭은 성막

뒤에 늘어뜨리고

13 막 곧 휘장의 길이의 남은 것은 이쪽에 한

규빗, 저쪽에 한 규빗씩 성막 좌우 양쪽에

덮어 늘어뜨리고

14 붉은 물 들인 숫양의 가죽으로 막의 덮개

를 만들고 해달의 가죽으로 그 윗덮개를

만들지니라

15 너는 조각목으로 성막을 위하여 널판을 만

들어 세우되

16 각 판의 길이는 열 규빗, 너비는 한 규빗

반으로 하고

17 각 판에 두 촉씩 내어 서로 연결하게 하되

너는 성막 널판을 다 그와 같이 하라

18 너는 성막을 위하여 널판을 만들되 남쪽을

위하여 널판 스무 개를 만들고

19 스무 널판 아래에 은 받침 마흔 개를 만들

지니 이쪽 널판 아래에도 그 두 촉을 위하

여 두 받침을 만들고 저쪽 널판 아래에도

그 두 촉을 위하여 두 받침을 만들지며

20 성막 다른 쪽 곧 그 북쪽을 위하여도 널판

스무 개로 하고

21 은 받침 마흔 개를 이쪽 널판 아래에도

두 받침, 저쪽 널판 아래에도 두 받침으로

하며

22 성막 뒤 곧 그 서쪽을 위하여는 널판 여섯

개를 만들고

23 성막 뒤 두 모퉁이 쪽을 위하여는 널판 두

개를 만들되

24 아래에서부터 위까지 각기 두 겹 두께로

하여 윗고리에 이르게 하고 두 모퉁이 쪽

을 다 그리하며

25 그 여덟 널판에는 은 받침이 열여섯이니

이쪽 판 아래에도 두 받침이요 저쪽 판 아

래에도 두 받침이니라

26 너는 조각목으로 띠를 만들지니 성막 이쪽

널판을 위하여 다섯 개요

27 성막 저쪽 널판을 위하여 다섯 개요 성막

뒤 곧 서쪽 널판을 위하여 다섯 개이며

28 널판 가운데에 있는 중간 띠는 이 끝에서

저 끝에 미치게 하고

29 그 널판들을 금으로 싸고 그 널판들의 띠

를 꿸 금 고리를 만들고 그 띠를 금으로

싸라

30 너는 산에서 보인 양식대로 성막을 세울지

니라

31 너는 청색 자색 홍색 실과 가늘게 꼰 베

실로 짜서 휘장을 만들고 그 위에 그룹들

을 정교하게 수 놓아서

32 금 갈고리를 네 기둥 위에 늘어뜨리되 그

네 기둥을 조각목으로 만들고 금으로 싸서

네 은 받침 위에 둘지며

33 그 휘장을 갈고리 아래에 늘어뜨린 후에

증거궤를 그 휘장 안에 들여놓으라 그 휘

장이 너희를 위하여 성소와 지성소를 구분

하리라

34 너는 지성소에 있는 증거궤 위에 속죄소를

두고

35 그 휘장 바깥 북쪽에 상을 놓고 남쪽에 등

잔대를 놓아 상과 마주하게 할지며

36 청색 자색 홍색 실과 가늘게 꼰 베 실로

수 놓아 짜서 성막 문을 위하여 휘장을 만

들고

37 그 휘장 문을 위하여 기둥 다섯을 조각목

으로 만들어 금으로 싸고 그 갈고리도 금

으로 만들지며 또 그 기둥을 위하여 받침

다섯 개를 놋으로 부어 만들지니라

제단 (출 38:1-7)

27 너는 조각목으로 길이가 다섯 규빗, 너비

가 다섯 규빗의 제단을 만들되 네모 반듯

하게 하며 높이는 삼 규빗으로 하고

2 그 네 모퉁이 위에 뿔을 만들되 그 뿔이

그것에 이어지게 하고 그 제단을 놋으로

싸고

3 재를 담는 통과 부삽과 대야와 고기 갈고

리와 불 옮기는 그릇을 만들되 제단의 그

릇을 다 놋으로 만들지며

4 제단을 위하여 놋으로 그물을 만들고 그

위 네 모퉁이에 놋 고리 넷을 만들고

5 그물은 제단 주위 가장자리 아래 곧 제단

절반에 오르게 할지며

6 또 그 제단을 위하여 채를 만들되 조각목

으로 만들고 놋으로 쌀지며

7 제단 양쪽 고리에 그 채를 꿰어 제단을 메

게 할지며

8 제단은 널판으로 속이 비게 만들되 산에서

네게 보인 대로 그들이 만들게 하라

성막의 뜰 (출 38:9-20)

9 너는 성막의 뜰을 만들지니 남쪽을 향하여

뜰 남쪽에 너비가 백 규빗의 세마포 휘장

을 쳐서 그 한 쪽을 당하게 할지니

10 그 기둥이 스물이며 그 받침 스물은 놋으

로 하고 그 기둥의 갈고리와 가름대는 은

으로 할지며

11 그 북쪽에도 너비가 백 규빗의 포장을 치

되 그 기둥이 스물이며 그 기둥의 받침 스

물은 놋으로 하고 그 기둥의 갈고리와 가

름대는 은으로 할지며

12 뜰의 옆 곧 서쪽에 너비 쉰 규빗의 포장을

치되 그 기둥이 열이요 받침이 열이며

13 동쪽을 향하여 뜰 동쪽의 너비도 쉰 규빗

이 될지며

14 문 이쪽을 위하여 포장이 열다섯 규빗이며

그 기둥이 셋이요 받침이 셋이요

15 문 저쪽을 위하여도 포장이 열다섯 규빗이

며 그 기둥이 셋이요 받침이 셋이며

16 뜰 문을 위하여는 청색 자색 홍색 실과 가

늘게 꼰 베 실로 수 놓아 짠 스무 규빗의

휘장이 있게 할지니 그 기둥이 넷이요 받

침이 넷이며

17 뜰 주위 모든 기둥의 가름대와 갈고리는

은이요 그 받침은 놋이며

18 뜰의 길이는 백 규빗이요 너비는 쉰 규빗

이요 세마포 휘장의 높이는 다섯 규빗이요

그 받침은 놋이며

19 성막에서 쓰는 모든 기구와 그 말뚝과 뜰

의 포장 말뚝을 다 놋으로 할지니라

등불 관리 (레 24:1-4)

20 너는 또 이스라엘 자손에게 명령하여 감람

으로 짠 순수한 기름을 등불을 위하여 네

게로 가져오게 하고 끊이지 않게 등불을

켜되

21 아론과 그의 아들들로 회막 안 증거궤 앞

휘장 밖에서 저녁부터 아침까지 항상 여호

와 앞에 그 등불을 보살피게 하라 이는 이

스라엘 자손이 대대로 지킬 규례이니라

제사장의 옷 (출 39:1-7)

28 너는 이스라엘 자손 중 네 형 아론과 그

의 아들들 곧 아론과 아론의 아들들 나답

과 아비후와 엘르아살과 이다말을 그와 함

께 네게로 나아오게 하여 나를 섬기는 제

사장 직분을 행하게 하되

2 네 형 아론을 위하여 거룩한 옷을 지어 영

화롭고 아름답게 할지니

3 너는 무릇 마음에 지혜 있는 모든 자 곧

내가 지혜로운 영으로 채운 자들에게 말하

여 아론의 옷을 지어 그를 거룩하게 하여

내게 제사장 직분을 행하게 하라

4 그들이 지을 옷은 이러하니 곧 흉패와 에

봇과 겉옷과 반포 속옷과 관과 띠라 그들

이 네 형 아론과 그 아들들을 위하여 거룩

한 옷을 지어 아론이 내게 제사장 직분을

행하게 하라

5 그들이 쓸 것은 금 실과 청색 자색 홍색

실과 가늘게 꼰 베 실이니라

6 그들이 금 실과 청색 자색 홍색 실과 가늘

게 꼰 베 실로 정교하게 짜서 에봇을 짓되

7 그것에 어깨받이 둘을 달아 그 두 끝을 이

어지게 하고

8 에봇 위에 매는 띠는 에봇 짜는 법으로 금

실과 청색 자색 홍색 실과 가늘게 꼰 베

실로 에봇에 정교하게 붙여 짤지며

9 호마노 두 개를 가져다가 그 위에 이스라

엘 아들들의 이름을 새기되

10 그들의 나이대로 여섯 이름을 한 보석에,

나머지 여섯 이름은 다른 보석에 새기라

11 보석을 새기는 자가 도장에 새김 같이 너

는 이스라엘 아들들의 이름을 그 두 보석

에 새겨 금 테에 물리고

12 그 두 보석을 에봇의 두 어깨받이에 붙여

이스라엘 아들들의 기념 보석을 삼되 아론

이 여호와 앞에서 그들의 이름을 그 두 어

깨에 메워서 기념이 되게 할지며

13 너는 금으로 테를 만들고

14 순금으로 노끈처럼 두 사슬을 땋고 그 땋

은 사슬을 그 테에 달지니라

판결 흉패 (출 39:8-21)

15 너는 판결 흉패를 에봇 짜는 방법으로 금

실과 청색 자색 홍색 실과 가늘게 꼰 베

실로 정교하게 짜서 만들되

16 길이와 너비가 한 뼘씩 두 겹으로 네모 반

듯하게 하고

17 그것에 네 줄로 보석을 물리되 첫 줄은 홍

보석 황옥 녹주옥이요

18 둘째 줄은 석류석 남보석 홍마노요

19 셋째 줄은 호박 백마노 자수정이요

20 넷째 줄은 녹보석 호마노 벽옥으로 다 금

테에 물릴지니

21 이 보석들은 이스라엘 아들들의 이름대로

열둘이라 보석마다 열두 지파의 한 이름씩

도장을 새기는 법으로 새기고

22 순금으로 노끈처럼 땋은 사슬을 흉패 위에

붙이고

23 또 금 고리 둘을 만들어 흉패 위 곧 흉패

두 끝에 그 두 고리를 달고

24 땋은 두 금 사슬로 흉패 두 끝 두 고리에

꿰어 매고

25 두 땋은 사슬의 다른 두 끝을 에봇 앞 두

어깨받이의 금 테에 매고

26 또 금 고리 둘을 만들어 흉패 아래 양쪽

가 안쪽 곧 에봇에 닿은 곳에 달고

27 또 금 고리 둘을 만들어 에봇 앞 두 어깨

받이 아래 매는 자리 가까운 쪽 곧 정교하

게 짠 띠 위쪽에 달고

28 청색 끈으로 흉패 고리와 에봇 고리에 꿰

어 흉패로 정교하게 짠 에봇 띠 위에 붙여

떨어지지 않게 하라

29 아론이 성소에 들어갈 때에는 이스라엘 아

들들의 이름을 기록한 이 판결 흉패를 가

슴에 붙여 여호와 앞에 영원한 기념을 삼

을 것이니라

30 너는 우림과 둠밈을 판결 흉패 안에 넣어

아론이 여호와 앞에 들어갈 때에 그의 가

슴에 붙이게 하라 아론은 여호와 앞에서

이스라엘 자손의 흉패를 항상 그의 가슴에

붙일지니라

제사장의 또 다른 옷 (출 39:22-31)

31 너는 에봇 받침 겉옷을 전부 청색으로

하되

32 두 어깨 사이에 머리 들어갈 구멍을 내고

그 주위에 갑옷 깃 같이 깃을 짜서 찢어지

지 않게 하고

33 그 옷 가장자리로 돌아가며 청색 자색 홍

색 실로 석류를 수 놓고 금 방울을 간격을

두어 달되

34 그 옷 가장자리로 돌아가며 한 금 방울, 한

석류, 한 금 방울, 한 석류가 있게 하라

35 아론이 입고 여호와를 섬기러 성소에 들어

갈 때와 성소에서 나올 때에 그 소리가 들

릴 것이라 그리하면 그가 죽지 아니하리라

36 너는 또 순금으로 패를 만들어 도장을 새

기는 법으로 그 위에 새기되 '여호와께 성

결'이라 하고

37 그 패를 청색 끈으로 관 위에 매되 곧 관

전면에 있게 하라

38 이 패를 아론의 이마에 두어 그가 이스라

엘 자손이 거룩하게 드리는 성물과 관련된

죄책을 담당하게 하라 그 패가 아론의 이

마에 늘 있으므로 그 성물을 여호와께서

받으시게 되리라

39 너는 가는 베 실로 반포 속옷을 짜고 가는

베 실로 관을 만들고 띠를 수 놓아 만들지

니라

40 너는 아론의 아들들을 위하여 속옷을 만들

며 그들을 위하여 띠를 만들며 그들을 위

하여 관을 만들어 영화롭고 아름답게 하되

41 너는 그것들로 네 형 아론과 그와 함께 한

그의 아들들에게 입히고 그들에게 기름을

부어 위임하고 거룩하게 하여 그들이 제사

장 직분을 내게 행하게 할지며

42 또 그들을 위하여 베로 속바지를 만들어

허리에서부터 두 넓적다리까지 이르게 하

여 하체를 가리게 하라

43 아론과 그의 아들들이 회막에 들어갈 때에

나 제단에 가까이 하여 거룩한 곳에서 섬

길 때에 그것들을 입어야 죄를 짊어진 채

죽지 아니하리니 그와 그의 후손이 영원히

지킬 규례니라

제사장 직분 위임 (레 8:1-36)

29 네가 그들에게 나를 섬길 제사장 직분을

위임하여 그들을 거룩하게 할 일은 이러하

니 곧 어린 수소 하나와 흠 없는 숫양 둘

을 택하고

2 무교병과 기름 섞인 무교 과자와 기름

바른 무교 전병을 모두 고운 밀가루로

만들고

3 그것들을 한 광주리에 담고 그것을 광주리

에 담은 채 그 송아지와 두 양과 함께 가

져오라

4 너는 아론과 그의 아들들을 회막 문으로

데려다가 물로 씻기고

5 의복을 가져다가 아론에게 속옷과 에봇 받

침 겉옷과 에봇을 입히고 흉패를 달고 에

봇에 정교하게 짠 띠를 띠게 하고

6 그의 머리에 관을 씌우고 그 위에 거룩한

패를 더하고

7 관유를 가져다가 그의 머리에 부어 바르고

8 그의 아들들을 데려다가 그들에게 속옷을

입히고

9 아론과 그의 아들들에게 띠를 띠우며 관을

씌워 그들에게 제사장의 직분을 맡겨 영원

한 규례가 되게 하라 너는 이같이 아론과

그의 아들들에게 위임하여 거룩하게 할지

니라

10 너는 수송아지를 회막 앞으로 끌어오고 아

론과 그의 아들들은 그 송아지 머리에 안

수할지며

11 너는 회막 문 여호와 앞에서 그 송아지를

잡고

12 그 피를 네 손가락으로 제단 뿔들에 바르

고 그 피 전부를 제단 밑에 쏟을지며

13 내장에 덮인 모든 기름과 간 위에 있는 꺼

풀과 두 콩팥과 그 위의 기름을 가져다가

제단 위에 불사르고

14 그 수소의 고기와 가죽과 똥을 진 밖에서

불사르라 이는 속죄제니라

15 너는 또 숫양 한 마리를 끌어오고 아론과

그의 아들들은 그 숫양의 머리 위에 안수

할지며

16 너는 그 숫양을 잡고 그 피를 가져다가 제

단 위의 주위에 뿌리고

17 그 숫양의 각을 뜨고 그 장부와 다리는 씻

어 각을 뜬 고기와 그 머리와 함께 두고

18 그 숫양 전부를 제단 위에 불사르라 이는

여호와께 드리는 번제요 이는 향기로운 냄

새니 여호와께 드리는 화제니라

19 너는 다른 숫양을 택하고 아론과 그 아들

들은 그 숫양의 머리 위에 안수할지며

20 너는 그 숫양을 잡고 그것의 피를 가져다

가 아론의 오른쪽 귓부리와 그의 아들들의

오른쪽 귓부리에 바르고 그 오른손 엄지와

오른발 엄지에 바르고 그 피를 제단 주위

에 뿌리고

21 제단 위의 피와 관유를 가져다가 아론과

그의 옷과 그의 아들들과 그의 아들들의

옷에 뿌리라 그와 그의 옷과 그의 아들들

과 그의 아들들의 옷이 거룩하리라

22 또 너는 그 숫양의 기름과 기름진 꼬리와

그것의 내장에 덮인 기름과 간 위의 꺼풀

과 두 콩팥과 그것들 위의 기름과 오른쪽

넓적다리를 가지라 이는 위임식의 숫양

이라

23 또 여호와 앞에 있는 무교병 광주리에서

떡 한 개와 기름 바른 과자 한 개와 전병

한 개를 가져다가

24 그 전부를 아론의 손과 그의 아들들의 손

에 주고 그것을 흔들어 여호와 앞에 요제

를 삼을지며

25 너는 그것을 그들의 손에서 가져다가 제단

위에서 번제물을 더하여 불사르라 이는 여

호와 앞에 향기로운 냄새니 곧 여호와께

드리는 화제니라

26 너는 아론의 위임식 숫양의 가슴을 가져다

가 여호와 앞에 흔들어 요제를 삼으라 이

것이 네 분깃이니라

27 너는 그 흔든 요제물 곧 아론과 그의 아들

들의 위임식 숫양의 가슴과 넓적다리를 거

룩하게 하라

28 이는 이스라엘 자손이 아론과 그의 자손에

게 돌릴 영원한 분깃이요 거제물이니 곧

이스라엘 자손이 화목제의 제물 중에서 취

한 거제물로서 여호와께 드리는 거제물이

니라

29 아론의 성의는 후에 아론의 아들들에게 돌

릴지니 그들이 그것을 입고 기름 부음으로

위임을 받을 것이며

30 그를 이어 제사장이 되는 아들이 회막에

들어가서 성소에서 섬길 때에는 이레 동안

그것을 입을지니라

31 너는 위임식 숫양을 가져다가 거룩한 곳에

서 그 고기를 삶고

32 아론과 그의 아들들은 회막 문에서 그 숫

양의 고기와 광주리에 있는 떡을 먹을지라

33 그들은 속죄물 곧 그들을 위임하며 그들을

거룩하게 하는 데 쓰는 것을 먹되 타인은

먹지 못할지니 그것이 거룩하기 때문이라

34 위임식 고기나 떡이 아침까지 남아 있으면

그것을 불에 사를지니 이는 거룩한즉 먹지

못할지니라

35 너는 내가 네게 한 모든 명령대로 아론과

그의 아들들에게 그같이 하여 이레 동안

위임식을 행하되

36 매일 수송아지 하나로 속죄하기 위하여 속

죄제를 드리며 또 제단을 위하여 속죄하여

깨끗하게 하고 그것에 기름을 부어 거룩하

게 하라

37 너는 이레 동안 제단을 위하여 속죄하여

거룩하게 하라 그리하면 지극히 거룩한 제

단이 되리니 제단에 접촉하는 모든 것이

거룩하리라

매일 드릴 번제 (민 28:1-8)

38 네가 제단 위에 드릴 것은 이러하니라 매

일 일 년 된 어린 양 두 마리니

39 한 어린 양은 아침에 드리고 한 어린 양은

저녁 때에 드릴지며

40 한 어린 양에 고운 밀가루 십분의 일 에바

와 찧은 기름 사분의 일 힌을 더하고 또

전제로 포도주 사분의 일 힌을 더할지며

41 한 어린 양은 저녁 때에 드리되 아침에 한

것처럼 소제와 전제를 그것과 함께 드려

향기로운 냄새가 되게 하여 여호와께 화제

로 삼을지니

42 이는 너희가 대대로 여호와 앞 회막 문에서 늘 드릴 번제라 내가 거기서 너희와 만나고 네게 말하리라

43 내가 거기서 이스라엘 자손을 만나리니 내 영광으로 말미암아 회막이 거룩하게 될지라

44 내가 그 회막과 제단을 거룩하게 하며 아론과 그의 아들들도 거룩하게 하여 내게 제사장 직분을 행하게 하며

45 내가 이스라엘 자손 중에 거하여 그들의 하나님이 되리니

46 그들은 내가 그들의 하나님 여호와로서 그들 중에 거하려고 그들을 애굽 땅에서 인도하여 낸 줄을 알리라 나는 그들의 하나님 여호와니라

분향할 제단 (출 37:25-28)

30 너는 분향할 제단을 만들지니 곧 조각목으로 만들되

2 길이가 한 규빗, 너비가 한 규빗으로 네모가 반듯하게 하고 높이는 두 규빗으로 하며 그 뿔을 그것과 이어지게 하고

3 제단 상면과 전후 좌우 면과 뿔을 순금으로 싸고 주위에 금 테를 두를지며

4 금 테 아래 양쪽에 금 고리 둘을 만들되 곧 그 양쪽에 만들지니 이는 제단을 메는 채를 꿸 곳이며

5 그 채를 조각목으로 만들고 금으로 싸고

6 그 제단을 증거궤 위 속죄소 맞은편 곧 증거궤 앞에 있는 휘장 밖에 두라 그 속죄소는 내가 너와 만날 곳이며

7 아론이 아침마다 그 위에 향기로운 향을 사르되 등불을 손질할 때에 사를지며

8 또 저녁 때 등불을 켤 때에 사를지니 이 향은 너희가 대대로 여호와 앞에 끊지 못할지며

9 너희는 그 위에 다른 향을 사르지 말며 번

제나 소제를 드리지 말며 전제의 술을 붓

지 말며

10 아론이 일 년에 한 번씩 이 향단 뿔을 위

하여 속죄하되 속죄제의 피로 일 년에 한

번씩 대대로 속죄할지니라 이 제단은 여호

와께 지극히 거룩하니라

회막 봉사에 쓰는 속전

11 여호와께서 모세에게 말씀하여 이르시되

12 네가 이스라엘 자손의 수효를 조사할 때

에 조사 받은 각 사람은 그들을 계수할 때

에 자기의 생명의 속전을 여호와께 드릴지

니 이는 그들을 계수할 때에 그들 중에 질

병이 없게 하려 함이라

13 무릇 계수 중에 드는 자마다 성소의 세겔

로 반 세겔을 낼지니 한 세겔은 이십 게라

라 그 반 세겔을 여호와께 드릴지며

14 계수 중에 드는 모든 자 곧 스무 살 이상

된 자가 여호와께 드리되

15 너희의 생명을 대속하기 위하여 여호와께

드릴 때에 부자라고 반 세겔에서 더 내지

말고 가난한 자라고 덜 내지 말지며

16 너는 이스라엘 자손에게서 속전을 취하여

회막 봉사에 쓰라 이것이 여호와 앞에서

이스라엘 자손의 기념이 되어서 너희의 생

명을 대속하리라

놋 물두멍

17 여호와께서 모세에게 말씀하여 이르시되

18 너는 물두멍을 놋으로 만들고 그 받침도

놋으로 만들어 씻게 하되 그것을 회막과

제단 사이에 두고 그 속에 물을 담으라

19 아론과 그의 아들들이 그 두멍에서 수족을

씻되

20 그들이 회막에 들어갈 때에 물로 씻어 죽

기를 면할 것이요 제단에 가까이 가서 그

직분을 행하여 여호와 앞에 화제를 사를

때에도 그리 할지니라

21 이와 같이 그들이 그 수족을 씻어 죽기를

면할지니 이는 그와 그의 자손이 대대로

영원히 지킬 규례니라

거룩한 향기름

22 여호와께서 모세에게 또 말씀하여 이르

시되

23 너는 상등 향품을 가지되 액체 몰약 오백

세겔과 그 반수의 향기로운 육계 이백오십

세겔과 향기로운 창포 이백오십 세겔과

24 계피 오백 세겔을 성소의 세겔로 하고 감

람 기름 한 힌을 가지고

25 그것으로 거룩한 관유를 만들되 향을 제조

하는 법대로 향기름을 만들지니 그것이 거

룩한 관유가 될지라

26 너는 그것을 회막과 증거궤에 바르고

27 상과 그 모든 기구이며 등잔대와 그 기구

이며 분향단과

28 및 번제단과 그 모든 기구와 물두멍과 그

받침에 발라

29 그것들을 지극히 거룩한 것으로 구별하라

이것에 접촉하는 것은 모두 거룩하리라

30 너는 아론과 그의 아들들에게 기름을 발라

그들을 거룩하게 하고 그들이 내게 제사장

직분을 행하게 하고

31 이스라엘 자손에게 말하여 이르기를 이것

은 너희 대대로 내게 거룩한 관유니

32 사람의 몸에 붓지 말며 이 방법대로 이와

같은 것을 만들지 말라 이는 거룩하니 너

희는 거룩히 여기라

33 이와 같은 것을 만드는 모든 자와 이것을

타인에게 붓는 모든 자는 그 백성 중에서

끊어지리라 하라

거룩한 향

34 여호와께서 모세에게 이르시되 너는 소합

향과 나감향과 풍자향의 향품을 가져다가

그 향품을 유향에 섞되 각기 같은 분량으

로 하고

35 그것으로 향을 만들되 향 만드는 법대로 만들고 그것에 소금을 쳐서 성결하게 하고

36 그 향 얼마를 곱게 찧어 내가 너와 만날 회막 안 증거궤 앞에 두라 이 향은 너희에게 지극히 거룩하니라

37 네가 여호와를 위하여 만들 향은 거룩한 것이니 너희를 위하여는 그 방법대로 만들지 말라

38 냄새를 맡으려고 이같은 것을 만드는 모든 자는 그 백성 중에서 끊어지리라

회막 기구를 만들게 하라 (출 35:30-36:1)

31 여호와께서 모세에게 말씀하여 이르시되

2 내가 유다 지파 훌의 손자요 우리의 아들인 브살렐을 지명하여 부르고

3 하나님의 영을 그에게 충만하게 하여 지혜와 총명과 지식과 여러 가지 재주로

4 정교한 일을 연구하여 금과 은과 놋으로

만들게 하며

5 보석을 깎아 물리며 여러 가지 기술로 나무를 새겨 만들게 하리라

6 내가 또 단 지파 아히사막의 아들 오홀리압을 세워 그와 함께 하게 하며 지혜로운 마음이 있는 모든 자에게 내가 지혜를 주어 그들이 내가 네게 명령한 것을 다 만들게 할지니

7 곧 회막과 증거궤와 그 위의 속죄소와 회막의 모든 기구와

8 상과 그 기구와 순금 등잔대와 그 모든 기구와 분향단과

9 번제단과 그 모든 기구와 물두멍과 그 받침과

10 제사직을 행할 때에 입는 정교하게 짠 의복 곧 제사장 아론의 성의와 그의 아들들의 옷과

11 관유와 성소의 향기로운 향이라 무릇 내가

네게 명령한 대로 그들이 만들지니라

안식일

12 여호와께서 모세에게 말씀하여 이르시되

13 너는 이스라엘 자손에게 말하여 이르기를

너희는 나의 안식일을 지키라 이는 나와

너희 사이에 너희 대대의 표징이니 나는

너희를 거룩하게 하는 여호와인 줄 너희가

알게 함이라

14 너희는 안식일을 지킬지니 이는 너희에게

거룩한 날이 됨이니라 그 날을 더럽히는

자는 모두 죽일지며 그 날에 일하는 자

는 모두 그 백성 중에서 그 생명이 끊어

지리라

15 엿새 동안은 일할 것이나 일곱째 날은 큰

안식일이니 여호와께 거룩한 것이라 안식

일에 일하는 자는 누구든지 반드시 죽일지

니라

16 이같이 이스라엘 자손이 안식일을 지켜

서 그것으로 대대로 영원한 언약을 삼을

것이니

17 이는 나와 이스라엘 자손 사이에 영원한

표징이며 나 여호와가 엿새 동안에 천지를

창조하고 일곱째 날에 일을 마치고 쉬었음

이니라 하라

증거판

18 여호와께서 시내 산 위에서 모세에게 이

르시기를 마치신 때에 증거판 둘을 모세

에게 주시니 이는 돌판이요 하나님이 친

히 쓰신 것이더라

금 송아지 (신 9:6-29)

32 백성이 모세가 산에서 내려옴이 더딤을

보고 모여 백성이 아론에게 이르러 말하

되 일어나라 우리를 위하여 우리를 인도

할 신을 만들라 이 모세 곧 우리를 애굽

땅에서 인도하여 낸 사람은 어찌 되었는

지 알지 못함이니라

2 아론이 그들에게 이르되 너희의 아내와

자녀의 귀에서 금 고리를 빼어 내게로

가져오라

3 모든 백성이 그 귀에서 금 고리를 빼어

아론에게로 가져가매

4 아론이 그들의 손에서 금 고리를 받아

부어서 조각칼로 새겨 송아지 형상을 만

드니 그들이 말하되 이스라엘아 이는 너

희를 애굽 땅에서 인도하여 낸 너희의

신이로다 하는지라

5 아론이 보고 그 앞에 제단을 쌓고 이에

아론이 공포하여 이르되 내일은 여호와

의 절일이니라 하니

6 이튿날에 그들이 일찍이 일어나 번제를

드리며 화목제를 드리고 백성이 앉아서

먹고 마시며 일어나서 뛰놀더라

7 여호와께서 모세에게 이르시되 너는 내

려가라 네가 애굽 땅에서 인도하여 낸

네 백성이 부패하였도다

8 그들이 내가 그들에게 명령한 길을 속히

떠나 자기를 위하여 송아지를 부어 만들

고 그것을 예배하며 그것에게 제물을 드

리며 말하기를 이스라엘아 이는 너희를

애굽 땅에서 인도하여 낸 너희 신이라

하였도다

9 여호와께서 또 모세에게 이르시되 내가

이 백성을 보니 목이 뻣뻣한 백성이로다

10 그런즉 내가 하는 대로 두라 내가 그들

에게 진노하여 그들을 진멸하고 너를 큰

나라가 되게 하리라

11 모세가 그의 하나님 여호와께 구하여 이

르되 여호와여 어찌하여 그 큰 권능과

강한 손으로 애굽 땅에서 인도하여 내신

주의 백성에게 진노하시나이까

12 어찌하여 애굽 사람들이 이르기를 여호

와가 자기의 백성을 산에서 죽이고 지면

에서 진멸하려는 악한 의도로 인도해 내

었다고 말하게 하시려 하나이까 주의 맹

렬한 노를 그치시고 뜻을 돌이키사 주의

백성에게 이 화를 내리지 마옵소서

13 주의 종 아브라함과 이삭과 이스라엘을

기억하소서 주께서 그들을 위하여 주를

가리켜 맹세하여 이르시기를 내가 너희

의 자손을 하늘의 별처럼 많게 하고 내

가 허락한 이 온 땅을 너희의 자손에게

주어 영원한 기업이 되게 하리라 하셨나

이다

14 여호와께서 뜻을 돌이키사 말씀하신 화

를 그 백성에게 내리지 아니하시니라

15 모세가 돌이켜 산에서 내려오는데 두 증

거판이 그의 손에 있고 그 판의 양면 이

쪽 저쪽에 글자가 있으니

16 그 판은 하나님이 만드신 것이요 글자는

하나님이 쓰셔서 판에 새기신 것이더라

17 여호수아가 백성들의 요란한 소리를 듣

고 모세에게 말하되 진중에서 싸우는 소

리가 나나이다

18 모세가 이르되 이는 승전가도 아니요 패

하여 부르짖는 소리도 아니라 내가 듣기

에는 노래하는 소리로다 하고

19 진에 가까이 이르러 그 송아지와 그 춤

추는 것들을 보고 크게 노하여 손에서

그 판들을 산 아래로 던져 깨뜨리니라

20 모세가 그들이 만든 송아지를 가져다가

불살라 부수어 가루를 만들어 물에 뿌려

이스라엘 자손에게 마시게 하니라

21 모세가 아론에게 이르되 이 백성이 당신

에게 어떻게 하였기에 당신이 그들을 큰

죄에 빠지게 하였느냐

22 아론이 이르되 내 주여 노하지 마소서

이 백성의 악함을 당신이 아나이다

23 그들이 내게 말하기를 우리를 위하여 우

리를 인도할 신을 만들라 이 모세 곧 우

리를 애굽 땅에서 인도하여 낸 사람은

어찌 되었는지 알 수 없노라 하기에

24 내가 그들에게 이르기를 금이 있는 자는

빼내라 한즉 그들이 그것을 내게로 가져

왔기로 내가 불에 던졌더니 이 송아지가

나왔나이다

25 모세가 본즉 백성이 방자하니 이는 아론

이 그들을 방자하게 하여 원수에게 조롱

거리가 되게 하였음이라

26 이에 모세가 진 문에 서서 이르되 누구

든지 여호와의 편에 있는 자는 내게로

나아오라 하매 레위 자손이 다 모여 그

에게로 가는지라

27 모세가 그들에게 이르되 이스라엘의 하

나님 여호와께서 이렇게 말씀하시기를

너희는 각각 허리에 칼을 차고 진 이 문

에서 저 문까지 왕래하며 각 사람이 그

형제를, 각 사람이 자기의 친구를, 각 사

람이 자기의 이웃을 죽이라 하셨느니라

28 레위 자손이 모세의 말대로 행하매 이

날에 백성 중에 삼천 명 가량이 죽임을

당하니라

29 모세가 이르되 각 사람이 자기의 아들과

자기의 형제를 쳤으니 오늘 여호와께 헌

신하게 되었느니라 그가 오늘 너희에게

복을 내리시리라

30 이튿날 모세가 백성에게 이르되 너희가

큰 죄를 범하였도다 내가 이제 여호와께

로 올라가노니 혹 너희를 위하여 속죄가

될까 하노라 하고

31 모세가 여호와께로 다시 나아가 여짜오

되 슬프도소이다 이 백성이 자기들을 위

하여 금 신을 만들었사오니 큰 죄를 범

하였나이다

32 그러나 이제 그들의 죄를 사하시옵소서

그렇지 아니하시오면 원하건대 주께서

기록하신 책에서 내 이름을 지워 버려

주옵소서

33 여호와께서 모세에게 이르시되 누구든지

내게 범죄하면 내가 내 책에서 그를 지

워 버리리라

34 이제 가서 내가 네게 말한 곳으로 백성

을 인도하라 내 사자가 네 앞서 가리라

그러나 내가 보응할 날에는 그들의 죄를

보응하리라

35 여호와께서 백성을 치시니 이는 그들이

아론이 만든 바 그 송아지를 만들었음이

더라

시내 산을 떠나라고 명하시다

33 여호와께서 모세에게 이르시되 너는 네

가 애굽 땅에서 인도하여 낸 백성과 함

께 여기를 떠나서 내가 아브라함과 이삭

과 야곱에게 맹세하여 네 자손에게 주기

로 한 그 땅으로 올라가라

2 내가 사자를 너보다 앞서 보내어 가나안

사람과 아모리 사람과 헷 사람과 브리스

사람과 히위 사람과 여부스 사람을 쫓아

내고

3 너희를 젖과 꿀이 흐르는 땅에 이르게

하려니와 나는 너희와 함께 올라가지 아

니하리니 너희는 목이 곧은 백성인즉 내

가 길에서 너희를 진멸할까 염려함이니

라 하시니

4 백성이 이 준엄한 말씀을 듣고 슬퍼하

여 한 사람도 자기의 몸을 단장하지 아

니하니

5 여호와께서 모세에게 이르시기를 이스

라엘 자손에게 이르라 너희는 목이 곧은

백성인즉 내가 한 순간이라도 너희 가운

데에 이르면 너희를 진멸하리니 너희는

장신구를 떼어 내라 그리하면 내가 너희

에게 어떻게 할 것인지 정하겠노라 하셨음이라

6 이스라엘 자손이 호렙 산에서부터 그들의 장신구를 떼어 내니라

회막

7 모세가 항상 장막을 취하여 진 밖에 쳐서 진과 멀리 떠나게 하고 회막이라 이름하니 여호와를 앙모하는 자는 다 진 바깥 회막으로 나아가며

8 모세가 회막으로 나아갈 때에는 백성이 다 일어나 자기 장막 문에 서서 모세가 회막에 들어가기까지 바라보며

9 모세가 회막에 들어갈 때에 구름 기둥이 내려 회막 문에 서며 여호와께서 모세와 말씀하시니

10 모든 백성이 회막 문에 구름 기둥이 서 있는 것을 보고 다 일어나 각기 장막 문에 서서 예배하며

11 사람이 자기의 친구와 이야기함 같이 여호와께서는 모세와 대면하여 말씀하시며 모세는 진으로 돌아오나 눈의 아들 젊은 수종자 여호수아는 회막을 떠나지 아니하니라

여호와께서 친히 가리라 하시다

12 모세가 여호와께 아뢰되 보시옵소서 주께서 내게 이 백성을 인도하여 올라가라 하시면서 나와 함께 보낼 자를 내게 지시하지 아니하시나이다 주께서 전에 말씀하시기를 나는 이름으로도 너를 알고 너도 내 앞에 은총을 입었다 하셨사온즉

13 내가 참으로 주의 목전에 은총을 입었사오면 원하건대 주의 길을 내게 보이사 내게 주를 알리시고 나로 주의 목전에 은총을 입게 하시며 이 족속을 주의 백성으로 여기소서

14 여호와께서 이르시되 내가 친히 가리라

내가 너를 쉬게 하리라

자에게 긍휼을 베푸느니라

15 모세가 여호와께 아뢰되 주께서 친히 가

지 아니하시려거든 우리를 이 곳에서 올

려 보내지 마옵소서

16 나와 주의 백성이 주의 목전에 은총 입

은 줄을 무엇으로 알리이까 주께서 우리

와 함께 행하심으로 나와 주의 백성을

천하 만민 중에 구별하심이 아니니이까

17 여호와께서 모세에게 이르시되 네가 말

하는 이 일도 내가 하리니 너는 내 목전

에 은총을 입었고 내가 이름으로도 너를

앎이니라

18 모세가 이르되 원하건대 주의 영광을 내

게 보이소서

19 여호와께서 이르시되 내가 내 모든 선한

것을 네 앞으로 지나가게 하고 여호와의

이름을 네 앞에 선포하리라 나는 은혜

베풀 자에게 은혜를 베풀고 긍휼히 여길

20 또 이르시되 네가 내 얼굴을 보지 못하

리니 나를 보고 살 자가 없음이니라

21 여호와께서 또 이르시기를 보라 내 곁

에 한 장소가 있으니 너는 그 반석 위에

서라

22 내 영광이 지나갈 때에 내가 너를 반석

틈에 두고 내가 지나도록 내 손으로 너

를 덮었다가

23 손을 거두리니 네가 내 등을 볼 것이요

얼굴은 보지 못하리라

두 번째 돌판 (신 10:1-5)

34 여호와께서 모세에게 이르시되 너는 돌

판 둘을 처음 것과 같이 다듬어 만들라

네가 깨뜨린 처음 판에 있던 말을 내가

그 판에 쓰리니

2 아침까지 준비하고 아침에 시내 산에 올

라와 산 꼭대기에서 내게 보이되

3 아무도 너와 함께 오르지 말며 온 산에 아무도 나타나지 못하게 하고 양과 소도 산 앞에서 먹지 못하게 하라

4 모세가 돌판 둘을 처음 것과 같이 깎아 만들고 아침에 일찍이 일어나 그 두 돌판을 손에 들고 여호와의 명령대로 시내 산에 올라가니

5 여호와께서 구름 가운데에 강림하사 그와 함께 거기 서서 여호와의 이름을 선포하실새

6 여호와께서 그의 앞으로 지나시며 선포하시되 여호와라 여호와라 자비롭고 은혜롭고 노하기를 더디하고 인자와 진실이 많은 하나님이라

7 인자를 천대까지 베풀며 악과 과실과 죄를 용서하리라 그러나 벌을 면제하지는 아니하고 아버지의 악행을 자손 삼사 대까지 보응하리라

8 모세가 급히 땅에 엎드려 경배하며

9 이르되 주여 내가 주께 은총을 입었거든 원하건대 주는 우리와 동행하옵소서 이는 목이 뻣뻣한 백성이니이다 우리의 악과 죄를 사하시고 우리를 주의 기업으로 삼으소서

다시 언약을 세우시다 (출 23:14-19; 신 7:1-5; 16:1-17)

10 여호와께서 이르시되 보라 내가 언약을 세우나니 곧 내가 아직 온 땅 아무 국민에게도 행하지 아니한 이적을 너희 전체 백성 앞에 행할 것이라 네가 머무는 나라 백성이 다 여호와의 행하심을 보리니 내가 너를 위하여 행할 일이 두려운 것임이니라

11 너는 내가 오늘 네게 명령하는 것을 삼가 지키라 보라 내가 네 앞에서 아모리 사람과 가나안 사람과 헷 사람과 브리스 사람과 히위 사람과 여부스 사람을 쫓아

내리니

12 너는 스스로 삼가 네가 들어가는 땅의 주민과 언약을 세우지 말라 그것이 너희에게 올무가 될까 하노라

13 너희는 도리어 그들의 제단들을 헐고 그들의 주상을 깨뜨리고 그들의 아세라 상을 찍을지어다

14 너는 다른 신에게 절하지 말라 여호와는 질투라 이름하는 질투의 하나님임이니라

15 너는 삼가 그 땅의 주민과 언약을 세우지 말지니 이는 그들이 모든 신을 음란하게 섬기며 그들의 신들에게 제물을 드리고 너를 청하면 네가 그 제물을 먹을까 함이며

16 또 네가 그들의 딸들을 네 아들들의 아내로 삼음으로 그들의 딸들이 그들의 신들을 음란하게 섬기며 네 아들에게 그들의 신들을 음란하게 섬기게 할까

함이니라

17 너는 신상들을 부어 만들지 말지니라

18 너는 무교절을 지키되 내가 네게 명령한 대로 아빕월 그 절기에 이레 동안 무교병을 먹으라 이는 네가 아빕월에 애굽에서 나왔음이니라

19 모든 첫 태생은 다 내 것이며 네 가축의 모든 처음 난 수컷인 소와 양도 다 그러하며

20 나귀의 첫 새끼는 어린 양으로 대속할 것이요 그렇게 하지 아니하려면 그 목을 꺾을 것이며 네 아들 중 장자는 다 대속할지며 빈 손으로 내 얼굴을 보지 말지니라

21 너는 엿새 동안 일하고 일곱째 날에는 쉴지니 밭 갈 때에나 거둘 때에도 쉴지며

22 칠칠절 곧 맥추의 초실절을 지키고 세말에는 수장절을 지키라

23 너희의 모든 남자는 매년 세 번씩 주 여

호와 이스라엘의 하나님 앞에 보일지라

24 내가 이방 나라들을 네 앞에서 쫓아내고

네 지경을 넓히리니 네가 매년 세 번씩

여호와 네 하나님을 뵈려고 올 때에 아

무도 네 땅을 탐내지 못하리라

25 너는 내 제물의 피를 유교병과 함께 드

리지 말며 유월절 제물을 아침까지 두지

말지며

26 네 토지 소산의 처음 익은 것을 가져다

가 네 하나님 여호와의 전에 드릴지며

너는 염소 새끼를 그 어미의 젖으로 삶

지 말지니라

27 여호와께서 모세에게 이르시되 너는 이

말들을 기록하라 내가 이 말들의 뜻대로

너와 이스라엘과 언약을 세웠음이니라

하시니라

28 모세가 여호와와 함께 사십 일 사십 야

를 거기 있으면서 떡도 먹지 아니하였고

물도 마시지 아니하였으며 여호와께서는

언약의 말씀 곧 십계명을 그 판들에 기

록하셨더라

모세가 시내 산에서 내려오다

29 모세가 그 증거의 두 판을 모세의 손에

들고 시내 산에서 내려오니 그 산에서

내려올 때에 모세는 자기가 여호와와 말

하였음으로 말미암아 얼굴 피부에 광채

가 나나 깨닫지 못하였더라

30 아론과 온 이스라엘 자손이 모세를 볼

때에 모세의 얼굴 피부에 광채가 남을

보고 그에게 가까이 하기를 두려워하

더니

31 모세가 그들을 부르매 아론과 회중의 모

든 어른이 모세에게로 오고 모세가 그들

과 말하니

32 그 후에야 온 이스라엘 자손이 가까이

오는지라 모세가 여호와께서 시내 산에서 자기에게 이르신 말씀을 다 그들에게 명령하고

33 모세가 그들에게 말하기를 마치고 수건으로 자기 얼굴을 가렸더라

34 그러나 모세가 여호와 앞에 들어가서 함께 말할 때에는 나오기까지 수건을 벗고 있다가 나와서는 그 명령하신 일을 이스라엘 자손에게 전하며

35 이스라엘 자손이 모세의 얼굴의 광채를 보므로 모세가 여호와께 말하러 들어가기까지 다시 수건으로 자기 얼굴을 가렸더라

안식일 규례

35 모세가 이스라엘 자손의 온 회중을 모으고 그들에게 이르되 여호와께서 너희에게 명령하사 행하게 하신 말씀이 이러하니라

2 엿새 동안은 일하고 일곱째 날은 너희를 위한 거룩한 날이니 여호와께 엄숙한 안식일이라 누구든지 이 날에 일하는 자는 죽일지니

3 안식일에는 너희의 모든 처소에서 불도 피우지 말지니라

여호와께 드릴 것들 (출 25:1-9)

4 모세가 이스라엘 자손의 온 회중에게 말하여 이르되 여호와께서 명령하신 일이 이러하니라 이르시기를

5 너희의 소유 중에서 너희는 여호와께 드릴 것을 택하되 마음에 원하는 자는 누구든지 그것을 가져다가 여호와께 드릴지니 곧 금과 은과 놋과

6 청색 자색 홍색 실과 가는 베 실과 염소 털과

7 붉은 물 들인 숫양의 가죽과 해달의 가죽과 조각목과

8 등유와 및 관유에 드는 향품과 분향할 향을 만드는 향품과

9 호마노며 에봇과 흉패에 물릴 보석이니라

10 무릇 너희 중 마음이 지혜로운 자는 와서 여호와께서 명령하신 것을 다 만들지니

11 곧 성막과 천막과 그 덮개와 그 갈고리와 그 널판과 그 띠와 그 기둥과 그 받침과

12 증거궤와 그 채와 속죄소와 그 가리는 휘장과

13 상과 그 채와 그 모든 기구와 진설병과

14 불 켜는 등잔대와 그 기구와 그 등잔과 등유와

15 분향단과 그 채와 관유와 분향할 향품과 성막 문의 휘장과

16 번제단과 그 놋 그물과 그 채와 그 모든 기구와 물두멍과 그 받침과

17 뜰의 포장과 그 기둥과 그 받침과 뜰 문의 휘장과

18 장막 말뚝과 뜰의 말뚝과 그 줄과

19 성소에서 섬기기 위하여 정교하게 만든 옷 곧 제사 직분을 행할 때에 입는 제사장 아론의 거룩한 옷과 그의 아들들의 옷이니라

여호와께 자원하여 드린 예물

20 이스라엘 자손의 온 회중이 모세 앞에서 물러갔더니

21 마음이 감동된 모든 자와 자원하는 모든 자가 와서 회막을 짓기 위하여 그 속에서 쓸 모든 것을 위하여, 거룩한 옷을 위하여 예물을 가져다가 여호와께 드렸으니

22 곧 마음에 원하는 남녀가 와서 팔찌와 귀고리와 가락지와 목걸이와 여러 가지

금품을 가져다가 사람마다 여호와께 금

예물을 드렸으며

23 무릇 청색 자색 홍색 실과 가는 베 실과

염소 털과 붉은 물 들인 숫양의 가죽과

해달의 가죽이 있는 자도 가져왔으며

24 은과 놋으로 예물을 삼는 모든 자가 가

져다가 여호와께 드렸으며 섬기는 일에

소용되는 조각목이 있는 모든 자는 가져

왔으며

25 마음이 슬기로운 모든 여인은 손수 실을

빼고 그 뺀 청색 자색 홍색 실과 가는 베

실을 가져왔으며

26 마음에 감동을 받아 슬기로운 모든 여인

은 염소 털로 실을 뽑았으며

27 모든 족장은 호마노와 및 에봇과 흉패에

물릴 보석을 가져왔으며

28 등불과 관유와 분향할 향에 소용되는 기

름과 향품을 가져왔으니

29 마음에 자원하는 남녀는 누구나 여호와

께서 모세의 손을 빌어 명령하신 모든

것을 만들기 위하여 물품을 드렸으니 이

것이 이스라엘 자손이 여호와께 자원하

여 드린 예물이니라

성막 일꾼 (출 31:1-11)

30 모세가 이스라엘 자손에게 이르되 볼지

어다 여호와께서 유다 지파 훌의 손자요

우리의 아들인 브살렐을 지명하여 부르

시고

31 하나님의 영을 그에게 충만하게 하여 지

혜와 총명과 지식으로 여러 가지 일을

하게 하시되

32 금과 은과 놋으로 제작하는 기술을 고안

하게 하시며

33 보석을 깎아 물리며 나무를 새기는 여러

가지 정교한 일을 하게 하셨고

34 또 그와 단 지파 아히사막의 아들 오홀

리압을 감동시키사 가르치게 하시며

35 지혜로운 마음을 그들에게 충만하게 하사 여러 가지 일을 하게 하시되 조각하는 일과 세공하는 일과 청색 자색 홍색 실과 가는 베 실로 수 놓는 일과 짜는 일과 그 외에 여러 가지 일을 하게 하시고 정교한 일을 고안하게 하셨느니라

36 브살렐과 오홀리압과 및 마음이 지혜로운 사람 곧 여호와께서 지혜와 총명을 부으사 성소에 쓸 모든 일을 할 줄 알게 하신 자들은 모두 여호와께서 명령하신 대로 할 것이니라

예물로 드린 재료가 넉넉하다

2 모세가 브살렐과 오홀리압과 및 마음이 지혜로운 사람 곧 그 마음에 여호와께로부터 지혜를 얻고 와서 그 일을 하려고 마음에 원하는 모든 자를 부르매

3 그들이 이스라엘 자손의 성소의 모든 것을 만들기 위하여 가져온 예물을 모세에게서 받으니라 그러나 백성이 아침마다 자원하는 예물을 연하여 가져왔으므로

4 성소의 모든 일을 하는 지혜로운 자들이 각기 하는 일을 중지하고 와서

5 모세에게 말하여 이르되 백성이 너무 많이 가져오므로 여호와께서 명령하신 일에 쓰기에 남음이 있나이다

6 모세가 명령을 내리매 그들이 진중에 공포하여 이르되 남녀를 막론하고 성소에 드릴 예물을 다시 만들지 말라 하매 백성이 가져오기를 그치니

7 있는 재료가 모든 일을 하기에 넉넉하여 남음이 있었더라

성막을 만들다 (출 26:1-37)

8 일하는 사람 중에 마음이 지혜로운 모든 사람이 열 폭 휘장으로 성막을 지었으니 곧 가늘게 꼰 베 실과 청색 자색 홍색

실로 그룹들을 무늬 놓아 짜서 지은 것

이라

9 매 폭의 길이는 스물여덟 규빗, 너비는

네 규빗으로 각 폭의 장단을 같게 하여

10 그 다섯 폭을 서로 연결하며 또 그 다섯

폭을 서로 연결하고

11 연결할 끝폭 가에 청색 고를 만들며 다

른 연결할 끝폭 가에도 고를 만들되

12 그 연결할 한 폭에 고리 쉰 개를 달고 다

른 연결할 한 폭의 가에도 고리 쉰 개를

달아 그 고들이 서로 대하게 하고

13 금 갈고리 쉰 개를 만들어 그 갈고리로

두 휘장을 연결하여 한 막을 이루었더라

14 그 성막을 덮는 막 곧 휘장을 염소 털로

만들되 열한 폭을 만들었으니

15 각 폭의 길이는 서른 규빗, 너비는 네 규

빗으로 열한 폭의 장단을 같게 하여

16 그 휘장 다섯 폭을 서로 연결하며 또 여

섯 폭을 서로 연결하고

17 휘장을 연결할 끝폭 가에 고리 쉰 개를

달며 다른 연결할 끝폭 가에도 고리 쉰

개를 달고

18 놋 갈고리 쉰 개를 만들어 그 휘장을 연

결하여 한 막이 되게 하고

19 붉은 물 들인 숫양의 가죽으로 막의 덮

개를 만들고 해달의 가죽으로 그 윗덮개

를 만들었더라

20 그가 또 조각목으로 성막에 세울 널판들

을 만들었으니

21 각 판의 길이는 열 규빗, 너비는 한 규빗

반이며

22 각 판에 두 촉이 있어 서로 연결하게 하

였으니 성막의 모든 판이 그러하며

23 성막을 위하여 널판을 만들었으되 남으

로는 남쪽에 널판이 스무 개라

24 그 스무 개 널판 밑에 은 받침 마흔 개를

만들었으되 곧 이 널판 밑에도 두 받침

이 그 두 촉을 받게 하였고 저 널판 밑에

도 두 받침이 그 두 촉을 받게 하였으며

25 성막 다른 쪽 곧 북쪽을 위하여도 널판

스무 개를 만들고

26 또 은 받침 마흔 개를 만들었으니 곧 이

판 밑에도 받침이 둘이요 저 판 밑에도

받침이 둘이며

27 장막 뒤 곧 서쪽을 위하여는 널판 여섯

개를 만들었고

28 장막 뒤 두 모퉁이 편을 위하여는 널판

두 개를 만들되

29 아래에서부터 위까지 각기 두 겹 두께로

하여 윗고리에 이르게 하고 두 모퉁이

쪽을 다 그리하며

30 그 널판은 여덟 개요 그 받침은 은 받침

열여섯 개라 각 널판 밑에 두 개씩이었

더라

31 그가 또 조각목으로 띠를 만들었으니 곧

성막 이쪽 널판을 위하여 다섯 개요

32 성막 저쪽 널판을 위하여 다섯 개요 성

막 뒤 곧 서쪽 널판을 위하여 다섯 개며

33 그 중간 띠를 만들되 널판 중간 이 끝에

서 저 끝에 미치게 하였으며

34 그 널판들을 금으로 싸고 그 널판에 띠

를 꿸 금 고리를 만들고 그 띠도 금으로

쌌더라

35 그가 또 청색 자색 홍색 실과 가늘게 꼰

베 실로 휘장을 짜고 그 위에 그룹들을

정교하게 수 놓고

36 조각목으로 네 기둥을 만들어 금으로 쌌

으며 그 갈고리는 금으로 기둥의 네 받

침은 은으로 부어 만들었으며

37 청색 자색 홍색 실과 가늘게 꼰 베 실

로 수 놓아 장막 문을 위하여 휘장을

만들고

38 휘장 문의 기둥 다섯과 그 갈고리를 만들고 기둥 머리와 그 가름대를 금으로 쌌으며 그 다섯 받침은 놋이었더라

언약궤를 만들다 (출 25:10-22)

37 브살렐이 조각목으로 궤를 만들었으니 길이가 두 규빗 반, 너비가 한 규빗 반, 높이가 한 규빗 반이며

2 순금으로 안팎을 싸고 위쪽 가장자리로 돌아가며 금 테를 만들었으며

3 금 고리 넷을 부어 만들어 네 발에 달았으니 곧 이쪽에 두 고리요 저쪽에 두 고리이며

4 조각목으로 채를 만들어 금으로 싸고

5 그 채를 궤 양쪽 고리에 꿰어 궤를 메게 하였으며

6 순금으로 속죄소를 만들었으니 길이가 두 규빗 반, 너비가 한 규빗 반이며

7 금으로 그룹 둘을 속죄소 양쪽에 쳐서 만들었으되

8 한 그룹은 이쪽 끝에, 한 그룹은 저쪽 끝에 곧 속죄소와 한 덩이로 그 양쪽에 만들었으니

9 그룹들이 그 날개를 높이 펴서 그 날개로 속죄소를 덮었으며 그 얼굴은 서로 대하여 속죄소를 향하였더라

상을 만들다 (출 25:23-30)

10 그가 또 조각목으로 상을 만들었으니 길이가 두 규빗, 너비가 한 규빗, 높이가 한 규빗 반이며

11 순금으로 싸고 위쪽 가장자리로 돌아가며 금 테를 둘렀으며

12 그 주위에 손바닥 넓이만한 턱을 만들고 그 턱 주위에 금으로 테를 만들었고

13 상을 위하여 금 고리 넷을 부어 만들어 네 발 위, 네 모퉁이에 달았으니

14 그 고리가 턱 곁에 있어서 상을 메는 채

를 꿰게 하였으며

15 또 조각목으로 상 멜 채를 만들어 금으로 쌌으며

16 상 위의 기구 곧 대접과 숟가락과 잔과 따르는 병을 순금으로 만들었더라

등잔대를 만들다 (출 25:31-40)

17 그가 또 순금으로 등잔대를 만들되 그것을 쳐서 만들었으니 그 밑판과 줄기와 잔과 꽃받침과 꽃이 그것과 한 덩이로 되었고

18 가지 여섯이 그 곁에서 나왔으니 곧 등잔대의 세 가지는 저쪽으로 나왔고 등잔대의 세 가지는 이쪽으로 나왔으며

19 이쪽 가지에 살구꽃 형상의 잔 셋과 꽃받침과 꽃이 있고 저쪽 가지에 살구꽃 형상의 잔 셋과 꽃받침과 꽃이 있어 등잔대에서 나온 가지 여섯이 그러하며

20 등잔대 줄기에는 살구꽃 형상의 잔 넷과

꽃받침과 꽃이 있고

21 등잔대에서 나온 가지 여섯을 위하여는 꽃받침이 있게 하였으되 두 가지 아래에 한 꽃받침이 있어 줄기와 연결하였고 또 두 가지 아래에 한 꽃받침이 있어 줄기와 연결하였고 또 다시 두 가지 아래에 한 꽃받침이 있어 줄기와 연결되게 하였으니

22 이 꽃받침과 가지들을 줄기와 연결하여 전부를 순금으로 쳐서 만들었으며

23 등잔 일곱과 그 불 집게와 불 똥 그릇을 순금으로 만들었으니

24 등잔대와 그 모든 기구는 순금 한 달란트로 만들었더라

분향할 제단을 만들다 (출 30:1-5; 30:22-38)

25 그가 또 조각목으로 분향할 제단을 만들었으니 길이는 한 규빗이요 너비도 한 규빗이라 네모가 반듯하고 높이는 두 규

빗이며 그 뿔들이 제단과 연결되었으며

26 제단 상면과 전후 좌우면과 그 뿔을 순 금으로 싸고 주위에 금 테를 둘렀고

27 그 테 아래 양쪽에 금 고리 둘을 만들었 으되 곧 그 양쪽에 만들어 제단을 메는 채를 꿰게 하였으며

28 조각목으로 그 채를 만들어 금으로 쌌 으며

29 거룩한 관유와 향품으로 정결한 향을 만 들었으되 향을 만드는 법대로 하였더라

번제단을 만들다 (출 27:1-8)

38 그가 또 조각목으로 번제단을 만들었으 니 길이는 다섯 규빗이요 너비도 다섯 규빗이라 네모가 반듯하고 높이는 세 규 빗이며

2 그 네 모퉁이 위에 그 뿔을 만들되 그 뿔 을 제단과 연결하게 하고 제단을 놋으로 쌌으며

3 제단의 모든 기구 곧 통과 부삽과 대야 와 고기 갈고리와 불 옮기는 그릇을 다 놋으로 만들고

4 제단을 위하여 놋 그물을 만들어 제단 주위 가장자리 아래에 두되 제단 절반에 오르게 하고

5 그 놋 그물 네 모퉁이에 채를 꿸 고리 넷 을 부어 만들었으며

6 채를 조각목으로 만들어 놋으로 싸고

7 제단 양쪽 고리에 그 채를 꿰어 메게 하 였으며 제단은 널판으로 속이 비게 만들 었더라

놋 물두멍을 만들다 (출 30:18)

8 그가 놋으로 물두멍을 만들고 그 받침도 놋으로 하였으니 곧 회막 문에서 수종드 는 여인들의 거울로 만들었더라

성막 울타리를 만들다 (출 27:9-19)

9 그가 또 뜰을 만들었으니 남으로 뜰의

남쪽에는 세마포 포장이 백 규빗이라

10 그 기둥이 스물이며 그 받침이 스물이

니 놋이요 기둥의 갈고리와 가름대는

은이며

11 그 북쪽에도 백 규빗이라 그 기둥이 스

물이며 그 받침이 스물이니 놋이요 기둥

의 갈고리와 가름대는 은이며

12 서쪽에 포장은 쉰 규빗이라 그 기둥이

열이요 받침이 열이며 기둥의 갈고리와

가름대는 은이며

13 동으로 동쪽에도 쉰 규빗이라

14 문 이쪽의 포장이 열다섯 규빗이요 그

기둥이 셋이요 받침이 셋이며

15 문 저쪽도 그와 같으니 뜰 문 이쪽, 저쪽

의 포장이 열다섯 규빗씩이요 그 기둥이

셋씩, 받침이 셋씩이라

16 뜰 주위의 포장은 세마포요

17 기둥 받침은 놋이요 기둥의 갈고리와 가

름대는 은이요 기둥 머리 싸개는 은이며

뜰의 모든 기둥에 은 가름대를 꿰었으며

18 뜰의 휘장 문을 청색 자색 홍색 실과 가

늘게 꼰 베 실로 수 놓아 짰으니 길이는

스무 규빗이요 너비와 높이는 뜰의 포장

과 같이 다섯 규빗이며

19 그 기둥은 넷인데 그 받침 넷은 놋이요

그 갈고리는 은이요 그 머리 싸개와 가

름대도 은이며

20 성막 말뚝과 뜰 주위의 말뚝은 모두 놋

이더라

성막 재료의 물자 목록

21 성막 곧 증거막을 위하여 레위 사람이

쓴 재료의 물목은 제사장 아론의 아들

이다말이 모세의 명령대로 계산하였으며

22 유다 지파 훌의 손자요 우리의 아들인

브살렐은 여호와께서 모세에게 명령하신

모든 것을 만들었고

23 단 지파 아히사막의 아들 오홀리압이 그 와 함께 하였으니 오홀리압은 재능이 있 어서 조각하며 또 청색 자색 홍색 실과 가는 베 실로 수 놓은 자더라

24 성소 건축 비용으로 들인 금은 성소의 세겔로 스물아홉 달란트와 칠백삼십 세 겔이며

25 계수된 회중이 드린 은은 성소의 세겔로 백 달란트와 천칠백칠십오 세겔이니

26 계수된 자가 이십 세 이상으로 육십만 삼천오백오십 명인즉 성소의 세겔로 각 사람에게 은 한 베가 곧 반 세겔씩이라

27 은 백 달란트로 성소의 받침과 휘장 문 의 기둥 받침을 모두 백 개를 부어 만들 었으니 각 받침마다 한 달란트씩 모두 백 달란트요

28 천칠백칠십오 세겔로 기둥 갈고리를 만 들고 기둥 머리를 싸고 기둥 가름대를

만들었으며

29 드린 놋은 칠십 달란트와 이천사백 세겔 이라

30 이것으로 회막 문 기둥 받침과 놋 제단 과 놋 그물과 제단의 모든 기구를 만들 었으며

31 뜰 주위의 기둥 받침과 그 휘장 문의 기 둥 받침이며 성막의 모든 말뚝과 뜰 주 위의 모든 말뚝을 만들었더라

제사장의 옷을 만들다 (출 28:1-14)

39 그들은 여호와께서 모세에게 명령하신 대로 청색 자색 홍색 실로 성소에서 섬 길 때 입을 정교한 옷을 만들고 또 아론 을 위해 거룩한 옷을 만들었더라

2 그는 또 금 실과 청색 자색 홍색 실과 가 늘게 꼰 베 실로 에봇을 만들었으되

3 금을 얇게 쳐서 오려서 실을 만들어 청 색 자색 홍색 실과 가는 베 실에 섞어 정

교하게 짜고

4 에봇에는 어깨받이를 만들어 그 두 끝에

달아 서로 연결되게 하고

5 에봇 위에 에봇을 매는 띠를 에봇과 같

은 모양으로 금 실과 청색 자색 홍색 실

과 가늘게 꼰 베 실로 에봇에 붙여 짰으

니 여호와께서 모세에게 명령하신 대로

하였더라

6 그들은 또 호마노를 깎아 금 테에 물려

도장을 새김 같이 이스라엘의 아들들의

이름을 그것에 새겨

7 에봇 어깨받이에 달아 이스라엘의 아들

들을 기념하는 보석을 삼았으니 여호와

께서 모세에게 명령하신 대로 하였더라

흉패를 짜다 (출 28:15-30)

8 그가 또 흉패를 정교하게 짜되 에봇과

같은 모양으로 금 실과 청색 자색 홍색

실과 가늘게 꼰 베 실로 하였으니

9 그것의 길이가 한 뼘, 너비가 한 뼘으로

네 모가 반듯하고 두 겹이며

10 그것에 네 줄 보석을 물렸으니 곧 홍보

석 황옥 녹주옥이 첫 줄이요

11 둘째 줄은 석류석 남보석 홍마노요

12 셋째 줄은 호박 백마노 자수정이요

13 넷째 줄은 녹보석 호마노 벽옥이라 다

금 테에 물렸으니

14 이 보석들은 이스라엘의 아들들의 이름

곧 그들의 이름대로 열둘이라 도장을 새

김 같이 그 열두 지파의 각 이름을 새겼

으며

15 그들이 또 순금으로 노끈처럼 사슬을 땋

아 흉패에 붙이고

16 또 금 테 둘과 금 고리 둘을 만들어 그

두 고리를 흉패 두 끝에 달고

17 그 땋은 두 금 사슬을 흉패 끝 두 고리에

꿰매었으며

18 그 땋은 두 사슬의 다른 두 끝을 에봇 앞

두 어깨받이의 금 테에 매고

19 또 금 고리 둘을 만들어 흉패 두 끝에 달

았으니 곧 그 에봇을 마주한 안쪽 가장

자리에 달았으며

20 또 금 고리 둘을 만들어 에봇 앞 두 어깨

받이 아래 매는 자리 가까운 쪽 곧 정교

하게 짠 에봇 띠 위쪽에 달고

21 청색 끈으로 흉패 고리와 에봇 고리에

꿰어 흉패로 정교하게 짠 에봇 띠 위에

붙여서 에봇에서 벗어지지 않게 하였으

니 여호와께서 모세에게 명령하신 대로

하였더라

제사장의 또 다른 옷을 만들다 (출 28:31-43)

22 그가 에봇 받침 긴 옷을 전부 청색으로

짜서 만들되

23 그 옷의 두 어깨 사이에 구멍을 내고 갑

옷 깃 같이 그 구멍 주위에 깃을 짜서 찢

어지지 않게 하고

24 청색 자색 홍색 실과 가는 베 실로 그 옷

가장자리에 석류를 수 놓고

25 순금으로 방울을 만들어 그 옷 가장자리

로 돌아가며 석류 사이사이에 달되

26 방울과 석류를 서로 간격을 두고 번갈아

그 옷 가장자리로 돌아가며 달았으니 여

호와께서 모세에게 명령하신 대로 하였

더라

27 그들이 또 직조한 가는 베로 아론과 그

의 아들들을 위하여 속옷을 짓고

28 세마포로 두건을 짓고 세마포로 빛난 관

을 만들고 가는 베 실로 짜서 세마포 속

바지들을 만들고

29 가는 베 실과 청색 자색 홍색 실로 수 놓

아 띠를 만들었으니 여호와께서 모세에

게 명령하신 대로 하였더라

30 그들이 또 순금으로 거룩한 패를 만들고

도장을 새김 같이 그 위에 '여호와께 성

결'이라 새기고

31 그 패를 청색 끈으로 관 전면에 달았으

니 여호와께서 모세에게 명령하신 대로

하였더라

성막의 모든 역사를 마치다 (출 35:10-19)

32 이스라엘 자손이 이와 같이 성막 곧 회

막의 모든 역사를 마치되 여호와께서 모

세에게 명령하신 대로 다 행하고

33 그들이 성막을 모세에게로 가져왔으니

곧 막과 그 모든 기구와 그 갈고리들과

그 널판들과 그 띠들과 그 기둥들과 그

받침들과

34 붉은 물을 들인 숫양의 가죽 덮개와 해

달의 가죽 덮개와 가리는 휘장과

35 증거궤와 그 채들과 속죄소와

36 상과 그 모든 기구와 진설병과

37 순금 등잔대와 그 잔 곧 벌여놓는 등잔

대와 그 모든 기구와 등유와

38 금 제단과 관유와 향기로운 향과 장막

휘장 문과

39 놋 제단과 그 놋 그물과 그 채들과 그 모

든 기구와 물두멍과 그 받침과

40 뜰의 포장들과 그 기둥들과 그 받침들과

뜰 문의 휘장과 그 줄들과 그 말뚝들과

성막 곧 회막에서 사용할 모든 기구와

41 성소에서 섬기기 위한 정교한 옷 곧 제

사 직분을 행할 때에 입는 제사장 아론

의 거룩한 옷과 그의 아들들의 옷이라

42 여호와께서 모세에게 명령하신 대로 이

스라엘 자손이 모든 역사를 마치매

43 모세가 그 마친 모든 것을 본즉 여호와

께서 명령하신 대로 되었으므로 모세가

그들에게 축복하였더라

성막 봉헌

40 여호와께서 모세에게 말씀하여 이르

시되

2 너는 첫째 달 초하루에 성막 곧 회막을
세우고

3 또 증거궤를 들여놓고 또 휘장으로 그
궤를 가리고

4 또 상을 들여놓고 그 위에 물품을 진설
하고 등잔대를 들여놓아 불을 켜고

5 또 금 향단을 증거궤 앞에 두고 성막 문
에 휘장을 달고

6 또 번제단을 회막의 성막 문 앞에 놓고

7 또 물두멍을 회막과 제단 사이에 놓고
그 속에 물을 담고

8 또 뜰 주위에 포장을 치고 뜰 문에 휘장
을 달고

9 또 관유를 가져다가 성막과 그 안에 있
는 모든 것에 발라 그것과 그 모든 기구
를 거룩하게 하라 그것이 거룩하리라

10 너는 또 번제단과 그 모든 기구에 발라

그 안을 거룩하게 하라 그 제단이 지극
히 거룩하리라

11 너는 또 물두멍과 그 받침에 발라 거룩
하게 하고

12 너는 또 아론과 그 아들들을 회막 문으
로 데려다가 물로 씻기고

13 아론에게 거룩한 옷을 입히고 그에게 기
름을 부어 거룩하게 하여 그가 내게 제
사장의 직분을 행하게 하라

14 너는 또 그 아들들을 데려다가 그들에게
겉옷을 입히고

15 그 아버지에게 기름을 부음 같이 그들에
게도 부어서 그들이 내게 제사장의 직분
을 행하게 하라 그들이 기름 부음을 받
았은즉 대대로 영영히 제사장이 되리라
하시매

16 모세가 그같이 행하되 곧 여호와께서 자
기에게 명령하신 대로 다 행하였더라

17 둘째 해 첫째 달 곧 그 달 초하루에 성막을 세우니라

18 모세가 성막을 세우되 그 받침들을 놓고 그 널판들을 세우고 그 띠를 띠우고 그 기둥들을 세우고

19 또 성막 위에 막을 펴고 그 위에 덮개를 덮으니 여호와께서 모세에게 명령하신 대로 되니라

20 그는 또 증거판을 궤 속에 넣고 채를 궤에 꿰고 속죄소를 궤 위에 두고

21 또 그 궤를 성막에 들여놓고 가리개 휘장을 늘어뜨려 그 증거궤를 가리니 여호와께서 모세에게 명령하신 대로 되니라

22 그는 또 회막 안 곧 성막 북쪽으로 휘장 밖에 상을 놓고

23 또 여호와 앞 그 상 위에 떡을 진설하니 여호와께서 모세에게 명령하신 대로 되니라

24 그는 또 회막 안 곧 성막 남쪽에 등잔대를 놓아 상과 마주하게 하고

25 또 여호와 앞에 등잔대에 불을 켜니 여호와께서 모세에게 명령하신 대로 되니라

26 그가 또 금 향단을 회막 안 휘장 앞에 두고

27 그 위에 향기로운 향을 사르니 여호와께서 모세에게 명령하신 대로 되니라

28 그는 또 성막 문에 휘장을 달고

29 또 회막의 성막 문 앞에 번제단을 두고 번제와 소제를 그 위에 드리니 여호와께서 모세에게 명령하신 대로 되니라

30 그는 또 물두멍을 회막과 제단 사이에 두고 거기 씻을 물을 담으니라

31 모세와 아론과 그 아들들이 거기서 수족을 씻되

32 그들이 회막에 들어갈 때와 제단에 가까

이 갈 때에 씻었으니 여호와께서 모세에

게 명령하신 대로 되니라

33 그는 또 성막과 제단 주위 뜰에 포장을

치고 뜰 문에 휘장을 다니라 모세가 이

같이 역사를 마치니

여호와의 영광이 성막에 충만하다 (민 9:15-23)

34 구름이 회막에 덮이고 여호와의 영광이

성막에 충만하매

35 모세가 회막에 들어갈 수 없었으니 이는

구름이 회막 위에 덮이고 여호와의 영광

이 성막에 충만함이었으며

36 구름이 성막 위에서 떠오를 때에는 이스

라엘 자손이 그 모든 행진하는 길에 앞

으로 나아갔고

37 구름이 떠오르지 않을 때에는 떠오르는

날까지 나아가지 아니하였으며

38 낮에는 여호와의 구름이 성막 위에 있고

밤에는 불이 그 구름 가운데에 있음을

이스라엘의 온 족속이 그 모든 행진하는

길에서 그들의 눈으로 보았더라

레
위
기

번제

1 여호와께서 회막에서 모세를 부르시고 그에게 말씀하여 이르시되

2 이스라엘 자손에게 말하여 이르라 너희 중에 누구든지 여호와께 예물을 드리려 거든 가축 중에서 소나 양으로 예물을 드릴지니라

3 그 예물이 소의 번제이면 흠 없는 수컷 으로 회막 문에서 여호와 앞에 기쁘게 받으시도록 드릴지니라

4 그는 번제물의 머리에 안수할지니 그를 위하여 기쁘게 받으심이 되어 그를 위하 여 속죄가 될 것이라

5 그는 여호와 앞에서 그 수송아지를 잡을 것이요 아론의 자손 제사장들은 그 피를 가져다가 회막 문 앞 제단 사방에 뿌릴 것이며

6 그는 또 그 번제물의 가죽을 벗기고 각

을 뜰 것이요

7 제사장 아론의 자손들은 제단 위에 불을 붙이고 불 위에 나무를 벌여 놓고

8 아론의 자손 제사장들은 그 뜬 각과 머 리와 기름을 제단 위의 불 위에 있는 나 무에 벌여 놓을 것이며

9 그 내장과 정강이를 물로 씻을 것이요 제사장은 그 전부를 제단 위에서 불살라 번제를 드릴지니 이는 화제라 여호와께 향기로운 냄새니라

10 만일 그 예물이 가축 떼의 양이나 염소 의 번제이면 흠 없는 수컷으로 드릴지니

11 그가 제단 북쪽 여호와 앞에서 그것을 잡을 것이요 아론의 자손 제사장들은 그 것의 피를 제단 사방에 뿌릴 것이며

12 그는 그것의 각을 뜨고 그것의 머리와 그것의 기름을 베어낼 것이요 제사장은 그것을 다 제단 위의 불 위에 있는 나무

위에 벌여 놓을 것이며

13 그 내장과 그 정강이를 물로 씻을 것이요 제사장은 그 전부를 가져다가 제단 위에서 불살라 번제를 드릴지니 이는 화제라 여호와께 향기로운 냄새니라

14 만일 여호와께 드리는 예물이 새의 번제이면 산비둘기나 집비둘기 새끼로 예물을 드릴 것이요

15 제사장은 그것을 제단으로 가져다가 그것의 머리를 비틀어 끊고 제단 위에서 불사르고 피는 제단 곁에 흘릴 것이며

16 그것의 모이주머니와 그 더러운 것은 제거하여 제단 동쪽 재 버리는 곳에 던지고

17 또 그 날개 자리에서 그 몸을 찢되 아주 찢지 말고 제사장이 그것을 제단 위의 불 위에 있는 나무 위에서 불살라 번제를 드릴지니 이는 화제라 여호와께 향기

로운 냄새니라

소제의 예물

2 누구든지 소제의 예물을 여호와께 드리려거든 고운 가루로 예물을 삼아 그 위에 기름을 붓고 또 그 위에 유향을 놓아

2 아론의 자손 제사장들에게로 가져갈 것이요 제사장은 그 고운 가루 한 움큼과 기름과 그 모든 유향을 가져다가 기념물로 제단 위에서 불사를지니 이는 화제라 여호와께 향기로운 냄새니라

3 그 소제물의 남은 것은 아론과 그의 자손에게 돌릴지니 이는 여호와의 화제물 중에 지극히 거룩한 것이니라

4 네가 화덕에 구운 것으로 소제의 예물을 드리려거든 고운 가루에 기름을 섞어 만든 무교병이나 기름을 바른 무교전병을 드릴 것이요

5 철판에 부친 것으로 소제의 예물을 드

리려거든 고운 가루에 누룩을 넣지 말고

기름을 섞어

6 조각으로 나누고 그 위에 기름을 부을지니 이는 소제니라

7 네가 냄비의 것으로 소제를 드리려거든 고운 가루와 기름을 섞어 만들지니라

8 너는 이것들로 만든 소제물을 여호와께로 가져다가 제사장에게 줄 것이요 제사장은 그것을 제단으로 가져가서

9 그 소제물 중에서 기념할 것을 가져다가 제단 위에서 불사를지니 이는 화제라 여호와께 향기로운 냄새니라

10 소제물의 남은 것은 아론과 그의 아들들에게 돌릴지니 이는 여호와의 화제물 중에 지극히 거룩한 것이니라

11 너희가 여호와께 드리는 모든 소제물에는 누룩을 넣지 말지니 너희가 누룩이나 꿀을 여호와께 화제로 드려 사르지 못할

지니라

12 처음 익은 것으로는 그것을 여호와께 드릴지나 향기로운 냄새를 위하여는 제단에 올리지 말지며

13 네 모든 소제물에 소금을 치라 네 하나님의 언약의 소금을 네 소제에 빼지 못할지니 네 모든 예물에 소금을 드릴지니라

14 너는 첫 이삭의 소제를 여호와께 드리거든 첫 이삭을 볶아 찧은 것으로 네 소제를 삼되

15 그 위에 기름을 붓고 그 위에 유향을 더할지니 이는 소제니라

16 제사장은 찧은 곡식과 기름을 모든 유향과 함께 기념물로 불사를지니 이는 여호와께 드리는 화제니라

화목제의 예물

3 사람이 만일 화목제의 제물을 예물로 드

리되 소로 드리려면 수컷이나 암컷이나

흠 없는 것으로 여호와 앞에 드릴지니

2 그 예물의 머리에 안수하고 회막 문에서

잡을 것이요 아론의 자손 제사장들은 그

피를 제단 사방에 뿌릴 것이며

3 그는 또 그 화목제의 제물 중에서 여호

와께 화제를 드릴지니 곧 내장에 덮인

기름과 내장에 붙은 모든 기름과

4 두 콩팥과 그 위의 기름 곧 허리 쪽에 있

는 것과 간에 덮인 꺼풀을 콩팥과 함께

떼어낼 것이요

5 아론의 자손은 그것을 제단 위의 불 위

에 있는 나무 위의 번제물 위에서 사를

지니 이는 화제라 여호와께 향기로운 냄

새니라

6 만일 여호와께 예물로 드리는 화목제의

제물이 양이면 수컷이나 암컷이나 흠 없

는 것으로 드릴지며

7 만일 그의 예물로 드리는 것이 어린 양

이면 그것을 여호와 앞으로 끌어다가

8 그 예물의 머리에 안수하고 회막 앞에서

잡을 것이요 아론의 자손은 그 피를 제

단 사방에 뿌릴 것이며

9 그는 그 화목제의 제물 중에서 여호와

께 화제를 드릴지니 그 기름 곧 미골에

서 벤 기름진 꼬리와 내장에 덮인 기름

과 내장에 붙은 모든 기름과

10 두 콩팥과 그 위의 기름 곧 허리 쪽에 있

는 것과 간에 덮인 꺼풀을 콩팥과 함께

떼어낼 것이요

11 제사장은 그것을 제단 위에서 불사를지

니 이는 화제로 여호와께 드리는 음식이

니라

12 만일 그의 예물이 염소면 그것을 여호와

앞으로 끌어다가

13 그것의 머리에 안수하고 회막 앞에서 잡

을 것이요 아론의 자손은 그 피를 제단 사방에 뿌릴 것이며

14 그는 그 중에서 예물을 가져다가 여호와께 화제를 드릴지니 곧 내장에 덮인 기름과 내장에 붙은 모든 기름과

15 두 콩팥과 그 위의 기름 곧 허리 쪽에 있는 것과 간에 덮인 꺼풀을 콩팥과 함께 떼어낼 것이요

16 제사장은 그것을 제단 위에서 불사를지니 이는 화제로 드리는 음식이요 향기로운 냄새라 모든 기름은 여호와의 것이니라

17 너희는 기름과 피를 먹지 말라 이는 너희의 모든 처소에서 너희 대대로 지킬 영원한 규례니라

속죄제를 드리는 규례

4 여호와께서 모세에게 말씀하여 이르시되

2 이스라엘 자손에게 말하여 이르라 누구든지 여호와의 계명 중 하나라도 그릇 범하였으되

3 만일 기름 부음을 받은 제사장이 범죄하여 백성의 허물이 되었으면 그가 범한 죄로 말미암아 흠 없는 수송아지로 속죄제물을 삼아 여호와께 드릴지니

4 그 수송아지를 회막 문 여호와 앞으로 끌어다가 그 수송아지의 머리에 안수하고 그것을 여호와 앞에서 잡을 것이요

5 기름 부음을 받은 제사장은 그 수송아지의 피를 가지고 회막에 들어가서

6 그 제사장이 손가락에 그 피를 찍어 여호와 앞 곧 성소의 휘장 앞에 일곱 번 뿌릴 것이며

7 제사장은 또 그 피를 여호와 앞 곧 회막 안 향단 뿔들에 바르고 그 송아지의 피 전부를 회막 문 앞 번제단 밑에 쏟을 것

이며

8 또 그 속죄제물이 된 수송아지의 모든

기름을 떼어낼지니 곧 내장에 덮인 기름

과 내장에 붙은 모든 기름과

9 두 콩팥과 그 위의 기름 곧 허리쪽에 있

는 것과 간에 덮인 꺼풀을 콩팥과 함께

떼어내되

10 화목제 제물의 소에게서 떼어냄 같이 할

것이요 제사장은 그것을 번제단 위에서

불사를 것이며

11 그 수송아지의 가죽과 그 모든 고기와

그것의 머리와 정강이와 내장과

12 똥 곧 그 송아지의 전체를 진영 바깥 재

버리는 곳인 정결한 곳으로 가져다가 불

로 나무 위에서 사르되 곧 재 버리는 곳

에서 불사를지니라

13 만일 이스라엘 온 회중이 여호와의 계명

중 하나라도 부지중에 범하여 허물이 있

으나 스스로 깨닫지 못하다가

14 그 범한 죄를 깨달으면 회중은 수송아지

를 속죄제로 드릴지니 그것을 회막 앞으

로 끌어다가

15 회중의 장로들이 여호와 앞에서 그 수송

아지 머리에 안수하고 그것을 여호와 앞

에서 잡을 것이요

16 기름 부음을 받은 제사장은 그 수송아지

의 피를 가지고 회막에 들어가서

17 그 제사장이 손가락으로 그 피를 찍어

여호와 앞, 휘장 앞에 일곱 번 뿌릴 것

이며

18 또 그 피로 회막 안 여호와 앞에 있는 제

단 뿔들에 바르고 그 피 전부는 회막 문

앞 번제단 밑에 쏟을 것이며

19 그것의 기름은 다 떼어 제단 위에서 불

사르되

20 그 송아지를 속죄제의 수송아지에게 한

259

것 같이 할지며 제사장이 그것으로 회중
을 위하여 속죄한즉 그들이 사함을 받으
리라

21 그는 그 수송아지를 진영 밖으로 가져다
가 첫번 수송아지를 사름 같이 불사를지
니 이는 회중의 속죄제니라

22 만일 족장이 그의 하나님 여호와의 계명
중 하나라도 부지중에 범하여 허물이 있
었는데

23 그가 범한 죄를 누가 그에게 깨우쳐 주
면 그는 흠 없는 숫염소를 예물로 가져
다가

24 그 숫염소의 머리에 안수하고 여호와 앞
번제물을 잡는 곳에서 잡을지니 이는 속
죄제라

25 제사장은 그 속죄 제물의 피를 손가락에
찍어 번제단 뿔들에 바르고 그 피는 번
제단 밑에 쏟고

26 그 모든 기름은 화목제 제물의 기름 같
이 제단 위에서 불사를지니 이같이 제사
장이 그 범한 죄에 대하여 그를 위하여
속죄한즉 그가 사함을 얻으리라

27 만일 평민의 한 사람이 여호와의 계명
중 하나라도 부지중에 범하여 허물이 있
었는데

28 그가 범한 죄를 누가 그에게 깨우쳐 주
면 그는 흠 없는 암염소를 끌고 와서 그
범한 죄로 말미암아 그것을 예물로 삼아

29 그 속죄제물의 머리에 안수하고 그 제물
을 번제물을 잡는 곳에서 잡을 것이요

30 제사장은 손가락으로 그 피를 찍어 번제
단 뿔들에 바르고 그 피 전부를 제단 밑
에 쏟고

31 그 모든 기름을 화목제물의 기름을 떼
어낸 것 같이 떼어내 제단 위에서 불살
라 여호와께 향기롭게 할지니 제사장이

그를 위하여 속죄한즉 그가 사함을 받

으리라

32 그가 만일 어린 양을 속죄제물로 가져오

려거든 흠 없는 암컷을 끌어다가

33 그 속죄제 제물의 머리에 안수하고 번

제물을 잡는 곳에서 속죄제물로 잡을

것이요

34 제사장은 그 속죄제물의 피를 손가락으

로 찍어 번제단 뿔들에 바르고 그 피는

전부 제단 밑에 쏟고

35 그 모든 기름을 화목제 어린 양의 기름

을 떼낸 것 같이 떼내어 제단 위 여호와

의 화제물 위에서 불사를지니 이같이 제

사장이 그가 범한 죄에 대하여 그를 위

하여 속죄한즉 그가 사함을 받으리라

5 만일 누구든지 저주하는 소리를 듣고서

도 증인이 되어 그가 본 것이나 알고 있

는 것을 알리지 아니하면 그는 자기의

죄를 져야 할 것이요 그 허물이 그에게

로 돌아갈 것이며

2 만일 누구든지 부정한 것들 곧 부정한

들짐승의 사체나 부정한 가축의 사체나

부정한 곤충의 사체를 만졌으면 부지중

이라고 할지라도 그 몸이 더러워져서 허

물이 있을 것이요

3 만일 부지중에 어떤 사람의 부정에 닿았

는데 그 사람의 부정이 어떠한 부정이든

지 그것을 깨달았을 때에는 허물이 있을

것이요

4 만일 누구든지 입술로 맹세하여 악한 일

이든지 선한 일이든지 하리라고 함부로

말하면 그 사람이 함부로 말하여 맹세한

것이 무엇이든지 그가 깨닫지 못하다가

그것을 깨닫게 되었을 때에는 그 중 하

나에 그에게 허물이 있을 것이니

5 이 중 하나에 허물이 있을 때에는 아무

일에 잘못하였노라 자복하고

6 그 잘못으로 말미암아 여호와께 속죄 제를 드리되 양 떼의 암컷 어린 양이나 염소를 끌어다가 속죄제를 드릴 것이요 제사장은 그의 허물을 위하여 속죄할지 니라

7 만일 그의 힘이 어린 양을 바치는 데에 미치지 못하면 그가 지은 죄를 속죄하 기 위하여 산비둘기 두 마리나 집비둘 기 새끼 두 마리를 여호와께로 가져가 되 하나는 속죄제물을 삼고 하나는 번 제물을 삼아

8 제사장에게로 가져갈 것이요 제사장은 그 속죄제물을 먼저 드리되 그 머리를 목에서 비틀어 끊고 몸은 아주 쪼개지 말며

9 그 속죄제물의 피를 제단 곁에 뿌리고 그 남은 피는 제단 밑에 흘릴지니 이는

속죄제요

10 그 다음 것은 규례대로 번제를 드릴지니 제사장이 그의 잘못을 위하여 속죄한즉 그가 사함을 받으리라

11 만일 그의 손이 산비둘기 두 마리나 집 비둘기 두 마리에도 미치지 못하면 그의 범죄로 말미암아 고운 가루 십분의 일 에바를 예물로 가져다가 속죄제물로 드 리되 이는 속죄제인즉 그 위에 기름을 붓지 말며 유향을 놓지 말고

12 그것을 제사장에게로 가져갈 것이요 제 사장은 그것을 기념물로 한 움큼을 가 져다가 제단 위 여호와의 화제물 위에서 불사를지니 이는 속죄제라

13 제사장이 그가 이 중에서 하나를 범하여 얻은 허물을 위하여 속죄한즉 그가 사함 을 받으리라 그 나머지는 소제물 같이 제사장에게 돌릴지니라

속건제를 드리는 규례

14 여호와께서 모세에게 말씀하여 이르시되

15 누구든지 여호와의 성물에 대하여 부지중에 범죄하였으면 여호와께 속건제를 드리되 네가 지정한 가치를 따라 성소의 세겔로 몇 세겔 은에 상당한 흠 없는 숫양을 양 떼 중에서 끌어다가 속건제로 드려서

16 성물에 대한 잘못을 보상하되 그것에 오분의 일을 더하여 제사장에게 줄 것이요 제사장은 그 속건제의 숫양으로 그를 위하여 속죄한즉 그가 사함을 받으리라

17 만일 누구든지 여호와의 계명 중 하나를 부지중에 범하여도 허물이라 벌을 당할 것이니

18 그는 네가 지정한 가치대로 양 떼 중 흠 없는 숫양을 속건제물로 제사장에게로 가져갈 것이요 제사장은 그가 부지중에

범죄한 허물을 위하여 속죄한즉 그가 사함을 받으리라

19 이는 속건제니 그가 여호와 앞에 참으로 잘못을 저질렀음이니라

6 여호와께서 모세에게 말씀하여 이르시되

2 누구든지 여호와께 신실하지 못하여 범죄하되 곧 이웃이 맡긴 물건이나 전당물을 속이거나 도둑질하거나 착취하고도 사실을 부인하거나

3 남의 잃은 물건을 줍고도 사실을 부인하여 거짓 맹세하는 등 사람이 이 모든 일 중의 하나라도 행하여 범죄하면

4 이는 죄를 범하였고 죄가 있는 자니 그 훔친 것이나 착취한 것이나 맡은 것이나 잃은 물건을 주운 것이나

5 그 거짓 맹세한 모든 물건을 돌려보내되 곧 그 본래 물건에 오분의 일을 더하여 돌려보낼 것이니 그 죄가 드러나는 날에

그 임자에게 줄 것이요

6 그는 또 그 속건제물을 여호와께 가져갈지니 곧 네가 지정한 가치대로 양 떼 중 흠 없는 숫양을 속건제물을 위하여 제사장에게로 끌고 갈 것이요

7 제사장은 여호와 앞에서 그를 위하여 속죄한즉 그는 무슨 허물이든지 사함을 받으리라

번제를 드리는 규례

8 여호와께서 모세에게 말씀하여 이르시되

9 아론과 그의 자손에게 명령하여 이르라 번제의 규례는 이러하니라 번제물은 아침까지 제단 위에 있는 석쇠 위에 두고 제단의 불이 그 위에서 꺼지지 않게 할 것이요

10 제사장은 세마포 긴 옷을 입고 세마포 속바지로 하체를 가리고 제단 위에서 불 태운 번제의 재를 가져다가 제단 곁에

두고

11 그 옷을 벗고 다른 옷을 입고 그 재를 진영 바깥 정결한 곳으로 가져갈 것이요

12 제단 위의 불은 항상 피워 꺼지지 않게 할지니 제사장은 아침마다 나무를 그 위에서 태우고 번제물을 그 위에 벌여 놓고 화목제의 기름을 그 위에서 불사를지며

13 불은 끊임이 없이 제단 위에 피워 꺼지지 않게 할지니라

소제를 드리는 규례

14 소제의 규례는 이러하니라 아론의 자손은 그것을 제단 앞 여호와 앞에 드리되

15 그 소제의 고운 가루 한 움큼과 기름과 소제물 위의 유향을 다 가져다가 기념물로 제단 위에서 불살라 여호와 앞에 향기로운 냄새가 되게 하고

16 그 나머지는 아론과 그의 자손이 먹되

누룩을 넣지 말고 거룩한 곳 회막 뜰에

서 먹을지니라

17 그것에 누룩을 넣어 굽지 말라 이는 나

의 화제물 중에서 내가 그들에게 주어

그들의 소득이 되게 하는 것이라 속죄제

와 속건제 같이 지극히 거룩한즉

18 아론 자손의 남자는 모두 이를 먹을지니

이는 여호와의 화제물 중에서 대대로 그

들의 영원한 소득이 됨이라 이를 만지는

자마다 거룩하리라

19 여호와께서 모세에게 말씀하여 이르시되

20 아론과 그의 자손이 기름 부음을 받는

날에 여호와께 드릴 예물은 이러하니라

고운 가루 십분의 일 에바를 항상 드리

는 소제물로 삼아 그 절반은 아침에, 절

반은 저녁에 드리되

21 그것을 기름으로 반죽하여 철판에 굽고

기름에 적셔 썰어서 소제로 여호와께 드

려 향기로운 냄새가 되게 하라

22 이 소제는 아론의 자손 중 기름 부음을

받고 그를 이어 제사장 된 자가 드릴 것

이요 영원한 규례로 여호와께 온전히 불

사를 것이니

23 제사장의 모든 소제물은 온전히 불사르

고 먹지 말지니라

속죄제를 드리는 규례

24 여호와께서 모세에게 말씀하여 이르시되

25 아론과 그의 아들들에게 말하여 이르라

속죄제의 규례는 이러하니라 속죄제 제

물은 지극히 거룩하니 여호와 앞 번제물

을 잡는 곳에서 그 속죄제 제물을 잡을

것이요

26 죄를 위하여 제사 드리는 제사장이 그것

을 먹되 곧 회막 뜰 거룩한 곳에서 먹을

것이며

27 그 고기에 접촉하는 모든 자는 거룩할

것이며 그 피가 어떤 옷에든지 묻었으면

묻은 그것을 거룩한 곳에서 빨 것이요

28 그 고기를 토기에 삶았으면 그 그릇을

깨뜨릴 것이요 유기에 삶았으면 그 그릇

을 닦고 물에 씻을 것이며

29 제사장인 남자는 모두 그것을 먹을지니

그것은 지극히 거룩하니라

30 그러나 피를 가지고 회막에 들어가 성소

에서 속죄하게 한 속죄제 제물의 고기는

먹지 못할지니 불사를지니라

속건제를 드리는 규례

7 속건제의 규례는 이러하니라 이는 지극

히 거룩하니

2 번제물을 잡는 곳에서 속건제의 번제물

을 잡을 것이요 제사장은 그 피를 제단

사방에 뿌릴 것이며

3 그 기름을 모두 드리되 곧 그 기름진 꼬

리와 내장에 덮인 기름과

4 두 콩팥과 그 위의 기름 곧 허리 쪽에 있

는 것과 간에 덮인 꺼풀을 콩팥과 함께

떼어내고

5 제사장은 그것을 다 제단 위에서 불살라

여호와께 화제로 드릴 것이니 이는 속건

제니라

6 제사장인 남자는 모두 그것을 먹되 거룩

한 곳에서 먹을지니라 그것은 지극히 거

룩하니라

7 속죄제와 속건제는 규례가 같으니 그 제

물은 속죄하는 제사장에게로 돌아갈 것

이요

8 사람을 위하여 번제를 드리는 제사장 곧

그 제사장은 그 드린 번제물의 가죽을

자기가 가질 것이며

9 화덕에 구운 소제물과 냄비에나 철판에

서 만든 소제물은 모두 그 드린 제사장

에게로 돌아갈 것이니

266

10 소제물은 기름 섞은 것이나 마른 것이나 모두 아론의 모든 자손이 균등하게 분배할 것이니라

화목제물을 드리는 규례

11 여호와께 드릴 화목제물의 규례는 이러하니라

12 만일 그것을 감사함으로 드리려면 기름 섞은 무교병과 기름 바른 무교전병과 고운 가루에 기름 섞어 구운 과자를 그 감사제물과 함께 드리고

13 또 유교병을 화목제의 감사제물과 함께 그 예물로 드리되

14 그 전체의 예물 중에서 하나씩 여호와께 거제로 드리고 그것을 화목제의 피를 뿌린 제사장들에게로 돌릴지니라

15 감사함으로 드리는 화목제물의 고기는 드리는 그 날에 먹을 것이요 조금이라도 이튿날 아침까지 두지 말 것이니라

16 그러나 그의 예물의 제물이 서원이나 자원하는 것이면 그 제물을 드린 날에 먹을 것이요 그 남은 것은 이튿날에도 먹되

17 그 제물의 고기가 셋째 날까지 남았으면 불사를지니

18 만일 그 화목제물의 고기를 셋째 날에 조금이라도 먹으면 그 제사는 기쁘게 받아들여지지 않을 것이라 드린 자에게도 예물답게 되지 못하고 도리어 가증한 것이 될 것이며 그것을 먹는 자는 그 죄를 짊어지리라

19 그 고기가 부정한 물건에 접촉되었으면 먹지 말고 불사를 것이라 그 고기는 깨끗한 자만 먹을 것이니

20 만일 몸이 부정한 자가 여호와께 속한 화목제물의 고기를 먹으면 그 사람은 자기 백성 중에서 끊어질 것이요

21 만일 누구든지 부정한 것 곧 사람의 부정이나 부정한 짐승이나 부정하고 가증한 무슨 물건을 만지고 여호와께 속한 화목제물의 고기를 먹으면 그 사람도 자기 백성 중에서 끊어지리라

피와 기름은 먹지 말라

22 여호와께서 모세에게 말씀하여 이르시되

23 이스라엘 자손에게 말하여 이르라 너희는 소나 양이나 염소의 기름을 먹지 말 것이요

24 스스로 죽은 것의 기름이나 짐승에게 찢긴 것의 기름은 다른 데는 쓰려니와 결단코 먹지는 말지니라

25 사람이 여호와께 화제로 드리는 제물의 기름을 먹으면 그 먹는 자는 자기 백성 중에서 끊어지리라

26 너희가 사는 모든 곳에서 새나 짐승의 피나 무슨 피든지 먹지 말라

27 무슨 피든지 먹는 사람이 있으면 그 사람은 다 자기 백성 중에서 끊어지리라

화목제물 중에서 제사장이 받을 소득

28 여호와께서 모세에게 말씀하여 이르시되

29 이스라엘 자손에게 말하여 이르라 화목제물을 여호와께 드리려는 자는 그 화목제물 중에서 그의 예물을 여호와께 가져오되

30 여호와의 화제물은 그 사람이 자기 손으로 가져올지니 곧 그 제물의 기름과 가슴을 가져올 것이요 제사장은 그 가슴을 여호와 앞에 흔들어 요제를 삼고

31 그 기름은 제단 위에서 불사를 것이며 가슴은 아론과 그의 자손에게 돌릴 것이며

32 또 너희는 그 화목제물의 오른쪽 뒷다리를 제사장에게 주어 거제를 삼을지니

33 아론의 자손 중에서 화목제물의 피와 기

름을 드리는 자는 그 오른쪽 뒷다리를

자기의 소득으로 삼을 것이니라

34 내가 이스라엘 자손의 화목제물 중에서

그 흔든 가슴과 든 뒷다리를 가져다가

제사장 아론과 그의 자손에게 주었나니

이는 이스라엘 자손에게서 받을 영원한

소득이니라

맺는 말 (1)

35 이는 여호와의 화제물 중에서 아론에게

돌릴 것과 그의 아들들에게 돌릴 것이니

그들을 세워 여호와의 제사장의 직분을

행하게 한 날

36 곧 그들에게 기름 부은 날에 여호와께

서 명령하사 이스라엘 자손 중에서 그들

에게 돌리게 하신 것이라 대대로 영원히

받을 소득이니라

맺는 말 (2)

37 이는 번제와 소제와 속죄제와 속건제와

위임식과 화목제의 규례라

38 여호와께서 시내 광야에서 이스라엘 자

손에게 그 예물을 여호와께 드리라 명령

하신 날에 시내 산에서 이같이 모세에게

명령하셨더라

아론과 그의 아들들의 제사장 위임식

8 여호와께서 모세에게 말씀하여 이르시되

2 너는 아론과 그의 아들들과 함께 그의

복과 관유와 속죄제의 수송아지와 숫양

두 마리와 무교병 한 광주리를 가지고

3 온 회중을 회막 문에 모으라

4 모세가 여호와께서 자기에게 명령하신

대로 하매 회중이 회막 문에 모인지라

5 모세가 회중에게 이르되 여호와께서 행

하라고 명령하신 것이 이러하니라 하고

6 모세가 아론과 그의 아들들을 데려다가

물로 그들을 씻기고

7 아론에게 속옷을 입히며 띠를 띠우고 겉

옷을 입히며 에봇을 걸쳐 입히고 에봇의

장식 띠를 띠워서 에봇을 몸에 매고

8 흉패를 붙이고 흉패에 우림과 둠밈을

넣고

9 그의 머리에 관을 씌우고 그 관 위 전면

에 금 패를 붙이니 곧 거룩한 관이라 여

호와께서 모세에게 명령하신 것과 같았

더라

10 모세가 관유를 가져다가 성막과 그 안에

있는 모든 것에 발라 거룩하게 하고

11 또 제단에 일곱 번 뿌리고 또 그 제단과

그 모든 기구와 물두멍과 그 받침에 발

라 거룩하게 하고

12 또 관유를 아론의 머리에 붓고 그에게

발라 거룩하게 하고

13 모세가 또 아론의 아들들을 데려다가 그

들에게 속옷을 입히고 띠를 띠우며 관을

씌웠으니 여호와께서 모세에게 명령하신

것과 같았더라

14 모세가 또 속죄제의 수송아지를 끌어오

니 아론과 그의 아들들이 그 속죄제의

수송아지 머리에 안수하매

15 모세가 잡고 그 피를 가져다가 손가락으

로 그 피를 제단의 네 귀퉁이 뿔에 발라

제단을 깨끗하게 하고 그 피는 제단 밑

에 쏟아 제단을 속하여 거룩하게 하고

16 또 내장에 덮인 모든 기름과 간 꺼풀과

두 콩팥과 그 기름을 가져다가 모세가

제단 위에 불사르고

17 그 수송아지 곧 그 가죽과 고기와 똥은

진영 밖에서 불살랐으니 여호와께서 모

세에게 명령하심과 같았더라

18 또 번제의 숫양을 드릴새 아론과 그의

아들들이 그 숫양의 머리에 안수하매

19 모세가 잡아 그 피를 제단 사방에 뿌리고

20 그 숫양의 각을 뜨고 모세가 그 머리와

각 뜬 것과 기름을 불사르고

21 물로 내장과 정강이들을 씻고 모세가 그

숫양의 전부를 제단 위에서 불사르니 이

는 향기로운 냄새를 위하여 드리는 번제

로 여호와께 드리는 화제라 여호와께서

모세에게 명령하심과 같았더라

22 또 다른 숫양 곧 위임식의 숫양을 드릴

새 아론과 그의 아들들이 그 숫양의 머

리에 안수하매

23 모세가 잡고 그 피를 가져다가 아론의

오른쪽 귓부리와 그의 오른쪽 엄지 손가

락과 그의 오른쪽 엄지 발가락에 바르고

24 아론의 아들들을 데려다가 모세가 그 오

른쪽 귓부리와 그들의 손의 오른쪽 엄지

손가락과 그들의 발의 오른쪽 엄지 발가

락에 그 피를 바르고 또 모세가 그 피를

제단 사방에 뿌리고

25 그가 또 그 기름과 기름진 꼬리와 내장

에 덮인 모든 기름과 간 꺼풀과 두 콩팥

과 그 기름과 오른쪽 뒷다리를 떼어내고

26 여호와 앞 무교병 광주리에서 무교병 한

개와 기름 섞은 떡 한 개와 전병 한 개를

가져다가 그 기름 위에와 오른쪽 뒷다리

위에 놓아

27 그 전부를 아론의 손과 그의 아들들의

손에 두어 여호와 앞에 흔들어 요제를

삼게 하고

28 모세가 그것을 그들의 손에서 가져다가

제단 위에 있는 번제물 위에 불사르니

이는 향기로운 냄새를 위하여 드리는 위

임식 제사로 여호와께 드리는 화제라

29 이에 모세가 그 가슴을 가져다가 여호와

앞에 흔들어 요제를 삼았으니 이는 위임

식에서 잡은 숫양 중 모세의 몫이라 여

호와께서 모세에게 명령하심과 같았더라

30 모세가 관유와 제단 위의 피를 가져다가

아론과 그의 옷과 그의 아들들과 그의

아들들의 옷에 뿌려서 아론과 그의 옷과

그의 아들들과 그의 아들들의 옷을 거룩

하게 하고

31 모세가 아론과 그의 아들들에게 이르되

내게 이미 명령하시기를 아론과 그의 아

들들은 먹으라 하셨은즉 너희는 회막 문

에서 그 고기를 삶아 위임식 광주리 안

의 떡과 아울러 그 곳에서 먹고

32 고기와 떡의 나머지는 불사를지며

33 위임식은 이레 동안 행하나니 위임식이

끝나는 날까지 이레 동안은 회막 문에

나가지 말라

34 오늘 행한 것은 여호와께서 너희를 위하

여 속죄하게 하시려고 명령하신 것이니

35 너희는 칠 주야를 회막 문에 머물면서

여호와께서 지키라고 하신 것을 지키라

그리하면 사망을 면하리라 내가 이같이

명령을 받았느니라

36 아론과 그의 아들들이 여호와께서 모세

를 통하여 명령하신 모든 일을 준행하

니라

아론이 첫 제사를 드리다

9 여덟째 날에 모세가 아론과 그의 아들들

과 이스라엘 장로들을 불러다가

2 아론에게 이르되 속죄제를 위하여 흠 없

는 송아지를 가져오고 번제를 위하여 흠

없는 숫양을 여호와 앞에 가져다 드리고

3 이스라엘 자손에게 말하여 이르기를 너

희는 속죄제를 위하여 숫염소를 가져오

고 또 번제를 위하여 일 년 되고 흠 없는

송아지와 어린 양을 가져오고

4 또 화목제를 위하여 여호와 앞에 드릴

수소와 숫양을 가져오고 또 기름 섞은

소제물을 가져오라 하라 오늘 여호와께

서 너희에게 나타나실 것임이니라 하매

5 그들이 모세가 명령한 모든 것을 회막 앞으로 가져오고 온 회중이 나아와 여호와 앞에 선지라

6 모세가 이르되 이는 여호와께서 너희에게 하라고 명령하신 것이니 여호와의 영광이 너희에게 나타나리라

7 모세가 또 아론에게 이르되 너는 제단에 나아가 네 속죄제와 네 번제를 드려서 너를 위하여, 백성을 위하여 속죄하고 또 백성의 예물을 드려서 그들을 위하여 속죄하되 여호와의 명령대로 하라

8 이에 아론이 제단에 나아가 자기를 위한 속죄제 송아지를 잡으매

9 아론의 아들들이 그 피를 아론에게 가져오니 아론이 손가락으로 그 피를 찍어 제단 뿔들에 바르고 그 피는 제단 밑에 쏟고

10 그 속죄제물의 기름과 콩팥과 간 꺼풀을 제단 위에서 불사르니 여호와께서 모세에게 명령하심과 같았고

11 그 고기와 가죽은 진영 밖에서 불사르니라

12 아론이 또 번제물을 잡으매 아론의 아들들이 그 피를 그에게로 가져오니 그가 그 피를 제단 사방에 뿌리고

13 그들이 또 번제의 제물 곧 그의 각과 머리를 그에게로 가져오매 그가 제단 위에서 불사르고

14 또 내장과 정강이는 씻어서 단 위에 있는 번제물 위에서 불사르니라

15 그가 또 백성의 예물을 드리되 곧 백성을 위한 속죄제의 염소를 가져다가 잡아 전과 같이 죄를 위하여 드리고

16 또 번제물을 드리되 규례대로 드리고

17 또 소제를 드리되 그 중에서 그의 손에 한 움큼을 채워서 아침 번제물에 더하여

제단 위에서 불사르고

18 또 백성을 위하는 화목제물의 수소와 숫양을 잡으매 아론의 아들들이 그 피를 그에게로 가져오니 그가 제단 사방에 뿌리고

19 그들이 또 수소와 숫양의 기름과 기름진 꼬리와 내장에 덮인 것과 콩팥과 간 꺼풀을 아론에게로 가져다가

20 그 기름을 가슴들 위에 놓으매 아론이 그 기름을 제단 위에서 불사르고

21 가슴들과 오른쪽 뒷다리를 그가 여호와 앞에 요제로 흔드니 모세가 명령한 것과 같았더라

22 아론이 백성을 향하여 손을 들어 축복함으로 속죄제와 번제와 화목제를 마치고 내려오니라

23 모세와 아론이 회막에 들어갔다가 나와서 백성에게 축복하매 여호와의 영광이

온 백성에게 나타나며

24 불이 여호와 앞에서 나와 제단 위의 번제물과 기름을 사른지라 온 백성이 이를 보고 소리 지르며 엎드렸더라

나답과 아비후가 벌을 받아 죽다

10 아론의 아들 나답과 아비후가 각기 향로를 가져다가 여호와께서 명령하시지 아니하신 다른 불을 담아 여호와 앞에 분향하였더니

2 불이 여호와 앞에서 나와 그들을 삼키매 그들이 여호와 앞에서 죽은지라

3 모세가 아론에게 이르되 이는 여호와의 말씀이라 이르시기를 나는 나를 가까이 하는 자 중에서 내 거룩함을 나타내겠고 온 백성 앞에서 내 영광을 나타내리라 하셨느니라 아론이 잠잠하니

4 모세가 아론의 삼촌 웃시엘의 아들 미사엘과 엘사반을 불러 그들에게 이르되 나

아와 너희 형제들을 성소 앞에서 진영

밖으로 메고 나가라 하매

5 그들이 나와 모세가 말한 대로 그들을

옷 입은 채 진영 밖으로 메어 내니

6 모세가 아론과 그의 아들 엘르아살과 이

다말에게 이르되 너희는 머리를 풀거나

옷을 찢지 말라 그리하여 너희가 죽음

을 면하고 여호와의 진노가 온 회중에게

미침을 면하게 하라 오직 너희 형제 이

스라엘 온 족속은 여호와께서 치신 불로

말미암아 슬퍼할 것이니라

7 여호와의 관유가 너희에게 있은즉 너희

는 회막 문에 나가지 말라 그리하면 죽

음을 면하리라 그들이 모세의 말대로 하

니라

제사장이 회막에 들어갈 때의 규례

8 여호와께서 아론에게 말씀하여 이르시되

9 너와 네 자손들이 회막에 들어갈 때에는

포도주나 독주를 마시지 말라 그리하여

너희 죽음을 면하라 이는 너희 대대로

지킬 영영한 규례라

10 그리하여야 너희가 거룩하고 속된 것을

분별하며 부정하고 정한 것을 분별하고

11 또 나 여호와가 모세를 통하여 모든 규

례를 이스라엘 자손에게 가르치리라

제사장이 거룩한 곳에서 먹을 제물

12 모세가 아론과 그 남은 아들 엘르아살에

게와 이다말에게 이르되 여호와께 드린

화제물 중 소제의 남은 것은 지극히 거

룩하니 너희는 그것을 취하여 누룩을 넣

지 말고 제단 곁에서 먹되

13 이는 여호와의 화제물 중 네 소득과 네

아들들의 소득인즉 너희는 그것을 거룩

한 곳에서 먹으라 내가 명령을 받았느

니라

14 흔든 가슴과 들어올린 뒷다리는 너와 네

자녀가 너와 함께 정결한 곳에서 먹을지

니 이는 이스라엘 자손의 화목제물 중에

서 네 소득과 네 아들들의 소득으로 주

신 것임이니라

15 그 들어올린 뒷다리와 흔든 가슴을 화제

물의 기름과 함께 가져다가 여호와 앞에

흔들어 요제를 삼을지니 이는 여호와의

명령대로 너와 네 자손의 영원한 소득이

니라

16 모세가 속죄제 드린 염소를 찾은즉 이미

불살랐는지라 그가 아론의 남은 아들 엘

르아살과 이다말에게 노하여 이르되

17 이 속죄제물은 지극히 거룩하거늘 너희

가 어찌하여 거룩한 곳에서 먹지 아니하

였느냐 이는 너희로 회중의 죄를 담당하

여 그들을 위하여 여호와 앞에 속죄하게

하려고 너희에게 주신 것이니라

18 그 피는 성소에 들여오지 아니하는 것이

었으니 그 제물은 너희가 내가 명령한

대로 거룩한 곳에서 먹었어야 했을 것이

니라

19 아론이 모세에게 이르되 오늘 그들이 그

속죄제와 번제를 여호와께 드렸어도 이

런 일이 내게 임하였거늘 오늘 내가 속

죄제물을 먹었더라면 여호와께서 어찌

좋게 여기셨으리요

20 모세가 그 말을 듣고 좋게 여겼더라

정한 짐승과 부정한 짐승

11 여호와께서 모세와 아론에게 말씀하여

이르시되

2 이스라엘 자손에게 말하여 이르라 육지

의 모든 짐승 중 너희가 먹을 만한 생물

은 이러하니

3 모든 짐승 중 굽이 갈라져 쪽발이 되고

새김질하는 것은 너희가 먹되

4 새김질하는 것이나 굽이 갈라진 짐승 중

에도 너희가 먹지 못할 것은 이러하니

낙타는 새김질은 하되 굽이 갈라지지 아

니하였으므로 너희에게 부정하고

5 사반도 새김질은 하되 굽이 갈라지지 아

니하였으므로 너희에게 부정하고

6 토끼도 새김질은 하되 굽이 갈라지지 아

니하였으므로 너희에게 부정하고

7 돼지는 굽이 갈라져 쪽발이로되 새김질

을 못하므로 너희에게 부정하니

8 너희는 이러한 고기를 먹지 말고 그 주

검도 만지지 말라 이것들은 너희에게 부

정하니라

9 물에 있는 모든 것 중에서 너희가 먹을

만한 것은 이것이니 강과 바다와 다른

물에 있는 모든 것 중에서 지느러미와

비늘 있는 것은 너희가 먹되

10 물에서 움직이는 모든 것과 물에서 사는

모든 것 곧 강과 바다에 있는 것으로서

지느러미와 비늘 없는 모든 것은 너희에

게 가증한 것이라

11 이들은 너희에게 가증한 것이니 너희는

그 고기를 먹지 말고 그 주검을 가증히

여기라

12 수중 생물에 지느러미와 비늘 없는 것은

너희가 혐오할 것이니라

13 새 중에 너희가 가증히 여길 것은 이것

이라 이것들이 가증한즉 먹지 말지니 곧

독수리와 솔개와 물수리와

14 말똥가리와 말똥가리 종류와

15 까마귀 종류와

16 타조와 타흐마스와 갈매기와 새매 종

류와

17 올빼미와 가마우지와 부엉이와

18 흰 올빼미와 사다새와 너새와

19 황새와 백로 종류와 오디새와 박쥐니라

20 날개가 있고 네 발로 기어 다니는 곤충

은 너희가 혐오할 것이로되

21 다만 날개가 있고 네 발로 기어 다니는
모든 곤충 중에 그 발에 뛰는 다리가 있
어서 땅에서 뛰는 것은 너희가 먹을지니

22 곧 그 중에 메뚜기 종류와 베짱이 종류
와 귀뚜라미 종류와 팥중이 종류는 너희
가 먹으려니와

23 오직 날개가 있고 기어다니는 곤충은 다
너희가 혐오할 것이니라

24 이런 것은 너희를 부정하게 하나니 누구
든지 이것들의 주검을 만지면 저녁까지
부정할 것이며

25 그 주검을 옮기는 모든 자는 그 옷을 빨
지니 저녁까지 부정하리라

26 굽이 갈라진 모든 짐승 중에 쪽발이 아
닌 것이나 새김질 아니하는 것의 주검은
다 네게 부정하니 만지는 자는 부정할
것이요

27 네 발로 다니는 모든 짐승 중 발바닥으
로 다니는 것은 다 네게 부정하니 그
주검을 만지는 자는 저녁까지 부정할
것이며

28 그 주검을 옮기는 자는 그 옷을 빨지니
저녁까지 부정하리라 그것들이 네게 부
정하니라

29 땅에 기는 길짐승 중에 네게 부정한 것
은 이러하니 곧 두더지와 쥐와 큰 도마
뱀 종류와

30 도마뱀붙이와 육지 악어와 도마뱀과 사
막 도마뱀과 카멜레온이라

31 모든 기는 것 중 이것들은 네게 부정하
니 그 주검을 만지는 모든 자는 저녁까
지 부정할 것이며

32 이런 것 중 어떤 것의 주검이 나무 그릇
에든지 의복에든지 가죽에든지 자루에든
지 무엇에 쓰는 그릇에든지 떨어지면 부

정하여지리니 물에 담그라 저녁까지 부

정하다가 정할 것이며

33 그것 중 어떤 것이 어느 질그릇에 떨어

지면 그 속에 있는 것이 다 부정하여지

나니 너는 그 그릇을 깨뜨리라

34 먹을 만한 축축한 식물이 거기 담겼으면

부정하여질 것이요 그같은 그릇에 담긴

마실 것도 부정할 것이며

35 이런 것의 주검이 물건 위에 떨어지면

그것이 모두 부정하여지리니 화덕이든지

화로이든지 깨뜨려버리라 이것이 부정하

여져서 너희에게 부정한 것이 되리라

36 샘물이나 물이 고인 웅덩이는 부정하여

지지 아니하되 그 주검에 닿는 것은 모

두 부정하여질 것이요

37 이것들의 주검이 심을 종자에 떨어지면

그것이 정하거니와

38 만일 종자에 물이 묻었을 때에 그것이

그 위에 떨어지면 너희에게 부정하리라

39 너희가 먹을 만한 짐승이 죽은 때에 그

주검을 만지는 자는 저녁까지 부정할 것

이며

40 그것을 먹는 자는 그 옷을 빨 것이요 저

녁까지 부정할 것이며 그 주검을 옮기는

자도 그의 옷을 빨 것이요 저녁까지 부

정하리라

41 땅에 기어 다니는 모든 길짐승은 가증한

즉 먹지 못할지니

42 곧 땅에 기어다니는 모든 기는 것 중에

배로 밀어 다니는 것이나 네 발로 걷는

것이나 여러 발을 가진 것이라 너희가

먹지 말지니 이것들은 가증함이니라

43 너희는 기는 바 기어다니는 것 때문에

자기를 가증하게 되게 하지 말며 또한

그것 때문에 스스로 더럽혀 부정하게 되

게 하지 말라

44 나는 여호와 너희의 하나님이라 내가 거

룩하니 너희도 몸을 구별하여 거룩하게

하고 땅에 기는 길짐승으로 말미암아 스

스로 더럽히지 말라

45 나는 너희의 하나님이 되려고 너희를 애

굽 땅에서 인도하여 낸 여호와라 내가

거룩하니 너희도 거룩할지어다

46 이는 짐승과 새와 물에서 움직이는 모든

생물과 땅에 기는 모든 길짐승에 대한

규례니

47 부정하고 정한 것과 먹을 생물과 먹지

못할 생물을 분별한 것이니라

아이를 낳은 여인에 대한 규례

12 여호와께서 모세에게 말씀하여 이르시되

2 이스라엘 자손에게 말하여 이르라 여인

이 임신하여 남자를 낳으면 그는 이레

동안 부정하리니 곧 월경할 때와 같이

부정할 것이며

3 여덟째 날에는 그 아이의 포피를 벨 것

이요

4 그 여인은 아직도 삼십삼 일을 지내야

산혈이 깨끗하리니 정결하게 되는 기한

이 차기 전에는 성물을 만지지도 말며

성소에 들어가지도 말 것이며

5 여자를 낳으면 그는 두 이레 동안 부정

하리니 월경할 때와 같을 것이며 산혈

이 깨끗하게 됨은 육십육 일을 지내야

하리라

6 아들이나 딸이나 정결하게 되는 기한이

차면 그 여인은 번제를 위하여 일 년 된

어린 양을 가져가고 속죄제를 위하여 집

비둘기 새끼나 산비둘기를 회막 문 제사

장에게로 가져갈 것이요

7 제사장은 그것을 여호와 앞에 드려서 그

여인을 위하여 속죄할지니 그리하면 산

혈이 깨끗하리라 이는 아들이나 딸을 생

산한 여인에게 대한 규례니라

8 그 여인이 어린 양을 바치기에 힘이 미치지 못하면 산비둘기 두 마리나 집비둘기 새끼 두 마리를 가져다가 하나는 번제물로, 하나는 속죄제물로 삼을 것이요 제사장은 그를 위하여 속죄할지니 그가 정결하리라

피부에 나병 같은 것이 생기거든

13 여호와께서 모세와 아론에게 말씀하여 이르시되

2 만일 사람이 그의 피부에 무엇이 돋거나 뾰루지가 나거나 색점이 생겨서 그의 피부에 나병 같은 것이 생기거든 그를 곧 제사장 아론에게나 그의 아들 중 한 제사장에게로 데리고 갈 것이요

3 제사장은 그 피부의 병을 진찰할지니 환부의 털이 희어졌고 환부가 피부보다 우묵하여졌으면 이는 나병의 환부라 제사장이 그를 진찰하여 그를 부정하다 할 것이요

4 피부에 색점이 희나 우묵하지 아니하고 그 털이 희지 아니하면 제사장은 그 환자를 이레 동안 가두어둘 것이며

5 이레 만에 제사장이 그를 진찰할지니 그가 보기에 그 환부가 변하지 아니하고 병색이 피부에 퍼지지 아니하였으면 제사장이 그를 또 이레 동안을 가두어둘 것이며

6 이레 만에 제사장이 또 진찰할지니 그 환부가 엷어졌고 병색이 피부에 퍼지지 아니하였으면 피부병이라 제사장이 그를 정하다 할 것이요 그의 옷을 빨 것이라 그리하면 정하리라

7 그러나 그가 정결한지를 제사장에게 보인 후에 병이 피부에 퍼지면 제사장에게 다시 보일 것이요

8　제사장은 진찰할지니 그 병이 피부에 퍼졌으면 그를 부정하다 할지니라 이는 나병임이니라

9　사람에게 나병이 들었거든 그를 제사장에게로 데려갈 것이요

10　제사장은 진찰할지니 피부에 흰 점이 돋고 털이 희어지고 거기 생살이 생겼으면

11　이는 그의 피부의 오랜 나병이라 제사장이 부정하다 할 것이요 그가 이미 부정하였은즉 가두어두지는 않을 것이며

12　제사장이 보기에 나병이 그 피부에 크게 발생하였으되 그 환자의 머리부터 발끝까지 퍼졌으면

13　그가 진찰할 것이요 나병이 과연 그의 전신에 퍼졌으면 그 환자를 정하다 할지니 다 희어진 자인즉 정하거니와

14　아무 때든지 그에게 생살이 보이면 그는 부정한즉

15　제사장이 생살을 진찰하고 그를 부정하다 할지니 그 생살은 부정한 것인즉 이는 나병이며

16　그 생살이 변하여 다시 희어지면 제사장에게로 갈 것이요

17　제사장은 그를 진찰하여서 그 환부가 희어졌으면 환자를 정하다 할지니 그는 정하니라

18　피부에 종기가 생겼다가 나았고

19　그 종처에 흰 점이 돋거나 희고 불그스름한 색점이 생겼으면 제사장에게 보일 것이요

20　그는 진찰하여 피부보다 얕고 그 털이 희면 그를 부정하다 할지니 이는 종기로 된 나병의 환부임이니라

21　그러나 제사장이 진찰하여 거기 흰 털이 없고 피부보다 얕지 아니하고 빛이 엷으면 제사장은 그를 이레 동안 가두어둘

것이며

22 그 병이 크게 피부에 퍼졌으면 제사장은 그를 부정하다 할지니 이는 환부임이니라

23 그러나 그 색점이 여전하고 퍼지지 아니하였으면 이는 종기 흔적이니 제사장은 그를 정하다 할지니라

24 피부가 불에 데었는데 그 덴 곳에 불그스름하고 희거나 순전히 흰 색점이 생기면

25 제사장은 진찰할지니 그 색점의 털이 희고 그 자리가 피부보다 우묵하면 이는 화상에서 생긴 나병인즉 제사장이 그를 부정하다 할 것은 나병의 환부가 됨이니라

26 그러나 제사장이 보기에 그 색점에 흰 털이 없으며 그 자리가 피부보다 얕지 아니하고 빛이 엷으면 그는 그를 이레

동안 가두어둘 것이며

27 이레 만에 제사장이 그를 진찰할지니 만일 병이 크게 피부에 퍼졌으면 그가 그를 부정하다 할 것은 나병의 환부임이니라

28 만일 색점이 여전하여 피부에 퍼지지 아니하고 빛이 엷으면 화상으로 부은 것이니 제사장이 그를 정하다 할 것은 이는 화상의 흔적임이니라

29 남자나 여자의 머리에나 수염에 환부가 있으면

30 제사장은 진찰할지니 환부가 피부보다 우묵하고 그 자리에 누르스름하고 가는 털이 있으면 그가 그를 부정하다 할 것은 이는 옴이니라 머리에나 수염에 발생한 나병임이니라

31 만일 제사장이 보기에 그 옴의 환부가 피부보다 우묵하지 아니하고 그 자리에

검은 털이 없으면 제사장은 그 옴 환자를 이레 동안 가두어둘 것이며

32 이레 만에 제사장은 그 환부를 진찰할지니 그 옴이 퍼지지 아니하고 그 자리에 누르스름한 털이 없고 피부보다 우묵하지 아니하면

33 그는 모발을 밀되 환부는 밀지 말 것이요 제사장은 옴 환자를 또 이레 동안 가두어둘 것이며

34 이레 만에 제사장은 그 옴을 또 진찰할지니 그 옴이 피부에 퍼지지 아니하고 피부보다 우묵하지 아니하면 그는 그를 정하다 할 것이요 그는 자기의 옷을 빨아서 정하게 되려니와

35 깨끗한 후에라도 옴이 크게 피부에 퍼지면

36 제사장은 그를 진찰할지니 과연 옴이 피부에 퍼졌으면 누른 털을 찾을 것 없이 그는 부정하니라

37 그러나 제사장이 보기에 옴이 여전하고 그 자리에 검은 털이 났으면 그 옴은 나았고 그 사람은 정하니 제사장은 그를 정하다 할지니라

38 남자나 여자의 피부에 색점 곧 흰 색점이 있으면

39 제사장은 진찰할지니 그 피부의 색점이 부유스름하면 이는 피부에 발생한 어루러기라 그는 정하니라

40 누구든지 그 머리털이 빠지면 그는 대머리니 정하고

41 앞머리가 빠져도 그는 이마 대머리니 정하니라

42 그러나 대머리나 이마 대머리에 희고 불그스름한 색점이 있으면 이는 나병이 대머리에나 이마 대머리에 발생함이라

43 제사장은 그를 진찰할지니 그 대머리에

나 이마 대머리에 돋은 색점이 희고 불

그스름하여 피부에 발생한 나병과 같

으면

44 이는 나병 환자라 부정하니 제사장이 그

를 확실히 부정하다고 할 것은 그 환부

가 그 머리에 있음이니라

45 나병 환자는 옷을 찢고 머리를 풀며 윗

입술을 가리고 외치기를 부정하다 부정

하다 할 것이요

46 병 있는 날 동안은 늘 부정할 것이라 그

가 부정한즉 혼자 살되 진영 밖에서 살

지니라

의복이나 가죽에 생기는 곰팡이

47 만일 의복에 나병 색점이 발생하여 털옷

에나 베옷에나

48 베나 털의 날에나 씨에나 혹 가죽에나

가죽으로 만든 모든 것에 있으되

49 그 의복에나 가죽에나 그 날에나 씨에나

가죽으로 만든 모든 것에 병색이 푸르거

나 붉으면 이는 나병의 색점이라 제사장

에게 보일 것이요

50 제사장은 그 색점을 진찰하고 그것을 이

레 동안 간직하였다가

51 이레 만에 그 색점을 살필지니 그 색점

이 그 의복의 날에나 씨에나 가죽에나

가죽으로 만든 것에 퍼졌으면 이는 악성

나병이라 그것이 부정하므로

52 그는 그 색점 있는 의복이나 털이나 베

의 날이나 씨나 모든 가죽으로 만든 것

을 불사를지니 이는 악성 나병인즉 그것

을 불사를지니라

53 그러나 제사장이 보기에 그 색점이 그

의복의 날에나 씨에나 모든 가죽으로 만

든 것에 퍼지지 아니하였으면

54 제사장은 명령하여 그 색점 있는 것을

빨게 하고 또 이레 동안 간직하였다가

55 그 빤 곳을 볼지니 그 색점의 빛이 변하지 아니하고 그 색점이 퍼지지 아니하였으면 부정하니 너는 그것을 불사르라 이는 거죽에 있든지 속에 있든지 악성 나병이니라

56 빤 후에 제사장이 보기에 그 색점이 엷으면 그 의복에서나 가죽에서나 그 날에서나 씨에서나 그 색점을 찢어 버릴 것이요

57 그 의복의 날에나 씨에나 가죽으로 만든 모든 것에 색점이 여전히 보이면 재발하는 것이니 너는 그 색점 있는 것을 불사를지니라

58 네가 빤 의복의 날에나 씨에나 가죽으로 만든 모든 것에 그 색점이 벗겨졌으면 그것을 다시 빨아야 정하리라

59 이는 털옷에나 베옷에나 그 날에나 씨에나 가죽으로 만든 모든 것에 발생한 나병 색점의 정하고 부정한 것을 진단하는 규례니라

환자가 정결하게 되는 날의 규례

14 여호와께서 모세에게 말씀하여 이르시되

2 나병 환자가 정결하게 되는 날의 규례는 이러하니 곧 그 사람을 제사장에게로 데려갈 것이요

3 제사장은 진영에서 나가 진찰할지니 그 환자에게 있던 나병 환부가 나았으면

4 제사장은 그 정결함을 받을 자를 위하여 명령하여 살아 있는 정결한 새 두 마리와 백향목과 홍색 실과 우슬초를 가져오게 하고

5 제사장은 또 명령하여 그 새 하나는 흐르는 물 위 질그릇 안에서 잡게 하고

6 다른 새는 산 채로 가져다가 백향목과 홍색 실과 우슬초와 함께 가져다가 흐르

는 물 위에서 잡은 새의 피를 찍어

7 나병에서 정결함을 받을 자에게 일곱 번 뿌려 정하다 하고 그 살아 있는 새는 들에 놓을지며

8 정결함을 받는 자는 그의 옷을 빨고 모든 털을 밀고 물로 몸을 씻을 것이라 그리하면 정하리니 그 후에 진영에 들어올 것이나 자기 장막 밖에 이레를 머물 것이요

9 일곱째 날에 그는 모든 털을 밀되 머리털과 수염과 눈썹을 다 밀고 그의 옷을 빨고 몸을 물에 씻을 것이라 그리하면 정하리라

10 여덟째 날에 그는 흠 없는 어린 숫양 두 마리와 일 년 된 흠 없는 어린 암양 한 마리와 또 고운 가루 십분의 삼 에바에 기름 섞은 소제물과 기름 한 록을 취할 것이요

11 정결하게 하는 제사장은 정결함을 받을 자와 그 물건들을 회막 문 여호와 앞에 두고

12 어린 숫양 한 마리를 가져다가 기름 한 록과 아울러 속건제로 드리되 여호와 앞에 흔들어 요제를 삼고

13 그 어린 숫양은 거룩한 장소 곧 속죄제와 번제물 잡는 곳에서 잡을 것이며 속건제물은 속죄제물과 마찬가지로 제사장에게 돌릴지니 이는 지극히 거룩한 것이니라

14 제사장은 그 속건제물의 피를 취하여 정결함을 받을 자의 오른쪽 귓부리와 오른쪽 엄지 손가락과 오른쪽 엄지 발가락에 바를 것이요

15 제사장은 또 그 한 록의 기름을 취하여 자기 왼쪽 손바닥에 따르고

16 오른쪽 손가락으로 왼쪽 손의 기름을 찍

어 그 손가락으로 그것을 여호와 앞에 일곱 번 뿌릴 것이요

17 손에 남은 기름은 제사장이 정결함을 받을 자의 오른쪽 귓부리와 오른쪽 엄지 손가락과 오른쪽 엄지 발가락 곧 속건제물의 피 위에 바를 것이며

18 아직도 그 손에 남은 기름은 제사장이 그 정결함을 받는 자의 머리에 바르고 제사장은 여호와 앞에서 그를 위하여 속죄하고

19 또 제사장은 속죄제를 드려 그 부정함으로 말미암아 정결함을 받을 자를 위하여 속죄하고 그 후에 번제물을 잡을 것이요

20 제사장은 그 번제와 소제를 제단에 드려 그를 위하여 속죄할 것이라 그리하면 그가 정결하리라

21 만일 그가 가난하여 그의 힘이 미치지 못하면 그는 흔들어 자기를 속죄할 속건

제를 위하여 어린 숫양 한 마리와 소제를 위하여 고운 가루 십분의 일 에바에 기름 섞은 것과 기름 한 록을 취하고

22 그의 힘이 미치는 대로 산비둘기 둘이나 집비둘기 새끼 둘을 가져다가 하나는 속죄제물로, 하나는 번제물로 삼아

23 여덟째 날에 그 결례를 위하여 그것들을 회막 문 여호와 앞 제사장에게로 가져갈 것이요

24 제사장은 속건제의 어린 양과 기름 한 록을 가져다가 여호와 앞에 흔들어 요제를 삼고

25 속건제의 어린 양을 잡아서 제사장은 그 속건제물의 피를 가져다가 정결함을 받을 자의 오른쪽 귓부리와 오른쪽 엄지 손가락과 오른쪽 엄지 발가락에 바를 것이요

26 제사장은 그 기름을 자기 왼쪽 손바닥에

따르고

27 오른쪽 손가락으로 왼쪽 손의 기름을

조금 찍어 여호와 앞에 일곱 번 뿌릴 것

이요

28 그 손의 기름은 제사장이 정결함을 받을

자의 오른쪽 귓부리와 오른쪽 엄지 손가

락과 오른쪽 엄지 발가락 곧 속건제물의

피를 바른 곳에 바를 것이며

29 또 그 손에 남은 기름은 제사장이 그 정

결함을 받는 자의 머리에 발라 여호와

앞에서 그를 위하여 속죄할 것이며

30 그는 힘이 미치는 대로 산비둘기 한 마

리나 집비둘기 새끼 한 마리를 드리되

31 곧 그의 힘이 미치는 대로 한 마리는 속

죄제로, 한 마리는 소제와 함께 번제로

드릴 것이요 제사장은 정결함을 받을 자

를 위하여 여호와 앞에 속죄할지니

32 나병 환자로서 그 정결예식에 그의 힘이

미치지 못한 자의 규례가 그러하니라

집에 생기는 곰팡이

33 여호와께서 모세와 아론에게 말씀하여

이르시되

34 내가 네게 기업으로 주는 가나안 땅에

너희가 이를 때에 너희 기업의 땅에서

어떤 집에 나병 색점을 발생하게 하거든

35 그 집 주인은 제사장에게 가서 말하여

알리기를 무슨 색점이 집에 생겼다 할

것이요

36 제사장은 그 색점을 살펴보러 가기 전에

그 집안에 있는 모든 것이 부정을 면하

게 하기 위하여 그 집을 비우도록 명령

한 후에 들어가서 그 집을 볼지니

37 그 색점을 볼 때에 그 집 벽에 푸르거나

붉은 무늬의 색점이 있어 벽보다 우묵

하면

38 제사장은 그 집 문으로 나와 그 집을 이

레 동안 폐쇄하였다가

39 이레 만에 또 가서 살펴볼 것이요 그 색점이 벽에 퍼졌으면

40 그는 명령하여 색점 있는 돌을 빼내어 성 밖 부정한 곳에 버리게 하고

41 또 집 안 사방을 긁게 하고 그 긁은 흙을 성 밖 부정한 곳에 쏟아버리게 할 것이요

42 그들은 다른 돌로 그 돌을 대신하며 다른 흙으로 집에 바를지니라

43 돌을 빼내며 집을 긁고 고쳐 바른 후에 색점이 집에 재발하면

44 제사장은 또 가서 살펴볼 것이요 그 색점이 만일 집에 퍼졌으면 악성 나병인즉 이는 부정하니

45 그는 그 집을 헐고 돌과 그 재목과 그 집의 모든 흙을 성 밖 부정한 곳으로 내어 갈 것이며

46 그 집을 폐쇄한 날 동안에 들어가는 자

는 저녁까지 부정할 것이요

47 그 집에서 자는 자는 그의 옷을 빨 것이요 그 집에서 먹는 자도 그의 옷을 빨 것이니라

48 그 집을 고쳐 바른 후에 제사장이 들어가 살펴보아서 색점이 집에 퍼지지 아니하였으면 이는 색점이 나은 것이니 제사장은 그 집을 정하다 하고

49 그는 그 집을 정결하게 하기 위하여 새 두 마리와 백향목과 홍색 실과 우슬초를 가져다가

50 그 새 하나를 흐르는 물 위 질그릇 안에서 잡고

51 백향목과 우슬초와 홍색 실과 살아 있는 새를 가져다가 잡은 새의 피와 흐르는 물을 찍어 그 집에 일곱 번 뿌릴 것이요

52 그는 새의 피와 흐르는 물과 살아 있는 새와 백향목과 우슬초와 홍색 실로 집을

정결하게 하고

53 그 살아 있는 새는 성 밖 들에 놓아 주고 그 집을 위하여 속죄할 것이라 그러면 정결하리라

54 이는 각종 나병 환부에 대한 규례니 곧 옴과

55 의복과 가옥의 나병과

56 돋는 것과 뾰루지와 색점이

57 어느 때는 부정하고 어느 때는 정함을 가르치는 것이니 나병의 규례가 이러하니라

몸에 유출병이 있으면

15 여호와께서 모세와 아론에게 말씀하여 이르시되

2 이스라엘 자손에게 말하여 이르라 누구든지 그의 몸에 유출병이 있으면 그 유출병으로 말미암아 부정한 자라

3 그의 유출병으로 말미암아 부정함이 이러하니 곧 그의 몸에서 흘러 나오든지 그의 몸에서 흘러 나오는 것이 막혔든지 부정한즉

4 유출병 있는 자가 눕는 침상은 다 부정하고 그가 앉았던 자리도 다 부정하니

5 그의 침상에 접촉하는 자는 그의 옷을 빨고 물로 몸을 씻을 것이며 저녁까지 부정하리라

6 유출병이 있는 자가 앉았던 자리에 앉는 자는 그의 옷을 빨고 물로 씻을 것이요 저녁까지 부정하리라

7 유출병이 있는 자의 몸에 접촉하는 자는 그의 옷을 빨고 물로 몸을 씻을 것이며 저녁까지 부정하리라

8 유출병이 있는 자가 정한 자에게 침을 뱉으면 정한 자는 그의 옷을 빨고 물로 몸을 씻을 것이며 저녁까지 부정하리라

9 유출병이 있는 자가 탔던 안장은 다 부

정하며

10 그의 몸 아래에 닿았던 것에 접촉한 자는 다 저녁까지 부정하며 그런 것을 옮기는 자는 그의 옷을 빨고 물로 몸을 씻을 것이며 저녁까지 부정하리라

11 유출병이 있는 자가 물로 그의 손을 씻지 아니하고 아무든지 만지면 그 자는 그의 옷을 빨고 물로 몸을 씻을 것이며 저녁까지 부정하리라

12 유출병이 있는 자가 만진 질그릇은 깨뜨리고 나무 그릇은 다 물로 씻을지니라

13 유출병이 있는 자는 그의 유출이 깨끗해지거든 그가 정결하게 되기 위하여 이레를 센 후에 옷을 빨고 흐르는 물에 그의 몸을 씻을 것이라 그러면 그가 정하리니

14 여덟째 날에 산비둘기 두 마리나 집비둘기 새끼 두 마리를 자기를 위하여 가져다가 회막 문 여호와 앞으로 가서 제사

장에게 줄 것이요

15 제사장은 그 한 마리는 속죄제로, 다른 한 마리는 번제로 드려 그의 유출병으로 말미암아 여호와 앞에서 속죄할지니라

16 설정한 자는 전신을 물로 씻을 것이며 저녁까지 부정하리라

17 정수가 묻은 모든 옷과 가죽은 물에 빨 것이며 저녁까지 부정하리라

18 남녀가 동침하여 설정하였거든 둘 다 물로 몸을 씻을 것이며 저녁까지 부정하리라

여인이 유출을 하면

19 어떤 여인이 유출을 하되 그의 몸에 그의 유출이 피이면 이레 동안 불결하니 그를 만지는 자마다 저녁까지 부정할 것이요

20 그가 불결할 동안에는 그가 누웠던 자리도 다 부정하며 그가 앉았던 자리도 다

부정한즉

21 그의 침상을 만지는 자는 다 그의 옷을 빨고 물로 몸을 씻을 것이요 저녁까지 부정할 것이며

22 그가 앉은 자리를 만지는 자도 다 그들의 옷을 빨고 물로 몸을 씻을 것이요 저녁까지 부정할 것이며

23 그의 침상 위에나 그가 앉은 자리 위에 있는 것을 만지는 모든 자도 저녁까지 부정할 것이며

24 누구든지 이 여인과 동침하여 그의 불결함에 전염되면 이레 동안 부정할 것이라 그가 눕는 침상은 다 부정하니라

25 만일 여인의 피의 유출이 그의 불결기가 아닌데도 여러 날이 간다든지 그 유출이 그의 불결기를 지나도 계속되면 그 부정을 유출하는 모든 날 동안은 그 불결한 때와 같이 부정한즉

26 그의 유출이 있는 모든 날 동안에 그가 눕는 침상은 그에게 불결한 때의 침상과 같고 그가 앉는 모든 자리도 부정함이 불결한 때의 부정과 같으니

27 그것들을 만지는 자는 다 부정한즉 그의 옷을 빨고 물로 몸을 씻을 것이며 저녁까지 부정할 것이요

28 그의 유출이 그치면 이레를 센 후에야 정하리니

29 그는 여덟째 날에 산비둘기 두 마리나 집비둘기 새끼 두 마리를 자기를 위하여 가져다가 회막 문 앞 제사장에게로 가져 갈 것이요

30 제사장은 그 한 마리는 속죄제로, 다른 한 마리는 번제로 드려 유출로 부정한 여인을 위하여 여호와 앞에서 속죄할지니라

31 너희는 이와 같이 이스라엘 자손이 그들

의 부정에서 떠나게 하여 그들 가운데에

있는 내 성막을 그들이 더럽히고 그들이

부정한 중에서 죽지 않도록 할지니라

32 이 규례는 유출병이 있는 자와 설정함으

로 부정하게 된 자와

33 불결기의 앓는 여인과 유출병이 있는 남

녀와 그리고 불결한 여인과 동침한 자에

대한 것이니라

속죄일

16 아론의 두 아들이 여호와 앞에 나아가다

가 죽은 후에 여호와께서 모세에게 말씀

하시니라

2 여호와께서 모세에게 이르시되 네 형 아

론에게 이르라 성소의 휘장 안 법궤 위

속죄소 앞에 아무 때나 들어오지 말라

그리하여 죽지 않도록 하라 이는 내가

구름 가운데에서 속죄소 위에 나타남이

니라

3 아론이 성소에 들어오려면 수송아지를

속죄제물로 삼고 숫양을 번제물로 삼고

4 거룩한 세마포 속옷을 입으며 세마포 속

바지를 몸에 입고 세마포 띠를 띠며 세

마포 관을 쓸지니 이것들은 거룩한 옷이

라 물로 그의 몸을 씻고 입을 것이며

5 이스라엘 자손의 회중에게서 속죄제물

로 삼기 위하여 숫염소 두 마리와 번제

물로 삼기 위하여 숫양 한 마리를 가져

갈지니라

6 아론은 자기를 위한 속죄제의 수송아지

를 드리되 자기와 집안을 위하여 속죄

하고

7 또 그 두 염소를 가지고 회막 문 여호와

앞에 두고

8 두 염소를 위하여 제비 뽑되 한 제비는

여호와를 위하고 한 제비는 아사셀을 위

하여 할지며

9 아론은 여호와를 위하여 제비 뽑은 염소를 속죄제로 드리고

10 아사셀을 위하여 제비 뽑은 염소는 산 채로 여호와 앞에 두었다가 그것으로 속죄하고 아사셀을 위하여 광야로 보낼지니라

11 아론은 자기를 위한 속죄제의 수송아지를 드리되 자기와 집안을 위하여 속죄하고 자기를 위한 그 속죄제 수송아지를 잡고

12 향로를 가져다가 여호와 앞 제단 위에서 피운 불을 그것에 채우고 또 곱게 간 향기로운 향을 두 손에 채워 가지고 휘장 안에 들어가서

13 여호와 앞에서 분향하여 향연으로 증거궤 위 속죄소를 가리게 할지니 그리하면 그가 죽지 아니할 것이며

14 그는 또 수송아지의 피를 가져다가 손가락으로 속죄소 동쪽에 뿌리고 또 손가락으로 그 피를 속죄소 앞에 일곱 번 뿌릴 것이며

15 또 백성을 위한 속죄제 염소를 잡아 그 피를 가지고 휘장 안에 들어가서 그 수송아지 피로 행함 같이 그 피로 행하여 속죄소 위와 속죄소 앞에 뿌릴지니

16 곧 이스라엘 자손의 부정과 그들이 범한 모든 죄로 말미암아 지성소를 위하여 속죄하고 또 그들의 부정한 중에 있는 회막을 위하여 그같이 할 것이요

17 그가 지성소에 속죄하러 들어가서 자기와 그의 집안과 이스라엘 온 회중을 위하여 속죄하고 나오기까지는 누구든지 회막에 있지 못할 것이며

18 그는 여호와 앞 제단으로 나와서 그것을 위하여 속죄할지니 곧 그 수송아지의 피와 염소의 피를 가져다가 제단 귀퉁이

뿔들에 바르고

19 또 손가락으로 그 피를 그 위에 일곱 번 뿌려 이스라엘 자손의 부정에서 제단을 성결하게 할 것이요

20 그 지성소와 회막과 제단을 위하여 속죄하기를 마친 후에 살아 있는 염소를 드리되

21 아론은 그의 두 손으로 살아 있는 염소의 머리에 안수하여 이스라엘 자손의 모든 불의와 그 범한 모든 죄를 아뢰고 그 죄를 염소의 머리에 두어 미리 정한 사람에게 맡겨 광야로 보낼지니

22 염소가 그들의 모든 불의를 지고 접근하기 어려운 땅에 이르거든 그는 그 염소를 광야에 놓을지니라

23 아론은 회막에 들어가서 지성소에 들어갈 때에 입었던 세마포 옷을 벗어 거기 두고

24 거룩한 곳에서 물로 그의 몸을 씻고 자기 옷을 입고 나와서 자기의 번제와 백성의 번제를 드려 자기와 백성을 위하여 속죄하고

25 속죄제물의 기름을 제단에서 불사를 것이요

26 염소를 아사셀에게 보낸 자는 그의 옷을 빨고 물로 그의 몸을 씻은 후에 진영에 들어갈 것이며

27 속죄제 수송아지와 속죄제 염소의 피를 성소로 들여다가 속죄하였은즉 그 가죽과 고기와 똥을 밖으로 내다가 불사를 것이요

28 불사른 자는 그의 옷을 빨고 물로 그의 몸을 씻은 후에 진영에 들어갈지니라

29 너희는 영원히 이 규례를 지킬지니라 일곱째 달 곧 그 달 십일에 너희는 스스로 괴롭게 하고 아무 일도 하지 말되 본토

인이든지 너희 중에 거류하는 거류민이

든지 그리하라

30 이 날에 너희를 위하여 속죄하여 너희를

정결하게 하리니 너희의 모든 죄에서 너

희가 여호와 앞에 정결하리라

31 이는 너희에게 안식일 중의 안식일인즉

너희는 스스로 괴롭게 할지니 영원히 지

킬 규례라

32 기름 부음을 받고 위임되어 자기의 아버

지를 대신하여 제사장의 직분을 행하는

제사장은 속죄하되 세마포 옷 곧 거룩한

옷을 입고

33 지성소를 속죄하며 회막과 제단을 속죄

하고 또 제사장들과 백성의 회중을 위하

여 속죄할지니

34 이는 너희가 영원히 지킬 규례라 이스라

엘 자손의 모든 죄를 위하여 일 년에 한

번 속죄할 것이니라 아론이 여호와께서

모세에게 명령하신 대로 행하니라

제물을 드릴 곳

17 여호와께서 모세에게 말씀하여 이르

시되

2 아론과 그의 아들들과 이스라엘의 모든

자손에게 말하여 그들에게 이르기를 여

호와의 명령이 이러하시다 하라

3 이스라엘 집의 모든 사람이 소나 어린

양이나 염소를 진영 안에서 잡든지 진영

밖에서 잡든지

4 먼저 회막 문으로 끌고 가서 여호와의

성막 앞에서 여호와께 예물로 드리지 아

니하는 자는 피 흘린 자로 여길 것이라

그가 피를 흘렸은즉 자기 백성 중에서

끊어지리라

5 그런즉 이스라엘 자손이 들에서 잡던 그

들의 제물을 회막 문 여호와께로 끌고

가서 제사장에게 주어 화목제로 여호와

께 드려야 할 것이요

6 제사장은 그 피를 회막 문 여호와의 제단에 뿌리고 그 기름을 불살라 여호와께 향기로운 냄새가 되게 할 것이라

7 그들은 전에 음란하게 섬기던 숫염소에게 다시 제사하지 말 것이니라 이는 그들이 대대로 지킬 영원한 규례니라

8 너는 또 그들에게 이르라 이스라엘 집 사람이나 혹은 그들 중에 거류하는 거류민이 번제나 제물을 드리되

9 회막 문으로 가져다가 여호와께 드리지 아니하면 그는 백성 중에서 끊어지리라

피를 먹지 말라

10 이스라엘 집 사람이나 그들 중에 거류하는 거류민 중에 무슨 피든지 먹는 자가 있으면 내가 그 피를 먹는 그 사람에게는 내 얼굴을 대하여 그를 백성 중에서 끊으리니

11 육체의 생명은 피에 있음이라 내가 이 피를 너희에게 주어 제단에 뿌려 너희의 생명을 위하여 속죄하게 하였나니 생명이 피에 있으므로 피가 죄를 속하느니라

12 그러므로 내가 이스라엘 자손에게 말하기를 너희 중에 아무도 피를 먹지 말며 너희 중에 거류하는 거류민이라도 피를 먹지 말라 하였나니

13 모든 이스라엘 자손이나 그들 중에 거류하는 거류민이 먹을 만한 짐승이나 새를 사냥하여 잡거든 그것의 피를 흘리고 흙으로 덮을지니라

14 모든 생물은 그 피가 생명과 일체라 그러므로 내가 이스라엘 자손에게 이르기를 너희는 어떤 육체의 피든지 먹지 말라 하였나니 모든 육체의 생명은 그것의 피인즉 그 피를 먹는 모든 자는 끊어지리라

15 또 스스로 죽은 것이나 들짐승에게 찢겨 죽은 것을 먹은 모든 자는 본토인이거나 거류민이거나 그의 옷을 빨고 물로 몸을 씻을 것이며 저녁까지 부정하고 그 후에는 정하려니와

16 그가 빨지 아니하거나 그의 몸을 물로 씻지 아니하면 그가 죄를 담당하리라

가증한 풍속을 따르지 말라

18 여호와께서 모세에게 말씀하여 이르시되

2 너는 이스라엘 자손에게 말하여 이르라 나는 여호와 너희의 하나님이니라

3 너희는 너희가 거주하던 애굽 땅의 풍속을 따르지 말며 내가 너희를 인도할 가나안 땅의 풍속과 규례도 행하지 말고

4 너희는 내 법도를 따르며 내 규례를 지켜 그대로 행하라 나는 너희의 하나님 여호와이니라

5 너희는 내 규례와 법도를 지키라 사람이 이를 행하면 그로 말미암아 살리라 나는 여호와이니라

6 각 사람은 자기의 살붙이를 가까이 하여 그의 하체를 범하지 말라 나는 여호와이니라

7 네 어머니의 하체는 곧 네 아버지의 하체이니 너는 범하지 말라 그는 네 어머니인즉 너는 그의 하체를 범하지 말지니라

8 너는 네 아버지의 아내의 하체를 범하지 말라 이는 네 아버지의 하체니라

9 너는 네 자매 곧 네 아버지의 딸이나 네 어머니의 딸이나 집에서나 다른 곳에서 출생하였음을 막론하고 그들의 하체를 범하지 말지니라

10 네 손녀나 네 외손녀의 하체를 범하지 말라 이는 네 하체니라

11 네 아버지의 아내가 네 아버지에게 낳은

딸은 네 누이니 너는 그의 하체를 범하지 말지니라

12 너는 네 고모의 하체를 범하지 말라 그는 네 아버지의 살붙이니라

13 너는 네 이모의 하체를 범하지 말라 그는 네 어머니의 살붙이니라

14 너는 네 아버지 형제의 아내를 가까이 하여 그의 하체를 범하지 말라 그는 네 숙모니라

15 너는 네 며느리의 하체를 범하지 말라 그는 네 아들의 아내이니 그의 하체를 범하지 말지니라

16 너는 네 형제의 아내의 하체를 범하지 말라 이는 네 형제의 하체니라

17 너는 여인과 그 여인의 딸의 하체를 아울러 범하지 말며 또 그 여인의 손녀나 외손녀를 아울러 데려다가 그의 하체를 범하지 말라 그들은 그의 살붙이이니 이

는 악행이니라

18 너는 아내가 생존할 동안에 그의 자매를 데려다가 그의 하체를 범하여 그로 질투하게 하지 말지니라

19 너는 여인이 월경으로 불결한 동안에 그에게 가까이 하여 그의 하체를 범하지 말지니라

20 너는 네 이웃의 아내와 동침하여 설정하므로 그 여자와 함께 자기를 더럽히지 말지니라

21 너는 결단코 자녀를 몰렉에게 주어 불로 통과하게 함으로 네 하나님의 이름을 욕되게 하지 말라 나는 여호와이니라

22 너는 여자와 동침함 같이 남자와 동침하지 말라 이는 가증한 일이니라

23 너는 짐승과 교합하여 자기를 더럽히지 말며 여자는 짐승 앞에 서서 그것과 교접하지 말라 이는 문란한 일이니라

24 너희는 이 모든 일로 스스로 더럽히지 말라 내가 너희 앞에서 쫓아내는 족속들이 이 이 모든 일로 말미암아 더러워졌고

25 그 땅도 더러워졌으므로 내가 그 악으로 말미암아 벌하고 그 땅도 스스로 그 주민을 토하여 내느니라

26 그러므로 너희 곧 너희의 동족이나 혹은 너희 중에 거류하는 거류민이나 내 규례와 내 법도를 지키고 이런 가증한 일의 하나라도 행하지 말라

27 너희 전에 있던 그 땅 주민이 이 모든 가증한 일을 행하였고 그 땅도 더러워졌느니라

28 너희도 더럽히면 그 땅이 너희가 있기 전 주민을 토함 같이 너희를 토할까 하노라

29 이 가증한 모든 일을 행하는 자는 그 백성 중에서 끊어지리라

30 그러므로 너희는 내 명령을 지키고 너희가 들어가기 전에 행하던 가증한 풍속을 하나라도 따름으로 스스로 더럽히지 말라 나는 너희의 하나님 여호와이니라

너희는 거룩하라

19 여호와께서 모세에게 말씀하여 이르시되

2 너는 이스라엘 자손의 온 회중에게 말하여 이르라 너희는 거룩하라 이는 나 여호와 너희 하나님이 거룩함이니라

3 너희 각 사람은 부모를 경외하고 나의 안식일을 지키라 나는 너희의 하나님 여호와이니라

4 너희는 헛된 것들에게로 향하지 말며 너희를 위하여 신상들을 부어 만들지 말라 나는 너희의 하나님 여호와이니라

5 너희는 화목제물을 여호와께 드릴 때에 기쁘게 받으시도록 드리고

6 그 제물은 드리는 날과 이튿날에 먹고

셋째 날까지 남았거든 불사르라

7 셋째 날에 조금이라도 먹으면 가증한 것이 되어 기쁘게 받으심이 되지 못하고

8 그것을 먹는 자는 여호와의 성물을 더럽힘으로 말미암아 죄를 담당하리니 그가 그의 백성 중에서 끊어지리라

9 너희가 너희의 땅에서 곡식을 거둘 때에 너는 밭 모퉁이까지 다 거두지 말고 네 떨어진 이삭도 줍지 말며

10 네 포도원의 열매를 다 따지 말며 네 포도원에 떨어진 열매도 줍지 말고 가난한 사람과 거류민을 위하여 버려두라 나는 너희의 하나님 여호와이니라

11 너희는 도둑질하지 말며 속이지 말며 서로 거짓말하지 말며

12 너희는 내 이름으로 거짓 맹세함으로 네 하나님의 이름을 욕되게 하지 말라 나는 여호와이니라

13 너는 네 이웃을 억압하지 말며 착취하지 말며 품꾼의 삯을 아침까지 밤새도록 네게 두지 말며

14 너는 귀먹은 자를 저주하지 말며 맹인 앞에 장애물을 놓지 말고 네 하나님을 경외하라 나는 여호와이니라

15 너희는 재판할 때에 불의를 행하지 말며 가난한 자의 편을 들지 말며 세력 있는 자라고 두둔하지 말고 공의로 사람을 재판할지며

16 너는 네 백성 중에 돌아다니며 사람을 비방하지 말며 네 이웃의 피를 흘려 이익을 도모하지 말라 나는 여호와이니라

17 너는 네 형제를 마음으로 미워하지 말며 네 이웃을 반드시 견책하라 그러면 네가 그에 대하여 죄를 담당하지 아니하리라

18 원수를 갚지 말며 동포를 원망하지 말며 네 이웃 사랑하기를 네 자신과 같이 사

랑하라 나는 여호와이니라

19 너희는 내 규례를 지킬지어다 네 가축을

다른 종류와 교미시키지 말며 네 밭에

두 종자를 섞어 뿌리지 말며 두 재료로

직조한 옷을 입지 말지며

20 만일 어떤 사람이 다른 사람과 정혼한

여종 곧 아직 속량되거나 해방되지 못한

여인과 동침하여 설정하면 그것은 책망

을 받을 일이니라 그러나 그들은 죽임을

당하지는 아니하리니 그 여인이 해방되

지 못하였기 때문이니라

21 그 남자는 그 속건제물 곧 속건제 숫양

을 회막 문 여호와께로 끌고 올 것이요

22 제사장은 그가 범한 죄를 위하여 그 속

건제의 숫양으로 여호와 앞에 속죄할 것

이요 그리하면 그가 범한 죄를 사함 받

으리라

23 너희가 그 땅에 들어가 각종 과목을 심

거든 그 열매는 아직 할례 받지 못한 것

으로 여기되 곧 삼 년 동안 너희는 그것

을 할례 받지 못한 것으로 여겨 먹지 말

것이요

24 넷째 해에는 그 모든 과실이 거룩하니

여호와께 드려 찬송할 것이며

25 다섯째 해에는 그 열매를 먹을지니 그리

하면 너희에게 그 소산이 풍성하리라 나

는 너희의 하나님 여호와이니라

26 너희는 무엇이든지 피째 먹지 말며 점을

치지 말며 술법을 행하지 말며

27 머리 가를 둥글게 깎지 말며 수염 끝을

손상하지 말며

28 죽은 자 때문에 너희의 살에 문신을 하

지 말며 무늬를 놓지 말라 나는 여호와

이니라

29 네 딸을 더럽혀 창녀가 되게 하지 말라

음행이 전국에 퍼져 죄악이 가득할까 하

노라

30 내 안식일을 지키고 내 성소를 귀히 여

기라 나는 여호와이니라

31 너희는 신접한 자와 박수를 믿지 말며

그들을 추종하여 스스로 더럽히지 말라

나는 너희 하나님 여호와이니라

32 너는 센 머리 앞에서 일어서고 노인의

얼굴을 공경하며 네 하나님을 경외하라

나는 여호와이니라

33 거류민이 너희의 땅에 거류하여 함께 있

거든 너희는 그를 학대하지 말고

34 너희와 함께 있는 거류민을 너희 중에

서 낳은 자 같이 여기며 자기 같이 사랑

하라 너희도 애굽 땅에서 거류민이 되

었었느니라 나는 너희의 하나님 여호와

이니라

35 너희는 재판할 때나 길이나 무게나 양을

잴 때 불의를 행하지 말고

36 공평한 저울과 공평한 추와 공평한 에바

와 공평한 힌을 사용하라 나는 너희를

인도하여 애굽 땅에서 나오게 한 너희의

하나님 여호와이니라

37 너희는 내 모든 규례와 내 모든 법도를

지켜 행하라 나는 여호와이니라

반드시 죽여야 하는 죄

20 여호와께서 모세에게 말씀하여 이르

시되

2 너는 이스라엘 자손에게 또 이르라 그가

이스라엘 자손이든지 이스라엘에 거류하

는 거류민이든지 그의 자식을 몰렉에게

주면 반드시 죽이되 그 지방 사람이 돌

로 칠 것이요

3 나도 그 사람에게 진노하여 그를 그의

백성 중에서 끊으리니 이는 그가 그의

자식을 몰렉에게 주어서 내 성소를 더럽

히고 내 성호를 욕되게 하였음이라

4 그가 그의 자식을 몰렉에게 주는 것을 그 지방 사람이 못 본 체하고 그를 죽이지 아니하면

5 내가 그 사람과 그의 권속에게 진노하여 그와 그를 본받아 몰렉을 음란하게 섬기는 모든 사람을 그들의 백성 중에서 끊으리라

6 접신한 자와 박수무당을 음란하게 따르는 자에게는 내가 진노하여 그를 그의 백성 중에서 끊으리니

7 너희는 스스로 깨끗하게 하여 거룩할지어다 나는 너희의 하나님 여호와이니라

8 너희는 내 규례를 지켜 행하라 나는 너희를 거룩하게 하는 여호와이니라

9 만일 누구든지 자기의 아버지나 어머니를 저주하는 자는 반드시 죽일지니 그가 자기의 아버지나 어머니를 저주하였은즉 그의 피가 자기에게로 돌아가리라

10 누구든지 남의 아내와 간음하는 자 곧 그의 이웃의 아내와 간음하는 자는 그 간부와 음부를 반드시 죽일지니라

11 누구든지 그의 아버지의 아내와 동침하는 자는 그의 아버지의 하체를 범하였은즉 둘 다 반드시 죽일지니 그들의 피가 자기들에게로 돌아가리라

12 누구든지 그의 며느리와 동침하거든 둘 다 반드시 죽일지니 그들이 가증한 일을 행하였음이라 그들의 피가 자기들에게로 돌아가리라

13 누구든지 여인과 동침하듯 남자와 동침하면 둘 다 가증한 일을 행함인즉 반드시 죽일지니 자기의 피가 자기에게로 돌아가리라

14 누구든지 아내와 자기의 장모를 함께 데리고 살면 악행인즉 그와 그들을 함께 불사를지니 이는 너희 중에 악행이 없게

하려 함이니라

15 남자가 짐승과 교합하면 반드시 죽이고

너희는 그 짐승도 죽일 것이며

16 여자가 짐승에게 가까이 하여 교합하면

너는 여자와 짐승을 죽이되 그들을 반드

시 죽일지니 그들의 피가 자기들에게로

돌아가리라

17 누구든지 그의 자매 곧 그의 아버지의

딸이나 그의 어머니의 딸을 데려다가 그

여자의 하체를 보고 여자는 그 남자의

하체를 보면 부끄러운 일이라 그들의 민

족 앞에서 그들이 끊어질지니 그가 자기

의 자매의 하체를 범하였은즉 그가 그의

죄를 담당하리라

18 누구든지 월경 중의 여인과 동침하여 그

의 하체를 범하면 남자는 그 여인의 근

원을 드러냈고 여인은 자기의 피 근원을

드러내었음인즉 둘 다 백성 중에서 끊어

지리라

19 네 이모나 고모의 하체를 범하지 말지니

이는 살붙이의 하체인즉 그들이 그들의

죄를 담당하리라

20 누구든지 그의 숙모와 동침하면 그의 숙

부의 하체를 범함이니 그들은 그들의 죄

를 담당하여 자식이 없이 죽으리라

21 누구든지 그의 형제의 아내를 데리고

살면 더러운 일이라 그가 그의 형제의

하체를 범함이니 그들에게 자식이 없으

리라

22 너희는 나의 모든 규례와 법도를 지켜

행하라 그리하여야 내가 너희를 인도하

여 거주하게 하는 땅이 너희를 토하지

아니하리라

23 너희는 내가 너희 앞에서 쫓아내는 족속

의 풍속을 따르지 말라 그들이 이 모든

일을 행하므로 내가 그들을 가증히 여기

노라

24 내가 전에 너희에게 이르기를 너희가 그들의 땅을 기업으로 받을 것이라 내가 그 땅 곧 젖과 꿀이 흐르는 땅을 너희에게 주어 유업을 삼게 하리라 하였노라 나는 너희를 만민 중에서 구별한 너희의 하나님 여호와이니라

25 너희는 짐승이 정하고 부정함과 새가 정하고 부정함을 구별하고 내가 너희를 위하여 부정한 것으로 구별한 짐승이나 새나 땅에 기는 것들로 너희의 몸을 더럽히지 말라

26 너희는 나에게 거룩할지어다 이는 나 여호와가 거룩하고 내가 또 너희를 나의 소유로 삼으려고 너희를 만민 중에서 구별하였음이니라

27 남자나 여자가 접신하거나 박수무당이 되거든 반드시 죽일지니 곧 돌로 그를

치라 그들의 피가 자기들에게로 돌아가리라

제사장이 지켜야 할 규례

21 여호와께서 모세에게 이르시되 아론의 자손 제사장들에게 말하여 이르라 그의 백성 중에서 죽은 자를 만짐으로 말미암아 스스로를 더럽히지 말려니와

2 그의 살붙이인 그의 어머니나 그의 아버지나 그의 아들이나 그의 딸이나 그의 형제나

3 출가하지 아니한 처녀인 그의 자매로 말미암아서는 몸을 더럽힐 수 있느니라

4 제사장은 그의 백성의 어른인즉 자신을 더럽혀 속되게 하지 말지니라

5 제사장들은 머리털을 깎아 대머리 같게 하지 말며 자기의 수염 양쪽을 깎지 말며 살을 베지 말고

6 그들의 하나님께 대하여 거룩하고 그들

의 하나님의 이름을 욕되게 하지 말 것이며 그들은 여호와의 화제 곧 그들의 하나님의 음식을 드리는 자인즉 거룩할 것이라

7 그들은 부정한 창녀나 이혼 당한 여인을 취하지 말지니 이는 그가 여호와 하나님께 거룩함이니라

8 너는 그를 거룩히 여기라 그는 네 하나님의 음식을 드림이니라 너는 그를 거룩히 여기라 너희를 거룩하게 하는 나 여호와는 거룩함이니라

9 어떤 제사장의 딸이든지 행음하여 자신을 속되게 하면 그의 아버지를 속되게 함이니 그를 불사를지니라

10 자기의 형제 중 관유로 부음을 받고 위임되어 그 예복을 입은 대제사장은 그의 머리를 풀지 말며 그의 옷을 찢지 말며

11 어떤 시체에든지 가까이 하지 말지니 그의 부모로 말미암아서도 더러워지게 하지 말며

12 그 성소에서 나오지 말며 그의 하나님의 성소를 속되게 하지 말라 이는 하나님께서 성별하신 관유가 그 위에 있음이니라 나는 여호와이니라

13 그는 처녀를 데려다가 아내를 삼을지니

14 과부나 이혼 당한 여자나 창녀 짓을 하는 더러운 여인을 취하지 말고 자기 백성 중에서 처녀를 취하여 아내를 삼아

15 그의 자손이 그의 백성 중에서 속되게 하지 말지니 나는 그를 거룩하게 하는 여호와임이니라

16 여호와께서 모세에게 말씀하여 이르시되

17 아론에게 말하여 이르라 누구든지 너의 자손 중 대대로 육체에 흠이 있는 자는 그 하나님의 음식을 드리려고 가까이 오지 못할 것이니라

18 누구든지 흠이 있는 자는 가까이 하지 못할지니 곧 맹인이나 다리 저는 자나 코가 불완전한 자나 지체가 더한 자나

19 발 부러진 자나 손 부러진 자나

20 등 굽은 자나 키 못 자란 자나 눈에 백막이 있는 자나 습진이나 버짐이 있는 자나 고환 상한 자나

21 제사장 아론의 자손 중에 흠이 있는 자는 나와 여호와께 화제를 드리지 못할지니 그는 흠이 있은즉 나와서 그의 하나님께 음식을 드리지 못하느니라

22 그는 그의 하나님의 음식이 지성물이든지 성물이든지 먹을 것이나

23 휘장 안에 들어가지 못할 것이요 제단에 가까이 하지 못할지니 이는 그가 흠이 있음이니라 이와 같이 그가 내 성소를 더럽히지 못할 것은 나는 그들을 거룩하게 하는 여호와임이니라

24 이와 같이 모세가 아론과 그의 아들들과 온 이스라엘 자손에게 말하였더라

성물을 먹는 규례

22 여호와께서 모세에게 말씀하여 이르시되

2 아론과 그의 아들들에게 말하여 그들로 이스라엘 자손이 내게 드리는 그 성물에 대하여 스스로 구별하여 내 성호를 욕되게 함이 없게 하라 나는 여호와이니라

3 그들에게 이르라 누구든지 네 자손 중에 대대로 그의 몸이 부정하면서도 이스라엘 자손이 구별하여 여호와께 드리는 성물에 가까이 하는 자는 내 앞에서 끊어지리라 나는 여호와이니라

4 아론의 자손 중 나병 환자나 유출병자는 그가 정결하기 전에는 그 성물을 먹지 말 것이요 시체의 부정에 접촉된 자나 설정한 자나

5 무릇 사람을 부정하게 하는 벌레에 접촉된 모든 사람과 무슨 부정이든지 사람을 더럽힐 만한 것에게 접촉된 자

6 곧 이런 것에 접촉된 자는 저녁까지 부정하니 그의 몸을 물로 씻지 아니하면 그 성물을 먹지 못할지며

7 해 질 때에야 정하리니 그 후에야 그 성물을 먹을 것이니라 이는 자기의 음식이 됨이니라

8 시체나 찢겨 죽은 짐승을 먹음으로 자기를 더럽히지 말라 나는 여호와이니라

9 그들은 내 명령을 지킬 것이니라 그것을 속되게 하면 그로 말미암아 죄를 짓고 그 가운데에서 죽을까 하노라 나는 그들을 거룩하게 하는 여호와이니라

10 일반인은 성물을 먹지 못할 것이며 제사장의 객이나 품꾼도 다 성물을 먹지 못할 것이니라

11 그러나 제사장이 그의 돈으로 어떤 사람을 샀으면 그는 그것을 먹을 것이며 그의 집에서 출생한 자도 그렇게 하여 그들이 제사장의 음식을 먹을 것이며

12 제사장의 딸이 일반인에게 출가하였으면 거제의 성물을 먹지 못하되

13 만일 그가 과부가 되든지 이혼을 당하든지 자식이 없이 그의 친정에 돌아와서 젊었을 때와 같으면 그는 그의 아버지 몫의 음식을 먹을 것이나 일반인은 먹지 못할 것이니라

14 만일 누가 부지중에 성물을 먹으면 그 성물에 그것의 오분의 일을 더하여 제사장에게 줄지니라

15 이스라엘 자손이 여호와께 드리는 성물을 그들은 속되게 하지 말지니

16 그들이 성물을 먹으면 그 죄로 인하여 형벌을 받게 할 것이니라 나는 그 음식

을 거룩하게 하는 여호와이니라

여호와께서 기쁘게 받으시는 제물

17 여호와께서 모세에게 말씀하여 이르시되

18 아론과 그의 아들들과 이스라엘 온 족속에게 말하여 이르라 이스라엘 자손이나 그 중에 거류하는 자가 서원제물이나 자원제물로 번제와 더불어 여호와께 예물로 드리려거든

19 기쁘게 받으심이 되도록 소나 양이나 염소의 흠 없는 수컷으로 드릴지니

20 흠 있는 것은 무엇이나 너희가 드리지 말 것은 그것이 기쁘게 받으심이 되지 못할 것임이니라

21 만일 누구든지 서원한 것을 갚으려 하든지 자의로 예물을 드리려 하여 소나 양으로 화목제물을 여호와께 드리는 자는 기쁘게 받으심이 되도록 아무 흠이 없는 온전한 것으로 할지니

22 너희는 눈 먼 것이나 상한 것이나 지체에 베임을 당한 것이나 종기 있는 것이나 습진 있는 것이나 비루먹은 것을 여호와께 드리지 말며 이런 것들은 제단 위에 화제물로 여호와께 드리지 말라

23 소나 양의 지체가 더하거나 덜하거나 한 것은 너희가 자원제물로는 쓰려니와 서원제물로 드리면 기쁘게 받으심이 되지 못하리라

24 너희는 고환이 상하였거나 치었거나 터졌거나 베임을 당한 것은 여호와께 드리지 말며 너희의 땅에서는 이런 일을 행하지도 말지며

25 너희는 외국인에게서도 이런 것을 받아 너희의 하나님의 음식으로 드리지 말라 이는 결점이 있고 흠이 있는 것인즉 너희를 위하여 기쁘게 받으심이 되지 못할 것임이니라

26 여호와께서 모세에게 말씀하여 이르시되

27 수소나 양이나 염소가 나거든 이레 동안 그것의 어미와 같이 있게 하라 여덟째 날 이후로는 여호와께 화제로 예물을 드리면 기쁘게 받으심이 되리라

28 암소나 암양을 막론하고 어미와 새끼를 같은 날에 잡지 말지니라

29 너희가 여호와께 감사제물을 드리려거든 너희가 기쁘게 받으심이 되도록 드릴지며

30 그 제물은 그 날에 먹고 이튿날까지 두지 말라 나는 여호와이니라

31 너희는 내 계명을 지키며 행하라 나는 여호와이니라

32 너희는 내 성호를 속되게 하지 말라 나는 이스라엘 자손 중에서 거룩하게 함을 받을 것이니라 나는 너희를 거룩하게 하는 여호와요

33 너희의 하나님이 되려고 너희를 애굽 땅에서 인도하여 낸 자니 나는 여호와이니라

성회를 삼을 여호와의 절기

23 여호와께서 모세에게 말씀하여 이르시되

2 이스라엘 자손에게 말하여 이르라 이것이 나의 절기들이니 너희가 성회로 공포할 여호와의 절기들이니라

3 엿새 동안은 일할 것이요 일곱째 날은 쉴 안식일이니 성회의 날이라 너희는 아무 일도 하지 말라 이는 너희가 거주하는 각처에서 지킬 여호와의 안식일이니라

유월절과 무교절

4 이것이 너희가 그 정한 때에 성회로 공포할 여호와의 절기들이니라

5 첫째 달 열나흗날 저녁은 여호와의 유월

절이요

6 이 달 열닷샛날은 여호와의 무교절이니 이레 동안 너희는 무교병을 먹을 것이요

7 그 첫 날에는 너희가 성회로 모이고 아무 노동도 하지 말지며

8 너희는 이레 동안 여호와께 화제를 드릴 것이요 일곱째 날에도 성회로 모이고 아무 노동도 하지 말지니라

첫 이삭 한 단을 바치는 절기

9 여호와께서 모세에게 말씀하여 이르시되

10 이스라엘 자손에게 말하여 이르라 너희는 내가 너희에게 주는 땅에 들어가서 너희의 곡물을 거둘 때에 너희의 곡물의 첫 이삭 한 단을 제사장에게로 가져갈 것이요

11 제사장은 너희를 위하여 그 단을 여호와 앞에 기쁘게 받으심이 되도록 흔들되 안식일 이튿날에 흔들 것이며

12 너희가 그 단을 흔드는 날에 일 년 되고 흠 없는 숫양을 여호와께 번제로 드리고

13 그 소제로는 기름 섞은 고운 가루 십분의 이 에바를 여호와께 드려 화제로 삼아 향기로운 냄새가 되게 하고 전제로는 포도주 사분의 일 힌을 쓸 것이며

14 너희는 너희 하나님께 예물을 가져오는 그 날까지 떡이든지 볶은 곡식이든지 생 이삭이든지 먹지 말지니 이는 너희가 거주하는 각처에서 대대로 지킬 영원한 규례니라

두 번째 거둔 곡식을 바치는 절기

15 안식일 이튿날 곧 너희가 요제로 곡식단을 가져온 날부터 세어서 일곱 안식일의 수효를 채우고

16 일곱 안식일 이튿날까지 합하여 오십 일을 계수하여 새 소제를 여호와께 드리되

313

17 너희의 처소에서 십분의 이 에바로 만든 떡 두 개를 가져다가 흔들지니 이는 고운 가루에 누룩을 넣어서 구운 것이요 이는 첫 요제로 여호와께 드리는 것이며

18 너희는 또 이 떡과 함께 일 년 된 흠 없는 어린 양 일곱 마리와 어린 수소 한 마리와 숫양 두 마리를 드리되 이것들을 그 소제와 그 전제제물과 함께 여호와께 드려서 번제로 삼을지니 이는 화제라 여호와께 향기로운 냄새며

19 또 숫염소 하나로 속죄제를 드리며 일 년 된 어린 숫양 두 마리를 화목제물로 드릴 것이요

20 제사장은 그 첫 이삭의 떡과 함께 그 두 마리 어린 양을 여호와 앞에 흔들어서 요제를 삼을 것이요 이것들은 여호와께 드리는 성물이니 제사장에게 돌릴 것이며

21 이 날에 너희는 너희 중에 성회를 공포하고 어떤 노동도 하지 말지니 이는 너희가 그 거주하는 각처에서 대대로 지킬 영원한 규례니라

22 너희 땅의 곡물을 벨 때에 밭 모퉁이까지 다 베지 말며 떨어진 것을 줍지 말고 그것을 가난한 자와 거류민을 위하여 남겨두라 나는 너희의 하나님 여호와이니라

일곱째 달 첫 날은 쉬는 날

23 여호와께서 모세에게 말씀하여 이르시되

24 이스라엘 자손에게 말하여 이르라 일곱째 달 곧 그 달 첫 날은 너희에게 쉬는 날이 될지니 이는 나팔을 불어 기념할 날이요 성회라

25 어떤 노동도 하지 말고 여호와께 화제를 드릴지니라

속죄일

26 여호와께서 모세에게 말씀하여 이르

시되

27 일곱째 달 열흘날은 속죄일이니 너희는

성회를 열고 스스로 괴롭게 하며 여호와

께 화제를 드리고

28 이 날에는 어떤 일도 하지 말 것은 너희

를 위하여 너희 하나님 여호와 앞에 속

죄할 속죄일이 됨이니라

29 이 날에 스스로 괴롭게 하지 아니하는

자는 그 백성 중에서 끊어질 것이라

30 이 날에 누구든지 어떤 일이라도 하는 자

는 내가 그의 백성 중에서 멸절시키리니

31 너희는 아무 일도 하지 말라 이는 너희

가 거주하는 각처에서 대대로 지킬 영원

한 규례니라

32 이는 너희가 쉴 안식일이라 너희는 스스

로 괴롭게 하고 이 달 아흐렛날 저녁 곧

그 저녁부터 이튿날 저녁까지 안식을 지

킬지니라

초막절

33 여호와께서 모세에게 말씀하여 이르시되

34 이스라엘 자손에게 말하여 이르라 일곱

째 달 열닷샛날은 초막절이니 여호와를

위하여 이레 동안 지킬 것이라

35 첫 날에는 성회로 모일지니 너희는 아무

노동도 하지 말지며

36 이레 동안에 너희는 여호와께 화제를 드

릴 것이요 여덟째 날에도 너희는 성회로

모여서 여호와께 화제를 드릴지니 이는

거룩한 대회라 너희는 어떤 노동도 하지

말지니라

37 이것들은 여호와의 절기라 너희는 공포

하여 성회를 열고 여호와께 화제를 드릴

지니 번제와 소제와 희생제물과 전제를

각각 그 날에 드릴지니

38 이는 여호와의 안식일 외에, 너희의 헌물

외에, 너희의 모든 서원제물 외에 또 너

희의 모든 자원제물 외에 너희가 여호와

께 드리는 것이니라

39 너희가 토지 소산 거두기를 마치거든 일

곱째 달 열닷샛날부터 이레 동안 여호와

의 절기를 지키되 첫 날에도 안식하고

여덟째 날에도 안식할 것이요

40 첫 날에는 너희가 아름다운 나무 실과와

종려나무 가지와 무성한 나무 가지와 시

내 버들을 취하여 너희의 하나님 여호와

앞에서 이레 동안 즐거워할 것이라

41 너희는 매년 이레 동안 여호와께 이 절

기를 지킬지니 너희 대대의 영원한 규례

라 너희는 일곱째 달에 이를 지킬지니라

42 너희는 이레 동안 초막에 거주하되 이스

라엘에서 난 자는 다 초막에 거주할지니

43 이는 내가 이스라엘 자손을 애굽 땅에서

인도하여 내던 때에 초막에 거주하게 한

줄을 너희 대대로 알게 함이니라 나는

너희의 하나님 여호와이니라

44 모세는 이와 같이 여호와의 절기를 이스

라엘 자손에게 공포하였더라

계속해서 켜 둘 등잔불

24 여호와께서 모세에게 말씀하여 이르

시되

2 이스라엘 자손에게 명령하여 불을 켜기

위하여 감람을 찧어낸 순결한 기름을 네

게로 가져오게 하여 계속해서 등잔불을

켜 둘지며

3 아론은 회막안 증거궤 휘장 밖에서 저녁

부터 아침까지 여호와 앞에 항상 등잔불

을 정리할지니 이는 너희 대대로 지킬

영원한 규례라

4 그는 여호와 앞에서 순결한 등잔대 위의

등잔들을 항상 정리할지니라

여호와 앞에 진설할 떡

5 너는 고운 가루를 가져다가 떡 열두 개

를 굽되 각 덩이를 십분의 이 에바로

하여

6 여호와 앞 순결한 상 위에 두 줄로 한 줄

에 여섯씩 진설하고

7 너는 또 정결한 유향을 그 각 줄 위에

두어 기념물로 여호와께 화제를 삼을 것

이며

8 안식일마다 이 떡을 여호와 앞에 항상

진설할지니 이는 이스라엘 자손을 위한

것이요 영원한 언약이니라

9 이 떡은 아론과 그의 자손에게 돌리고

그들은 그것을 거룩한 곳에서 먹을지니

이는 여호와의 화제 중 그에게 돌리는

것으로서 지극히 거룩함이니라 이는 영

원한 규례니라

여호와의 이름을 모독하면

10 이스라엘 자손 중에 그의 어머니가 이스

라엘 여인이요 그의 아버지는 애굽 사람

인 어떤 사람이 나가서 한 이스라엘 사

람과 진영 중에서 싸우다가

11 그 이스라엘 여인의 아들이 여호와의 이

름을 모독하며 저주하므로 무리가 끌고

모세에게로 가니라 그의 어머니의 이름

은 슬로밋이요 단 지파 디브리의 딸이었

더라

12 그들이 그를 가두고 여호와의 명령을 기

다리더니

13 여호와께서 모세에게 말씀하여 이르시되

14 그 저주한 사람을 진영 밖으로 끌어내어

그것을 들은 모든 사람이 그들의 손을

그의 머리에 얹게 하고 온 회중이 돌로

그를 칠지니라

15 너는 이스라엘 자손에게 말하여 이르라

누구든지 그의 하나님을 저주하면 죄를

담당할 것이요

16 여호와의 이름을 모독하면 그를 반드시

죽일지니 온 회중이 돌로 그를 칠 것이

니라 거류민이든지 본토인이든지 여호와

의 이름을 모독하면 그를 죽일지니라

17 사람을 쳐죽인 자는 반드시 죽일 것이요

18 짐승을 쳐죽인 자는 짐승으로 짐승을 갚

을 것이며

19 사람이 만일 그의 이웃에게 상해를 입

혔으면 그가 행한 대로 그에게 행할 것

이니

20 상처에는 상처로, 눈에는 눈으로, 이에는

이로 갚을지라 남에게 상해를 입힌 그대

로 그에게 그렇게 할 것이며

21 짐승을 죽인 자는 그것을 물어 줄 것이

요 사람을 죽인 자는 죽일지니

22 거류민에게든지 본토인에게든지 그 법을

동일하게 할 것은 나는 너희의 하나님

여호와임이니라

23 모세가 이스라엘 자손에게 말하니 그들

이 그 저주한 자를 진영 밖으로 끌어내

어 돌로 쳤더라 이스라엘 자손이 여호

와께서 모세에게 명령하신 대로 행하였

더라

안식년

25 여호와께서 시내 산에서 모세에게 말씀

하여 이르시되

2 이스라엘 자손에게 말하여 이르라 너

희는 내가 너희에게 주는 땅에 들어간

후에 그 땅으로 여호와 앞에 안식하게

하라

3 너는 육 년 동안 그 밭에 파종하며 육 년

동안 그 포도원을 가꾸어 그 소출을 거

둘 것이나

4 일곱째 해에는 그 땅이 쉬어 안식하게

할지니 여호와께 대한 안식이라 너는 그

밭에 파종하거나 포도원을 가꾸지 말며

5 네가 거둔 후에 자라난 것을 거두지 말

고 가꾸지 아니한 포도나무가 맺은 열 매를 거두지 말라 이는 땅의 안식년임 이니라

6 안식년의 소출은 너희가 먹을 것이니 너와 네 남종과 네 여종과 네 품꾼과 너와 함께 거류하는 자들과

7 네 가축과 네 땅에 있는 들짐승들이 다 그 소출로 먹을 것을 삼을지니라

희년

8 너는 일곱 안식년을 계수할지니 이는 칠 년이 일곱 번인즉 안식년 일곱 번 동안 곧 사십구 년이라

9 일곱째 달 열흘날은 속죄일이니 너는 뿔 나팔 소리를 내되 전국에서 뿔나팔을 크 게 불지며

10 너희는 오십 년째 해를 거룩하게 하여 그 땅에 있는 모든 주민을 위하여 자유 를 공포하라 이 해는 너희에게 희년이니

너희는 각각 자기의 소유지로 돌아가며 각각 자기의 가족에게로 돌아갈지며

11 그 오십 년째 해는 너희의 희년이니 너 희는 파종하지 말며 스스로 난 것을 거 두지 말며 가꾸지 아니한 포도를 거두지 말라

12 이는 희년이니 너희에게 거룩함이니라 너희는 밭의 소출을 먹으리라

부당한 이익을 취하지 말라

13 이 희년에는 너희가 각기 자기의 소유지 로 돌아갈지라

14 네 이웃에게 팔든지 네 이웃의 손에서 사거든 너희 각 사람은 그의 형제를 속 이지 말라

15 그 희년 후의 연수를 따라서 너는 이웃 에게서 살 것이요 그도 소출을 얻을 연 수를 따라서 네게 팔 것인즉

16 연수가 많으면 너는 그것의 값을 많이

매기고 연수가 적으면 너는 그것의 값을 적게 매길지니 곧 그가 소출의 다소를 따라서 네게 팔 것이라

17 너희 각 사람은 자기 이웃을 속이지 말고 네 하나님을 경외하라 나는 너희의 하나님 여호와이니라

18 너희는 내 규례를 행하며 내 법도를 지켜 행하라 그리하면 너희가 그 땅에 안전하게 거주할 것이라

19 땅은 그것의 열매를 내리니 너희가 배불리 먹고 거기 안전하게 거주하리라

20 만일 너희가 말하기를 우리가 만일 일곱째 해에 심지도 못하고 소출을 거두지도 못하면 우리가 무엇을 먹으리요 하겠으나

21 내가 명령하여 여섯째 해에 내 복을 너희에게 주어 그 소출이 삼 년 동안 쓰기에 족하게 하리라

22 너희가 여덟째 해에는 파종하려니와 묵은 소출을 먹을 것이며 아홉째 해에 그 땅에 소출이 들어오기까지 너희는 묵은 것을 먹으리라

23 토지를 영구히 팔지 말 것은 토지는 다 내 것임이니라 너희는 거류민이요 동거하는 자로서 나와 함께 있느니라

24 너희 기업의 온 땅에서 그 토지 무르기를 허락할지니

25 만일 네 형제가 가난하여 그의 기업 중에서 얼마를 팔았으면 그에게 가까운 기업 무를 자가 와서 그의 형제가 판 것을 무를 것이요

26 만일 그것을 무를 사람이 없고 자기가 부유하게 되어 무를 힘이 있으면

27 그 판 해를 계수하여 그 남은 값을 산 자에게 주고 자기의 소유지로 돌릴 것이니라

28 그러나 자기가 무를 힘이 없으면 그 판 것이 희년에 이르기까지 산 자의 손에 있다가 희년에 이르러 돌아올지니 그것이 곧 그의 기업으로 돌아갈 것이니라

29 성벽 있는 성 내의 가옥을 팔았으면 판 지 만 일 년 안에는 무를 수 있나니 곧 그 기한 안에 무르려니와

30 일 년 안에 무르지 못하면 그 성 안의 가옥은 산 자의 소유로 확정되어 대대로 영구히 그에게 속하고 희년에라도 돌려 보내지 아니할 것이니라

31 그러나 성벽이 둘리지 아니한 촌락의 가옥은 나라의 전토와 같이 물러 주기도 할 것이요 희년에 돌려보내기도 할 것이니라

32 레위 족속의 성읍 곧 그들의 소유의 성읍의 가옥은 레위 사람이 언제든지 무를 수 있으나

33 만일 레위 사람이 무르지 아니하면 그의 소유 성읍의 판 가옥은 희년에 돌려 보낼지니 이는 레위 사람의 성읍의 가옥은 이스라엘 자손 중에서 받은 그들의 기업이 됨이니라

34 그러나 그들의 성읍 주위에 있는 들판은 그들의 영원한 소유지이니 팔지 못할지니라

35 네 형제가 가난하게 되어 빈 손으로 네 곁에 있거든 너는 그를 도와 거류민이나 동거인처럼 너와 함께 생활하게 하되

36 너는 그에게 이자를 받지 말고 네 하나님을 경외하여 네 형제로 너와 함께 생활하게 할 것인즉

37 너는 그에게 이자를 위하여 돈을 꾸어 주지 말고 이익을 위하여 네 양식을 꾸어 주지 말라

38 나는 너희의 하나님이 되며 또 가나안

땅을 너희에게 주려고 애굽 땅에서 너희

를 인도하여 낸 너희의 하나님 여호와이

니라

39 너와 함께 있는 네 형제가 가난하게 되

어 네게 몸이 팔리거든 너는 그를 종으

로 부리지 말고

40 품꾼이나 동거인과 같이 함께 있게 하여

희년까지 너를 섬기게 하라

41 그 때에는 그와 그의 자녀가 함께 네게

서 떠나 그의 가족과 그의 조상의 기업

으로 돌아가게 하라

42 그들은 내가 애굽 땅에서 인도하여 낸

내 종들이니 종으로 팔지 말 것이라

43 너는 그를 엄하게 부리지 말고 네 하나

님을 경외하라

44 네 종은 남녀를 막론하고 네 사방 이방

인 중에서 취할지니 남녀 종은 이런 자

중에서 사올 것이며

45 또 너희 중에 거류하는 동거인들의 자녀

중에서도 너희가 사올 수 있고 또 그들

이 너희와 함께 있어서 너희 땅에서 가

정을 이룬 자들 중에서도 그리 할 수 있

은즉 그들이 너희의 소유가 될지니라

46 너희는 그들을 너희 후손에게 기업으로

주어 소유가 되게 할 것이라 이방인 중

에서는 너희가 영원한 종을 삼으려니와

너희 동족 이스라엘 자손은 너희가 피차

엄하게 부리지 말지니라

47 만일 너와 함께 있는 거류민이나 동거인

은 부유하게 되고 그와 함께 있는 네 형

제는 가난하게 되므로 그가 너와 함께

있는 거류민이나 동거인 또는 거류민의

가족의 후손에게 팔리면

48 그가 팔린 후에 그에게는 속량 받을 권

리가 있나니 그의 형제 중 하나가 그를

속량하거나

49 또는 그의 삼촌이나 그의 삼촌의 아들이 그를 속량하거나 그의 가족 중 그의 살붙이 중에서 그를 속량할 것이요 그가 부유하게 되면 스스로 속량하되

50 자기 몸이 팔린 해로부터 희년까지를 그 산 자와 계산하여 그 연수를 따라서 그 몸의 값을 정할 때에 그 사람을 섬긴 날을 그 사람에게 고용된 날로 여길 것이라

51 만일 남은 해가 많으면 그 연수대로 팔린 값에서 속량하는 값을 그 사람에게 도로 주고

52 만일 희년까지 남은 해가 적으면 그 사람과 계산하여 그 연수대로 속량하는 그 값을 그에게 도로 줄지며

53 주인은 그를 매년의 삯꾼과 같이 여기고 네 목전에서 엄하게 부리지 말지니라

54 그가 이같이 속량되지 못하면 희년에 이르러는 그와 그의 자녀가 자유하리니

55 이스라엘 자손은 나의 종들이 됨이라 그들은 내가 애굽 땅에서 인도하여 낸 내 종이요 나는 너희의 하나님 여호와 이니라

26 너희는 자기를 위하여 우상을 만들지 말지니 조각한 것이나 주상을 세우지 말며 너희 땅에 조각한 석상을 세우고 그에게 경배하지 말라 나는 너희의 하나님 여호와임이니라

2 너희는 내 안식일을 지키며 내 성소를 경외하라 나는 여호와이니라

상과 벌

3 너희가 내 규례와 계명을 준행하면

4 내가 너희에게 철따라 비를 주리니 땅은 그 산물을 내고 밭의 나무는 열매를 맺으리라

5 너희의 타작은 포도 딸 때까지 미치며

323

너희의 포도 따는 것은 파종할 때까지

미치리니 너희가 음식을 배불리 먹고 너

희의 땅에 안전하게 거주하리라

6 내가 그 땅에 평화를 줄 것인즉 너희가

누울 때 너희를 두렵게 할 자가 없을 것

이며 내가 사나운 짐승을 그 땅에서 제

할 것이요 칼이 너희의 땅에 두루 행하

지 아니할 것이며

7 너희의 원수들을 쫓으리니 그들이 너희

앞에서 칼에 엎드러질 것이라

8 또 너희 다섯이 백을 쫓고 너희 백이 만

을 쫓으리니 너희 대적들이 너희 앞에서

칼에 엎드러질 것이며

9 내가 너희를 돌보아 너희를 번성하게 하

고 너희를 창대하게 할 것이며 내가 너

희와 함께 한 내 언약을 이행하리라

10 너희는 오래 두었던 묵은 곡식을 먹다가

새 곡식으로 말미암아 묵은 곡식을 치우

게 될 것이며

11 내가 내 성막을 너희 중에 세우리니 내

마음이 너희를 싫어하지 아니할 것이며

12 나는 너희 중에 행하여 너희의 하나님이

되고 너희는 내 백성이 될 것이니라

13 나는 너희를 애굽 땅에서 인도해 내어

그들에게 종된 것을 면하게 한 너희의

하나님 여호와이니라 내가 너희의 멍에

의 빗장을 부수고 너희를 바로 서서 걷

게 하였느니라

14 그러나 너희가 내게 청종하지 아니하여

이 모든 명령을 준행하지 아니하며

15 내 규례를 멸시하며 마음에 내 법도를

싫어하여 내 모든 계명을 준행하지 아니

하며 내 언약을 배반할진대

16 내가 이같이 너희에게 행하리니 곧 내가

너희에게 놀라운 재앙을 내려 폐병과 열

병으로 눈이 어둡고 생명이 쇠약하게 할

것이요 너희가 파종한 것은 헛되리니 너

희의 대적이 그것을 먹을 것임이며

17 내가 너희를 치리니 너희가 너희의 대적

에게 패할 것이요 너희를 미워하는 자가

너희를 다스릴 것이며 너희는 쫓는 자가

없어도 도망하리라

18 또 만일 너희가 그렇게까지 되어도 내

게 청종하지 아니하면 너희의 죄로 말

미암아 내가 너희를 일곱 배나 더 징벌

하리라

19 내가 너희의 세력으로 말미암은 교만을

꺾고 너희의 하늘을 철과 같게 하며 너

희 땅을 놋과 같게 하리니

20 너희의 수고가 헛될지라 땅은 그 산물을

내지 아니하고 땅의 나무는 그 열매를

맺지 아니하리라

21 너희가 나를 거슬러 내게 청종하지 아니

할진대 내가 너희의 죄대로 너희에게 일

곱 배나 더 재앙을 내릴 것이라

22 내가 들짐승을 너희 중에 보내리니 그것

들이 너희의 자녀를 움키고 너희 가축을

멸하며 너희의 수효를 줄이리니 너희의

길들이 황폐하리라

23 이런 일을 당하여도 너희가 내게로 돌아

오지 아니하고 내게 대항할진대

24 나 곧 나도 너희에게 대항하여 너희 죄

로 말미암아 너희를 칠 배나 더 치리라

25 내가 칼을 너희에게로 가져다가 언약을

어긴 원수를 갚을 것이며 너희가 성읍에

모일지라도 너희 중에 염병을 보내고 너

희를 대적의 손에 넘길 것이며

26 내가 너희가 의뢰하는 양식을 끊을 때에

열 여인이 한 화덕에서 너희 떡을 구워

저울에 달아 주리니 너희가 먹어도 배부

르지 아니하리라

27 너희가 이같이 될지라도 내게 청종하지

아니하고 내게 대항할진대

28 내가 진노로 너희에게 대항하되 너희의 죄로 말미암아 칠 배나 더 징벌하리니

29 너희가 아들의 살을 먹을 것이요 딸의 살을 먹을 것이며

30 내가 너희의 산당들을 헐며 너희의 분향 단들을 부수고 너희의 시체들을 부서진 우상들 위에 던지고 내 마음이 너희를 싫어할 것이며

31 내가 너희의 성읍을 황폐하게 하고 너희의 성소들을 황량하게 할 것이요 너희의 향기로운 냄새를 내가 흠향하지 아니하고

32 그 땅을 황무하게 하리니 거기 거주하는 너희의 원수들이 그것으로 말미암아 놀랄 것이며

33 내가 너희를 여러 민족 중에 흩을 것이요 내가 칼을 빼어 너희를 따르게 하리

니 너희의 땅이 황무하며 너희의 성읍이 황폐하리라

34 너희가 원수의 땅에 살 동안에 너희의 본토가 황무할 것이므로 땅이 안식을 누릴 것이라 그 때에 땅이 안식을 누리리니

35 너희가 그 땅에 거주하는 동안 너희가 안식할 때에 땅은 쉬지 못하였으나 그 땅이 황무할 동안에는 쉬게 되리라

36 너희 남은 자에게는 그 원수들의 땅에서 내가 그들의 마음을 약하게 하리니 그들은 바람에 불린 잎사귀 소리에도 놀라 도망하기를 칼을 피하여 도망하듯 할 것이요 쫓는 자가 없어도 엎드러질 것이라

37 그들은 쫓는 자가 없어도 칼 앞에 있음 같이 서로 짓밟혀 넘어지리니 너희가 원수들을 맞설 힘이 없을 것이요

38 너희가 여러 민족 중에서 망하리니 너희

의 원수들의 땅이 너희를 삼킬 것이라

39 너희 남은 자가 너희의 원수들의 땅에서 자기의 죄로 말미암아 쇠잔하며 그 조상의 죄로 말미암아 그 조상 같이 쇠잔하리라

40 그들이 나를 거스른 잘못으로 자기의 죄악과 그들의 조상의 죄악을 자복하고 또 그들이 내게 대항하므로

41 나도 그들에게 대항하여 내가 그들을 그들의 원수들의 땅으로 끌어 갔음을 깨닫고 그 할례 받지 아니한 그들의 마음이 낮아져서 그들의 죄악의 형벌을 기쁘게 받으면

42 내가 야곱과 맺은 내 언약과 이삭과 맺은 내 언약을 기억하며 아브라함과 맺은 내 언약을 기억하고 그 땅을 기억하리라

43 그들이 내 법도를 싫어하며 내 규례를 멸시하였으므로 그 땅을 떠나서 사람이 없을 때에 그 땅은 황폐하여 안식을 누릴 것이요 그들은 자기 죄악의 형벌을 기쁘게 받으리라

44 그런즉 그들이 그들의 원수들의 땅에 있을 때에 내가 그들을 내버리지 아니하며 미워하지 아니하며 아주 멸하지 아니하고 그들과 맺은 내 언약을 폐하지 아니하리니 나는 여호와 그들의 하나님이 됨이니라

45 내가 그들의 하나님이 되기 위하여 민족들이 보는 앞에서 애굽 땅으로부터 그들을 인도하여 낸 그들의 조상과의 언약을 그들을 위하여 기억하리라 나는 여호와이니라

46 이것은 여호와께서 시내 산에서 자기와 이스라엘 자손 사이에 모세를 통하여 세우신 규례와 법도와 율법이니라

서원 예물의 값

27 여호와께서 모세에게 말씀하여 이르시되

2 이스라엘 자손에게 말하여 이르라 만일 어떤 사람이 사람의 값을 여호와께 드리기로 분명히 서원하였으면 너는 그 값을 정할지니

3 네가 정한 값은 스무 살로부터 예순 살까지는 남자면 성소의 세겔로 은 오십 세겔로 하고

4 여자면 그 값을 삼십 세겔로 하며

5 다섯 살로부터 스무 살까지는 남자면 그 값을 이십 세겔로 하고 여자면 열 세겔로 하며

6 일 개월로부터 다섯 살까지는 남자면 그 값을 은 다섯 세겔로 하고 여자면 그 값을 은 삼 세겔로 하며

7 예순 살 이상은 남자면 그 값을 십오 세

겔로 하고 여자는 열 세겔로 하라

8 그러나 서원자가 가난하여 네가 정한 값을 감당하지 못하겠으면 그를 제사장 앞으로 데리고 갈 것이요 제사장은 그 값을 정하되 그 서원자의 형편대로 값을 정할지니라

9 사람이 서원하는 예물로 여호와께 드리는 것이 가축이면 여호와께 드릴 때는 다 거룩하니

10 그것을 변경하여 우열간 바꾸지 못할 것이요 혹 가축으로 가축을 바꾸면 둘 다 거룩할 것이며

11 부정하여 여호와께 예물로 드리지 못할 가축이면 그 가축을 제사장 앞으로 끌어 갈 것이요

12 제사장은 우열간에 값을 정할지니 그 값이 제사장의 정한 대로 될 것이며

13 만일 그가 그것을 무르려면 네가 정한

값에 그 오분의 일을 더할지니라

14 만일 어떤 사람이 자기 집을 성별하여 여호와께 드리려하면 제사장이 그 우열간에 값을 정할지니 그 값은 제사장이 정한 대로 될 것이며

15 만일 그 사람이 자기 집을 무르려면 네가 값을 정한 돈에 그 오분의 일을 더할지니 그리하면 자기 소유가 되리라

16 만일 어떤 사람이 자기 기업된 밭 얼마를 성별하여 여호와께 드리려하면 마지기 수대로 네가 값을 정하되 보리 한 호멜지기에는 은 오십 세겔로 계산할지며

17 만일 그가 그 밭을 희년부터 성별하여 드렸으면 그 값을 네가 정한 대로 할 것이요

18 만일 그 밭을 희년 후에 성별하여 드렸으면 제사장이 다음 희년까지 남은 연수를 따라 그 값을 계산하고 정한 값에서

그 값에 상당하게 감할 것이며

19 만일 밭을 성별하여 드린 자가 그것을 무르려면 네가 값을 정한 돈에 그 오분의 일을 더할지니 그리하면 그것이 자기 소유가 될 것이요

20 만일 그가 그 밭을 무르지 아니하려거나 타인에게 팔았으면 다시는 무르지 못하고

21 희년이 되어서 그 밭이 돌아오게 될 때에는 여호와께 바친 성물이 되어 영영히 드린 땅과 같이 제사장의 기업이 될 것이며

22 만일 사람에게 샀고 자기 기업이 아닌 밭을 여호와께 성별하여 드렸으면

23 너는 값을 정하고 제사장은 그를 위하여 희년까지 계산하고 그는 네가 값을 정한 돈을 그 날에 여호와께 드려 성물로 삼을지며

24 그가 판 밭은 희년에 그 판 사람 곧 그

땅의 원주인에게로 되돌아갈지니라

25 또 네가 정한 모든 값은 성소의 세겔로

하되 이십 게라를 한 세겔로 할지니라

처음 난 가축

26 오직 가축 중의 처음 난 것은 여호와께

드릴 첫 것이라 소나 양은 여호와의 것

이니 누구든지 그것으로는 성별하여 드

리지 못할 것이며

27 만일 부정한 짐승이면 네가 정한 값에

그 오분의 일을 더하여 무를 것이요 만

일 무르지 아니하려면 네가 정한 값대로

팔지니라

여호와께 온전히 바친 것

28 어떤 사람이 자기 소유 중에서 오직 여

호와께 온전히 바친 모든 것은 사람이든

지 가축이든지 기업의 밭이든지 팔지도

못하고 무르지도 못하나니 바친 것은 다

여호와께 지극히 거룩함이며

29 온전히 바쳐진 그 사람은 다시 무르지

못하나니 반드시 죽일지니라

십분의 일은 여호와의 것

30 그리고 그 땅의 십분의 일 곧 그 땅의 곡

식이나 나무의 열매는 그 십분의 일은

여호와의 것이니 여호와의 성물이라

31 또 만일 어떤 사람이 그의 십일조를 무

르려면 그것에 오분의 일을 더할 것이요

32 모든 소나 양의 십일조는 목자의 지팡이

아래로 통과하는 것의 열 번째의 것마다

여호와의 성물이 되리라

33 그 우열을 가리거나 바꾸거나 하지 말

라 바꾸면 둘 다 거룩하리니 무르지 못

하리라

34 이것은 여호와께서 시내 산에서 이스라

엘 자손을 위하여 모세에게 명령하신 계

명이니라

민수기

싸움에 나갈 만한 자를 계수하다

1 이스라엘 자손이 애굽 땅에서 나온 후

둘째 해 둘째 달 첫째 날에 여호와께서

시내 광야 회막에서 모세에게 말씀하여

이르시되

2 너희는 이스라엘 자손의 모든 회중 각

남자의 수를 그들의 종족과 조상의 가문

에 따라 그 명수대로 계수할지니

3 이스라엘 중 이십 세 이상으로 싸움에

나갈 만한 모든 자를 너와 아론은 그 진

영별로 계수하되

4 각 지파의 각 조상의 가문의 우두머리

한 사람씩을 너희와 함께 하게 하라

5 너희와 함께 설 사람들의 이름은 이러하

니 르우벤 지파에서는 스데울의 아들 엘

리술이요

6 시므온 지파에서는 수리삿대의 아들 슬

루미엘이요

7 유다 지파에서는 암미나답의 아들 나손

이요

8 잇사갈 지파에서는 수알의 아들 느다넬

이요

9 스불론 지파에서는 헬론의 아들 엘리압

이요

10 요셉의 자손들 중 에브라임 지파에서는

암미훗의 아들 엘리사마요 므낫세 지파

에서는 브다술의 아들 가말리엘이요

11 베냐민 지파에서는 기드오니의 아들 아

비단이요

12 단 지파에서는 암미삿대의 아들 아히에

셀이요

13 아셀 지파에서는 오그란의 아들 바기엘

이요

14 갓 지파에서는 드우엘의 아들 엘리아삽

이요

15 납달리 지파에서는 에난의 아들 아히라

이니라 하시니

16 그들은 회중에서 부름을 받은 자요 그 조상 지파의 지휘관으로서 이스라엘 종족들의 우두머리라

17 모세와 아론이 지명된 이 사람들을 데리고

18 둘째 달 첫째 날에 온 회중을 모으니 그들이 각 종족과 조상의 가문에 따라 이십 세 이상인 남자의 이름을 자기 계통별로 신고하매

19 여호와께서 모세에게 명령하신 대로 그가 시내 광야에서 그들을 계수하였더라

20 이스라엘의 장자 르우벤의 아들들에게서 난 자를 그들의 종족과 조상의 가문에 따라 이십 세 이상으로 싸움에 나갈 만한 각 남자를 그 명수대로 다 계수하니

21 르우벤 지파에서 계수된 자는 사만 육천 오백 명이었더라

22 시므온의 아들들에게서 난 자를 그들의 종족과 조상의 가문에 따라 이십 세 이상으로 싸움에 나갈 만한 각 남자를 그 명수대로 다 계수하니

23 시므온 지파에서 계수된 자는 오만 구천 삼백 명이었더라

24 갓의 아들들에게서 난 자를 그들의 종족과 조상의 가문에 따라 이십 세 이상으로 싸움에 나갈 만한 자를 그 명수대로 다 계수하니

25 갓 지파에서 계수된 자는 사만 오천육백 오십 명이었더라

26 유다의 아들들에게서 난 자를 그들의 종족과 조상의 가문에 따라 이십 세 이상으로 싸움에 나갈 만한 자를 그 명수대로 다 계수하니

27 유다 지파에서 계수된 자는 칠만 사천육백 명이었더라

28 잇사갈의 아들들에게서 난 자를 그들의 종족과 조상의 가문에 따라 이십 세 이상으로 싸움에 나갈 만한 자를 그 명수대로 다 계수하니

29 잇사갈 지파에서 계수된 자는 오만 사천 사백 명이었더라

30 스불론의 아들들에게서 난 자를 그들의 종족과 조상의 가문에 따라 이십 세 이상으로 싸움에 나갈 만한 자를 그 명수대로 다 계수하니

31 스불론 지파에서 계수된 자는 오만 칠천 사백 명이었더라

32 요셉의 아들 에브라임의 아들들에게서 난 자를 그들의 종족과 조상의 가문에 따라 이십 세 이상으로 싸움에 나갈 만한 자를 그 명수대로 다 계수하니

33 에브라임 지파에서 계수된 자는 사만 오백 명이었더라

34 므낫세의 아들들에게서 난 자를 그들의 종족과 조상의 가문에 따라 이십 세 이상으로 싸움에 나갈 만한 자를 그 명수대로 다 계수하니

35 므낫세 지파에서 계수된 자는 삼만 이천 이백 명이었더라

36 베냐민의 아들들에게서 난 자를 그들의 종족과 조상의 가문에 따라 이십 세 이상으로 싸움에 나갈 만한 자를 그 명수대로 다 계수하니

37 베냐민 지파에서 계수된 자는 삼만 오천 사백 명이었더라

38 단의 아들들에게서 난 자를 그들의 종족과 조상의 가문에 따라 이십 세 이상으로 싸움에 나갈 만한 자를 그 명수대로 다 계수하니

39 단 지파에서 계수된 자는 육만 이천칠백 명이었더라

40 아셀의 아들들에게서 난 자를 그들의 종족과 조상의 가문에 따라 이십 세 이상으로 싸움에 나갈 만한 자를 그 명수대로 다 계수하니

41 아셀 지파에서 계수된 자는 사만 천오백 명이었더라

42 납달리의 아들들에게서 난 자를 그들의 종족과 조상의 가문에 따라 이십 세 이상으로 싸움에 나갈 만한 자를 그 명수대로 다 계수하니

43 납달리 지파에서 계수된 자는 오만 삼천 사백 명이었더라

44 이 계수함을 받은 자는 모세와 아론과 각기 이스라엘 조상의 가문을 대표한 열두 지휘관이 계수하였더라

45 이같이 이스라엘 자손이 그 조상의 가문을 따라 이십 세 이상으로 싸움에 나갈 만한 이스라엘 자손이 다 계수되었으니

46 계수된 자의 총계는 육십만 삼천오백오십 명이었더라

레위 지파는 계수하지 말라

47 그러나 레위인은 그들의 조상의 지파대로 그 계수에 들지 아니하였으니

48 이는 여호와께서 모세에게 말씀하여 이르시되

49 너는 레위 지파만은 계수하지 말며 그들을 이스라엘 자손 계수 중에 넣지 말고

50 그들에게 증거의 성막과 그 모든 기구와 그 모든 부속품을 관리하게 하라 그들은 그 성막과 그 모든 기구를 운반하며 거기서 봉사하며 성막 주위에 진을 칠지며

51 성막을 운반할 때에는 레위인이 그것을 걷고 성막을 세울 때에는 레위인이 그것을 세울 것이요 외인이 가까이 오면 죽일지며

52 이스라엘 자손은 막사를 치되 그 진영별

로 각각 그 진영과 군기 곁에 칠 것이나

53 레위인은 증거의 성막 사방에 진을 쳐서 이스라엘 자손의 회중에게 진노가 임하지 않게 할 것이라 레위인은 증거의 성막에 대한 책임을 지킬지니라 하셨음이라

54 이스라엘 자손이 그대로 행하되 여호와께서 모세에게 명령하신 대로 행하였더라

진 편성 및 행군 순서

2 여호와께서 모세와 아론에게 말씀하여 이르시되

2 이스라엘 자손은 각각 자기의 진영의 군기와 자기의 조상의 가문의 기호 곁에 진을 치되 회막을 향하여 사방으로 치라

3 동방 해 돋는 쪽에 진 칠 자는 그 진영별로 유다의 진영의 군기에 속한 자라 유다 자손의 지휘관은 암미나답의 아들 나

손이요

4 그의 군대로 계수된 자가 칠만 사천육백 명이며

5 그 곁에 진 칠 자는 잇사갈 지파라 잇사갈 자손의 지휘관은 수알의 아들 느다넬이요

6 그의 군대로 계수된 자가 오만 사천사백 명이라

7 그리고 스불론 지파라 스불론 자손의 지휘관은 헬론의 아들 엘리압이요

8 그의 군대로 계수된 자가 오만 칠천사백 명이니

9 유다 진영에 속한 군대로 계수된 군인의 총계는 십팔만 육천사백 명이라 그들은 제일대로 행진할지니라

10 남쪽에는 르우벤 군대 진영의 군기가 있을 것이라 르우벤 자손의 지휘관은 스데울의 아들 엘리술이요

11 그의 군대로 계수된 자가 사만 육천오백

명이며

12 그 곁에 진 칠 자는 시므온 지파라 시므

온 자손의 지휘관은 수리삿대의 아들 슬

루미엘이요

13 그의 군대로 계수된 자가 오만 구천삼백

명이며

14 또 갓 지파라 갓 자손의 지휘관은 르우

엘의 아들 엘리아삽이요

15 그의 군대로 계수된 자가 사만 오천육백

오십 명이니

16 르우벤 진영에 속하여 계수된 군인의 총

계는 십오만 천사백오십 명이라 그들은

제이대로 행진할지니라

17 그 다음에 회막이 레위인의 진영과 함께

모든 진영의 중앙에 있어 행진하되 그들

의 진 친 순서대로 각 사람은 자기의 위

치에서 자기들의 기를 따라 앞으로 행진

할지니라

18 서쪽에는 에브라임의 군대의 진영의 군

기가 있을 것이라 에브라임 자손의 지휘

관은 암미훗의 아들 엘리사마요

19 그의 군대로 계수된 자가 사만 오백 명

이며

20 그 곁에는 므낫세 지파가 있을 것이라

므낫세 자손의 지휘관은 브다술의 아들

가말리엘이요

21 그의 군대로 계수된 자가 삼만 이천이백

명이며

22 또 베냐민 지파라 베냐민 자손의 지휘관

은 기드오니의 아들 아비단이요

23 그의 군대로 계수된 자가 삼만 오천사백

명이니

24 에브라임 진영에 속하여 계수된 군인의

총계는 십만 팔천백 명이라 그들은 제삼

대로 행진할지니라

25 북쪽에는 단 군대 진영의 군기가 있을 것이라 단 자손의 지휘관은 암미삿대의 아들 아히에셀이요

26 그의 군대로 계수된 자가 육만 이천칠백 명이며

27 그 곁에 진 칠 자는 아셀 지파라 아셀 자손의 지휘관은 오그란의 아들 바기엘이요

28 그의 군대로 계수된 자가 사만 천오백 명이며

29 또 납달리 지파라 납달리 자손의 지휘관은 에난의 아들 아히라요

30 그의 군대로 계수된 자가 오만 삼천사백 명이니

31 단의 진영에 속하여 계수함을 받은 군인의 총계는 십오만 칠천육백 명이라 그들은 기를 따라 후대로 행진할지니라 하시니라

32 이상은 이스라엘 자손이 그들의 조상의 가문을 따라 계수된 자니 모든 진영의 군인 곧 계수된 자의 총계는 육십만 삼천오백오십 명이며

33 레위인은 이스라엘 자손과 함께 계수되지 아니하였으니 여호와께서 모세에게 명령하심과 같았느니라

34 이스라엘 자손이 여호와께서 모세에게 명령하신 대로 다 준행하여 각기 종족과 조상의 가문에 따르며 자기들의 기를 따라 진 치기도 하며 행진하기도 하였더라

아론의 아들들

3 여호와께서 시내 산에서 모세와 말씀하실 때에 아론과 모세가 낳은 자는 이러하니라

2 아론의 아들들의 이름은 이러하니 장자는 나답이요 다음은 아비후와 엘르아살과 이다말이니

3 이는 아론의 아들들의 이름이며 그들은 기름 부음을 받고 거룩하게 구별되어 제사장 직분을 위임 받은 제사장들이라

4 나답과 아비후는 시내 광야에서 여호와 앞에 다른 불을 드리다가 여호와 앞에서 죽어 자식이 없었으며 엘르아살과 이다말이 그의 아버지 아론 앞에서 제사장의 직분을 행하였더라

제사장을 돕는 레위 사람

5 여호와께서 또 모세에게 말씀하여 이르시되

6 레위 지파는 나아가 제사장 아론 앞에 서서 그에게 시종하게 하라

7 그들이 회막 앞에서 아론의 직무와 온 회중의 직무를 위하여 회막에서 시무하되

8 곧 회막의 모든 기구를 맡아 지키며 이스라엘 자손의 직무를 위하여 성막에서

시무할지니

9 너는 레위인을 아론과 그의 아들들에게 맡기라 그들은 이스라엘 자손 중에서 아론에게 온전히 맡겨진 자들이니라

10 너는 아론과 그의 아들들을 세워 제사장 직무를 행하게 하라 외인이 가까이 하면 죽임을 당할 것이니라

11 여호와께서 모세에게 말씀하여 이르시되

12 보라 내가 이스라엘 자손 중에서 레위인을 택하여 이스라엘 자손 중에 태를 열어 태어난 모든 맏이를 대신하게 하였은즉 레위인은 내 것이라

13 처음 태어난 자는 다 내 것임은 내가 애굽 땅에서 그 처음 태어난 자를 다 죽이던 날에 이스라엘의 처음 태어난 자는 사람이나 짐승을 다 거룩하게 구별하였음이니 그들은 내 것이 될 것임이니라 나는 여호와이니라

레위 자손 인구 조사

14 여호와께서 시내 광야에서 모세에게 말

씀하여 이르시되

15 레위 자손을 그들의 조상의 가문과 종족

을 따라 계수하되 일 개월 이상된 남자

를 다 계수하라

16 모세가 여호와의 말씀을 따라 그 명령하

신 대로 계수하니라

17 레위의 아들들의 이름은 이러하니 게르

손과 고핫과 므라리요

18 게르손의 아들들의 이름은 그들의 종족

대로 이러하니 립니와 시므이요

19 고핫의 아들들은 그들의 종족대로 이러

하니 아므람과 이스할과 헤브론과 웃시

엘이요

20 므라리의 아들들은 그들의 종족대로 말

리와 무시이니 이는 그의 종족대로 된

레위인의 조상의 가문들이니라

21 게르손에게서는 립니 종족과 시므이 종

족이 났으니 이들이 곧 게르손의 조상의

가문들이라

22 계수된 자 곧 일 개월 이상 된 남자의 수

효 합계는 칠천오백 명이며

23 게르손 종족들은 성막 뒤 곧 서쪽에 진

을 칠 것이요

24 라엘의 아들 엘리아삽은 게르손 사람의

조상의 가문의 지휘관이 될 것이며

25 게르손 자손이 회막에서 맡을 일은 성막

과 장막과 그 덮개와 회막 휘장 문과

26 뜰의 휘장과 및 성막과 제단 사방에 있

는 뜰의 휘장 문과 그 모든 것에 쓰는 줄

들이니라

27 고핫에게서는 아므람 종족과 이스할 종

족과 헤브론 종족과 웃시엘 종족이 났으

니 이들은 곧 고핫 종족들이라

28 계수된 자로서 출생 후 일 개월 이상 된

남자는 모두 팔천육백 명인데 성소를 맡

을 것이며

29 고핫 자손의 종족들은 성막 남쪽에 진을

칠 것이요

30 웃시엘의 아들 엘리사반은 고핫 사람의

종족과 조상의 가문의 지휘관이 될 것

이며

31 그들이 맡을 것은 증거궤와 상과 등잔

대와 제단들과 성소에서 봉사하는 데

쓰는 기구들과 휘장과 그것에 쓰는 모

든 것이며

32 제사장 아론의 아들 엘르아살은 레위인

의 지휘관들의 어른이 되고 또 성소를

맡을 자를 통할할 것이니라

33 므라리에게서는 말리 종족과 무시 종

족이 났으니 이들은 곧 므라리 종족들

이라

34 그 계수된 자 곧 일 개월 이상 된 남자는

모두 육천이백 명이며

35 아비하일의 아들 수리엘은 므라리 종족

과 조상의 가문의 지휘관이 될 것이요

이 종족은 성막 북쪽에 진을 칠 것이며

36 므라리 자손이 맡을 것은 성막의 널판과

그 띠와 그 기둥과 그 받침과 그 모든 기

구와 그것에 쓰는 모든 것이며

37 뜰 사방 기둥과 그 받침과 그 말뚝과 그

줄들이니라

38 성막 앞 동쪽 곧 회막 앞 해 돋는 쪽에는

모세와 아론과 아론의 아들들이 진을 치

고 이스라엘 자손의 직무를 위하여 성소

의 직무를 수행할 것이며 외인이 가까이

하면 죽일지니라

39 모세와 아론이 여호와의 명령을 따라 레

위인을 각 종족대로 계수한즉 일 개월

이상 된 남자는 모두 이만 이천 명이었

더라

341

레위 사람이 맡아들 구실을 하다

40 여호와께서 또 모세에게 이르시되 이스

라엘 자손의 처음 태어난 남자를 일 개

월 이상으로 다 계수하여 그 명수를 기

록하라

41 나는 여호와라 이스라엘 자손 중 모든

처음 태어난 자 대신에 레위인을 내게

돌리고 또 이스라엘 자손의 가축 중 모

든 처음 태어난 것 대신에 레위인의 가

축을 내게 돌리라

42 모세가 여호와께서 자기에게 명령하신

대로 이스라엘 자손 중 모든 처음 태어

난 자를 계수하니

43 일 개월 이상으로 계수된 처음 태어난

남자의 총계는 이만 이천이백칠십삼 명

이었더라

44 여호와께서 모세에게 말씀하여 이르시되

45 이스라엘 자손 중 모든 처음 태어난 자

대신에 레위인을 취하고 또 그들의 가축

대신에 레위인의 가축을 취하라 레위인

은 내 것이라 나는 여호와니라

46 이스라엘 자손의 처음 태어난 자가 레위

인보다 이백칠십삼 명이 더 많은즉 속전

으로

47 한 사람에 다섯 세겔씩 받되 성소의 세

겔로 받으라 한 세겔은 이십 게라니라

48 그 더한 자의 속전을 아론과 그의 아들

들에게 줄 것이니라

49 모세가 레위인으로 대속한 이외의 사람

에게서 속전을 받았으니

50 곧 이스라엘 자손의 처음 태어난 자에게

서 받은 돈이 성소의 세겔로 천삼백육십

오 세겔이라

51 모세가 이 속전을 여호와의 말씀대로 아

론과 그의 아들들에게 주었으니 여호와

께서 모세에게 명령하심과 같았느니라

고핫 자손의 임무

4 또 여호와께서 모세와 아론에게 말씀하여 이르시되

2 레위 자손 중에서 고핫 자손을 그들의 종족과 조상의 가문에 따라 집계할지니

3 곧 삼십 세 이상으로 오십 세까지 회막의 일을 하기 위하여 그 역사에 참가할 만한 모든 자를 계수하라

4 고핫 자손이 회막 안의 지성물에 대하여 할 일은 이러하니라

5 진영이 전진할 때에 아론과 그의 아들들이 들어가서 칸 막는 휘장을 걷어 증거궤를 덮고

6 그 위를 해달의 가죽으로 덮고 그 위에 순청색 보자기를 덮은 후에 그 채를 꿰고

7 진설병의 상에 청색 보자기를 펴고 대접들과 숟가락들과 주발들과 붓는 잔들을 그 위에 두고 또 항상 진설하는 떡을 그 위에 두고

8 홍색 보자기를 그 위에 펴고 그것을 해달의 가죽 덮개로 덮은 후에 그 채를 꿰고

9 청색 보자기를 취하여 등잔대와 등잔들과 불 집게들과 불똥 그릇들과 그 쓰는 바 모든 기름 그릇을 덮고

10 등잔대와 그 모든 기구를 해달의 가죽 덮개 안에 넣어 메는 틀 위에 두고

11 금제단 위에 청색 보자기를 펴고 해달의 가죽 덮개로 덮고 그 채를 꿰고

12 성소에서 봉사하는 데에 쓰는 모든 기구를 취하여 청색 보자기에 싸서 해달의 가죽 덮개로 덮어 메는 틀 위에 두고

13 제단의 재를 버리고 그 제단 위에 자색 보자기를 펴고

14 봉사하는 데에 쓰는 모든 기구 곧 불 옮

기는 그릇들과 고기 갈고리들과 부삽들

과 대야들과 제단의 모든 기구를 두고

해달의 가죽 덮개를 그 위에 덮고 그 채

를 꿸 것이며

15 진영을 떠날 때에 아론과 그의 아들들이

성소와 성소의 모든 기구 덮는 일을 마

치거든 고핫 자손들이 와서 멜 것이니라

그러나 성물은 만지지 말라 그들이 죽

으리라 회막 물건 중에서 이것들은 고핫

자손이 멜 것이며

16 제사장 아론의 아들 엘르아살이 맡을 것

은 등유와 태우는 향과 항상 드리는 소

제물과 관유이며 또 장막 전체와 그 중

에 있는 모든 것과 성소와 그 모든 기구

니라

17 여호와께서 또 모세와 아론에게 말씀하

여 이르시되

18 너희는 고핫 족속의 지파를 레위인 중에

서 끊어지게 하지 말지니

19 그들이 지성물에 접근할 때에 그들의 생

명을 보존하고 죽지 않게 하기 위하여

이같이 하라 아론과 그의 아들들이 들어

가서 각 사람에게 그가 할 일과 그가 멜

것을 지휘하게 할지니라

20 그들은 잠시라도 들어가서 성소를 보지

말라 그들이 죽으리라

게르손 자손의 임무

21 여호와께서 또 모세에게 말씀하여 이르

시되

22 게르손 자손도 그 조상의 가문과 종족에

따라 계수하되

23 삼십 세 이상으로 오십 세까지 회막에서

복무하고 봉사할 모든 자를 계수하라

24 게르손 종족의 할 일과 멜 것은 이러

하니

25 곧 그들이 성막의 휘장들과 회막과 그

덮개와 그 위의 해달의 가죽 덮개와 회막 휘장 문을 메며

26 뜰의 휘장과 성막과 제단 사방에 있는 뜰의 휘장 문과 그 줄들과 그것에 사용하는 모든 기구를 메며 이 모든 것을 이렇게 맡아 처리할 것이라

27 게르손 자손은 그들의 모든 일곧 멜 것과 처리할 것을 아론과 그의 아들들의 명령대로 할 것이니 너희는 그들이 멜 짐을 그들에게 맡길 것이니라

28 게르손 자손의 종족들이 회막에서 할 일은 이러하며 그들의 직무는 제사장 아론의 아들 이다말이 감독할지니라

므라리 자손의 임무

29 너는 므라리 자손도 그 조상의 가문과 종족에 따라 계수하되

30 삼십 세부터 오십 세까지 회막에서 복무하고 봉사할 모든 자를 계수하라

31 그들이 직무를 따라 회막에서 할 모든 일 곧 그 멜 것은 이러하니 곧 장막의 널판들과 그 띠들과 그 기둥들과 그 받침들과

32 뜰 둘레의 기둥들과 그 받침들과 그 말뚝들과 그 줄들과 그 모든 기구들과 그것에 쓰는 모든 것이라 너희는 그들이 맡아 멜 모든 기구의 품목을 지정하라

33 이는 제사장 아론의 아들 이다말의 수하에 있을 므라리 자손의 종족들이 그 모든 직무대로 회막에서 행할 일이니라

레위 사람 인구 조사

34 모세와 아론과 회중의 지도자들이 고핫 자손들을 그 종족과 조상의 가문에 따라 계수하니

35 삼십 세부터 오십 세까지 회막에서 복무하고 봉사할 모든 자

36 곧 그 종족대로 계수된 자가 이천칠백오

십 명이니

명이니

37 이는 모세와 아론이 여호와께서 모세에게 명령하신 대로 회막에서 종사하는 고핫인의 모든 종족 중 계수된 자이니라

38 게르손 자손 중 그 종족과 조상의 가문을 따라 계수된 자는

39 삼십 세부터 오십 세까지 회막 봉사에 참여하여 일할 만한 모든 자라

40 그 종족과 조상의 가문을 따라 계수된 자는 이천육백삼십 명이니

41 이는 모세와 아론이 여호와의 명령대로 회막에서 종사하는 게르손 자손의 모든 종족 중 계수된 자니라

42 므라리 자손의 종족 중 그 종족과 조상의 가문을 따라 계수된 자는

43 삼십 세부터 오십 세까지 회막에서 복무하고 봉사할 모든 자라

44 그 종족을 따라 계수된 자는 삼천이백

45 이는 모세와 아론이 여호와께서 모세에게 명령하신 대로 므라리 자손들의 종족 중 계수된 자니라

46 모세와 아론과 이스라엘 지휘관들이 레위인을 그 종족과 조상의 가문에 따라다 계수하니

47 삼십 세부터 오십 세까지 회막 봉사와 메는 일에 참여하여 일할 만한 모든 자

48 곧 그 계수된 자는 팔천오백팔십 명이라

49 그들이 할 일과 짐을 메는 일을 따라 모세에게 계수되었으되 여호와께서 모세에게 명령하신 대로 그들이 계수되었더라

부정한 사람의 처리

5 여호와께서 모세에게 말씀하여 이르시되

2 이스라엘 자손에게 명령하여 모든 나병 환자와 유출증이 있는 자와 주검으로 부정하게 된 자를 다 진영 밖으로 내보

내되

3 남녀를 막론하고 다 진영 밖으로 내보 내어 그들이 진영을 더럽히게 하지 말 라 내가 그 진영 가운데에 거하느니라 하시매

4 이스라엘 자손이 그같이 행하여 그들을 진영 밖으로 내보냈으니 곧 여호와께서 모세에게 이르신 대로 이스라엘 자손이 행하였더라

죄에 대한 값

5 여호와께서 모세에게 말씀하여 이르시되

6 이스라엘 자손에게 이르라 남자나 여자 나 사람들이 범하는 죄를 범하여 여호 께 거역함으로 죄를 지으면

7 그 지은 죄를 자복하고 그 죄 값을 온전 히 갚되 오분의 일을 더하여 그가 죄를 지었던 그 사람에게 돌려줄 것이요

8 만일 죄 값을 받을 만한 친척이 없으면

그 죄 값을 여호와께 드려 제사장에게로 돌릴 것이니 이는 그를 위하여 속죄할 속죄의 숫양과 함께 돌릴 것이니라

9 이스라엘 자손이 거제로 제사장에게 가져오는 모든 성물은 그의 것이 될 것이라

10 각 사람이 구별한 물건은 그의 것이 되 나니 누구든지 제사장에게 주는 것은 그 의 것이 되느니라

아내의 간통을 밝히는 절차

11 여호와께서 모세에게 말씀하여 이르시되

12 이스라엘 자손에게 말하여 그들에게 이 르라 만일 어떤 사람의 아내가 탈선하여 남편에게 신의를 저버렸고

13 한 남자가 그 여자와 동침하였으나 그의 남편의 눈에 숨겨 드러나지 아니하였고 그 여자의 더러워진 일에 증인도 없고 그가 잡히지도 아니하였어도

14 그 남편이 의심이 생겨 그 아내를 의심

하였는데 그의 아내가 더럽혀졌거나 또

는 그 남편이 의심이 생겨 그 아내를 의

심하였으나 그 아내가 더럽혀지지 아니

하였든지

15 그의 아내를 데리고 제사장에게로 가서

그를 위하여 보리 가루 십분의 일 에바

를 헌물로 드리되 그것에 기름도 붓지

말고 유향도 두지 말라 이는 의심의 소

제요 죄악을 기억나게 하는 기억의 소

제라

16 제사장은 그 여인을 가까이 오게 하여

여호와 앞에 세우고

17 토기에 거룩한 물을 담고 성막 바닥의

티끌을 취하여 물에 넣고

18 여인을 여호와 앞에 세우고 그의 머리를

풀게 하고 기억나게 하는 소제물 곧 의

심의 소제물을 그의 두 손에 두고 제사

장은 저주가 되게 할 쓴 물을 자기 손에

들고

19 여인에게 맹세하게 하여 그에게 이르기

를 네가 네 남편을 두고 탈선하여 다른

남자와 동침하여 더럽힌 일이 없으면 저

주가 되게 하는 이 쓴 물의 해독을 면하

리라

20 그러나 네가 네 남편을 두고 탈선하여

몸을 더럽혀서 네 남편 아닌 사람과 동

침하였으면

21 (제사장이 그 여인에게 저주의 맹세를

하게 하고 그 여인에게 말할지니라) 여

호와께서 네 넓적다리가 마르고 네 배가

부어서 네가 네 백성 중에 저줏거리, 맹

셋거리가 되게 하실지라

22 이 저주가 되게 하는 이 물이 네 창자

에 들어가서 네 배를 붓게 하고 네 넓적

다리를 마르게 하리라 할 것이요 여인은

아멘 아멘 할지니라

23 제사장이 저주의 말을 두루마리에 써서

그 글자를 그 쓴 물에 빨아 넣고

24 여인에게 그 저주가 되게 하는 쓴 물을

마시게 할지니 그 저주가 되게 하는 물

이 그의 속에 들어 가서 쓰리라

25 제사장이 먼저 그 여인의 손에서 의심의

소제물을 취하여 그 소제물을 여호와 앞

에 흔들고 제단으로 가지고 가서

26 제사장은 그 소제물 중에서 한 움큼을

취하여 그 여자에게 기억나게 하는 소제

물로 제단 위에 불사르고 그 후에 여인

에게 그 물을 마시게 할지라

27 그 물을 마시게 한 후에 만일 여인이 몸

을 더럽혀서 그 남편에게 범죄하였으면

그 저주가 되게 하는 물이 그의 속에 들

어가서 쓰게 되어 그의 배가 부으며 그

의 넓적다리가 마르리니 그 여인이 그

백성 중에서 저줏거리가 될 것이니라

28 그러나 여인이 더럽힌 일이 없고 정결하

면 해를 받지 않고 임신하리라

29 이는 의심의 법이니 아내가 그의 남편을

두고 탈선하여 더럽힌 때나

30 또는 그 남편이 의심이 생겨서 자기의

아내를 의심할 때에 여인을 여호와 앞에

두고 제사장이 이 법대로 행할 것이라

31 남편은 무죄할 것이요 여인은 죄가 있으

면 당하리라

나실인의 법

6 여호와께서 모세에게 말씀하여 이르시되

2 이스라엘 자손에게 전하여 그들에게 이

르라 남자나 여자가 특별한 서원 곧 나

실인의 서원을 하고 자기 몸을 구별하여

여호와께 드리려고 하면

3 포도주와 독주를 멀리하며 포도주로 된

초나 독주로 된 초를 마시지 말며 포도

즙도 마시지 말며 생포도나 건포도도 먹

지 말지니

4 자기 몸을 구별하는 모든 날 동안에는

포도나무 소산은 씨나 껍질이라도 먹지

말지며

5 그 서원을 하고 구별하는 모든 날 동안

은 삭도를 절대로 그의 머리에 대지 말

것이라 자기 몸을 구별하여 여호와께 드

리는 날이 차기까지 그는 거룩한즉 그의

머리털을 길게 자라게 할 것이며

6 자기의 몸을 구별하여 여호와께 드리는

모든 날 동안은 시체를 가까이 하지 말

것이요

7 그의 부모 형제 자매가 죽은 때에라도

그로 말미암아 몸을 더럽히지 말 것이니

이는 자기의 몸을 구별하여 하나님께 드

리는 표가 그의 머리에 있음이라

8 자기의 몸을 구별하는 모든 날 동안 그

는 여호와께 거룩한 자니라

9 누가 갑자기 그 곁에서 죽어서 스스로

구별한 자의 머리를 더럽히면 그의 몸을

정결하게 하는 날에 머리를 밀 것이니

곧 일곱째 날에 밀 것이며

10 여덟째 날에 산비둘기 두 마리나 집비둘

기 새끼 두 마리를 가지고 회막 문에 와

서 제사장에게 줄 것이요

11 제사장은 그 하나를 속죄제물로, 하나를

번제물로 드려서 그의 시체로 말미암아

얻은 죄를 속하고 또 그는 그 날에 그의

머리를 성결하게 할 것이며

12 자기 몸을 구별하여 여호와께 드릴 날을

새로 정하고 일 년 된 숫양을 가져다가

속건제물로 드릴지니라 자기의 몸을 구

별한 때에 그의 몸을 더럽혔은즉 지나간

기간은 무효니라

13 나실인의 법은 이러하니라 자기의 몸을

구별한 날이 차면 그 사람을 회막 문으로 데리고 갈 것이요

14 그는 여호와께 헌물을 드리되 번제물로 일 년 된 흠 없는 숫양 한 마리와 속죄제물로 일 년 된 흠 없는 어린 암양 한 마리와 화목제물로 흠 없는 숫양 한 마리와

15 무교병 한 광주리와 고운 가루에 기름 섞은 과자들과 기름 바른 무교전병들과 그 소제물과 전제물을 드릴 것이요

16 제사장은 그것들을 여호와 앞에 가져다가 속죄제와 번제를 드리고

17 화목제물로 숫양에 무교병 한 광주리를 아울러 여호와께 드리고 그 소제와 전제를 드릴 것이요

18 자기의 몸을 구별한 나실인은 회막 문에서 자기의 머리털을 밀고 그것을 화목제물 밑에 있는 불에 둘지며

19 자기의 몸을 구별한 나실인이 그의 머리털을 민 후에 제사장이 삶은 숫양의 어깨와 광주리 가운데 무교병 하나와 무교전병 하나를 취하여 나실인의 두 손에 두고

20 여호와 앞에 요제로 흔들 것이며 그것과 흔든 가슴과 받들어올린 넓적다리는 성물이라 다 제사장에게 돌릴 것이니라 그 후에는 나실인이 포도주를 마실 수 있느니라

21 이는 곧 서원한 나실인이 자기의 몸을 구별한 일로 말미암아 여호와께 헌물을 드림과 행할 법이며 이외에도 힘이 미치는 대로 하려니와 그가 서원한 대로 자기의 몸을 구별하는 법을 따라 할 것이니라

제사장의 축복

22 여호와께서 모세에게 말씀하여 이르시되

23 아론과 그의 아들들에게 말하여 이르기

를 너희는 이스라엘 자손을 위하여 이렇

게 축복하여 이르되

24 여호와는 네게 복을 주시고 너를 지키시

기를 원하며

25 여호와는 그의 얼굴을 네게 비추사 은혜

베푸시기를 원하며

26 여호와는 그 얼굴을 네게로 향하여 드사

평강 주시기를 원하노라 할지니라 하라

27 그들은 이같이 내 이름으로 이스라엘 자

손에게 축복할지니 내가 그들에게 복을

주리라

감독된 자들이 드린 헌물

7 모세가 장막 세우기를 끝내고 그것에 기

름을 발라 거룩히 구별하고 또 그 모든

기구와 제단과 그 모든 기물에 기름을

발라 거룩히 구별한 날에

2 이스라엘 지휘관들 곧 그들의 조상의 가

문의 우두머리들이요 그 지파의 지휘관

으로서 그 계수함을 받은 자의 감독된

자들이 헌물을 드렸으니

3 그들이 여호와께 드린 헌물은 덮개 있는

수레 여섯 대와 소 열두 마리이니 지휘

관 두 사람에 수레가 하나씩이요 지휘관

한 사람에 소가 한 마리씩이라 그것들을

장막 앞에 드린지라

4 여호와께서 모세에게 말씀하여 이르시되

5 그것을 그들에게서 받아 레위인에게 주

어 각기 직임대로 회막 봉사에 쓰게 할

지니라

6 모세가 수레와 소를 받아 레위인에게 주

었으니

7 곧 게르손 자손들에게는 그들의 직임대

로 수레 둘과 소 네 마리를 주었고

8 므라리 자손들에게는 그들의 직임대로

수레 넷과 소 여덟 마리를 주고 제사장

아론의 아들 이다말에게 감독하게 하였으나

9 고핫 자손에게는 주지 아니하였으니 그들의 성소의 직임은 그 어깨로 메는 일을 하는 까닭이었더라

10 제단에 기름을 바르던 날에 지휘관들이 제단의 봉헌을 위하여 헌물을 가져다가 그 헌물을 제단 앞에 드리니라

11 여호와께서 모세에게 이르시기를 지휘관들은 하루 한 사람씩 제단의 봉헌물을 드릴지니라 하셨더라

12 첫째 날에 헌물을 드린 자는 유다 지파 암미나답의 아들 나손이라

13 그의 헌물은 성소의 세겔로 백삼십 세겔 무게의 은반 하나와 칠십 세겔 무게의 은 바리 하나라 이 두 그릇에는 소제물로 기름 섞은 고운 가루를 채웠고

14 또 열 세겔 무게의 금 그릇 하나라 그것에는 향을 채웠고

15 또 번제물로 수송아지 한 마리와 숫양 한 마리와 일 년 된 어린 숫양 한 마리이며

16 속죄제물로 숫염소 한 마리이며

17 화목제물로 소 두 마리와 숫양 다섯 마리와 숫염소 다섯 마리와 일 년 된 어린 숫양 다섯 마리라 이는 암미나답의 아들 나손의 헌물이었더라

18 둘째 날에는 잇사갈의 지휘관 수알의 아들 느다넬이 헌물을 드렸으니

19 그가 드린 헌물도 성소의 세겔로 백삼십 세겔 무게의 은반 하나와 칠십 세겔 무게의 은 바리 하나라 이 두 그릇에는 소제물로 기름 섞은 고운 가루를 채웠고

20 또 열 세겔 무게의 금 그릇 하나라 그것에는 향을 채웠고

21 또 번제물로 수송아지 한 마리와 숫양

한 마리와 일 년 된 어린 숫양 한 마리

이며

22 속죄제물로 숫염소 한 마리이며

23 화목제물로 소 두 마리와 숫양 다섯 마

리와 숫염소 다섯 마리와 일년 된 어린

숫양 다섯 마리라 이는 수알의 아들 느

다넬의 헌물이었더라

24 셋째 날에는 스불론 자손의 지휘관 헬론

의 아들 엘리압이 헌물을 드렸으니

25 그의 헌물도 성소의 세겔로 백삼십 세겔

무게의 은반 하나와 칠십 세겔 무게의

은 바리 하나라 이 두 그릇에는 소제물

로 기름 섞은 고운 가루를 채웠고

26 또 열 세겔 무게의 금 그릇 하나라 이것

에는 향을 채웠고

27 또 번제물로 수송아지 한 마리와 숫양

한 마리와 일 년 된 어린 숫양 한 마리

이며

28 속죄제물로 숫염소 한 마리이며

29 화목제물로 소 두 마리와 숫양 다섯 마

리와 숫염소 다섯 마리와 일 년 된 어린

숫양 다섯 마리라 이는 헬론의 아들 엘

리압의 헌물이었더라

30 넷째 날에는 르우벤 자손의 지휘관 스데

울의 아들 엘리술이 헌물을 드렸으니

31 그의 헌물도 성소의 세겔로 백삼십 세겔

무게의 은 쟁반 하나와 칠십 세겔 무게

의 은 바리 하나라 이 두 그릇에는 소제

물로 기름 섞은 고운 가루를 채웠고

32 또 열 세겔 무게의 금 그릇 하나라 이것

에는 향을 채웠고

33 또 번제물로 수송아지 한 마리와 숫양

한 마리와 일 년 된 어린 숫양 한 마리

이며

34 속죄제물로 숫염소 한 마리이며

35 화목제물로 소 두 마리와 숫양 다섯 마

리와 숫염소 다섯 마리와 일 년 된 어린 숫양 다섯 마리라 이는 스데울의 아들 엘리술의 헌물이었더라

36 다섯째 날에는 시므온 자손의 지휘관 수리삿대의 아들 슬루미엘이 헌물을 드렸으니

37 그 헌물도 성소의 세겔로 백삼십 세겔 무게의 은 쟁반 하나와 칠십 세겔 무게의 은 바리 하나라 이 두 그릇에는 소제물로 기름 섞은 고운 가루를 채웠고

38 또 열 세겔 무게의 금 그릇 하나라 이것에는 향을 채웠고

39 또 번제물로 수송아지 한 마리와 숫양 한 마리와 일 년 된 어린 숫양 한 마리이며

40 속죄제물로 숫염소 한 마리이며

41 화목제물로 소 두 마리와 숫양 다섯 마리와 숫염소 다섯 마리와 일 년 된 어린

숫양 다섯 마리라 이는 수리삿대의 아들 슬루미엘의 헌물이었더라

42 여섯째 날에는 갓 자손의 지휘관 드우엘의 아들 엘리아삽이 헌물을 드렸으니

43 그의 헌물도 성소의 세겔로 백삼십 세겔 무게의 은 쟁반 하나와 칠십 세겔 무게의 은 바리 하나라 이 두 그릇에는 소제물로 기름 섞은 고운 가루를 채웠고

44 또 열 세겔 무게의 금 그릇 하나라 이것에는 향을 채웠고

45 또 번제물로 수송아지 한 마리와 숫양 한 마리와 일 년 된 어린 숫양 한 마리이며

46 속죄제물로 숫염소 한 마리이며

47 화목제물로 소 두 마리와 숫양 다섯 마리와 숫염소 다섯 마리와 일 년 된 어린 숫양 다섯 마리라 이는 드우엘의 아들 엘리아삽의 헌물이었더라

48 일곱째 날에는 에브라임 자손의 지휘관 암미훗의 아들 엘리사마가 헌물을 드렸으니

49 그의 헌물도 성소의 세겔로 백삼십 세겔 무게의 은 쟁반 하나와 칠십 세겔 무게의 은 바리 하나라 이 두 그릇에는 소제물로 기름 섞은 고운 가루를 채웠고

50 또 열 세겔 무게의 금 그릇 하나라 이것에는 향을 채웠고

51 또 번제물로 수송아지 한 마리와 숫양 한 마리와 일 년 된 어린 숫양 한 마리이며

52 속죄제물로 숫염소 한 마리이며

53 화목제물로 소 두 마리와 숫양 다섯 마리와 숫염소 다섯 마리와 일 년 된 어린 숫양 다섯 마리라 이는 암미훗의 아들 엘리사마의 헌물이었더라

54 여덟째 날에는 므낫세 자손의 지휘관 브다술의 아들 가말리엘이 헌물을 드렸으니

55 그 헌물도 성소의 세겔로 백삼십 세겔 무게의 은 쟁반 하나와 칠십 세겔 무게의 은 바리 하나라 이 두 그릇에는 소제물로 기름 섞은 고운 가루를 채웠고

56 또 열 세겔 무게의 금 그릇 하나라 이것에는 향을 채웠고

57 또 번제물로 수송아지 한 마리와 숫양 한 마리와 일 년 된 어린 숫양 한 마리이며

58 속죄제물로 숫염소 한 마리이며

59 화목제물로 소 두 마리와 숫양 다섯 마리와 숫염소 다섯 마리와 일 년 된 어린 숫양 다섯 마리라 이는 브다술의 아들 가말리엘의 헌물이었더라

60 아홉째 날에는 베냐민 자손의 지휘관 기드오니의 아들 아비단이 헌물을 드렸

으니

61 그의 헌물도 성소의 세겔로 백삼십 세겔 무게의 은 쟁반 하나와 칠십 세겔 무게의 은 바리 하나라 이 두 그릇에는 소제물로 기름 섞은 고운 가루를 채웠고

62 또 열 세겔 무게의 금 그릇 하나라 이것에는 향을 채웠고

63 또 번제물로 수송아지 한 마리와 숫양 한 마리와 일 년 된 어린 숫양 한 마리이며

64 속죄제물로 숫염소 한 마리이며

65 화목제물로 소 두 마리와 숫양 다섯 마리와 숫염소 다섯 마리와 일 년 된 어린 숫양 다섯 마리라 이는 기드오니의 아들 아비단의 헌물이었더라

66 열째 날에는 단 자손의 지휘관 암미삿대의 아들 아히에셀이 헌물을 드렸으니

67 그의 헌물도 성소의 세겔로 백삼십 세겔

무게의 은 쟁반 하나와 칠십 세겔 무게의 은 바리 하나라 이 두 그릇에는 소제물로 기름 섞은 고운 가루를 채웠고

68 또 열 세겔 무게의 금 그릇 하나라 이것에는 향을 채웠고

69 또 번제물로 수송아지 한 마리와 숫양 한 마리와 일 년 된 어린 숫양 한 마리이며

70 속죄제물로 숫염소 한 마리이며

71 화목제물로 소 두 마리와 숫양 다섯 마리와 숫염소 다섯 마리와 일 년 된 어린 숫양 다섯 마리라 이는 암미삿대의 아들 아히에셀의 헌물이었더라

72 열한째 날에는 아셀 자손의 지휘관 오그란의 아들 바기엘이 헌물을 드렸으니

73 그의 헌물도 성소의 세겔로 백삼십 세겔 무게의 은 쟁반 하나와 칠십 세겔 무게의 은 바리 하나라 이 두 그릇에는 소제

물로 기름 섞은 고운 가루를 채웠고

74 또 열 세겔 무게의 금 그릇 하나라 이것

에는 향을 채웠고

75 또 번제물로 수송아지 한 마리와 숫양

한 마리와 일 년 된 어린 숫양 한 마리

이며

76 속죄제물로 숫염소 한 마리이며

77 화목제물로 소 두 마리와 숫양 다섯 마

리와 숫염소 다섯 마리와 일 년 된 어린

숫양 다섯 마리라 이는 오그란의 아들

바기엘의 헌물이었더라

78 열두째 날에는 납달리 자손의 지휘관 에

난의 아들 아히라가 헌물을 드렸으니

79 그의 헌물도 성소의 세겔로 백삼십 세겔

무게의 은 쟁반 하나와 칠십 세겔 무게

의 은 바리 하나라 이 두 그릇에는 소제

물로 기름 섞은 고운 가루를 채웠고

80 또 열 세겔 무게의 금 그릇 하나라 이것

에는 향을 채웠고

81 또 번제물로 수송아지 한 마리와 숫양

한 마리와 일 년 된 어린 숫양 한 마리

이며

82 속죄제물로 숫염소 한 마리이며

83 화목제물로 소 두 마리와 숫양 다섯 마

리와 숫염소 다섯 마리와 일 년 된 어린

숫양 다섯 마리라 이는 에난의 아들 아

히라의 헌물이었더라

84 이는 곧 제단에 기름 바르던 날에 이스

라엘 지휘관들이 드린 바 제단의 봉헌물

이라 은 쟁반이 열둘이요 은 바리가 열

둘이요 금 그릇이 열둘이니

85 은 쟁반은 각각 백삼십 세겔 무게요 은

바리는 각각 칠십 세겔 무게라 성소의

세겔로 모든 기구의 은이 모두 이천사백

세겔이요

86 또 향을 채운 금 그릇이 열둘이니 성소

의 세겔로 각각 열 세겔 무게라 그 그릇

의 금이 모두 백이십 세겔이요

87 또 번제물로 수송아지가 열두 마리요 숫

양이 열두 마리요 일 년 된 어린 숫양이

열두 마리요 그 소제물이며 속죄제물로

숫염소가 열두 마리이며

88 화복제물로 수소가 스물네 마리요 숫양

이 육십 마리요 숫염소가 육십 마리요

일 년 된 어린 숫양이 육십 마리라 이는

제단에 기름 바른 후에 드린 바 제단의

봉헌물이었더라

89 모세가 회막에 들어가서 여호와께 말하

려 할 때에 증거궤 위 속죄소 위의 두 그

룹 사이에서 자기에게 말씀하시는 목소

리를 들었으니 여호와께서 그에게 말씀

하심이었더라

등잔을 차려 놓는 방식

8 여호와께서 또 모세에게 말씀하여 이르

시되

2 아론에게 말하여 이르라 등불을 켤 때에

는 일곱 등잔을 등잔대 앞으로 비추게

할지니라 하시매

3 아론이 그리하여 등불을 등잔대 앞으로

비추도록 켰으니 여호와께서 모세에게

명령하심과 같았더라

4 이 등잔대의 제작법은 이러하니 곧 금을

쳐서 만든 것인데 밑판에서 그 꽃까지

쳐서 만든 것이라 모세가 여호와께서 자

기에게 보이신 양식을 따라 이 등잔대를

만들었더라

레위인을 요제로 여호와께 드리다

5 여호와께서 모세에게 말씀하여 이르시되

6 이스라엘 자손 중에서 레위인을 데려다

가 정결하게 하라

7 너는 이같이 하여 그들을 정결하게 하되

곧 속죄의 물을 그들에게 뿌리고 그들에

게 그들의 전신을 삭도로 밀게 하고 그

의복을 빨게 하여 몸을 정결하게 하고

8 또 그들에게 수송아지 한 마리를 번제물
로, 기름 섞은 고운 가루를 그 소제물로
가져오게 하고 그 외에 너는 또 수송아
지 한 마리를 속죄제물로 가져오고

9 레위인을 회막 앞에 나오게 하고 이스라
엘 자손의 온 회중을 모으고

10 레위인을 여호와 앞에 나오게 하고 이스
라엘 자손이 그들에게 안수하게 한 후에

11 아론이 이스라엘 자손을 위하여 레위인
을 흔들어 바치는 제물로 여호와 앞에
드릴지니 이는 그들에게 여호와께 봉사
하게 하기 위함이라

12 레위인으로 수송아지들의 머리에 안수하
게 하고 네가 그 하나는 속죄제물로, 하
나는 번제물로 여호와께 드려 레위인을
속죄하고

13 레위인을 아론과 그의 아들들 앞에 세워
여호와께 요제로 드릴지니라

14 너는 이같이 이스라엘 자손 중에서 레위
인을 구별하라 그리하면 그들이 내게 속
할 것이라

15 네가 그들을 정결하게 하여 요제로 드린
후에 그들이 회막에 들어가서 봉사할 것
이니라

16 그들은 이스라엘 자손 중에서 내게 온전
히 드린 바 된 자라 이스라엘 자손 중 모
든 초태생 곧 모든 처음 태어난 자 대신
내가 그들을 취하였나니

17 이스라엘 자손 중에 처음 태어난 것은
사람이든지 짐승이든지 다 내게 속하였
음은 내가 애굽 땅에서 모든 처음 태어
난 자를 치던 날에 그들을 내게 구별하
였음이라

18 이러므로 내가 이스라엘 자손 중 모든

처음 태어난 자 대신 레위인을 취하였느

니라

19 내가 이스라엘 자손 중에서 레위인을 취

하여 그들을 아론과 그의 아들들에게 주

어 그들로 회막에서 이스라엘 자손을 대

신하여 봉사하게 하며 또 이스라엘 자손

을 위하여 속죄하게 하였나니 이는 이스

라엘 자손이 성소에 가까이 할 때에 그

들 중에 재앙이 없게 하려 하였음이니라

20 모세와 아론과 이스라엘 자손의 온 회

중이 여호와께서 레위인에 대하여 모세

에게 명령하신 것을 다 따라 레위인에게

행하였으되 곧 이스라엘 자손이 그와 같

이 그들에게 행하였더라

21 레위인이 이에 죄에서 스스로 깨끗하게

하고 그들의 옷을 빨매 아론이 그들을

여호와 앞에 요제로 드리고 그가 또 그

들을 위하여 속죄하여 정결하게 한

22 후에 레위인이 회막에 들어가서 아론과

그의 아들들 앞에서 봉사하니라 여호와

께서 레위인의 일에 대하여 모세에게 명

령하게 하신 것을 따라 그와 같이 그들

에게 행하였더라

23 여호와께서 또 모세에게 말씀하여 이르

시되

24 레위인은 이같이 할지니 곧 이십오 세

이상으로는 회막에 들어가서 복무하고

봉사할 것이요

25 오십 세부터는 그 일을 쉬어 봉사하지

아니할 것이나

26 그의 형제와 함께 회막에서 돕는 직무

를 지킬 것이요 일하지 아니할 것이라

너는 레위인의 직무에 대하여 이같이

할지니라

두 번째 유월절

9 애굽 땅에서 나온 다음 해 첫째 달에 여

호와께서 시내 광야에서 모세에게 말씀

하여 이르시되

2 이스라엘 자손에게 유월절을 그 정한 기

일에 지키게 하라

3 그 정한 기일 곧 이 달 열넷째 날 해 질

때에 너희는 그것을 지키되 그 모든 율

례와 그 모든 규례대로 지킬지니라

4 모세가 이스라엘 자손에게 명령하여 유

월절을 지키라 하매

5 그들이 첫째 달 열넷째 날 해 질 때에 시

내 광야에서 유월절을 지켰으되 이스라

엘 자손이 여호와께서 모세에게 명령하

신 것을 다 따라 행하였더라

6 그 때에 사람의 시체로 말미암아 부정하

게 되어서 유월절을 지킬 수 없는 사람

들이 있었는데 그들이 그 날에 모세와

아론 앞에 이르러

7 그에게 이르되 우리가 사람의 시체로 말

미암아 부정하게 되었거니와 우리를 금

지하여 이스라엘 자손과 함께 정한 기일

에 여호와께 헌물을 드리지 못하게 하심

은 어찌함이니이까

8 모세가 그들에게 이르되 기다리라 여호

와께서 너희에게 대하여 어떻게 명령하

시는지 내가 들으리라

9 여호와께서 모세에게 말씀하여 이르시되

10 이스라엘 자손에게 말하여 이르라 너희

나 너희 후손 중에 시체로 말미암아 부

정하게 되든지 먼 여행 중에 있다 할지

라도 다 여호와 앞에 마땅히 유월절을

지키되

11 둘째 달 열넷째 날 해 질 때에 그것을 지

켜서 어린 양에 무교병과 쓴 나물을 아

울러 먹을 것이요

12 아침까지 그것을 조금도 남겨두지 말며

그 뼈를 하나도 꺾지 말아서 유월절 모

든 율례대로 지킬 것이니라

13 그러나 사람이 정결하기도 하고 여행 중에도 있지 아니하면서 유월절을 지키지 아니하는 자는 그 백성 중에서 끊어지리니 이런 사람은 그 정한 기일에 여호와께 헌물을 드리지 아니하였은즉 그의 죄를 담당할지며

14 만일 타국인이 너희 중에 거류하여 여호와 앞에 유월절을 지키고자 하면 유월절 율례대로 그 규례를 따라서 행할지니 거류민에게나 본토인에게나 그 율례는 동일할 것이니라

길을 안내한 구름 (출 40:34-38)

15 성막을 세운 날에 구름이 성막 곧 증거의 성막을 덮었고 저녁이 되면 성막 위에 불 모양 같은 것이 나타나서 아침까지 이르렀으되

16 항상 그러하여 낮에는 구름이 그것을 덮

었고 밤이면 불 모양이 있었는데

17 구름이 성막에서 떠오르는 때에는 이스라엘 자손이 곧 행진하였고 구름이 머무는 곳에 이스라엘 자손이 진을 쳤으니

18 이스라엘 자손이 여호와의 명령을 따라 행진하였고 여호와의 명령을 따라 진을 쳤으며 구름이 성막 위에 머무는 동안에는 그들이 진영에 머물렀고

19 구름이 성막 위에 머무는 날이 오랠 때에는 이스라엘 자손이 여호와의 명령을 지켜 행진하지 아니하였으며

20 혹시 구름이 성막 위에 머무는 날이 적을 때에도 그들이 다만 여호와의 명령을 따라 진영에 머물고 여호와의 명령을 따라 행진하였으며

21 혹시 구름이 저녁부터 아침까지 있다가 아침에 그 구름이 떠오를 때에는 그들이 행진하였고 구름이 밤낮 있다가 떠오르

면 곧 행진하였으며

22 이틀이든지 한 달이든지 일 년이든지 구름이 성막 위에 머물러 있을 동안에는 이스라엘 자손이 진영에 머물고 행진하지 아니하다가 떠오르면 행진하였으니

23 곧 그들이 여호와의 명령을 따라 진을 치며 여호와의 명령을 따라 행진하고 또 모세를 통하여 이르신 여호와의 명령을 따라 여호와의 직임을 지켰더라

나팔 신호

10 여호와께서 모세에게 말씀하여 이르시되

2 은 나팔 둘을 만들되 두들겨 만들어서 그것으로 회중을 소집하며 진영을 출발하게 할 것이라

3 나팔 두 개를 불 때에는 온 회중이 회막 문 앞에 모여서 네게로 나아올 것이요

4 하나만 불 때에는 이스라엘의 천부장 된 지휘관들이 모여서 네게로 나아올

것이며

5 너희가 그것을 크게 불 때에는 동쪽 진영들이 행진할 것이며

6 두 번째로 크게 불 때에는 남쪽 진영들이 행진할 것이라 떠나려 할 때에는 나팔 소리를 크게 불 것이며

7 또 회중을 모을 때에도 나팔을 불 것이나 소리를 크게 내지 말며

8 그 나팔은 아론의 자손인 제사장들이 불지니 이는 너희 대대에 영원한 율례니라

9 또 너희 땅에서 너희가 자기를 압박하는 대적을 치러 나갈 때에는 나팔을 크게 불지니 그리하면 너희 하나님 여호와가 너희를 기억하고 너희를 너희의 대적에게서 구원하시리라

10 또 너희의 희락의 날과 너희가 정한 절기와 초하루에는 번제물을 드리고 화목제물을 드리며 나팔을 불라 그로 말미암

아 너희의 하나님이 너희를 기억하시리

라 나는 너희의 하나님 여호와니라

이스라엘 자손이 진행하기를 시작하다

11 둘째 해 둘째 달 스무날에 구름이 증거

의 성막에서 떠오르매

12 이스라엘 자손이 시내 광야에서 출발하

여 자기 길을 가더니 바란 광야에 구름

이 머무니라

13 이와 같이 그들이 여호와께서 모세에게

명령하신 것을 따라 행진하기를 시작하

였는데

14 선두로 유다 자손의 진영의 군기에 속한

자들이 그들의 진영별로 행진하였으니

유다 군대는 암미나답의 아들 나손이 이

끌었고

15 잇사갈 자손 지파의 군대는 수알의 아들

느다넬이 이끌었고

16 스불론 자손 지파의 군대는 헬론의 아들

엘리압이 이끌었더라

17 이에 성막을 걷으매 게르손 자손과 므라

리 자손이 성막을 메고 출발하였으며

18 다음으로 르우벤 진영의 군기에 속한 자

들이 그들의 진영별로 출발하였으니 르

우벤의 군대는 스데울의 아들 엘리술이

이끌었고

19 시므온 자손 지파의 군대는 수리삿대의

아들 슬루미엘이 이끌었고

20 갓 자손 지파의 군대는 드우엘의 아들

엘리아삽이 이끌었더라

21 고핫인은 성물을 메고 행진하였고 그들

이 이르기 전에 성막을 세웠으며

22 다음으로 에브라임 자손 진영의 군기에

속한 자들이 그들의 진영별로 행진하였

으니 에브라임 군대는 암미훗의 아들 엘

리사마가 이끌었고

23 므낫세 자손 지파의 군대는 브다술의 아

들 가말리엘이 이끌었고

24 베냐민 자손 지파의 군대는 기드오니의

아들 아비단이 이끌었더라

25 다음으로 단 자손 진영의 군기에 속한

자들이 그들의 진영별로 행진하였으니

이 군대는 모든 진영의 마지막 진영이었

더라 단 군대는 암미삿대의 아들 아히에

셀이 이끌었고

26 아셀 자손 지파의 군대는 오그란의 아들

바기엘이 이끌었고

27 납달리 자손 지파의 군대는 에난의 아들

아히라가 이끌었더라

28 이스라엘 자손이 행진할 때에 이와 같이

그들의 군대를 따라 나아갔더라

29 모세가 모세의 장인 미디안 사람 르우엘

의 아들 호밥에게 이르되 여호와께서 주

마 하신 곳으로 우리가 행진하나니 우리

와 동행하자 그리하면 선대하리라 여호

와께서 이스라엘에게 복을 내리리라 하

셨느니라

30 호밥이 그에게 이르되 나는 가지 아니하

고 내 고향 내 친족에게로 가리라

31 모세가 이르되 청하건대 우리를 떠나지

마소서 당신은 우리가 광야에서 어떻게

진 칠지를 아나니 우리의 눈이 되리이다

32 우리와 동행하면 여호와께서 우리에게

복을 내리시는 대로 우리도 당신에게 행

하리이다

33 그들이 여호와의 산에서 떠나 삼 일 길

을 갈 때에 여호와의 언약궤가 그 삼 일

길에 앞서 가며 그들의 쉴 곳을 찾았고

34 그들이 진영을 떠날 때에 낮에는 여호와

의 구름이 그 위에 덮였었더라

35 궤가 떠날 때에는 모세가 말하되 여호와

여 일어나사 주의 대적들을 흩으시고 주

를 미워하는 자가 주 앞에서 도망하게

하소서 하였고

36 궤가 쉴 때에는 말하되 여호와여 이스라엘 종족들에게로 돌아오소서 하였더라

다베라

11 여호와께서 들으시기에 백성이 악한 말로 원망하매 여호와께서 들으시고 진노하사 여호와의 불을 그들 중에 붙여서 진영 끝을 사르게 하시매

2 백성이 모세에게 부르짖으므로 모세가 여호와께 기도하니 불이 꺼졌더라

3 그 곳 이름을 다베라라 불렀으니 이는 여호와의 불이 그들 중에 붙은 까닭이었더라

모세가 장로 칠십 인을 뽑다

4 그들 중에 섞여 사는 다른 인종들이 탐욕을 품으매 이스라엘 자손도 다시 울며 이르되 누가 우리에게 고기를 주어 먹게 하랴

5 우리가 애굽에 있을 때에는 값없이 생선과 오이와 참외와 부추와 파와 마늘들을 먹은 것이 생각나거늘

6 이제는 우리의 기력이 다하여 이 만나 외에는 보이는 것이 아무 것도 없도다 하니

7 만나는 깟씨와 같고 모양은 진주와 같은 것이라

8 백성이 두루 다니며 그것을 거두어 맷돌에 갈기도 하며 절구에 찧기도 하고 가마에 삶기도 하여 과자를 만들었으니 그 맛이 기름 섞은 과자 맛 같았더라

9 밤에 이슬이 진영에 내릴 때에 만나도 함께 내렸더라

10 백성의 온 종족들이 각기 자기 장막 문에서 우는 것을 모세가 들으니라 이러므로 여호와의 진노가 심히 크고 모세도 기뻐하지 아니하여

11 모세가 여호와께 여짜오되 어찌하여 주

께서 종을 괴롭게 하시나이까 어찌하여

내게 주의 목전에서 은혜를 입게 아니하

시고 이 모든 백성을 내게 맡기사 내가

그 짐을 지게 하시나이까

12 이 모든 백성을 내가 배었나이까 내가

그들을 낳았나이까 어찌 주께서 내게 양

육하는 아버지가 젖 먹는 아이를 품듯

그들을 품에 품고 주께서 그들의 열조에

게 맹세하신 땅으로 가라 하시나이까

13 이 모든 백성에게 줄 고기를 내가 어디

서 얻으리이까 그들이 나를 향하여 울며

이르되 우리에게 고기를 주어 먹게 하라

하온즉

14 책임이 심히 중하여 나 혼자는 이 모든

백성을 감당할 수 없나이다

15 주께서 내게 이같이 행하실진대 구하옵

나니 내게 은혜를 베푸사 즉시 나를 죽

여 내가 고난 당함을 내가 보지 않게 하

옵소서

16 여호와께서 모세에게 이르시되 이스라엘

노인 중에 네가 알기로 백성의 장로와

지도자가 될 만한 자 칠십 명을 모아 내

게 데리고 와 회막에 이르러 거기서 너

와 함께 서게 하라

17 내가 강림하여 거기서 너와 말하고 네게

임한 영을 그들에게도 임하게 하리니 그

들이 너와 함께 백성의 짐을 담당하고

너 혼자 담당하지 아니하리라

18 또 백성에게 이르기를 너희의 몸을 거룩

히 하여 내일 고기 먹기를 기다리라 너

희가 울며 이르기를 누가 우리에게 고기

를 주어 먹게 하랴 애굽에 있을 때가 우

리에게 좋았다 하는 말이 여호와께 들렸

으므로 여호와께서 너희에게 고기를 주

어 먹게 하실 것이라

19 하루나 이틀이나 닷새나 열흘이나 스무

날만 먹을 뿐 아니라

20 냄새도 싫어하기까지 한 달 동안 먹게

하시리니 이는 너희가 너희 중에 계시는

여호와를 멸시하고 그 앞에서 울며 이르

기를 우리가 어찌하여 애굽에서 나왔던

가 함이라 하라

21 모세가 이르되 나와 함께 있는 이 백성

의 보행자가 육십만 명이온데 주의 말씀

이 한 달 동안 고기를 주어 먹게 하겠다

하시오니

22 그들을 위하여 양 떼와 소 떼를 잡은들

족하오며 바다의 모든 고기를 모은들 족

하오리이까

23 여호와께서 모세에게 이르시되 여호와의

손이 짧으냐 네가 이제 내 말이 네게 응

하는 여부를 보리라

24 모세가 나가서 여호와의 말씀을 백성에

게 알리고 백성의 장로 칠십 인을 모아

장막에 둘러 세우매

25 여호와께서 구름 가운데 강림하사 모세

에게 말씀하시고 그에게 임한 영을 칠십

장로에게도 임하게 하시니 영이 임하신

때에 그들이 예언을 하다가 다시는 하지

아니하였더라

26 그 기명된 자 중 엘닷이라 하는 자와 메

닷이라 하는 자 두 사람이 진영에 머물

고 장막에 나아가지 아니하였으나 그들

에게도 영이 임하였으므로 진영에서 예

언한지라

27 한 소년이 달려와서 모세에게 전하여 이

르되 엘닷과 메닷이 진중에서 예언하나

이다 하매

28 택한 자 중 한 사람 곧 모세를 섬기는 눈

의 아들 여호수아가 말하여 이르되 내

주 모세여 그들을 말리소서

29 모세가 그에게 이르되 네가 나를 두고 시기하느냐 여호와께서 그의 영을 그의 모든 백성에게 주사 다 선지자가 되게 하시기를 원하노라

30 모세와 이스라엘 장로들이 진중으로 돌아왔더라

여호와께서 메추라기를 보내시다

31 바람이 여호와에게서 나와 바다에서부터 메추라기를 몰아 진영 곁 이쪽 저쪽 곧 진영 사방으로 각기 하룻길 되는 지면 위 두 규빗쯤에 내리게 한지라

32 백성이 일어나 그 날 종일 종야와 그 이튿날 종일토록 메추라기를 모으니 적게 모은 자도 열 호멜이라 그들이 자기들을 위하여 진영 사면에 펴 두었더라

33 고기가 아직 이 사이에 있어 씹히기 전에 여호와께서 백성에게 대하여 진노하사 심히 큰 재앙으로 치셨으므로

34 그 곳 이름을 기브롯 핫다아와라 불렀으니 욕심을 낸 백성을 거기 장사함이었더라

35 백성이 기브롯 핫다아와에서 행진하여 하세롯에 이르러 거기 거하니라

미리암이 벌을 받다

12 모세가 구스 여자를 취하였더니 그 구스 여자를 취하였으므로 미리암과 아론이 모세를 비방하니라

2 그들이 이르되 여호와께서 모세와만 말씀하셨느냐 우리와도 말씀하지 아니하셨느냐 하매 여호와께서 이 말을 들으셨더라

3 이 사람 모세는 온유함이 지면의 모든 사람보다 더하더라

4 여호와께서 갑자기 모세와 아론과 미리암에게 이르시되 너희 세 사람은 회막으로 나아오라 하시니 그 세 사람이 나아

가매

5　여호와께서 구름 기둥 가운데로부터 강

림하사 장막 문에 서시고 아론과 미리암

을 부르시는지라 그 두 사람이 나아가매

6　이르시되 내 말을 들으라 너희 중에 선

지자가 있으면 나 여호와가 환상으로 나

를 그에게 알리기도 하고 꿈으로 그와

말하기도 하거니와

7　내 종 모세와는 그렇지 아니하니 그는

내 온 집에 충성함이라

8　그와는 내가 대면하여 명백히 말하고 은

밀한 말로 하지 아니하며 그는 또 여호

와의 형상을 보거늘 너희가 어찌하여 내

종 모세 비방하기를 두려워하지 아니하

느냐

9　여호와께서 그들을 향하여 진노하시고

떠나시매

10　구름이 장막 위에서 떠나갔고 미리암은

나병에 걸려 눈과 같더라 아론이 미리암

을 본즉 나병에 걸렸는지라

11　아론이 이에 모세에게 이르되 슬프도다

내 주여 우리가 어리석은 일을 하여 죄

를 지었으나 청하건대 그 벌을 우리에게

돌리지 마소서

12　그가 살이 반이나 썩어 모태로부터 죽어

서 나온 자 같이 되지 않게 하소서

13　모세가 여호와께 부르짖어 이르되 하나

님이여 원하건대 그를 고쳐 주옵소서

14　여호와께서 모세에게 이르시되 그의 아

버지가 그의 얼굴에 침을 뱉었을지라도

그가 이레 동안 부끄러워하지 않겠느냐

그런즉 그를 진영 밖에 이레 동안 가두

고 그 후에 들어오게 할지니라 하시니

15　이에 미리암이 진영 밖에 이레 동안 갇

혀 있었고 백성은 그를 다시 들어오게

하기까지 행진하지 아니하다가

16 그 후에 백성이 하세롯을 떠나 바란 광

야에 진을 치니라

가나안 땅 정탐 (신 1:19-33)

13 여호와께서 모세에게 말씀하여 이르시되

2 사람을 보내어 내가 이스라엘 자손에게

주는 가나안 땅을 정탐하게 하되 그들의

조상의 가문 각 지파 중에서 지휘관 된

자 한 사람씩 보내라

3 모세가 여호와의 명령을 따라 바란 광야

에서 그들을 보냈으니 그들은 다 이스라

엘 자손의 수령 된 사람이라

4 그들의 이름은 이러하니라 르우벤 지파

에서는 삭굴의 아들 삼무아요

5 시므온 지파에서는 호리의 아들 사밧

이요

6 유다 지파에서는 여분네의 아들 갈렙

이요

7 잇사갈 지파에서는 요셉의 아들 이갈

이요

8 에브라임 지파에서는 눈의 아들 호세

아요

9 베냐민 지파에서는 라부의 아들 발디요

10 스불론 지파에서는 소디의 아들 갓디엘

이요

11 요셉 지파 곧 므낫세 지파에서는 수시의

아들 갓디요

12 단 지파에서는 그말리의 아들 암미엘

이요

13 아셀 지파에서는 미가엘의 아들 스둘

이요

14 납달리 지파에서는 웝시의 아들 나비요

15 갓 지파에서는 마기의 아들 그우엘이니

16 이는 모세가 땅을 정탐하러 보낸 자들의

이름이라 모세가 눈의 아들 호세아를 여

호수아라 불렀더라

17 모세가 가나안 땅을 정탐하러 그들을 보

내며 이르되 너희는 네겝 길로 행하여 산지로 올라가서

18 그 땅이 어떠한지 정탐하라 곧 그 땅 거민이 강한지 약한지 많은지 적은지와

19 그들이 사는 땅이 좋은지 나쁜지와 사는 성읍이 진영인지 산성인지와

20 토지가 비옥한지 메마른지 나무가 있는지 없는지를 탐지하라 담대하라 또 그 땅의 실과를 가져오라 하니 그 때는 포도가 처음 익을 즈음이었더라

21 이에 그들이 올라가서 땅을 정탐하되 신 광야에서부터 하맛 어귀 르홉에 이르렀고

22 또 네겝으로 올라가서 헤브론에 이르렀으니 헤브론은 애굽 소안보다 칠 년 전에 세운 곳이라 그 곳에 아낙 자손 아히만과 세새와 달매가 있었더라

23 또 에스골 골짜기에 이르러 거기서 포도 송이가 달린 가지를 베어 둘이 막대기에 꿰어 메고 또 석류와 무화과를 따니라

24 이스라엘 자손이 거기서 포도를 베었으므로 그 곳을 에스골 골짜기라 불렀더라

25 사십 일 동안 땅을 정탐하기를 마치고 돌아와

26 바란 광야 가데스에 이르러 모세와 아론과 이스라엘 자손의 온 회중에게 나아와 그들에게 보고하고 그 땅의 과일을 보이고

27 모세에게 말하여 이르되 당신이 우리를 보낸 땅에 간즉 과연 그 땅에 젖과 꿀이 흐르는데 이것은 그 땅의 과일이니이다

28 그러나 그 땅 거주민은 강하고 성읍은 견고하고 심히 클 뿐 아니라 거기서 아낙 자손을 보았으며

29 아말렉인은 남방 땅에 거주하고 헷인과 여부스인과 아모리인은 산지에 거주하고

가나안인은 해변과 요단 가에 거주하더이다

30 갈렙이 모세 앞에서 백성을 조용하게 하고 이르되 우리가 곧 올라가서 그 땅을 취하자 능히 이기리라 하나

31 그와 함께 올라갔던 사람들은 이르되 우리는 능히 올라가서 그 백성을 치지 못하리라 그들은 우리보다 강하니라 하고

32 이스라엘 자손 앞에서 그 정탐한 땅을 악평하여 이르되 우리가 두루 다니며 정탐한 땅은 그 거주민을 삼키는 땅이요 거기서 본 모든 백성은 신장이 장대한 자들이며

33 거기서 네피림 후손인 아낙 자손의 거인들을 보았나니 우리는 스스로 보기에도 메뚜기 같으니 그들이 보기에도 그와 같았을 것이니라

백성의 원망

14 온 회중이 소리를 높여 부르짖으며 백성이 밤새도록 통곡하였더라

2 이스라엘 자손이 다 모세와 아론을 원망하며 온 회중이 그들에게 이르되 우리가 애굽 땅에서 죽었거나 이 광야에서 죽었으면 좋았을 것을

3 어찌하여 여호와가 우리를 그 땅으로 인도하여 칼에 쓰러지게 하려 하는가 우리 처자가 사로잡히리니 애굽으로 돌아가는 것이 낫지 아니하랴

4 이에 서로 말하되 우리가 한 지휘관을 세우고 애굽으로 돌아가자 하매

5 모세와 아론이 이스라엘 자손의 온 회중 앞에서 엎드린지라

6 그 땅을 정탐한 자 중 눈의 아들 여호수아와 여분네의 아들 갈렙이 자기들의 옷을 찢고

7 이스라엘 자손의 온 회중에게 말하여 이

르되 우리가 두루 다니며 정탐한 땅은

심히 아름다운 땅이라

8 여호와께서 우리를 기뻐하시면 우리를

그 땅으로 인도하여 들이시고 그 땅을

우리에게 주시리라 이는 과연 젖과 꿀이

흐르는 땅이니라

9 다만 여호와를 거역하지는 말라 또 그

땅 백성을 두려워하지 말라 그들은 우리

의 먹이라 그들의 보호자는 그들에게서

떠났고 여호와는 우리와 함께 하시느니

라 그들을 두려워하지 말라 하나

10 온 회중이 그들을 돌로 치려 하는데 그

때에 여호와의 영광이 회막에서 이스라

엘 모든 자손에게 나타나시니라

모세가 백성을 두고 기도하다

11 여호와께서 모세에게 이르시되 이 백성

이 어느 때까지 나를 멸시하겠느냐 내가

그들 중에 많은 이적을 행하였으나 어느

때까지 나를 믿지 않겠느냐

12 내가 전염병으로 그들을 쳐서 멸하고 네

게 그들보다 크고 강한 나라를 이루게

하리라

13 모세가 여호와께 여짜오되 애굽인 중에

서 주의 능력으로 이 백성을 인도하여

내셨거늘 그리하시면 그들이 듣고

14 이 땅 거주민에게 전하리이다 주 여호와

께서 이 백성 중에 계심을 그들도 들었

으니 곧 주 여호와께서 대면하여 보이시

며 주의 구름이 그들 위에 섰으며 주께

서 낮에는 구름 기둥 가운데에서, 밤에는

불 기둥 가운데에서 그들 앞에 행하시는

것이니이다

15 이제 주께서 이 백성을 하나 같이 죽이

시면 주의 명성을 들은 여러 나라가 말

하여 이르기를

16 여호와가 이 백성에게 주기로 맹세한 땅
에 인도할 능력이 없었으므로 광야에서
죽였다 하리이다

17 이제 구하옵나니 이미 말씀하신 대로 주
의 큰 권능을 나타내옵소서 이르시기를

18 여호와는 노하기를 더디하시고 인자가
많아 죄악과 허물을 사하시나 형벌 받을
자는 결단코 사하지 아니하시고 아버지
의 죄악을 자식에게 갚아 삼사대까지 이
르게 하리라 하셨나이다

19 구하옵나니 주의 인자의 광대하심을 따
라 이 백성의 죄악을 사하시되 애굽에서
부터 지금까지 이 백성을 사하신 것 같
이 사하시옵소서

20 여호와께서 이르시되 내가 네 말대로 사
하노라

21 그러나 진실로 내가 살아 있는 것과 여
호와의 영광이 온 세계에 충만할 것을

두고 맹세하노니

22 내 영광과 애굽과 광야에서 행한 내 이
적을 보고서도 이같이 열 번이나 나를
시험하고 내 목소리를 청종하지 아니한
그 사람들은

23 내가 그들의 조상들에게 맹세한 땅을 결
단코 보지 못할 것이요 또 나를 멸시하
는 사람은 한 사람도 그것을 보지 못하
리라

24 그러나 내 종 갈렙은 그 마음이 그들과
달라서 나를 온전히 따랐은즉 그가 갔던
땅으로 내가 그를 인도하여 들이리니 그
의 자손이 그 땅을 차지하리라

25 아말렉인과 가나안인이 골짜기에 거주하
나니 너희는 내일 돌이켜 홍해 길을 따
라 광야로 들어갈지니라

여호와께서 원망하는 백성을 벌하시다

26 여호와께서 모세와 아론에게 말씀하여

이르시되

27 나를 원망하는 이 악한 회중에게 내가

어느 때까지 참으랴 이스라엘 자손이 나

를 향하여 원망하는 바 그 원망하는 말

을 내가 들었노라

28 그들에게 이르기를 여호와의 말씀에 내

삶을 누고 맹세하노라 너희 말이 내 귀

에 들린 대로 내가 너희에게 행하리니

29 너희 시체가 이 광야에 엎드러질 것이라

너희 중에서 이십 세 이상으로서 계수된

자 곧 나를 원망한 자 전부가

30 여분네의 아들 갈렙과 눈의 아들 여호

수아 외에는 내가 맹세하여 너희에게

살게 하리라 한 땅에 결단코 들어가지

못하리라

31 너희가 사로잡히겠다고 말하던 너희의

유아들은 내가 인도하여 들이리니 그들

은 너희가 싫어하던 땅을 보려니와

32 너희의 시체는 이 광야에 엎드러질 것

이요

33 너희의 자녀들은 너희 반역한 죄를 지

고 너희의 시체가 광야에서 소멸되기까

지 사십 년을 광야에서 방황하는 자가

되리라

34 너희는 그 땅을 정탐한 날 수인 사십 일

의 하루를 일 년으로 쳐서 그 사십 년간

너희의 죄악을 담당할지니 너희는 그제

서야 내가 싫어하면 어떻게 되는지를 알

리라 하셨다 하라

35 나 여호와가 말하였거니와 모여 나를 거

역하는 이 악한 온 회중에게 내가 반드

시 이같이 행하리니 그들이 이 광야에서

소멸되어 거기서 죽으리라

36 모세의 보냄을 받고 땅을 정탐하고 돌아

와서 그 땅을 악평하여 온 회중이 모세

를 원망하게 한 사람

37 곧 그 땅에 대하여 악평한 자들은 여호

와 앞에서 재앙으로 죽었고

38 그 땅을 정탐하러 갔던 사람들 중에서

오직 눈의 아들 여호수아와 여분네의 아

들 갈렙은 생존하니라

첫번째 점령 시도 (신 1:41-46)

39 모세가 이 말로 이스라엘 모든 자손에게

알리매 백성이 크게 슬퍼하여

40 아침에 일찍이 일어나 산 꼭대기로 올라

가며 이르되 보소서 우리가 여기 있나이

다 우리가 여호와께서 허락하신 곳으로

올라가리니 우리가 범죄하였음이니이다

41 모세가 이르되 너희가 어찌하여 이제 여

호와의 명령을 범하느냐 이 일이 형통하

지 못하리라

42 여호와께서 너희 중에 계시지 아니하니

올라가지 말라 너희의 대적 앞에서 패할

까 하노라

43 아말렉인과 가나안인이 너희 앞에 있으

니 너희가 그 칼에 망하리라 너희가 여

호와를 배반하였으니 여호와께서 너희와

함께 하지 아니하시리라 하나

44 그들이 그래도 산 꼭대기로 올라갔고 여

호와의 언약궤와 모세는 진영을 떠나지

아니하였더라

45 아말렉인과 산간지대에 거주하는 가나안

인이 내려와 그들을 무찌르고 호르마까

지 이르렀더라

여호와께 드리는 제물

15 여호와께서 모세에게 말씀하여 이르

시되

2 이스라엘 자손에게 말하여 그들에게 이

르라 너희는 내가 주어 살게 할 땅에 들

어가서

3 여호와께 화제나 번제나 서원을 갚는 제

사나 낙헌제나 정한 절기제에 소나 양을

여호와께 향기롭게 드릴 때에

4 그러한 헌물을 드리는 자는 고운 가루 십분의 일에 기름 사분의 일 힌을 섞어 여호와께 소제로 드릴 것이며

5 번제나 다른 제사로 드리는 제물이 어린 양이면 전제로 포도주 사분의 일 힌을 준비할 것이요

6 숫양이면 소제로 고운 가루 십분의 이에 기름 삼분의 일 힌을 섞어 준비하고

7 전제로 포도주 삼분의 일 힌을 드려 여호와 앞에 향기롭게 할 것이요

8 번제로나 서원을 갚는 제사로나 화목제로 수송아지를 예비하여 여호와께 드릴 때에는

9 소제로 고운 가루 십분의 삼 에바에 기름 반 힌을 섞어 그 수송아지와 함께 드리고

10 전제로 포도주 반 힌을 드려 여호와 앞에 향기로운 화제를 삼을지니라

11 수송아지나 숫양이나 어린 숫양이나 어린 염소에는 그 마리 수마다 위와 같이 행하되

12 너희가 준비하는 수효를 따라 각기 수효에 맞게 하라

13 누구든지 본토 소생이 여호와께 향기로운 화제를 드릴 때에는 이 법대로 할 것이요

14 너희 중에 거류하는 타국인이나 너희 중에 대대로 있는 자나 누구든지 여호와께 향기로운 화제를 드릴 때에는 너희가 하는 대로 그도 그리할 것이라

15 회중 곧 너희에게나 거류하는 타국인에게나 같은 율례이니 너희의 대대로 영원한 율례라 너희가 어떠한 대로 타국인도 여호와 앞에 그러하리라

16 너희에게나 너희 중에 거류하는 타국인

에게나 같은 법도, 같은 규례이니라

17 여호와께서 모세에게 말씀하여 이르시되

18 이스라엘 자손에게 말하여 이르라 너희

는 내가 인도하는 땅에 들어가거든

19 그 땅의 양식을 먹을 때에 여호와께 거

제를 드리되

20 너희의 처음 익은 곡식 가루 떡을 거제

로 타작 마당의 거제 같이 들어 드리라

21 너희의 처음 익은 곡식 가루 떡을 대대

에 여호와께 거제로 드릴지니라

22 너희가 그릇 범죄하여 여호와가 모세에

게 말씀하신 이 모든 명령을 지키지 못

하되

23 곧 여호와께서 모세를 통하여 너희에게

명령한 모든 것을 여호와께서 명령한 날

이후부터 너희 대대에 지키지 못하여

24 회중이 부지중에 범죄하였거든 온 회중

은 수송아지 한 마리를 여호와께 향기로

운 화제로 드리고 규례대로 소제와 전

제를 드리고 숫염소 한 마리를 속죄제로

드릴 것이라

25 제사장이 이스라엘 자손의 온 회중을 위

하여 속죄하면 그들이 사함을 받으리니

이는 그가 부지중에 범죄함이며 또 부지

중에 범죄함으로 말미암아 헌물 곧 화제

와 속죄제를 여호와께 드렸음이라

26 이스라엘 자손의 온 회중과 그들 중에

거류하는 타국인도 사함을 받을 것은 온

백성이 부지중에 범죄하였음이니라

27 만일 한 사람이 부지중에 범죄하면 일

년 된 암염소로 속죄제를 드릴 것이요

28 제사장은 그 부지중에 범죄한 사람이 부

지중에 여호와 앞에 범한 죄를 위하여

속죄하여 그 죄를 속할지니 그리하면 사

함을 얻으리라

29 이스라엘 자손 중 본토 소생이든지 그들

중에 거류하는 타국인이든지 누구든 부지중에 범죄한 자에 대한 법이 동일하거니와

30 본토인이든지 타국인이든지 고의로 무엇을 범하면 누구나 여호와를 비방하는 자니 그의 백성 중에서 끊어질 것이라

31 그런 사람은 여호와의 말씀을 멸시하고 그의 명령을 파괴하였은즉 그의 죄악이 자기에게로 돌아가서 온전히 끊어지리라

안식일에 일을 한 사람

32 이스라엘 자손이 광야에 거류할 때에 안식일에 어떤 사람이 나무하는 것을 발견한지라

33 그 나무하는 자를 발견한 자들이 그를 모세와 아론과 온 회중 앞으로 끌어왔으나

34 어떻게 처치할는지 지시하심을 받지 못한 고로 가두었더니

35 여호와께서 모세에게 이르시되 그 사람을 반드시 죽일지니 온 회중이 진영 밖에서 돌로 그를 칠지니라

36 온 회중이 곧 그를 진영 밖으로 끌어내고 돌로 그를 쳐죽여서 여호와께서 모세에게 명령하신 대로 하니라

옷단 귀에 다는 술

37 여호와께서 모세에게 말씀하여 이르시되

38 이스라엘 자손에게 명령하여 대대로 그들의 옷단 귀에 술을 만들고 청색 끈을 그 귀의 술에 더하라

39 이 술은 너희가 보고 여호와의 모든 계명을 기억하여 준행하고 너희를 방종하게 하는 자신의 마음과 눈의 욕심을 따라 음행하지 않게 하기 위함이라

40 그리하여 너희가 내 모든 계명을 기억하고 행하면 너희의 하나님 앞에 거룩하리라

41 나는 여호와 너희 하나님이라 나는 너희

의 하나님이 되려고 너희를 애굽 땅에서

인도해 내었느니라 나는 여호와 너희의

하나님이니라

고라와 다단과 아비람의 반역

16 레위의 증손 고핫의 손자 이스할의 아

들 고라와 르우벤 자손 엘리압의 아들

다단과 아비람과 벨렛의 아들 온이 당을

짓고

2 이스라엘 자손 총회에서 택함을 받은 자

곧 회중 가운데에서 이름 있는 지휘관

이백오십 명과 함께 일어나서 모세를 거

스르니라

3 그들이 모여서 모세와 아론을 거슬러 그

들에게 이르되 너희가 분수에 지나도다

회중이 다 각각 거룩하고 여호와께서도

그들 중에 계시거늘 너희가 어찌하여 여

호와의 총회 위에 스스로 높이느냐

4 모세가 듣고 엎드렸다가

5 고라와 그의 모든 무리에게 말하여 이르

되 아침에 여호와께서 자기에게 속한 자

가 누구인지, 거룩한 자가 누구인지 보이

시고 그 사람을 자기에게 가까이 나아오

게 하시되 곧 그가 택하신 자를 자기에

게 가까이 나아오게 하시리니

6 이렇게 하라 너 고라와 네 모든 무리는

향로를 가져다가

7 내일 여호와 앞에서 그 향로에 불을 담

고 그 위에 향을 두라 그 때에 여호와께

서 택하신 자는 거룩하게 되리라 레위

자손들아 너희가 너무 분수에 지나치느

니라

8 모세가 또 고라에게 이르되 너희 레위

자손들아 들으라

9 이스라엘의 하나님이 이스라엘 회중에서

너희를 구별하여 자기에게 가까이 하게

하사 여호와의 성막에서 봉사하게 하시

며 회중 앞에 서서 그들을 대신하여 섬

기게 하심이 너희에게 작은 일이겠느냐

10 하나님이 너와 네 모든 형제 레위 자

손으로 너와 함께 가까이 오게 하셨거

늘 너희가 오히려 제사장의 직분을 구

하느냐

11 이를 위하여 너와 너의 무리가 다 모여

서 여호와를 거스르는도다 아론이 어떠

한 사람이기에 너희가 그를 원망하느냐

12 모세가 엘리압의 아들 다단과 아비람을

부르러 사람을 보냈더니 그들이 이르되

우리는 올라가지 않겠노라

13 네가 우리를 젖과 꿀이 흐르는 땅에서

이끌어 내어 광야에서 죽이려 함이 어찌

작은 일이기에 오히려 스스로 우리 위에

왕이 되려 하느냐

14 이뿐 아니라 네가 우리를 젖과 꿀이 흐

르는 땅으로 인도하여 들이지도 아니하

고 밭도 포도원도 우리에게 기업으로 주

지 아니하니 네가 이 사람들의 눈을 빼

려느냐 우리는 올라가지 아니하겠노라

15 모세가 심히 노하여 여호와께 여짜오되

주는 그들의 헌물을 돌아보지 마옵소서

나는 그들의 나귀 한 마리도 빼앗지 아

니하였고 그들 중의 한 사람도 해하지

아니하였나이다 하고

16 이에 모세가 고라에게 이르되 너와 너의

온 무리는 아론과 함께 내일 여호와 앞

으로 나아오되

17 너희는 제각기 향로를 들고 그 위에 향

을 얹고 각 사람이 그 향로를 여호와 앞

으로 가져오라 향로는 모두 이백오십 개

라 너와 아론도 각각 향로를 가지고 올

지니라

18 그들이 제각기 향로를 가져다가 불을 담

고 향을 그 위에 얹고 모세와 아론과 더

불어 회막 문에 서니라

19 고라가 온 회중을 회막 문에 모아 놓고

그 두 사람을 대적하려 하매 여호와의

영광이 온 회중에게 나타나시니라

20 여호와께서 모세와 아론에게 말씀하여

이르시되

21 너희는 이 회중에게서 떠나라 내가 순식

간에 그들을 멸하려 하노라

22 그 두 사람이 엎드려 이르되 하나님이여

모든 육체의 생명의 하나님이여 한 사람

이 범죄하였거늘 온 회중에게 진노하시

나이까

23 여호와께서 모세에게 말씀하여 이르시되

24 회중에게 명령하여 이르기를 너희는 고

라와 다단과 아비람의 장막 사방에서 떠

나라 하라

25 모세가 일어나 다단과 아비람에게로 가

니 이스라엘 장로들이 따랐더라

26 모세가 회중에게 말하여 이르되 이 악

인들의 장막에서 떠나고 그들의 물건은

아무 것도 만지지 말라 그들의 모든 죄

중에서 너희도 멸망할까 두려워하노라

하매

27 무리가 고라와 다단과 아비람의 장막 사

방을 떠나고 다단과 아비람은 그들의 처

자와 유아들과 함께 나와서 자기 장막

문에 선지라

28 모세가 이르되 여호와께서 나를 보내사

이 모든 일을 행하게 하신 것이요 나의

임의로 함이 아닌 줄을 이 일로 말미암

아 알리라

29 곧 이 사람들의 죽음이 모든 사람과 같

고 그들이 당하는 벌이 모든 사람이 당

하는 벌과 같으면 여호와께서 나를 보내

심이 아니거니와

30 만일 여호와께서 새 일을 행하사 땅이 입을 열어 이 사람들과 그들의 모든 소유물을 삼켜 산 채로 스올에 빠지게 하시면 이 사람들이 과연 여호와를 멸시한 것인 줄을 너희가 알리라

31 그가 이 모든 말을 마치자마자 그들이 섰던 땅바닥이 갈라지니라

32 땅이 그 입을 열어 그들과 그들의 집과 고라에게 속한 모든 사람과 그들의 재물을 삼키매

33 그들과 그의 모든 재물이 산 채로 스올에 빠지며 땅이 그 위에 덮이니 그들이 회중 가운데서 망하니라

34 그 주위에 있는 온 이스라엘이 그들의 부르짖음을 듣고 도망하며 이르되 땅이 우리도 삼킬까 두렵다 하였고

35 여호와께로부터 불이 나와서 분향하는 이백오십 명을 불살랐더라

향로

36 여호와께서 모세에게 말씀하여 이르시되

37 너는 제사장 아론의 아들 엘르아살에게 명령하여 붙는 불 가운데에서 향로를 가져다가 그 불을 다른 곳에 쏟으라 그 향로는 거룩함이니라

38 사람들은 범죄하여 그들의 생명을 스스로 해하였거니와 그들이 향로를 여호와 앞에 드렸으므로 그 향로가 거룩하게 되었나니 그 향로를 쳐서 제단을 싸는 철판을 만들라 이스라엘 자손에게 표가 되리라 하신지라

39 제사장 엘르아살이 불탄 자들이 드렸던 놋 향로를 가져다가 쳐서 제단을 싸서

40 이스라엘 자손의 기념물이 되게 하였으니 이는 아론 자손이 아닌 다른 사람은 여호와 앞에 분향하러 가까이 오지 못하게 함이며 또 고라와 그의 무리와 같

이 되지 않게 하기 위함이라 여호와께

서 모세를 시켜 그에게 명령하신 대로

하였더라

아론이 백성을 구하다

41 이튿날 이스라엘 자손의 온 회중이 모세

와 아론을 원망하여 이르되 너희가 여호

와의 백성을 죽였도다 하고

42 회중이 모여 모세와 아론을 칠 때에 회

막을 바라본즉 구름이 회막을 덮었고 여

호와의 영광이 나타났더라

43 모세와 아론이 회막 앞에 이르매

44 여호와께서 모세에게 말씀하여 이르시되

45 너희는 이 회중에게서 떠나라 내가 순식

간에 그들을 멸하려 하노라 하시매 그

두 사람이 엎드리니라

46 이에 모세가 아론에게 이르되 너는 향로

를 가져다가 제단의 불을 그것에 담고

그 위에 향을 피워 가지고 급히 회중에

게로 가서 그들을 위하여 속죄하라 여호

와께서 진노하셨으므로 염병이 시작되었

음이니라

47 아론이 모세의 명령을 따라 향로를 가지

고 회중에게로 달려간즉 백성 중에 염병

이 시작되었는지라 이에 백성을 위하여

속죄하고

48 죽은 자와 산 자 사이에 섰을 때에 염병

이 그치니라

49 고라의 일로 죽은 자 외에 염병에 죽은

자가 만 사천칠백 명이었더라

50 염병이 그치매 아론이 회막 문 모세에게

로 돌아오니라

아론의 지팡이

17 여호와께서 모세에게 말씀하여 이르

시되

2 너는 이스라엘 자손에게 말하여 그들 중

에서 각 조상의 가문을 따라 지팡이 하

　나씩을 취하되 곧 그들의 조상의 가문대로 그 모든 지휘관에게서 지팡이 열둘을 취하고 그 사람들의 이름을 각각 그 지팡이에 쓰되

3　레위의 지팡이에는 아론의 이름을 쓰라 이는 그들의 조상의 가문의 각 수령이 지팡이 하나씩 있어야 할 것임이니라

4　그 지팡이를 회막 안에서 내가 너희와 만나는 곳인 증거궤 앞에 두라

5　내가 택한 자의 지팡이에는 싹이 나리니 이것으로 이스라엘 자손이 너희에게 대하여 원망하는 말을 내 앞에서 그치게 하리라

6　모세가 이스라엘 자손에게 말하매 그들의 지휘관들이 각 지파대로 지팡이 하나씩을 그에게 주었으니 그 지팡이가 모두 열둘이라 그 중에 아론의 지팡이가 있었더라

7　모세가 그 지팡이들을 증거의 장막 안 여호와 앞에 두었더라

8　이튿날 모세가 증거의 장막에 들어가 본즉 레위 집을 위하여 낸 아론의 지팡이에 움이 돋고 순이 나고 꽃이 피어서 살구 열매가 열렸더라

9　모세가 그 지팡이 전부를 여호와 앞에서 이스라엘 모든 자손에게로 가져오매 그들이 보고 각각 자기 지팡이를 집어들었더라

10　여호와께서 또 모세에게 이르시되 아론의 지팡이는 증거궤 앞으로 도로 가져다가 거기 간직하여 반역한 자에 대한 표징이 되게 하여 그들로 내게 대한 원망을 그치고 죽지 않게 할지니라

11　모세가 곧 그 같이 하되 여호와께서 자기에게 명령하신 대로 하였더라

12　이스라엘 자손이 모세에게 말하여 이르

되 보소서 우리는 죽게 되었나이다 망하

게 되었나이다 다 망하게 되었나이다

13 가까이 나아가는 자 곧 여호와의 성막에

가까이 나아가는 자마다 다 죽사오니 우

리가 다 망하여야 하리이까

제사장과 레위인의 직무

18 여호와께서 아론에게 이르시되 너와 네

아들들과 네 조상의 가문은 성소에 대

한 죄를 함께 담당할 것이요 너와 네 아

들들은 너희의 제사장 직분에 대한 죄를

함께 담당할 것이니라

2 너는 네 형제 레위 지파 곧 네 조상의 지

파를 데려다가 너와 함께 있게 하여 너

와 네 아들들이 증거의 장막 앞에 있을

때 그들이 너를 돕게 하라

3 레위인은 네 직무와 장막의 모든 직무를

지키려니와 성소의 기구와 제단에는 가

까이 하지 못하리니 두렵건대 그들과 너

희가 죽을까 하노라

4 레위인은 너와 합동하여 장막의 모든

일과 회막의 직무를 다할 것이요 다른

사람은 너희에게 가까이 하지 못할 것

이니라

5 이와 같이 너희는 성소의 직무와 제단의

직무를 다하라 그리하면 여호와의 진노

가 다시는 이스라엘 자손에게 미치지 아

니하리라

6 보라 내가 이스라엘 자손 중에서 너희의

형제 레위인을 택하여 내게 돌리고 너희

에게 선물로 주어 회막의 일을 하게 하

였나니

7 너와 네 아들들은 제단과 휘장 안의 모

든 일에 대하여 제사장의 직분을 지켜

섬기라 내가 제사장의 직분을 너희에게

선물로 주었은즉 거기 가까이 하는 외인

은 죽임을 당할지니라

제사장의 몫

8 여호와께서 또 아론에게 이르시되 보라 내가 내 거제물 곧 이스라엘 자손이 거룩하게 한 모든 헌물을 네가 주관하게 하고 네가 기름 부음을 받았음으로 말미암아 그것을 너와 네 아들들에게 영구한 몫의 음식으로 주노라

9 지성물 중에 불사르지 아니한 것은 네 것이라 그들이 내게 드리는 모든 헌물의 모든 소제와 속죄제와 속건제물은 다 지극히 거룩한즉 너와 네 아들들에게 돌리리니

10 지극히 거룩하게 여김으로 먹으라 이는 네게 성물인즉 남자들이 다 먹을지니라

11 네게 돌릴 것은 이것이니 곧 이스라엘 자손이 드리는 거제물과 모든 요제물이라 내가 그것을 너와 네 자녀에게 영구한 몫의 음식으로 주었은즉 네 집의 정결한 자마다 먹을 것이니라

12 그들이 여호와께 드리는 첫 소산 곧 제일 좋은 기름과 제일 좋은 포도주와 곡식을 네게 주었은즉

13 그들이 여호와께 드리는 그 땅의 처음 익은 모든 열매는 네 것이니 네 집에서 정결한 자마다 먹을 것이라

14 이스라엘 중에서 특별히 드린 모든 것은 네 것이 되리라

15 여호와께 드리는 모든 생물의 처음 나는 것은 사람이나 짐승이나 다 네 것이로되 처음 태어난 사람은 반드시 대속할 것이요 처음 태어난 부정한 짐승도 대속할 것이며

16 그 사람을 대속할 때에는 난 지 한 달이 후에 네가 정한 대로 성소의 세겔을 따라 은 다섯 세겔로 대속하라 한 세겔은 이십 게라이니라

17 오직 처음 태어난 소나 처음 태어난 양

이나 처음 태어난 염소는 대속하지 말지

니 그것들은 거룩한즉 그 피는 제단에

뿌리고 그 기름은 불살라 여호와께 향기

로운 화제로 드릴 것이며

18 그 고기는 네게 돌릴지니 흔든 가슴과

오른쪽 넓적다리 같이 네게 돌릴 것이

니라

19 이스라엘 자손이 여호와께 거제로 드리

는 모든 성물은 내가 영구한 몫의 음식

으로 너와 네 자녀에게 주노니 이는 여

호와 앞에 너와 네 후손에게 영원한 소

금 언약이니라

20 여호와께서 또 아론에게 이르시되 너는

이스라엘 자손의 땅에 기업도 없겠고 그

들 중에 아무 분깃도 없을 것이나 내가

이스라엘 자손 중에 네 분깃이요 네 기

업이니라

레위인의 몫

21 내가 이스라엘의 십일조를 레위 자손에

게 기업으로 다 주어서 그들이 하는 일

곧 회막에서 하는 일을 갚나니

22 이 후로는 이스라엘 자손이 회막에 가까

이 하지 말 것이라 죄값으로 죽을까 하

노라

23 그러나 레위인은 회막에서 봉사하며 자

기들의 죄를 담당할 것이요 이스라엘 자

손 중에는 기업이 없을 것이니 이는 너

희 대대에 영원한 율례라

24 이스라엘 자손이 여호와께 거제로 드리

는 십일조를 레위인에게 기업으로 주었

으므로 내가 그들에 대하여 말하기를 이

스라엘 자손 중에 기업이 없을 것이라

하였노라

레위인의 십일조

25 여호와께서 모세에게 말씀하여 이르시되

26 너는 레위인에게 말하여 그에게 이르라 내가 이스라엘 자손에게 받아 너희에게 기업으로 준 십일조를 너희가 그들에게서 받을 때에 그 십일조의 십일조를 거제로 여호와께 드릴 것이라

27 내가 너희의 거제물을 타작 마당에서 드리는 곡물과 포도즙 틀에서 드리는 즙 같이 여기리니

28 너희는 이스라엘 자손에게서 받는 모든 것의 십일조 중에서 여호와께 거제로 드리고 여호와께 드린 그 거제물은 제사장 아론에게로 돌리되

29 너희가 받은 모든 헌물 중에서 너희는 그 아름다운 것 곧 거룩하게 한 부분을 가져다가 여호와께 거제로 드릴지니라

30 이러므로 너는 그들에게 이르라 너희가 그 중에서 아름다운 것을 가져다가 드리고 남은 것은 너희 레위인에게는 타작 마당의 소출과 포도즙 틀의 소출 같이 되리니

31 너희와 너희의 권속이 어디서든지 이것을 먹을 수 있음은 이는 회막에서 일한 너희의 보수임이니라

32 너희가 그 중 아름다운 것을 받들어 드린즉 이로 말미암아 죄를 담당하지 아니할 것이라 너희는 이스라엘 자손의 성물을 더럽히지 말라 그리하여야 죽지 아니하리라

붉은 암송아지의 재

19 여호와께서 모세와 아론에게 말씀하여 이르시되

2 여호와께서 명령하시는 법의 율례를 이제 이르노니 이스라엘 자손에게 일러서 온전하여 흠이 없고 아직 멍에 메지 아니한 붉은 암송아지를 네게로 끌어오게 하고

3 너는 그것을 제사장 엘르아살에게 줄 것

이요 그는 그것을 진영 밖으로 끌어내어

서 자기 목전에서 잡게 할 것이며

4 제사장 엘르아살은 손가락에 그 피를 찍

고 그 피를 회막 앞을 향하여 일곱 번 뿌

리고

5 그 암소를 자기 목전에서 불사르게 하되

그 가죽과 고기와 피와 똥을 불사르게

하고

6 동시에 제사장은 백향목과 우슬초와 홍

색 실을 가져다가 암송아지를 사르는 불

가운데에 던질 것이며

7 제사장은 자기의 옷을 빨고 물로 몸을

씻은 후에 진영에 들어갈 것이라 그는

저녁까지 부정하리라

8 송아지를 불사른 자도 자기의 옷을 물로

빨고 물로 그 몸을 씻을 것이라 그도 저

녁까지 부정하리라

9 이에 정결한 자가 암송아지의 재를 거두

어 진영 밖 정한 곳에 둘지니 이것은 이

스라엘 자손 회중을 위하여 간직하였다

가 부정을 씻는 물을 위해 간직할지니

그것은 속죄제니라

10 암송아지의 재를 거둔 자도 자기의 옷을

빨 것이며 저녁까지 부정하리라 이는 이

스라엘 자손과 그중에 거류하는 외인에

게 영원한 율례니라

시체를 만진 자

11 사람의 시체를 만진 자는 이레 동안 부

정하리니

12 그는 셋째 날과 일곱째 날에 잿물로 자

신을 정결하게 할 것이라 그리하면 정하

려니와 셋째 날과 일곱째 날에 자신을

정결하게 하지 아니하면 그냥 부정하니

13 누구든지 죽은 사람의 시체를 만지고

자신을 정결하게 하지 아니하는 자는

여호와의 성막을 더럽힘이라 그가 이스

라엘에서 끊어질 것은 정결하게 하는

물을 그에게 뿌리지 아니하므로 깨끗하

게 되지 못하고 그 부정함이 그대로 있

음이니라

14 장막에서 사람이 죽을 때의 법은 이러하

니 누구든지 그 장막에 들어가는 자와

그 장막에 있는 자가 이레 동안 부정할

것이며

15 뚜껑을 열어 놓고 덮지 아니한 그릇은

모두 부정하니라

16 누구든지 들에서 칼에 죽은 자나 시체나

사람의 뼈나 무덤을 만졌으면 이레 동안

부정하리니

17 그 부정한 자를 위하여 죄를 깨끗하게

하려고 불사른 재를 가져다가 흐르는 물

과 함께 그릇에 담고

18 정결한 자가 우슬초를 가져다가 그 물을

찍어 장막과 그 모든 기구와 거기 있는

사람들에게 뿌리고 또 뼈나 죽임을 당한

자나 시체나 무덤을 만진 자에게 뿌리되

19 그 정결한 자가 셋째 날과 일곱째 날에

그 부정한 자에게 뿌려서 일곱째 날에

그를 정결하게 할 것이며 그는 자기 옷

을 빨고 물로 몸을 씻을 것이라 저녁이

면 정결하리라

20 사람이 부정하고도 자신을 정결하게 하

지 아니하면 여호와의 성소를 더럽힘이

니 그러므로 회중 가운데에서 끊어질 것

이니라 그는 정결하게 하는 물로 뿌림을

받지 아니하였은즉 부정하니라

21 이는 그들의 영구한 율례니라 정결하게

하는 물을 뿌린 자는 자기의 옷을 빨 것

이며 정결하게 하는 물을 만지는 자는

저녁까지 부정할 것이며

22 부정한 자가 만진 것은 무엇이든지 부정

할 것이며 그것을 만지는 자도 저녁까지

부정하리라

가데스의 다툼과 므리바 물 (출 17:1-7)

20 첫째 달에 이스라엘 자손 곧 온 회중이 신 광야에 이르러 백성이 가데스에 머물더니 미리암이 거기서 죽으매 거기에 장사되니라

2 회중이 물이 없으므로 모세와 아론에게로 모여드니라

3 백성이 모세와 다투어 말하여 이르되 우리 형제들이 여호와 앞에서 죽을 때에 우리도 죽었더라면 좋을 뻔하였도다

4 너희가 어찌하여 여호와의 회중을 이 광야로 인도하여 우리와 우리 짐승이 다 여기서 죽게 하느냐

5 너희가 어찌하여 우리를 애굽에서 나오게 하여 이 나쁜 곳으로 인도하였느냐 이 곳에는 파종할 곳이 없고 무화과도

없고 포도도 없고 석류도 없고 마실 물도 없도다

6 모세와 아론이 회중 앞을 떠나 회막 문에 이르러 엎드리매 여호와의 영광이 그들에게 나타나며

7 여호와께서 모세에게 말씀하여 이르시되

8 지팡이를 가지고 네 형 아론과 함께 회중을 모으고 그들의 목전에서 너희는 반석에게 명령하여 물을 내라 하라 네가 그 반석이 물을 내게 하여 회중과 그들의 짐승에게 마시게 할지니라

9 모세가 그 명령대로 여호와 앞에서 지팡이를 잡으니라

10 모세와 아론이 회중을 그 반석 앞에 모으고 모세가 그들에게 이르되 반역한 너희여 들으라 우리가 너희를 위하여 이 반석에서 물을 내랴 하고

11 모세가 그의 손을 들어 그의 지팡이로

반석을 두 번 치니 물이 많이 솟아나오

므로 회중과 그들의 짐승이 마시니라

12 여호와께서 모세와 아론에게 이르시되

너희가 나를 믿지 아니하고 이스라엘 자

손의 목전에서 내 거룩함을 나타내지 아

니한 고로 너희는 이 회중을 내가 그들

에게 준 땅으로 인도하여 들이지 못하리

라 하시니라

13 이스라엘 자손이 여호와와 다투었으므로

이를 므리바 물이라 하니라 여호와께서

그들 중에서 그 거룩함을 나타내셨더라

에돔이 이스라엘이 지나감을 거절하다

14 모세가 가데스에서 에돔 왕에게 사신을

보내며 이르되 당신의 형제 이스라엘의

말에 우리가 당한 모든 고난을 당신도

아시거니와

15 우리 조상들이 애굽으로 내려갔으므로

우리가 애굽에 오래 거주하였더니 애굽

인이 우리 조상들과 우리를 학대하였으

므로

16 우리가 여호와께 부르짖었더니 우리 소

리를 들으시고 천사를 보내사 우리를 애

굽에서 인도하여 내셨나이다 이제 우리

가 당신의 변방 모퉁이 한 성읍 가데스

에 있사오니

17 청하건대 우리에게 당신의 땅을 지나가

게 하소서 우리가 밭으로나 포도원으로

지나가지 아니하고 우물물도 마시지 아

니하고 왕의 큰길로만 지나가고 당신의

지경에서 나가기까지 왼쪽으로나 오른쪽

으로나 치우치지 아니하리이다 한다고

하라 하였더니

18 에돔 왕이 대답하되 너는 우리 가운데로

지나가지 못하리라 내가 칼을 들고 나아

가 너를 대적할까 하노라

19 이스라엘 자손이 이르되 우리가 큰길로

만 지나가겠고 우리나 우리 짐승이 당신

의 물을 마시면 그 값을 낼 것이라 우리

가 도보로 지나갈 뿐인즉 아무 일도 없

으리이다 하나

20 그는 이르되 너는 지나가지 못하리라 하

고 에돔 왕이 많은 백성을 거느리고 나

와서 강한 손으로 막으니

21 에돔 왕이 이같이 이스라엘이 그의 영토

로 지나감을 용납하지 아니하므로 이스

라엘이 그들에게서 돌이키니라

아론의 죽음

22 이스라엘 자손 곧 온 회중이 가데스를

떠나 호르 산에 이르렀더니

23 여호와께서 에돔 땅 변경 호르 산에서

모세와 아론에게 말씀하시니라 이르시되

24 아론은 그 조상들에게로 돌아가고 내가

이스라엘 자손에게 준 땅에는 들어가지

못하리니 이는 너희가 므리바 물에서 내

말을 거역한 까닭이니라

25 너는 아론과 그의 아들 엘르아살을 데리

고 호르 산에 올라

26 아론의 옷을 벗겨 그의 아들 엘르아살에

게 입히라 아론은 거기서 죽어 그 조상

에게로 돌아가리라

27 모세가 여호와의 명령을 따라 그들과 함

께 회중의 목전에서 호르 산에 오르니라

28 모세가 아론의 옷을 벗겨 그의 아들 엘

르아살에게 입히매 아론이 그 산 꼭대기

에서 죽으니라 모세와 엘르아살이 산에

서 내려오니

29 온 회중 곧 이스라엘 온 족속이 아론이

죽은 것을 보고 그를 위하여 삼십 일 동

안 애곡하였더라

호르마를 점령하다

21 네겝에 거주하는 가나안 사람 곧 아랏

의 왕이 이스라엘이 아다림 길로 온다

함을 들고 이스라엘을 쳐서 그 중 몇 사

람을 사로잡은지라

2 이스라엘이 여호와께 서원하여 이르되

주께서 만일 이 백성을 내 손에 넘기시

면 내가 그들의 성읍을 다 멸하리이다

3 여호와께서 이스라엘의 목소리를 들으시

고 가나안 사람을 그들의 손에 넘기시매

그들과 그들의 성읍을 다 멸하니라 그러

므로 그 곳 이름을 호르마라 하였더라

놋뱀으로 백성을 구하다

4 백성이 호르 산에서 출발하여 홍해 길을

따라 에돔 땅을 우회하려 하였다가 길로

말미암아 백성의 마음이 상하니라

5 백성이 하나님과 모세를 향하여 원망하

되 어찌하여 우리를 애굽에서 인도해 내

어 이 광야에서 죽게 하는가 이 곳에는

먹을 것도 없고 물도 없도다 우리 마음

이 이 하찮은 음식을 싫어하노라 하매

6 여호와께서 불뱀들을 백성 중에 보내어

백성을 물게 하시므로 이스라엘 백성 중

에 죽은 자가 많은지라

7 백성이 모세에게 이르러 말하되 우리가

여호와와 당신을 향하여 원망함으로 범

죄하였사오니 여호와께 기도하여 이 뱀

들을 우리에게서 떠나게 하소서 모세가

백성을 위하여 기도하매

8 여호와께서 모세에게 이르시되 불뱀을

만들어 장대 위에 매달아라 물린 자마다

그것을 보면 살리라

9 모세가 놋뱀을 만들어 장대 위에 다니

뱀에게 물린 자가 놋뱀을 쳐다본즉 모두

살더라

이스라엘 자손이 모압으로 떠나다

10 이스라엘 자손이 그 곳을 떠나 오봇에

진을 쳤고

11 오봇을 떠나 모압 앞쪽 해 돋는 쪽 광야

이예아바림에 진을 쳤고

12 거기를 떠나 세렛 골짜기에 진을 쳤고

13 거기를 떠나 아모리인의 영토에서 흘러
나와서 광야에 이른 아르논 강 건너편에
진을 쳤으니 아르논은 모압과 아모리 사
이에서 모압의 경계가 된 곳이라

14 이러므로 여호와의 전쟁기에 일렀으되
수바의 와헙과 아르논 골짜기와

15 모든 골짜기의 비탈은 아르 고을을 향하
여 기울어지고 모압의 경계에 닿았도다
하였더라

16 거기서 브엘에 이르니 브엘은 여호와께
서 모세에게 명령하시기를 백성을 모으
라 내가 그들에게 물을 주리라 하시던
우물이라

17 그 때에 이스라엘이 노래하여 이르되
우물물아 솟아나라 너희는 그것을 노래
하라

18 이 우물은 지휘관들이 팠고 백성의 귀인
들이 규와 지팡이로 판 것이로다 하였더
라 그들은 광야에서 맛다나에 이르렀고

19 맛다나에서 나할리엘에 이르렀고 나할리
엘에서 바못에 이르렀고

20 바못에서 모압 들에 있는 골짜기에 이르
러 광야가 내려다 보이는 비스가 산 꼭
대기에 이르렀더라

요단 동쪽을 점령하다 (신 2:26-3:11)

21 이스라엘이 아모리 왕 시혼에게 사신을
보내어 이르되

22 우리에게 당신의 땅을 지나가게 하소서
우리가 밭에든지 포도원에든지 들어가지
아니하며 우물물도 마시지 아니하고 당
신의 지경에서 다 나가기까지 왕의 큰길
로만 지나가리이다 하나

23 시혼이 이스라엘이 자기 영토로 지나감
을 용납하지 아니하고 그의 백성을 다

모아 이스라엘을 치러 광야로 나와서 야

하스에 이르러 이스라엘을 치므로

24 이스라엘이 칼날로 그들을 쳐서 무찌르

고 그 땅을 아르논에서부터 얍복까지 점

령하여 암몬 자손에게까지 미치니 암몬

자손의 경계는 견고하더라

25 이스라엘이 이같이 그 모든 성읍을 빼앗

고 그 아모리인의 모든 성읍 헤스본과

그 모든 촌락에 거주하였으니

26 헤스본은 아모리인의 왕 시혼의 도성이

라 시혼이 그 전 모압 왕을 치고 그의 모

든 땅을 아르논까지 그의 손에서 빼앗았

더라

27 그러므로 시인이 읊어 이르되 너희는 헤

스본으로 올지어다 시혼의 성을 세워 견

고히 할지어다

28 헤스본에서 불이 나오며 시혼의 성에서

화염이 나와서 모압의 아르를 삼키며 아

르논 높은 곳의 주인을 멸하였도다

29 모압아 네가 화를 당하였도다 그모스의

백성아 네가 멸망하였도다 그가 그의

아들들을 도망하게 하였고 그의 딸들을

아모리인의 왕 시혼의 포로가 되게 하

였도다

30 우리가 그들을 쏘아서 헤스본을 디본까

지 멸하였고 메드바에 가까운 노바까지

황폐하게 하였도다 하였더라

31 이스라엘이 아모리인의 땅에 거주하였

더니

32 모세가 또 사람을 보내어 야셀을 정탐하

게 하고 그 촌락들을 빼앗고 그 곳에 있

던 아모리인을 몰아 내었더라

33 그들이 돌이켜 바산 길로 올라가매 바산

왕 옥이 그의 백성을 다 거느리고 나와

서 그들을 맞아 에드레이에서 싸우려 하

는지라

34 여호와께서 모세에게 이르시되 그를 두려워하지 말라 내가 그와 그의 백성과 그의 땅을 네 손에 넘겼나니 너는 헤스본에 거주하던 아모리인의 왕 시혼에게 행한 것 같이 그에게도 행할지니라

35 이에 그와 그의 아들들과 그의 백성을 다 쳐서 한 사람도 남기지 아니하고 그의 땅을 점령하였더라

모압의 왕이 발람을 불러오다

22 이스라엘 자손이 또 길을 떠나 모압 평지에 진을 쳤으니 요단 건너편 곧 여리고 맞은편이더라

2 십볼의 아들 발락이 이스라엘이 아모리인에게 행한 모든 일을 보았으므로

3 모압이 심히 두려워하였으니 이스라엘 백성이 많음으로 말미암아 모압이 이스라엘 자손 때문에 번민하더라

4 미디안 장로들에게 이르되 이제 이 무리가 소가 밭의 풀을 뜯어먹음 같이 우리 사방에 있는 것을 다 뜯어먹으리로다 하니 그 때에 십볼의 아들 발락이 모압 왕이었더라

5 그가 사신을 브올의 아들 발람의 고향인 강 가 브돌에 보내어 발람을 부르게 하여 이르되 보라 한 민족이 애굽에서 나왔는데 그들이 지면에 덮여서 우리 맞은편에 거주하였고

6 우리보다 강하니 청하건대 와서 나를 위하여 이 백성을 저주하라 내가 혹 그들을 쳐서 이겨 이 땅에서 몰아내리라 그대가 복을 비는 자는 복을 받고 저주하는 자는 저주를 받을 줄을 내가 앎이니라

7 모압 장로들과 미디안 장로들이 손에 복채를 가지고 떠나 발람에게 이르러 발락의 말을 그에게 전하매

8 발람이 그들에게 이르되 이 밤에 여기서 유숙하라 여호와께서 내게 이르시는 대로 너희에게 대답하리라 모압 귀족들이 발람에게서 유숙하니라

9 하나님이 발람에게 임하여 말씀하시되 너와 함께 있는 이 사람들이 누구냐

10 발람이 하나님께 아뢰되 모압 왕 십볼의 아들 발락이 내게 보낸 자들이니이다 이르기를

11 보라 애굽에서 나온 민족이 지면에 덮였으니 이제 와서 나를 위하여 그들을 저주하라 내가 혹 그들을 쳐서 몰아낼 수 있으리라 하나이다

12 하나님이 발람에게 이르시되 너는 그들과 함께 가지도 말고 그 백성을 저주하지도 말라 그들은 복을 받은 자들이니라

13 발람이 아침에 일어나서 발락의 귀족들에게 이르되 너희는 너희의 땅으로 돌아가라 여호와께서 내가 너희와 함께 가기를 허락하지 아니하시느니라

14 모압 귀족들이 일어나 발락에게로 가서 전하되 발람이 우리와 함께 오기를 거절하더이다

15 발락이 다시 그들보다 더 높은 고관들을 더 많이 보내매

16 그들이 발람에게로 나아가서 그에게 이르되 십볼의 아들 발락의 말씀에 청하건대 아무것에도 거리끼지 말고 내게로 오라

17 내가 그대를 높여 크게 존귀하게 하고 그대가 내게 말하는 것은 무엇이든지 시행하리니 청하건대 와서 나를 위하여 이 백성을 저주하라 하시더이다

18 발람이 발락의 신하들에게 대답하여 이르되 발락이 그 집에 가득한 은금을 내게 줄지라도 내가 능히 여호와 내 하나

님의 말씀을 어겨 덜하거나 더하지 못하

겠노라

19 그런즉 이제 너희도 이 밤에 여기서 유

숙하라 여호와께서 내게 무슨 말씀을 더

하실는지 알아보리라

20 밤에 하나님이 발람에게 임하여 이르시

되 그 사람들이 너를 부르러 왔거든 일

어나 함께 가라 그러나 내가 네게 이르

는 말만 준행할지니라

발람과 그 나귀

21 발람이 아침에 일어나서 자기 나귀에 안

장을 지우고 모압 고관들과 함께 가니

22 그가 감으로 말미암아 하나님이 진노하

시므로 여호와의 사자가 그를 막으려고

길에 서니라 발람은 자기 나귀를 탔고

그의 두 종은 그와 함께 있더니

23 나귀가 여호와의 사자가 칼을 빼어 손에

들고 길에 선 것을 보고 길에서 벗어나

밭으로 들어간지라 발람이 나귀를 길로

돌이키려고 채찍질하니

24 여호와의 사자는 포도원 사이 좁은 길에

섰고 좌우에는 담이 있더라

25 나귀가 여호와의 사자를 보고 몸을 담에

대고 발람의 발을 그 담에 짓누르매 발

람이 다시 채찍질하니

26 여호와의 사자가 더 나아가서 좌우로 피

할 데 없는 좁은 곳에 선지라

27 나귀가 여호와의 사자를 보고 발람 밑에

엎드리니 발람이 노하여 자기 지팡이로

나귀를 때리는지라

28 여호와께서 나귀 입을 여시니 발람에게

이르되 내가 당신에게 무엇을 하였기에

나를 이같이 세 번을 때리느냐

29 발람이 나귀에게 말하되 네가 나를 거역

하기 때문이니 내 손에 칼이 있었더면

곧 너를 죽였으리라

30 나귀가 발람에게 이르되 나는 당신이 오늘까지 당신의 일생 동안 탄 나귀가 아니냐 내가 언제 당신에게 이같이 하는 버릇이 있었더냐 그가 말하되 없었느니라

31 그 때에 여호와께서 발람의 눈을 밝히시매 여호와의 사자가 손에 칼을 빼들고 길에 선 것을 그가 보고 머리를 숙이고 엎드리니

32 여호와의 사자가 그에게 이르되 너는 어찌하여 네 나귀를 이같이 세 번 때렸느냐 보라 내 앞에서 네 길이 사악하므로 내가 너를 막으려고 나왔더니

33 나귀가 나를 보고 이같이 세 번을 돌이켜 내 앞에서 피하였느니라 나귀가 만일 돌이켜 나를 피하지 아니하였더면 내가 벌써 너를 죽이고 나귀는 살렸으리라

34 발람이 여호와의 사자에게 말하되 내가 범죄하였나이다 당신이 나를 막으려고 길에 서신 줄을 내가 알지 못하였나이다 당신이 이를 기뻐하지 아니하시면 나는 돌아가겠나이다

35 여호와의 사자가 발람에게 이르되 그 사람들과 함께 가라 내가 네게 이르는 말만 말할지니라 발람이 발락의 고관들과 함께 가니라

발락이 발람을 대접하다

36 발락은 발람이 온다 함을 듣고 모압 변경의 끝 아르논 가에 있는 성읍까지 가서 그를 영접하고

37 발락은 발람에게 이르되 내가 특별히 사람을 보내어 그대를 부르지 아니하였느냐 그대가 어찌 내게 오지 아니하였느냐 내가 어찌 그대를 높여 존귀하게 하지 못하겠느냐

38 발람이 발락에게 이르되 내가 오기는 하

였으나 무엇을 말할 능력이 있으리이까

하나님이 내 입에 주시는 말씀 그것을

말할 뿐이니이다

39 발람이 발락과 동행하여 기럇후솟에 이

르러서는

40 발락이 소와 양을 잡아 발람과 그와 함

께 한 고관들을 대접하였더라

발람의 첫번째 예언

41 아침에 발락이 발람과 함께 하고 그를

인도하여 바알의 산당에 오르매 발람이

거기서 이스라엘 백성의 진 끝까지 보

니라

23 발람이 발락에게 이르되 나를 위하여

여기 제단 일곱을 쌓고 거기 수송아지

일곱 마리와 숫양 일곱 마리를 준비하소

서 하매

2 발락이 발람의 말대로 준비한 후에 발락

과 발람이 제단에 수송아지와 숫양을 드

리니라

3 발람이 발락에게 이르되 당신의 번제물

곁에 서소서 나는 저리로 가리이다 여호

와께서 혹시 오셔서 나를 만나시리니 그

가 내게 지시하시는 것은 다 당신에게

알리리이다 하고 언덕길로 가니

4 하나님이 발람에게 임하시는지라 발람이

아뢰되 내가 일곱 제단을 쌓고 각 제단

에 수송아지와 숫양을 드렸나이다

5 여호와께서 발람의 입에 말씀을 주시며

이르시되 발락에게 돌아가서 이렇게 말

할지니라

6 그가 발락에게로 돌아간즉 발락과 모

압의 모든 고관이 번제물 곁에 함께

섰더라

7 발람이 예언을 전하여 말하되 발락이 나

를 아람에서, 모압 왕이 동쪽 산에서 데

려다가 이르기를 와서 나를 위하여 야곱

을 저주하라, 와서 이스라엘을 꾸짖으라

하도다

8 하나님이 저주하지 않으신 자를 내가 어

찌 저주하며 여호와께서 꾸짖지 않으신

자를 내가 어찌 꾸짖으랴

9 내가 바위 위에서 그들을 보며 작은 산

에서 그들을 바라보니 이 백성은 홀로

살 것이라 그를 여러 민족 중의 하나로

여기지 않으리로다

10 야곱의 티끌을 누가 능히 세며 이스라엘

사분의 일을 누가 능히 셀고 나는 의인

의 죽음을 죽기 원하며 나의 종말이 그

와 같기를 바라노라 하매

11 발락이 발람에게 이르되 그대가 어찌 내

게 이같이 행하느냐 나의 원수를 저주하

라고 그대를 데려왔거늘 그대가 오히려

축복하였도다

12 발람이 대답하여 이르되 여호와께서 내

입에 주신 말씀을 내가 어찌 말하지 아

니할 수 있으리이까

발람의 두 번째 예언

13 발락이 말하되 나와 함께 그들을 달리

볼 곳으로 가자 거기서는 그들을 다 보

지 못하고 그들의 끝만 보리니 거기서

나를 위하여 그들을 저주하라 하고

14 소빔 들로 인도하여 비스가 꼭대기에 이

르러 일곱 제단을 쌓고 각 제단에 수송

아지와 숫양을 드리니

15 발람이 발락에게 이르되 내가 저기서 여

호와를 만나뵐 동안에 여기 당신의 번제

물 곁에 서소서 하니라

16 여호와께서 발람에게 임하사 그의 입에

말씀을 주시며 이르시되 발락에게로 돌

아가서 이렇게 말할지니라

17 발람이 가서 본즉 발락이 번제물 곁에

섰고 모압 고관들이 함께 있더라 발락이

발람에게 이르되 여호와께서 무슨 말씀

을 하시더냐

18 발람이 예언하여 이르기를 발락이여 일

어나 들을지어다 십볼의 아들이여 내게

자세히 들으라

19 하나님은 사람이 아니시니 거짓말을 하

지 않으시고 인생이 아니시니 후회가

없으시도다 어찌 그 말씀하신 바를 행

하지 않으시며 하신 말씀을 실행하지

않으시랴

20 내가 축복할 것을 받았으니 그가 주신

복을 내가 돌이키지 않으리라

21 야곱의 허물을 보지 아니하시며 이스라

엘의 반역을 보지 아니하시는도다 여호

와 그들의 하나님이 그들과 함께 계시니

왕을 부르는 소리가 그 중에 있도다

22 하나님이 그들을 애굽에서 인도하여 내

셨으니 그의 힘이 들소와 같도다

23 야곱을 해할 점술이 없고 이스라엘을 해

할 복술이 없도다 이 때에 야곱과 이스

라엘에 대하여 논할진대 하나님께서 행

하신 일이 어찌 그리 크냐 하리로다

24 이 백성이 암사자 같이 일어나고 수사자

같이 일어나서 움킨 것을 먹으며 죽인

피를 마시기 전에는 눕지 아니하리로다

하매

25 발락이 발람에게 이르되 그들을 저주하

지도 말고 축복하지도 말라

26 발람이 발락에게 대답하여 이르되 내가

당신에게 말하여 이르기를 여호와께서

말씀하신 것은 내가 그대로 하지 않을

수 없다고 하지 아니하더이까

발람의 세 번째 예언

27 발락이 발람에게 또 이르되 오라 내가

너를 다른 곳으로 인도하리니 네가 거기

서 나를 위하여 그들을 저주하기를 하나

님이 혹시 기뻐하시리라 하고

28 발락이 발람을 인도하여 광야가 내려다

보이는 브올 산 꼭대기에 이르니

29 발람이 발락에게 이르되 나를 위하여 여

기 일곱 제단을 쌓고 거기 수송아지 일

곱 마리와 숫양 일곱 마리를 준비하소서

30 발락이 발람의 말대로 행하여 각 제단에

수송아지와 숫양을 드리니라

24 발람이 자기가 이스라엘을 축복하는

것을 여호와께서 선히 여기심을 보고 전

과 같이 점술을 쓰지 아니하고 그의 낯

을 광야로 향하여

2 눈을 들어 이스라엘이 그 지파대로 천막

친 것을 보는데 그 때에 하나님의 영이

그 위에 임하신지라

3 그가 예언을 전하여 말하되 브올의 아들

발람이 말하며 눈을 감았던 자가 말하며

4 하나님의 말씀을 듣는 자, 전능자의 환상

을 보는 자, 엎드려서 눈을 뜬 자가 말하

기를

5 야곱이여 네 장막들이, 이스라엘이여 네

거처들이 어찌 그리 아름다운고

6 그 벌어짐이 골짜기 같고 강 가의 동산

같으며 여호와께서 심으신 침향목들 같

고 물 가의 백향목들 같도다

7 그 물통에서는 물이 넘치겠고 그 씨는

많은 물 가에 있으리로다 그의 왕이

아각보다 높으니 그의 나라가 흥왕하

리로다

8 하나님이 그를 애굽에서 인도하여 내셨

으니 그 힘이 들소와 같도다 그의 적국

을 삼키고 그들의 뼈를 꺾으며 화살로

쏘아 꿰뚫으리로다

9 꿇어 앉고 누움이 수사자와 같고 암사자

와도 같으니 일으킬 자 누구이랴 너를

축복하는 자마다 복을 받을 것이요 너를

저주하는 자마다 저주를 받을지로다

발람의 마지막 예언

10 발락이 발람에게 노하여 손뼉을 치며 말

하되 내가 그대를 부른 것은 내 원수를

저주하라는 것이어늘 그대가 이같이 세

번 그들을 축복하였도다

11 그러므로 그대는 이제 그대의 곳으로 달

아나라 내가 그대를 높여 심히 존귀하게

하기로 뜻하였더니 여호와께서 그대를

막아 존귀하지 못하게 하셨도다

12 발람이 발락에게 이르되 당신이 내게 보

낸 사신들에게 내가 말하여 이르지 아니

하였나이까

13 가령 발락이 그 집에 가득한 은금을 내

게 줄지라도 나는 여호와의 말씀을 어기

고 선악간에 내 마음대로 행하지 못하고

여호와께서 말씀하신 대로 말하리라 하

지 아니하였나이까

14 이제 나는 내 백성에게로 돌아가거니와

들으소서 내가 이 백성이 후일에 당신의

백성에게 어떻게 할지를 당신에게 말하

리이다 하고

15 예언하여 이르기를 브올의 아들 발람이

말하며 눈을 감았던 자가 말하며

16 하나님의 말씀을 듣는 자가 말하며 지극

히 높으신 자의 지식을 아는 자, 전능자

의 환상을 보는 자, 엎드려서 눈을 뜬 자

가 말하기를

17 내가 그를 보아도 이 때의 일이 아니며

내가 그를 바라보아도 가까운 일이 아니

로다 한 별이 야곱에게서 나오며 한 규

가 이스라엘에게서 일어나서 모압을 이

쪽에서 저쪽까지 쳐서 무찌르고 또 셋의

자식들을 다 멸하리로다

18 그의 원수 에돔은 그들의 유산이 되며

그의 원수 세일도 그들의 유산이 되고

그와 동시에 이스라엘은 용감히 행동하리로다

19 주권자가 야곱에게서 나서 남은 자들을 그 성읍에서 멸절하리로다 하고

20 또 아말렉을 바라보며 예언하여 이르기를 아말렉은 민족들의 으뜸이나 그의 종말은 멸망에 이르리로다 하고

21 또 겐 족속을 바라보며 예언하여 이르기를 네 거처가 견고하고 네 보금자리는 바위에 있도다

22 그러나 가인이 쇠약하리니 나중에는 앗수르의 포로가 되리로다 하고

23 또 예언하여 이르기를 슬프다 하나님이 이 일을 행하시리니 그 때에 살 자가 누구이랴

24 깃딤 해변에서 배들이 와서 앗수르를 학대하며 에벨을 괴롭힐 것이나 그도 멸망하리로다 하고

25 발람이 일어나 자기 곳으로 돌아가고 발락도 자기 길로 갔더라

브올에서 생긴 일

25 이스라엘이 싯딤에 머물러 있더니 그 백성이 모압 여자들과 음행하기를 시작하니라

2 그 여자들이 자기 신들에게 제사할 때에 이스라엘 백성을 청하매 백성이 먹고 그들의 신들에게 절하므로

3 이스라엘이 바알브올에게 가담한지라 여호와께서 이스라엘에게 진노하시니라

4 여호와께서 모세에게 이르시되 백성의 수령들을 잡아 태양을 향하여 여호와 앞에 목매어 달라 그리하면 여호와의 진노가 이스라엘에게서 떠나리라

5 모세가 이스라엘 재판관들에게 이르되 너희는 각각 바알브올에게 가담한 사람들을 죽이라 하니라

6 이스라엘 자손의 온 회중이 회막 문에서

울 때에 이스라엘 자손 한 사람이 모세

와 온 회중의 눈앞에 미디안의 한 여인

을 데리고 그의 형제에게로 온지라

7 제사장 아론의 손자 엘르아살의 아들 비

느하스가 보고 회중 가운데에서 일어나

손에 창을 들고

8 그 이스라엘 남자를 따라 그의 막사에

들어가 이스라엘 남자와 그 여인의 배를

꿰뚫어서 두 사람을 죽이니 염병이 이스

라엘 자손에게서 그쳤더라

9 그 염병으로 죽은 자가 이만 사천 명이

었더라

10 여호와께서 모세에게 말씀하여 이르시되

11 제사장 아론의 손자 엘르아살의 아들 비

느하스가 내 질투심으로 질투하여 이스

라엘 자손 중에서 내 노를 돌이켜서 내

질투심으로 그들을 소멸하지 않게 하였

도다

12 그러므로 말하라 내가 그에게 내 평화의

언약을 주리니

13 그와 그의 후손에게 영원한 제사장 직분

의 언약이라 그가 그의 하나님을 위하여

질투하여 이스라엘 자손을 속죄하였음이

니라

14 죽임을 당한 이스라엘 남자 곧 미디안

여인과 함께 죽임을 당한 자의 이름은

시므리니 살루의 아들이요 시므온인의

조상의 가문 중 한 지도자이며

15 죽임을 당한 미디안 여인의 이름은 고스

비이니 수르의 딸이라 수르는 미디안 백

성의 한 조상의 가문의 수령이었더라

16 여호와께서 모세에게 말씀하여 이르시되

17 미디안인들을 대적하여 그들을 치라

18 이는 그들이 속임수로 너희를 대적하되

브올의 일과 미디안 지휘관의 딸 곧 브

올의 일로 염병이 일어난 날에 죽임을

당한 그들의 자매 고스비의 사건으로 너

희를 유혹하였음이니라

두 번째 인구 조사

26 염병 후에 여호와께서 모세와 제사장

아론의 아들 엘르아살에게 말씀하여 이

르시되

2 이스라엘 자손의 온 회중의 총수를 그들

의 조상의 가문을 따라 조사하되 이스라

엘 중에 이십 세 이상으로 능히 전쟁에

나갈 만한 모든 자를 계수하라 하시니

3 모세와 제사장 엘르아살이 여리고 맞은

편 요단 가 모압 평지에서 그들에게 전

하여 이르되

4 여호와께서 애굽 땅에서 나온 모세와 이

스라엘 자손에게 명령하신 대로 너희는

이십 세 이상 된 자를 계수하라 하니라

5 이스라엘의 장자는 르우벤이라 르우벤

자손은 하녹에게서 난 하녹 종족과 발루

에게서 난 발루 종족과

6 헤스론에게서 난 헤스론 종족과 갈미에

게서 난 갈미 종족이니

7 이는 르우벤 종족들이라 계수된 자가 사

만 삼천칠백삼십 명이었더라

8 발루의 아들은 엘리압이요

9 엘리압의 아들은 느무엘과 다단과 아비

람이라 이 다단과 아비람은 회중 가운데

서 부름을 받은 자들이니 고라의 무리에

들어가서 모세와 아론을 거슬러 여호와

께 반역할 때에

10 땅이 그 입을 벌려서 그 무리와 고라를

삼키매 그들이 죽었고 당시에 불이 이백

오십 명을 삼켜 징표가 되게 하였으나

11 고라의 아들들은 죽지 아니하였더라

12 시므온 자손의 종족들은 이러하니 느무

엘에게서 난 느무엘 종족과 야민에게서

411

난 야민 종족과 야긴에게서 난 야긴 종

족과

13 세라에게서 난 세라 종족과 사울에게서

난 사울 종족이라

14 이는 시므온의 종족들이니 계수된 자가

이만 이천이백 명이었더라

15 갓 자손의 종족들은 이러하니 스본에게

서 난 스본 종족과 학기에게서 난 학기

종족과 수니에게서 난 수니 종족과

16 오스니에게서 난 오스니 종족과 에리에

게서 난 에리 종족과

17 아롯에게서 난 아롯 종족과 아렐리에게

서 난 아렐리 종족이라

18 이는 갓 자손의 종족들이니 계수된 자가

사만 오백 명이었더라

19 유다의 아들들은 에르와 오난이라 이 에

르와 오난은 가나안 땅에서 죽었고

20 유다 자손의 종족들은 이러하니 셀라에

게서 난 셀라 종족과 베레스에게서 난

베레스 종족과 세라에게서 난 세라 종족

이며

21 또 베레스 자손은 이러하니 헤스론에게

서 난 헤스론 종족과 하물에게서 난 하

물 종족이라

22 이는 유다 종족들이니 계수된 자가 칠만

육천오백 명이었더라

23 잇사갈 자손의 종족들은 이러하니 돌라

에게서 난 돌라 종족과 부와에게서 난

부니 종족과

24 야숩에게서 난 야숩 종족과 시므론에게

서 난 시므론 종족이라

25 이는 잇사갈 종족들이니 계수된 자가 육

만 사천삼백 명이었더라

26 스불론 자손의 종족들은 이러하니 세렛

에게서 난 세렛 종족과 엘론에게서 난

엘론 종족과 얄르엘에게서 난 얄르엘 종

족이라

호글라와 밀가와 디르사니

27 이는 스불론 종족들이니 계수된 자가 육
만 오백 명이었더라

34 이는 므낫세의 종족들이라 계수된 자가
오만 이천칠백 명이었더라

28 요셉의 아들들의 종족들은 므낫세와 에
브라임이요

35 에브라임 자손의 종족들은 이러하니 수
델라에게서 난 수델라 종족과 베겔에게
서 난 베겔 종족과 다한에게서 난 다한
종족이며

29 므낫세의 자손 중 마길에게서 난 자손
은 마길 종족이라 마길이 길르앗을 낳
았고 길르앗에게서 난 자손은 길르앗
종족이라

36 수델라 자손은 이러하니 에란에게서 난
에란 종족이라

30 길르앗 자손은 이러하니 이에셀에게서
난 이에셀 종족과 헬렉에게서 난 헬렉
종족과

37 이는 에브라임 자손의 종족들이니 계수
된 자가 삼만 이천오백 명이라 이상은
그 종족을 따른 요셉 자손이었더라

31 아스리엘에게서 난 아스리엘 종족과 세
겜에게서 난 세겜 종족과

38 베냐민 자손의 종족들은 이러하니 벨라
에게서 난 벨라 종족과 아스벨에게서 난
아스벨 종족과 아히람에게서 난 아히람
종족과

32 스미다에게서 난 스미다 종족과 헤벨에
게서 난 헤벨 종족이며

33 헤벨의 아들 슬로브핫은 아들이 없고 딸
뿐이라 그 딸의 이름은 말라와 노아와

39 스부밤에게서 난 스부밤 종족과 후밤에
게서 난 후밤 종족이며

40 벨라의 아들들은 아룻과 나아만이라 아

룻에게서 아룻 종족과 나아만에게서 나

아만 종족이 났으니

41 이는 그들의 종족을 따른 베냐민 자손

이라 계수된 자가 사만 오천육백 명이

었더라

42 단 자손의 종족들은 이러하니라 수함에

게서 수함 종족이 났으니 이는 그들의

종족을 따른 단 종족들이라

43 수함 모든 종족의 계수된 자가 육만 사

천사백 명이었더라

44 아셀 자손의 종족들은 이러하니 임나에

게서 난 임나 종족과 이스위에게서 난

이스위 종족과 브리아에게서 난 브리아

종족이며

45 브리아의 자손 중 헤벨에게서 난 헤벨

종족과 말기엘에게서 난 말기엘 종족

이며

46 아셀의 딸의 이름은 세라라

47 이는 아셀 자손의 종족들이니 계수된 자

가 오만 삼천사백 명이었더라

48 납달리 자손은 그들의 종족대로 이러하

니 야셀에게서 난 야셀 종족과 구니에게

서 난 구니 종족과

49 예셀에게서 난 예셀 종족과 실렘에게서

난 실렘 종족이라

50 이는 그들의 종족을 따른 납달리 종족들

이니 계수된 자가 사만 오천사백 명이었

더라

51 이스라엘 자손의 계수된 자가 육십만 천

칠백삼십 명이었더라

52 여호와께서 모세에게 말씀하여 이르시되

53 이 명수대로 땅을 나눠 주어 기업을 삼

게 하라

54 수가 많은 자에게는 기업을 많이 줄 것

이요 수가 적은 자에게는 기업을 적게

줄 것이니 그들이 계수된 수대로 각기 기업을 주되

55 오직 그 땅을 제비 뽑아 나누어 그들의 조상 지파의 이름을 따라 얻게 할지니라

56 그 다소를 막론하고 그들의 기업을 제비 뽑아 나눌지니라

57 레위인으로 계수된 자들의 종족들은 이러하니 게르손에게서 난 게르손 종족과 고핫에게서 난 고핫 종족과 므라리에게서 난 므라리 종족이며

58 레위 종족들은 이러하니 립니 종족과 헤브론 종족과 말리 종족과 무시 종족과 고라 종족이라 고핫은 아므람을 낳았으며

59 아므람의 처의 이름은 요게벳이니 레위의 딸이요 애굽에서 레위에게서 난 자라 그가 아므람에게서 아론과 모세와 그의 누이 미리암을 낳았고

60 아론에게서는 나답과 아비후와 엘르아살과 이다말이 났더니

61 나답과 아비후는 다른 불을 여호와 앞에 드리다가 죽었더라

62 일 개월 이상으로 계수된 레위인의 모든 남자는 이만 삼천 명이었더라 그들은 이스라엘 자손 중 계수에 들지 아니하였으니 이는 이스라엘 자손 중에서 그들에게 준 기업이 없음이었더라

63 이는 모세와 제사장 엘르아살이 계수한 자라 그들이 여리고 맞은편 요단 가 모압 평지에서 이스라엘 자손을 계수한 중에는

64 모세와 제사장 아론이 시내 광야에서 계수한 이스라엘 자손은 한 사람도 들지 못하였으니

65 이는 여호와께서 그들에게 대하여 말씀하시기를 그들이 반드시 광야에서 죽으

리라 하셨음이라 이러므로 여분네의 아

들 갈렙과 눈의 아들 여호수아 외에는

한 사람도 남지 아니하였더라

슬로브핫의 딸들

27 요셉의 아들 므낫세 종족들에게 므낫세

의 현손 마길의 증손 길르앗의 손자 헤

벨의 아들 슬로브핫의 딸들이 찾아왔으

니 그의 딸들의 이름은 말라와 노아와

호글라와 밀가와 디르사라

2 그들이 회막 문에서 모세와 제사장 엘르

아살과 지휘관들과 온 회중 앞에 서서

이르되

3 우리 아버지가 광야에서 죽었으나 여호

와를 거슬러 모인 고라의 무리에 들지

아니하고 자기 죄로 죽었고 아들이 없나

이다

4 어찌하여 아들이 없다고 우리 아버지의

이름이 그의 종족 중에서 삭제되리이까

우리 아버지의 형제 중에서 우리에게 기

업을 주소서 하매

5 모세가 그 사연을 여호와께 아뢰니라

6 여호와께서 모세에게 말씀하여 이르시되

7 슬로브핫 딸들의 말이 옳으니 너는 반드

시 그들의 아버지의 형제 중에서 그들에

게 기업을 주어 받게 하되 그들의 아버

지의 기업을 그들에게 돌릴지니라

8 너는 이스라엘 자손에게 말하여 이르기

를 사람이 죽고 아들이 없으면 그의 기

업을 그의 딸에게 돌릴 것이요

9 딸도 없으면 그의 기업을 그의 형제에게

줄 것이요

10 형제도 없으면 그의 기업을 그의 아버지

의 형제에게 줄 것이요

11 그의 아버지의 형제도 없으면 그의 기업

을 가장 가까운 친족에게 주어 받게 할

지니라 하고 나 여호와가 너 모세에게

명령한 대로 이스라엘 자손에게 판결의

규례가 되게 할지니라

모세의 후계자 여호수아 (신 31:1-8)

12 여호와께서 모세에게 이르시되 너는 이

아바림 산에 올라가서 내가 이스라엘 자

손에게 준 땅을 바라보라

13 본 후에는 네 형 아론이 돌아간 것 같이

너도 조상에게로 돌아가리니

14 이는 신 광야에서 회중이 분쟁할 때에

너희가 내 명령을 거역하고 그 물 가에

서 내 거룩함을 그들의 목전에 나타내지

아니하였음이니라 이 물은 신 광야 가데

스의 므리바 물이니라

15 모세가 여호와께 여짜와 이르되

16 여호와, 모든 육체의 생명의 하나님이시

여 원하건대 한 사람을 이 회중 위에 세

워서

17 그로 그들 앞에 출입하며 그들을 인도하

여 출입하게 하사 여호와의 회중이 목자

없는 양과 같이 되지 않게 하옵소서

18 여호와께서 모세에게 이르시되 눈의 아

들 여호수아는 그 안에 영이 머무는 자

니 너는 데려다가 그에게 안수하고

19 그를 제사장 엘르아살과 온 회중 앞에

세우고 그들의 목전에서 그에게 위탁

하여

20 네 존귀를 그에게 돌려 이스라엘 자손의

온 회중을 그에게 복종하게 하라

21 그는 제사장 엘르아살 앞에 설 것이요

엘르아살은 그를 위하여 우림의 판결로

써 여호와 앞에 물을 것이며 그와 온 이

스라엘 자손 곧 온 회중은 엘르아살의

말을 따라 나가며 들어올 것이니라

22 모세가 여호와께서 자기에게 명령하신

대로 하여 여호수아를 데려다가 제사장

엘르아살과 온 회중 앞에 세우고

23 그에게 안수하여 위탁하되 여호와께서

모세에게 명령하신 대로 하였더라

날마다 바치는 번제물 (출 29:38-46)

28 여호와께서 모세에게 말씀하여 이르

시되

2 이스라엘 자손에게 명령하여 그들에게

이르라 내 헌물, 내 음식인 화제물 내 향

기로운 것은 너희가 그 정한 시기에 삼

가 내게 바칠지니라

3 또 그들에게 이르라 너희가 여호와께 드

릴 화제는 이러하니 일 년 되고 흠 없는

숫양을 매일 두 마리씩 상번제로 드리되

4 어린 양 한 마리는 아침에 드리고 어린

양 한 마리는 해 질 때에 드릴 것이요

5 또 고운 가루 십분의 일 에바에 빻아 낸

기름 사분의 일 힌을 섞어서 소제로 드

릴 것이니

6 이는 시내 산에서 정한 상번제로서 여호

와께 드리는 향기로운 화제며

7 또 그 전제는 어린 양 한 마리에 사분의

일 힌을 드리되 거룩한 곳에서 여호와께

독주의 전제를 부어 드릴 것이며

8 해 질 때에는 두 번째 어린 양을 드리되

아침에 드린 소제와 전제와 같이 여호와

께 향기로운 화제로 드릴 것이니라

안식일

9 안식일에는 일 년 되고 흠 없는 숫양 두

마리와 고운 가루 십분의 이에 기름 섞

은 소제와 그 전제를 드릴 것이니

10 이는 상번제와 그 전제 외에 매 안식일

의 번제니라

초하루

11 초하루에는 수송아지 두 마리와 숫양 한

마리와 일 년 되고 흠 없는 숫양 일곱 마

리로 여호와께 번제를 드리되

12 매 수송아지에는 고운 가루 십분의 삼에

기름 섞은 소제와 숫양 한 마리에는 고

운 가루 십분의 이에 기름 섞은 소제와

13 매 어린 양에는 고운 가루 십분의 일에

기름 섞은 소제를 향기로운 번제로 여호

와께 화제를 드릴 것이며

14 그 전제는 수송아지 한 마리에 포도주

반 힌이요 숫양 한 마리에 삼분의 일 힌

이요 어린 양 한 마리에 사분의 일 힌이

니 이는 일 년 중 매월 초하루의 번제며

15 또 상번제와 그 전제 외에 숫염소 한 마

리를 속죄제로 여호와께 드릴 것이니라

유월절 (레 23:5-14)

16 첫째 달 열넷째 날은 여호와를 위하여

지킬 유월절이며

17 또 그 달 열다섯째 날부터는 명절이니

이레 동안 무교병을 먹을 것이며

18 그 첫날에는 성회로 모일 것이요 아무

일도 하지 말 것이며

19 수송아지 두 마리와 숫양 한 마리와 일

년 된 숫양 일곱 마리를 다 흠 없는 것

으로 여호와께 화제를 드려 번제가 되게

할 것이며

20 그 소제로는 고운 가루에 기름을 섞어

서 쓰되 수송아지 한 마리에는 십분의

삼이요 숫양 한 마리에는 십분의 이를

드리고

21 어린 양 일곱에는 어린 양 한 마리마다

십분의 일을 드릴 것이며

22 또 너희를 속죄하기 위하여 숫염소 한

마리로 속죄제를 드리되

23 아침의 번제 곧 상번제 외에 그것들을

드릴 것이니라

24 너희는 이 순서대로 이레 동안 매일 여

호와께 향기로운 화제의 음식을 드리되

상번제와 그 전제 외에 드릴 것이며

25 일곱째 날에는 성회로 모일 것이요 아무

일도 하지 말 것이니라

칠칠절

26 칠칠절 처음 익은 열매를 드리는 날에

너희가 여호와께 새 소제를 드릴 때에도

성회로 모일 것이요 아무 일도 하지 말

것이며

27 수송아지 두 마리와 숫양 한 마리와 일

년 된 숫양 일곱 마리로 여호와께 향기

로운 번제를 드릴 것이며

28 그 소제로는 고운 가루에 기름을 섞어서

쓰되 수송아지 한 마리마다 십분의 삼이

요 숫양 한 마리에는 십분의 이요

29 어린 양 일곱 마리에는 어린 양 한 마리

마다 십분의 일을 드릴 것이며

30 또 너희를 속죄하기 위하여 숫염소 한

마리를 드리되

31 너희는 다 흠 없는 것으로 상번제와 그

소제와 전제 외에 그것들을 드릴 것이

니라

일곱째 달 초하루 (레 23:23-25)

29 일곱째 달에 이르러는 그 달 초하루에

성회로 모이고 아무 노동도 하지 말라

이는 너희가 나팔을 불 날이니라

2 너희는 수송아지 한 마리와 숫양 한 마

리와 일 년 되고 흠 없는 숫양 일곱 마

리를 여호와께 향기로운 번제로 드릴 것

이며

3 그 소제로는 고운 가루에 기름을 섞어서

쓰되 수송아지에는 십분의 삼이요 숫양

에는 십분의 이요

4 어린 양 일곱 마리에는 어린 양 한 마리

마다 십분의 일을 드릴 것이며

5 또 너희를 속죄하기 위하여 숫염소 한

마리로 속죄제를 드리되

6 그 달의 번제와 그 소제와 상번제와 그

소제와 그 전제 외에 그 규례를 따라 향

기로운 냄새로 화제를 여호와께 드릴 것

이니라

속죄일 (레 23:26-32)

7 일곱째 달 열흘 날에는 너희가 성회로

모일 것이요 너희의 심령을 괴롭게 하며

아무 일도 하지 말 것이니라

8 너희는 수송아지 한 마리와 숫양 한 마

리와 일 년 된 숫양 일곱 마리를 다 흠

없는 것으로 여호와께 향기로운 번제를

드릴 것이며

9 그 소제로는 고운 가루에 기름을 섞어서

쓰되 수송아지 한 마리에는 십분의 삼이

요 숫양 한 마리에는 십분의 이요

10 어린 양 일곱 마리에는 어린 양 한 마리

마다 십분의 일을 드릴 것이며

11 속죄제와 상번제와 그 소제와 그 전제

외에 숫염소 한 마리를 속죄제로 드릴

것이니라

장막절 (레 23:33-44)

12 일곱째 달 열다섯째 날에는 너희가 성회

로 모일 것이요 아무 일도 하지 말 것이

며 이레 동안 여호와 앞에 절기를 지킬

것이라

13 너희 번제로 여호와께 향기로운 화제를

드리되 수송아지 열세 마리와 숫양 두

마리와 일 년 된 숫양 열네 마리를 다 흠

없는 것으로 드릴 것이며

14 그 소제로는 고운 가루에 기름을 섞어

서 수송아지 열세 마리에는 각기 십분

의 삼이요 숫양 두 마리에는 각기 십분

의 이요

15 어린 양 열네 마리에는 각기 십분의 일

을 드릴 것이며

16 상번제와 그 소제와 그 전제 외에 숫염

소 한 마리를 속죄제로 드릴 것이니라

17 둘째 날에는 수송아지 열두 마리와 숫양

두 마리와 일 년 되고 흠 없는 숫양 열네

마리를 드릴 것이며

18 그 소제와 전제는 수송아지와 숫양과 어

린 양의 수효를 따라서 규례대로 할 것

이며

19 상번제와 그 소제와 그 전제 외에 숫염

소 한 마리를 속죄제로 드릴 것이니라

20 셋째 날에는 수송아지 열한 마리와 숫양

두 마리와 일 년 되고 흠 없는 숫양 열네

마리를 드릴 것이며

21 그 소제와 전제는 수송아지와 숫양과 어

린 양의 수효를 따라서 규례대로 할 것

이며

22 상번제와 그 소제와 그 전제 외에 숫염

소 한 마리를 속죄제로 드릴 것이니라

23 넷째 날에는 수송아지 열 마리와 숫양

두 마리와 일 년 되고 흠 없는 숫양 열네

마리를 드릴 것이며

24 그 소제와 전제는 수송아지와 숫양과

어린 양의 수효를 따라 규례대로 할 것

이며

25 상번제와 그 소제와 그 전제 외에 숫염

소 한 마리를 속죄제로 드릴 것이니라

26 다섯째 날에는 수송아지 아홉 마리와 숫

양 두 마리와 일 년 되고 흠 없는 숫양

열네 마리를 드릴 것이며

27 그 소제와 전제는 수송아지와 숫양과 어

린 양의 수효를 따라서 규례대로 할 것

이며

28 상번제와 그 소제와 그 전제 외에 숫염

소 한 마리를 속죄제로 드릴 것이니라

29 여섯째 날에는 수송아지 여덟 마리와 숫

양 두 마리와 일 년 되고 흠 없는 숫양

열네 마리를 드릴 것이며

30 그 소제와 전제는 수송아지와 숫양과 어

린 양의 수효를 따라서 규례대로 할 것

이며

31 상번제와 그 소제와 그 전제 외에 숫염

소 한 마리를 속죄제로 드릴 것이니라

32 일곱째 날에는 수송아지 일곱 마리와 숫

양 두 마리와 일 년 되고 흠 없는 숫양

열네 마리를 드릴 것이며

33 그 소제와 전제는 수송아지와 숫양과

어린 양의 수효를 따라 규례대로 할 것

이며

34 상번제와 그 소제와 그 전제 외에 숫염

소 한 마리를 속죄제로 드릴 것이니라

35 여덟째 날에는 장엄한 대회로 모일 것이

요 아무 일도 하지 말 것이며

36 번제로 여호와께 향기로운 화제를 드리

되 수송아지 한 마리와 숫양 한 마리와

일 년 되고 흠 없는 숫양 일곱 마리를 드

릴 것이며

37 그 소제와 전제는 수송아지와 숫양과

어린 양의 수효를 따라 규례대로 할 것

이며

38 상번제와 그 소제와 그 전제 외에 숫염

소 한 마리를 속죄제로 드릴 것이니라

39 너희가 이 절기를 당하거든 여호와께 이

같이 드릴지니 이는 너희의 서원제나 낙

헌제로 드리는 번제, 소제, 전제, 화목제

외에 드릴 것이니라

40 모세가 여호와께서 모세에게 명령하신

모든 일을 이스라엘 자손에게 말하니라

여호와께 서원한 것

30 모세가 이스라엘 자손 지파의 수령들에

게 말하여 이르되 여호와의 명령이 이러

하니라

2 사람이 여호와께 서원하였거나 결심하고

서약하였으면 깨뜨리지 말고 그가 입으

로 말한 대로 다 이행할 것이니라

3 또 여자가 만일 어려서 그 아버지 집에

있을 때에 여호와께 서원한 일이나 스스

로 결심하려고 한 일이 있다고 하자

4　그의 아버지가 그의 서원이나 그가 결심

한 서약을 듣고도 그에게 아무 말이 없

으면 그의 모든 서원을 행할 것이요 그

가 결심한 서약을 지킬 것이니라

5　그러나 그의 아버지가 그것을 듣는 날에

허락하지 아니하면 그의 서원과 결심한

서약을 이루지 못할 것이니 그의 아버지

가 허락하지 아니하였은즉 여호와께서

사하시리라

6　또 혹시 남편을 맞을 때에 서원이나 결

심한 서약을 경솔하게 그의 입술로 말하

였으면

7　그의 남편이 그것을 듣고 그 듣는 날에

그에게 아무 말이 없으면 그 서원을 이

행할 것이요 그가 결심한 서약을 지킬

것이니라

8　그러나 그의 남편이 그것을 듣는 날에

허락하지 아니하면 그 서원과 결심하려

고 경솔하게 입술로 말한 서약은 무효가

될 것이니 여호와께서 그 여자를 사하시

리라

9　과부나 이혼 당한 여자의 서원이나 그가

결심한 모든 서약은 지킬 것이니라

10　부녀가 혹시 그의 남편의 집에서 서원

을 하였다든지 결심하고 서약을 하였다

하자

11　그의 남편이 그것을 듣고도 아무 말이

없고 금하지 않으면 그 서원은 다 이행

할 것이요 그가 결심한 서약은 다 지킬

것이니라

12　그러나 그의 남편이 그것을 듣는 날에

무효하게 하면 그 서원과 결심한 일에

대하여 입술로 말한 것을 아무것도 이루

지 못하나니 그의 남편이 그것을 무효하

게 하였은즉 여호와께서 그 부녀를 사하

시느니라

13 모든 서원과 마음을 자제하기로 한 모든

서약은 그의 남편이 그것을 지키게도 할

수 있고 무효하게도 할 수 있으니

14 그의 남편이 여러 날이 지나도록 말이

없으면 아내의 서원과 스스로 결심한 일

을 지키게 하는 것이니 이는 그가 그것

을 들을 때에 그의 아내에게 아무 말도

아니하였으므로 지키게 됨이니라

15 그러나 그의 남편이 들은 지 얼마 후에

그것을 무효하게 하면 그가 아내의 죄를

담당할 것이니라

16 이는 여호와께서 모세에게 명령하신 규

례니 남편이 아내에게, 아버지가 자기 집

에 있는 어린 딸에 대한 것이니라

미디안에게 여호와의 원수를 갚다

31 여호와께서 모세에게 말씀하여 이르시되

2 이스라엘 자손의 원수를 미디안에게 갚

으라 그 후에 네가 네 조상에게로 돌아

가리라

3 모세가 백성에게 말하여 이르되 너와 함

께 있는 사람들 가운데서 전쟁에 나갈

사람들을 무장시키고 미디안을 치러 보

내어 여호와의 원수를 갚되

4 이스라엘 모든 지파에게 각 지파에서 천

명씩을 전쟁에 보낼지니라 하매

5 각 지파에서 천 명씩 이스라엘 백만 명

중에서 만 이천 명을 택하여 무장을 시

킨지라

6 모세가 각 지파에 천 명씩 싸움에 보내

되 제사장 엘르아살의 아들 비느하스에

게 성소의 기구와 신호 나팔을 들려서

그들과 함께 전쟁에 보내매

7 그들이 여호와께서 모세에게 명령하신

대로 미디안을 쳐서 남자를 다 죽였고

8 그 죽인 자 외에 미디안의 다섯 왕을 죽였으니 미디안의 왕들은 에위와 레겜과 수르와 후르와 레바이며 또 브올의 아들 발람을 칼로 죽였더라

9 이스라엘 자손이 미디안의 부녀들과 그들의 아이들을 사로잡고 그들의 가축과 양 떼와 재물을 다 탈취하고

10 그들이 거처하는 성읍들과 촌락을 다 불사르고

11 탈취한 것, 노략한 것, 사람과 짐승을 다 빼앗으니라

12 그들이 사로잡은 자와 노략한 것과 탈취한 것을 가지고 여리고 맞은편 요단 강 가 모압 평지의 진영에 이르러 모세와 제사장 엘르아살과 이스라엘 자손의 회중에게로 나아오니라

군대가 이기고 돌아오다

13 모세와 제사장 엘르아살과 회중의 지도자들이 다 진영 밖에 나가서 영접하다가

14 모세가 군대의 지휘관 곧 싸움에서 돌아온 천부장들과 백부장들에게 노하니라

15 모세가 그들에게 이르되 너희가 여자들을 다 살려두었느냐

16 보라 이들이 발람의 꾀를 따라 이스라엘 자손을 브올의 사건에서 여호와 앞에 범죄하게 하여 여호와의 회중 가운데에 염병이 일어나게 하였느니라

17 그러므로 아이들 중에서 남자는 다 죽이고 남자와 동침하여 사내를 아는 여자도 다 죽이고

18 남자와 동침하지 아니하여 사내를 알지 못하는 여자들은 다 너희를 위하여 살려 둘 것이니라

19 너희는 이레 동안 진영 밖에 주둔하라 누구든지 살인자나 죽임을 당한 사체를 만진 자는 셋째 날과 일곱째 날에 몸을

깨끗하게 하고 너희의 포로도 깨끗하게

할 것이며

20 모든 의복과 가죽으로 만든 모든 것과

염소털로 만든 모든 것과 나무로 만든

모든 것을 다 깨끗하게 할지니라

21 제사장 엘르아살이 싸움에 나갔던 군인

들에게 이르되 이는 여호와께서 모세에

게 명령하신 율법이니라

22 금, 은, 동, 철과 주석과 납 등의

23 불에 견딜 만한 모든 물건은 불을 지나

게 하라 그리하면 깨끗하려니와 다만 정

결하게 하는 물로 그것을 깨끗하게 할

것이며 불에 견디지 못할 모든 것은 물

을 지나게 할 것이니라

24 너희는 일곱째 날에 옷을 빨아서 깨끗하

게 한 후에 진영에 들어올지니라

전리품 분배

25 여호와께서 모세에게 말씀하여 이르시되

26 너는 제사장 엘르아살과 회중의 수령들

과 더불어 이 사로잡은 사람들과 짐승들

을 계수하고

27 그 얻은 물건을 반분하여 그 절반은 전

쟁에 나갔던 군인들에게 주고 절반은 회

중에게 주고

28 전쟁에 나갔던 군인들은 사람이나 소나

나귀나 양 떼의 오백분의 일을 여호와께

드릴지니라

29 곧 이를 그들의 절반에서 가져다가 여호

와의 거제로 제사장 엘르아살에게 주고

30 또 이스라엘 자손이 받은 절반에서는 사

람이나 소나 나귀나 양 떼나 각종 짐승

오십분의 일을 가져다가 여호와의 성막

을 맡은 레위인에게 주라

31 모세와 제사장 엘르아살이 여호와께서

모세에게 명령하신 대로 하니라

32 그 탈취물 곧 군인들의 다른 탈취물 외

에 양이 육십칠만 오천 마리요

33 소가 칠만 이천 마리요

34 나귀가 육만 천 마리요

35 사람은 남자와 동침하지 아니하여서 사

내를 알지 못하는 여자가 도합 삼만 이

천 명이니

36 그 절반 곧 전쟁에 나갔던 자들의 소유

가 양이 삼십삼만 칠천오백 마리라

37 여호와께 공물로 드린 양이 육백칠십오

요

38 소가 삼만 육천 마리라 그 중에서 여호

와께 공물로 드린 것이 칠십이 마리요

39 나귀가 삼만 오백 마리라 그 중에서 여

호와께 공물로 드린 것이 육십일 마리요

40 사람이 만 육천 명이라 그 중에서 여호

와께 공물로 드린 자가 삼십이 명이니

41 여호와께 거제의 공물로 드린 것을 모세

가 제사장 엘르아살에게 주었으니 여호

와께서 모세에게 명령하심과 같았더라

42 모세가 전쟁에 나갔던 자에게서 나누어

이스라엘 자손에게 준 절반

43 곧 회중이 받은 절반은 양이 삼십삼만

칠천오백 마리요

44 소가 삼만 육천 마리요

45 나귀가 삼만 오백 마리요

46 사람이 만 육천 명이라

47 이스라엘 자손의 그 절반에서 모세가 사

람이나 짐승의 오십분의 일을 취하여 여

호와의 장막을 맡은 레위인에게 주었으

니 여호와께서 모세에게 명령하심과 같

았더라

48 군대의 지휘관들 곧 천부장과 백부장들

이 모세에게 나아와서

49 모세에게 말하되 당신의 종들이 이끈 군

인을 계수한즉 우리 중 한 사람도 죽나

지 아니하였기로

50 우리 각 사람이 받은 바 금 패물 곧 발목 고리, 손목 고리, 인장 반지, 귀 고리, 목걸이들을 여호와께 헌금으로 우리의 생명을 위하여 여호와 앞에 속죄하려고 가져왔나이다

51 모세와 제사장 엘르아살이 그들에게서 그 금으로 만든 모든 패물을 취한즉

52 천부장과 백부장들이 여호와께 드린 거제의 금의 도합이 만 육천칠백오십 세겔이니

53 군인들이 각기 자기를 위하여 탈취한 것이니라

54 모세와 제사장 엘르아살이 천부장과 백부장들에게서 금을 취하여 회막에 드려 여호와 앞에서 이스라엘 자손의 기념을 삼았더라

요단 강 동쪽 지파들 (신 3:12-22)

32 르우벤 자손과 갓 자손은 심히 많은 가축 떼를 가졌더라 그들이 야셀 땅과 길르앗 땅을 본즉 그 곳은 목축할 만한 장소인지라

2 갓 자손과 르우벤 자손이 와서 모세와 제사장 엘르아살과 회중 지휘관들에게 말하여 이르되

3 아다롯과 디본과 야셀과 니므라와 헤스본과 엘르알레와 스밤과 느보와 브온

4 곧 여호와께서 이스라엘 회중 앞에서 쳐서 멸하신 땅은 목축할 만한 장소요 당신의 종들에게는 가축이 있나이다

5 또 이르되 우리가 만일 당신에게 은혜를 입었으면 이 땅을 당신의 종들에게 그들의 소유로 주시고 우리에게 요단 강을 건너지 않게 하소서

6 모세가 갓 자손과 르우벤 자손에게 이르되 너희 형제들은 싸우러 가거늘 너희는 여기 앉아 있고자 하느냐

429

7 너희가 어찌하여 이스라엘 자손에게 낙심하게 하여서 여호와께서 그들에게 주신 땅으로 건너갈 수 없게 하려 하느냐

8 너희 조상들도 내가 가데스바네아에서 그 땅을 보라고 보냈을 때에 그리 하였었나니

9 그들이 에스골 골짜기에 올라가서 그 땅을 보고 이스라엘 자손을 낙심하게 하여서 여호와께서 그들에게 주신 땅으로 갈 수 없게 하였었느니라

10 그 때에 여호와께서 진노하사 맹세하여 이르시되

11 애굽에서 나온 자들이 이십 세 이상으로는 한 사람도 내가 아브라함과 이삭과 야곱에게 맹세한 땅을 결코 보지 못하리니 이는 그들이 나를 온전히 따르지 아니하였음이니라

12 그러나 그나스 사람 여분네의 아들 갈렙과 눈의 아들 여호수아는 여호와를 온전히 따랐느니라 하시고

13 여호와께서 이스라엘에게 진노하사 그들에게 사십 년 동안 광야에 방황하게 하셨으므로 여호와의 목전에 악을 행한 그 세대가 마침내는 다 끊어졌느니라

14 보라 너희는 너희의 조상의 대를 이어 일어난 죄인의 무리로서 이스라엘을 향하신 여호와의 노를 더욱 심하게 하는도다

15 너희가 만일 돌이켜 여호와를 떠나면 여호와께서 다시 이 백성을 광야에 버리시리니 그리하면 너희가 이 모든 백성을 멸망시키리라

16 그들이 모세에게 가까이 나아와 이르되 우리가 이 곳에 우리 가축을 위하여 우리를 짓고 우리 어린 아이들을 위하여 성읍을 건축하고

17 이 땅의 원주민이 있으므로 우리 어린 아이들을 그 견고한 성읍에 거주하게 한 후에 우리는 무장하고 이스라엘 자손을 그 곳으로 인도하기까지 그들의 앞에서 가고

18 이스라엘 자손이 각기 기업을 받기까지 우리 집으로 돌아오지 아니하겠사오며

19 우리는 요단 이쪽 곧 동쪽에서 기업을 받았사오니 그들과 함께 요단 저쪽에서는 기업을 받지 아니하겠나이다

20 모세가 그들에게 이르되 너희가 만일 이 일을 행하여 무장하고 여호와 앞에서 가서 싸우되

21 너희가 다 무장하고 여호와 앞에서 요단을 건너가서 여호와께서 그의 원수를 자기 앞에서 쫓아내시고

22 그 땅이 여호와 앞에 복종하게 하시기까지 싸우면 여호와 앞에서나 이스라엘 앞에서나 무죄하여 돌아오겠고 이 땅은 여호와 앞에서 너희의 소유가 되리라마는

23 너희가 만일 그같이 아니하면 여호와께 범죄함이니 너희 죄가 반드시 너희를 찾아낼 줄 알라

24 너희는 어린 아이들을 위하여 성읍을 건축하고 양을 위하여 우리를 지으라 그리하고 너희의 입이 말한 대로 행하라

25 갓 자손과 르우벤 자손이 모세에게 대답하여 이르되 주의 종들인 우리는 우리 주의 명령대로 행할 것이라

26 우리의 어린 아이들과 아내와 양 떼와 모든 가축은 이곳 길르앗 성읍들에 두고

27 종들은 우리 주의 말씀대로 무장하고 여호와 앞에서 다 건너가서 싸우리이다

28 이에 모세가 그들에 대하여 제사장 엘르아살과 눈의 아들 여호수아와 이스라엘 자손 지파의 수령들에게 명령하니라

29 모세가 그들에게 이르되 갓 자손과 르우벤 자손이 만일 각각 무장하고 너희와 함께 요단을 건너가서 여호와 앞에서 싸워서 그 땅이 너희 앞에 항복하기에 이르면 길르앗 땅을 그들의 소유로 줄 것이니라

30 그러나 만일 그들이 너희와 함께 무장하고 건너지 아니하면 그들은 가나안 땅에서 너희와 함께 땅을 소유할 것이니라

31 갓 자손과 르우벤 자손이 대답하여 이르되 여호와께서 당신의 종들에게 명령하신 대로 우리가 행할 것이라

32 우리가 무장하고 여호와 앞에서 가나안 땅에 건너가서 요단 이쪽을 우리가 소유할 기업이 되게 하리이다

33 모세가 갓 자손과 르우벤 자손과 요셉의 아들 므낫세 반 지파에게 아모리인의 왕 시혼의 나라와 바산 왕 옥의 나라를 주되 곧 그 땅과 그 경내의 성읍들과 그 성읍들의 사방 땅을 그들에게 주매

34 갓 자손은 디본과 아다롯과 아로엘과

35 아다롯소반과 야셀과 욕브하와

36 벧니므라와 벧하란들의 견고한 성읍을 건축하였고 또 양을 위하여 우리를 지었으며

37 르우벤 자손은 헤스본과 엘르알레와 기랴다임과

38 느보와 바알므온들을 건축하고 그 이름을 바꾸었고 또 십마를 건축하고 건축한 성읍들에 새 이름을 주었고

39 므낫세의 아들 마길의 자손은 가서 길르앗을 쳐서 빼앗고 거기 있는 아모리인을 쫓아내매

40 모세가 길르앗을 므낫세의 아들 마길에게 주매 그가 거기 거주하였고

41 므낫세의 아들 야일은 가서 그 촌락들을

빼앗고 하봇야일이라 불렀으며

42 노바는 가서 그낫과 그 마을들을 빼앗고 자기 이름을 따라서 노바라 불렀더라

애굽에서 모압까지

33 모세와 아론의 인도로 대오를 갖추어 애굽을 떠난 이스라엘 자손들의 노정은 이러하니라

2 모세가 여호와의 명령대로 그 노정을 따라 그들이 행진한 것을 기록하였으니 그들이 행진한 대로의 노정은 이러하니라

3 그들이 첫째 달 열다섯째 날에 라암셋을 떠났으니 곧 유월절 다음 날이라 이스라엘 자손이 애굽 모든 사람의 목전에서 큰 권능으로 나왔으니

4 애굽인은 여호와께서 그들 중에 치신 그 모든 장자를 장사하는 때라 여호와께서 그들의 신들에게도 벌을 주셨더라

5 이스라엘 자손이 라암셋을 떠나 숙곳에 진을 치고

6 숙곳을 떠나 광야 끝 에담에 진을 치고

7 에담을 떠나 바알스본 앞 비하히롯으로 돌아가서 믹돌 앞에 진을 치고

8 하히롯 앞을 떠나 광야를 바라보고 바다 가운데를 지나 에담 광야로 사흘 길을 가서 마라에 진을 치고

9 마라를 떠나 엘림에 이르니 엘림에는 샘물 열둘과 종려 칠십 그루가 있으므로 거기에 진을 치고

10 엘림을 떠나 홍해 가에 진을 치고

11 홍해 가를 떠나 신 광야에 진을 치고

12 신 광야를 떠나

13 돕가에 진을 치고 돕가를 떠나 알루스에 진을 치고

14 알루스를 떠나 르비딤에 진을 쳤는데 거기는 백성이 마실 물이 없었더라

15 르비딤을 떠나 시내 광야에 진을 치고

433

16 시내 광야를 떠나 기브롯핫다아와에 진을 치고

17 기브롯핫다아와를 떠나 하세롯에 진을 치고

18 하세롯을 떠나 릿마에 진을 치고

19 릿마를 떠나 림몬베레스에 진을 치고

20 림몬베레스를 떠나 립나에 진을 치고

21 립나를 떠나 릿사에 진을 치고

22 릿사를 떠나 그헬라다에 진을 치고

23 그헬라다를 떠나 세벨 산에 진을 치고

24 세벨 산을 떠나 하라다에 진을 치고

25 하라다를 떠나 막헬롯에 진을 치고

26 막헬롯을 떠나 다핫에 진을 치고

27 다핫을 떠나 데라에 진을 치고

28 데라를 떠나 밋가에 진을 치고

29 밋가를 떠나 하스모나에 진을 치고

30 하스모나를 떠나 모세롯에 진을 치고

31 모세롯을 떠나 브네야아간에 진을 치고

32 브네야아간을 떠나 홀하깃갓에 진을 치고

33 홀하깃갓을 떠나 욧바다에 진을 치고

34 욧바다를 떠나 아브로나에 진을 치고

35 아브로나를 떠나 에시온게벨에 진을 치고

36 에시온게벨을 떠나 신 광야 곧 가데스에 진을 치고

37 가데스를 떠나 에돔 땅 변경의 호르 산에 진을 쳤더라

38 이스라엘 자손이 애굽 땅에서 나온 지 사십 년째 오월 초하루에 제사장 아론이 여호와의 명령으로 호르 산에 올라가 거기서 죽었으니

39 아론이 호르 산에서 죽던 때의 나이는 백이십삼 세였더라

40 가나안 땅 남방에 살고 있는 가나안 사람 아랏 왕은 이스라엘 자손이 온다는

소식을 들었더라

41 그들이 호르 산을 떠나 살모나에 진을 치고

42 살모나를 떠나 부논에 진을 치고

43 부논을 떠나 오봇에 진을 치고

44 오봇을 떠나 모압 변경 이예아바림에 진을 치고

45 이임을 떠나 디본갓에 진을 치고

46 디본갓을 떠나 알몬디블라다임에 진을 치고

47 알몬디블라다임을 떠나 느보 앞 아바림 산에 진을 치고

48 아바림 산을 떠나 여리고 맞은편 요단 강 가 모압 평지에 진을 쳤으니

49 요단 강 가 모압 평지의 진영이 벧여시못에서부터 아벨싯딤에 이르렀더라

가나안 땅을 제비 뽑아 나누다

50 여리고 맞은편 요단 강 가 모압 평지에서 여호와께서 모세에게 말씀하여 이르시되

51 이스라엘 자손에게 말하여 그들에게 이르라 너희가 요단 강을 건너 가나안 땅에 들어가거든

52 그 땅의 원주민을 너희 앞에서 다 몰아 내고 그 새긴 석상과 부어 만든 우상을 다 깨뜨리며 산당을 다 헐고

53 그 땅을 점령하여 거기 거주하라 내가 그 땅을 너희 소유로 너희에게 주었음이라

54 너희의 종족을 따라 그 땅을 제비 뽑아 나눌 것이니 수가 많으면 많은 기업을 주고 적으면 적은 기업을 주되 각기 제비 뽑은 대로 그 소유가 될 것인즉 너희 조상의 지파를 따라 기업을 받을 것이니라

55 너희가 만일 그 땅의 원주민을 너희 앞

에서 몰아내지 아니하면 너희가 남겨둔

자들이 너희의 눈에 가시와 너희의 옆구

리에 찌르는 것이 되어 너희가 거주하는

땅에서 너희를 괴롭게 할 것이요

56 나는 그들에게 행하기로 생각한 것을 너

희에게 행하리라

가나안 땅의 경계

34 여호와께서 모세에게 말씀하여 이르

시되

2 너는 이스라엘 자손에게 명령하여 그들

에게 이르라 너희가 가나안 땅에 들어가

는 때에 그 땅은 너희의 기업이 되리니

곧 가나안 사방 지경이라

3 너희 남쪽은 에돔 곁에 접근한 신 광야

니 너희의 남쪽 경계는 동쪽으로 염해

끝에서 시작하여

4 돌아서 아그랍빔 언덕 남쪽에 이르고 신

을 지나 가데스바네아 남쪽에 이르고 또

하살아달을 지나 아스몬에 이르고

5 아스몬에서 돌아서 애굽 시내를 지나 바

다까지 이르느니라

6 서쪽 경계는 대해가 경계가 되나니 이는

너희의 서쪽 경계니라

7 북쪽 경계는 이러하니 대해에서부터 호

르 산까지 그어라

8 호르 산에서 그어 하맛 어귀에 이르러

스닷에 이르고

9 그 경계가 또 시브론을 지나 하살에난

에 이르나니 이는 너희의 북쪽 경계

니라

10 너희의 동쪽 경계는 하살에난에서 그어

스밤에 이르고

11 그 경계가 또 스밤에서 리블라로 내려가

서 아인 동쪽에 이르고 또 내려가서 긴

네렛 동쪽 해변에 이르고

12 그 경계가 또 요단으로 내려가서 염해에

436

이르나니 너희 땅의 사방 경계가 이러하니라

13 모세가 이스라엘 자손에게 명령하여 이르되 이는 너희가 제비 뽑아 받을 땅이라 여호와께서 이것을 아홉 지파 반 쪽에게 주라고 명령하셨나니

14 이는 르우벤 자손의 지파와 갓 자손의 지파가 함께 그들의 조상의 가문에 따라 그들의 기업을 받을 것이며 므낫세의 반 쪽도 기업을 받았음이니라

15 이 두 지파와 그 반 지파는 여리고 맞은편 요단 건너편 곧 해 돋는 쪽에서 그들의 기업을 받으리라

각 지파의 기업 분할 책임자

16 여호와께서 또 모세에게 말씀하여 이르시되

17 너희에게 땅을 기업으로 나눌 자의 이름은 이러하니 제사장 엘르아살과 눈의 아들 여호수아니라

18 너희는 또 기업의 땅을 나누기 위하여 각 지파에 한 지휘관씩 택하라

19 그 사람들의 이름은 이러하니 유다 지파에서는 여분네의 아들 갈렙이요

20 시므온 지파에서는 암미훗의 아들 스므엘이요

21 베냐민 지파에서는 기슬론의 아들 엘리닷이요

22 단 자손 지파에서는 지휘관 요글리의 아들 북기요

23 요셉 자손 중 므낫세 자손 지파에서는 지휘관 에봇의 아들 한니엘이요

24 에브라임 자손 지파에서는 지휘관 십단의 아들 그므엘이요

25 스불론 자손 지파에서는 지휘관 바르낙의 아들 엘리사반이요

26 잇사갈 자손 지파에서는 지휘관 앗산의

아들 발디엘이요

27 아셀 자손 지파에서는 지휘관 슬로미의

아들 아히훗이요

28 납달리 자손 지파에서는 지휘관 암미홋

의 아들 브다헬이니라 하셨느니라

29 이들이 여호와께서 명령하사 가나안 땅

에서 이스라엘 자손에게 기업을 받게 하

신 자들이니라

레위 사람에게 준 성읍

35 여호와께서 여리고 맞은편 요단 강 가

모압 평지에서 모세에게 말씀하여 이르

시되

2 이스라엘 자손에게 명령하여 그들이 받

은 기업에서 레위인에게 거주할 성읍들

을 주게 하고 너희는 또 그 성읍들을 두

르고 있는 초장을 레위인에게 주어서

3 성읍은 그들의 거처가 되게 하고 초장은

그들의 재산인 가축과 짐승들을 둘 곳이

되게 할 것이라

4 너희가 레위인에게 줄 성읍들의 들은

성벽에서부터 밖으로 사방 천 규빗이라

5 성을 중앙에 두고 성 밖 동쪽으로 이천

규빗, 남쪽으로 이천 규빗, 서쪽으로 이

천 규빗, 북쪽으로 이천 규빗을 측량할지

니 이는 그들의 성읍의 들이며

6 너희가 레위인에게 줄 성읍은 살인자들

이 피하게 할 도피성으로 여섯 성읍이요

그 외에 사십이 성읍이라

7 너희가 레위인에게 모두 사십팔 성읍을

주고 그 초장도 함께 주되

8 너희가 이스라엘 자손의 소유에서 레위

인에게 너희가 성읍을 줄 때에 많이 받

은 자에게서는 많이 떼어서 주고 적게

받은 자에게서는 적게 떼어 줄 것이라

각기 받은 기업을 따라서 그 성읍들을

레위인에게 줄지니라

도피성 (신 19:1-13; 수 20:1-9)

9 여호와께서 또 모세에게 말씀하여 이르시되

10 이스라엘 자손에게 말하여 그들에게 이르라 너희가 요단 강을 건너 가나안 땅에 들어가거든

11 너희를 위하여 성읍을 도피성으로 정하여 부지중에 살인한 자가 그리로 피하게 하라

12 이는 너희가 복수할 자에게서 도피하는 성을 삼아 살인자가 회중 앞에 서서 판결을 받기까지 죽지 않게 하기 위함이니라

13 너희가 줄 성읍 중에 여섯을 도피성이 되게 하되

14 세 성읍은 요단 이쪽에 두고 세 성읍은 가나안 땅에 두어 도피성이 되게 하라

15 이 여섯 성읍은 이스라엘 자손과 타국인과 이스라엘 중에 거류하는 자의 도피성이 되리니 부지중에 살인한 모든 자가 그리로 도피할 수 있으리라

16 만일 철 연장으로 사람을 쳐죽이면 그는 살인자니 그 살인자를 반드시 죽일 것이요

17 만일 사람을 죽일 만한 돌을 손에 들고 사람을 쳐죽이면 이는 살인한 자니 그 살인자는 반드시 죽일 것이요

18 만일 사람을 죽일 만한 나무 연장을 손에 들고 사람을 쳐죽이면 그는 살인한 자니 그 살인자는 반드시 죽일 것이니라

19 피를 보복하는 자는 그 살인한 자를 자신이 죽일 것이니 그를 만나면 죽일 것이요

20 만일 미워하는 까닭에 밀쳐 죽이거나 기회를 엿보아 무엇을 던져 죽이거나

21 악의를 가지고 손으로 쳐죽이면 그 친

자는 반드시 죽일 것이니 이는 살인하였

음이라 피를 보복하는 자는 살인자를 만

나면 죽일 것이니라

22 악의가 없이 우연히 사람을 밀치거나 기

회를 엿봄이 없이 무엇을 던지거나

23 보지 못하고 사람을 죽일 만한 돌을 던

져서 죽였을 때에 이는 악의도 없고 해

하려 한 것도 아닌즉

24 회중이 친 자와 피를 보복하는 자 간에

이 규례대로 판결하여

25 피를 보복하는 자의 손에서 살인자를 건

져내어 그가 피하였던 도피성으로 돌려

보낼 것이요 그는 거룩한 기름 부음을

받은 대제사장이 죽기까지 거기 거주할

것이니라

26 그러나 살인자가 어느 때든지 그 피하였

던 도피성 지경 밖에 나가면

27 피를 보복하는 자가 도피성 지경 밖에서

그 살인자를 만나 죽일지라도 피 흘린

죄가 없나니

28 이는 살인자가 대제사장이 죽기까지 그

도피성에 머물러야 할 것임이라 대제사

장이 죽은 후에는 그 살인자가 자기 소

유의 땅으로 돌아갈 수 있느니라

29 이는 너희의 대대로 거주하는 곳에서 판

결하는 규례라

30 사람을 죽인 모든 자 곧 살인한 자는 증

인들의 말을 따라서 죽일 것이나 한 증

인의 증거만 따라서 죽이지 말 것이요

31 고의로 살인죄를 범한 살인자는 생명의

속전을 받지 말고 반드시 죽일 것이며

32 또 도피성에 피한 자는 대제사장이 죽기

전에는 속전을 받고 그의 땅으로 돌아가

거주하게 하지 말 것이니라

33 너희는 너희가 거주하는 땅을 더럽히지

말라 피는 땅을 더럽히나니 피 흘림을

받은 땅은 그 피를 흘리게 한 자의 피가 아니면 속함을 받을 수 없느니라

34 너희는 너희가 거주하는 땅 곧 내가 거주하는 땅을 더럽히지 말라 나 여호와는 이스라엘 자손 중에 있음이니라

시집 간 여자의 유산

36 요셉 자손의 종족 중 므낫세의 손자 마길의 아들 길르앗 자손 종족들의 수령들이 나아와 모세와 이스라엘 자손의 수령된 지휘관들 앞에 말하여

2 이르되 여호와께서 우리 주에게 명령하사 이스라엘 자손에게 제비 뽑아 그 기업의 땅을 주게 하셨고 여호와께서 또 우리 주에게 명령하사 우리 형제 슬로브핫의 기업을 그의 딸들에게 주게 하셨은즉

3 그들이 만일 이스라엘 자손의 다른 지파들의 남자들의 아내가 되면 그들의 기업은 우리 조상의 기업에서 떨어져 나가고 그들이 속할 그 지파의 기업에 첨가되리니 그러면 우리가 제비 뽑은 기업에서 떨어져 나갈 것이요

4 이스라엘 자손의 희년을 당하여 그 기업이 그가 속한 지파에 첨가될 것이라 그런즉 그들의 기업은 우리 조상 지파의 기업에서 아주 삭감되리이다

5 모세가 여호와의 말씀으로 이스라엘 자손에게 명령하여 이르되 요셉 자손 지파의 말이 옳도다

6 슬로브핫의 딸들에게 대한 여호와의 명령이 이러하니라 이르시되 슬로브핫의 딸들은 마음대로 시집가려니와 오직 그 조상 지파의 종족에게로만 시집갈지니

7 그리하면 이스라엘 자손의 기업이 이 지파에서 저 지파로 옮기지 않고 이스라엘 자손이 다 각기 조상 지파의 기업을 지킬 것이니라 하셨나니

8 이스라엘 자손의 지파 중 그 기업을 이은 딸들은 모두 자기 조상 지파의 종족 되는 사람의 아내가 될 것이라 그리하면 이스라엘 자손이 각기 조상의 기업을 보전하게 되어

9 그 기업이 이 지파에서 저 지파로 옮기게 하지 아니하고 이스라엘 자손 지파가 각각 자기 기업을 지키리라

10 슬로브핫의 딸들이 여호와께서 모세에게 명령하신 대로 행하니라

11 슬로브핫의 딸 말라와 디르사와 호글라와 밀가와 노아가 다 그들의 숙부의 아들들의 아내가 되니라

12 그들이 요셉의 아들 므낫세 자손의 종족 사람의 아내가 되었으므로 그들의 종족 지파에 그들의 기업이 남아 있었더라

13 이는 여리고 맞은편 요단 가 모압 평지에서 여호와께서 모세를 통하여 이스

라엘 자손에게 명령하신 계명과 규례니라

십계명

하나님이 이 모든 말씀으로 말씀하여 이르시되,
나는 너를 애굽 땅, 종 되었던 집에서 인도하여 낸 네 하나님 여호와니라.

제일은, 너는 나 외에는 다른 신들을 네게 두지 말라.

제이는, 너를 위하여 새긴 우상을 만들지 말고,
　　　또 위로 하늘에 있는 것이나 아래로 땅에 있는 것이나
　　　땅 아래 물속에 있는 것의 어떤 형상도 만들지 말며,
　　　그것들에게 절하지 말며, 그것들을 섬기지 말라.
　　　나 네 하나님 여호와는 질투하는 하나님인즉,
　　　나를 미워하는 자의 죄를 갚되 아버지로부터 아들에게로
　　　삼사 대까지 이르게 하거니와, 나를 사랑하고
　　　내 계명을 지키는 자에게는 천 대까지 은혜를 베푸느니라.

제삼은, 너는 네 하나님 여호와의 이름을 망령되게 부르지 말라.
　　　여호와는 그의 이름을 망령되게 부르는 자를
　　　죄 없다 하지 아니하리라.

제사는, 안식일을 기억하여 거룩하게 지키라.
　　　엿새 동안은 힘써 네 모든 일을 행할 것이나
　　　일곱째 날은 네 하나님 여호와의 안식일인즉,
　　　너나 네 아들이나 네 딸이나 네 남종이나 네 여종이나
　　　네 가축이나 네 문안에 머무는 객이라도
　　　아무 일도 하지 말라.
　　　이는 엿새 동안에 나 여호와가 하늘과 땅과 바다와
　　　그 가운데 모든 것을 만들고 일곱째 날에 쉬었음이라.
　　　그러므로 나 여호와가 안식일을 복되게 하여
　　　그 날을 거룩하게 하였느니라.